몽골 제국과 고려 ④
몽골 제국의 쇠퇴와 공민왕 시대

몽골
제국과
고려
④

몽골
제국의
쇠퇴와
공민왕
시대

—
이승한
지음

푸른역사

공민왕 시대: 새로운 시대의 시작인가, 구시대의 끝인가

지정至正 연호를 정지하였다. 교서에 이르기를, "크게 생각하건대 우리 태조
께서 창업하시고 대대로 왕위가 이어져 내려와 모두 선대의 과업을 계승하
여 의관예악衣冠禮樂이 찬연히 빛나 볼 만하였도다. 하지만 근래에 국속이
일변하여 세력만을 추구하는 자가 있었으니, 바로 기철奇轍 등이 군주를 놀
라게 하는 위세를 빙자하여 국가를 다스리는 법을 흔들면서 관리의 인사를
감정에 따라 마음대로 하면서 정령이 이로 말미암아 크게 위축되었다. 다른
사람의 토지와 노비를 빼앗는 것은 과인의 부덕한 소치인가, 아니면 기강이
서지 않아 통어할 방책이 없음인가. 치란治亂의 순환이 극에 다다르면 반드
시 변화하는 것이 천도라는 이치를 깊이 생각하며 삼가고 두려워했노라. 요
사이 다행히 조종의 영령에 힘입어 기철 등이 복주되었으며…… 오호라. 어
지러움을 다스려 바르게 만들었으니 마땅히 관대한 은혜를 베풀 것이며 정
치를 어진 이에게 맡기고 능력 있는 자를 발탁하여 높고 넓은 정치를 이룩토
록 할 것이다《고려사》39, 공민왕 5년 6월 을해).

1356년(공민왕 5) 6월, 공민왕이 기철 일당을 제거하고 원 제국의 지정 연호를 정지하면서 반포한 교서의 내용이다. 실로 역사적인 순간이었다. 기철 일당을 제거한 거사도 의미가 컸지만, 그 거사가 성공한 후 제국의 연호를 정지한 것은 특별한 의미가 있었다. 연호를 정지한다는 것은 제국과의 관계 단절을 의미하는 가장 명백한 표시로 국제 관계의 획기적인 변화를 뜻하기 때문이다. 세조 쿠빌라이의 중통中統 연호를 도입한 지 거의 1세기 만의 일이었다.

이어서 공민왕은 국가를 일신하고 온 백성들에게 덕을 베푸는 새 정치를 다짐하고 있다. 창업한 태조 왕건 이후 역대 열성조列聖朝를 생각하며 공민왕으로서는 정말 감회가 특별했을 것이다. 지난 100년은 우리 반만년 역사에서 외세의 지배와 간섭을 이렇게 심하게 받은 적이 없었으니 말이다. 이를 마감했으니 공민왕 시대(재위: 1351~1374)는 새로운 시작이기도 했다.

일반적으로 공민왕 시대의 정치를 '반원 개혁 정치'라고 한다. 대외적으로는 반원 정치, 대내적으로는 개혁 정치를 추진했다는 뜻이다. 공민왕 시대의 대외 정책과 대내 문제는 서로 긴밀하게 연관된 문제로 양쪽을 명확히 구분하기 힘들지만 일단 편의상 그렇게 양분해서 보자.

우선 대외적으로 공민왕의 반원 정책이 어떻게 가능했는지 궁금하다. 이는 길게 설명할 필요도 없이 원 제국이 쇠퇴하고 있었기 때문에 가능한 일이었지만 그런 설명만 가지고는 부족하다. 제국이 쇠퇴하고 있다는 기미는 그 이전부터 드러나고 있었기 때문이다. 그래서 왜 하필 공민왕이 집권하면서 반원 정책을 추진하게 되었는지를 살펴야 한다. 이어서 그런 반원 정책의 전개 과정을 짚어 보며 그 의미를 따져보겠다.

그리고 대내적으로 공민왕의 개혁 정치는 왕권 강화를 목표로 한 것이었다고 말한다. 하지만 왕권 강화는 공민왕뿐만 아니라 전통 왕조 시대 모든 국왕들의 보편적인 희망사항이었다는 것을 생각하면 이 문제도 좀 달리 접근해 볼 필요가 있다. 즉, 제국의 쇠퇴를 배경으로 한 개혁 정치와 관련시켜 공민왕 특유의 왕권 강화를 살펴보려는 것이다. 그래야 공민왕 시대의 실상이 조금이나마 드러날 것이다.

그런데 공민왕 시대는 새로운 왕조인 조선 왕조의 개창과 그리 멀리 떨어져 있지 않다. 공민왕이 죽고 불과 20년도 못 되어 고려 왕조는 끝나고 새로운 왕조가 개창되었기 때문이다. 이렇게 보면 공민왕 시대는 새로운 시작이 아니라 고려 왕조의 말기였고 구시대의 막바지였다. 공민왕은 20여 년 재위하는 동안 왕조가 곧 쇠망하리라는 것을 알았을까. 위 교서의 내용만으로 보면 전혀 그런 느낌을 받을 수 없고, 오히려 새로운 시대의 시작을 알리고 있다.

공민왕 시대 고려 왕조는 반원 개혁 정치를 펼치면서 왜 쇠퇴의 길로 들어섰을까? 공민왕은 반원 정책에서는 성공했지만 개혁 정치에서는 실패했기 때문일까? 아니면 기나긴 사대 복속 관계나 특수한 부마국 체제 속에서 몽골 제국에 너무 깊숙이 빠져들어 제국과 운명을 함께할 수밖에 없었던 것일까? 〈몽골 제국과 고려〉 시리즈 마지막인 이번 책에서는 몽골 제국의 쇠퇴를 배경으로 이러한 공민왕 집권 시대를 살펴보겠다.

역사학의 본령은 인과관계를 파악하는 것이고 가장 상식적인 의문에 대답하는 것이라고 생각하는데, 항상 그 상식적인 의문이 가장 어려운 기본적인 과제를 던지는 것 같다. 이는 타임머신을 타고 그 시대로 돌아간다고 해서 결코 해명될 문제가 아니다. 그 시대로 돌아가 본들 그 시대는 아직 종결되지 않고 진행 중인 현재이기 때문이다.

공민왕 시대 수상을 세 번이나 지내고 국가 원로의 위치에 있었던 이제현(1287~1367)은 자신이 죽고 30년도 못 되어 고려 왕조가 끝나리라는 것을 알았을까? 이제현은 충렬왕부터 공민왕까지 7대 왕을 모시고 원 간섭기의 시작부터 끝까지 관통해서 살아온 대표적인 유학자이자 정치가이다. 젊은 시절에는 원에서 주로 활동하면서 국제 사정에도 밝아 그 시대 누구 못지않은 탁월한 외교관이었고 시야가 넓은 세계인이었다. 그런 그도 죽을 때까지 고려가 곧 쇠망하리라는 것을 몰랐으리라.

하지만 이 글을 쓰는 필자는 공민왕도 모르고 이제현도 모르는 사실, 공민왕 시대가 끝나면 고려가 곧 쇠망하리라는 사실을 알고 있다. 그래서 이 책을 쓰면서 고려가 곧 쇠망하리라는 사실과, 왜 그랬을까 하는 생각이 머릿속을 떠나지 않았다.

2018. 7. 이승한

■ 고려 왕실 세계世系

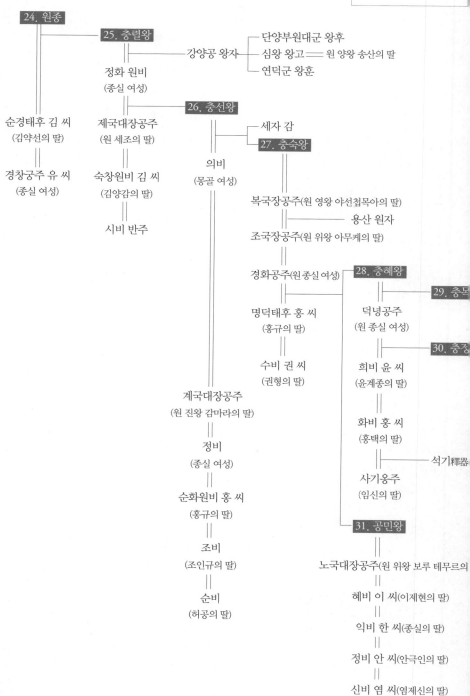

결혼 관계
부모자식 관계

24. 원종

25. 충렬왕

강양공 왕자 ─┬─ 단양부원대군 왕후
            ├─ 심왕 왕고 ══ 원 양왕 송산의 딸
            └─ 연덕군 왕훈

정화 원비
(종실 여성)

26. 충선왕

순경태후 김 씨
(김약선의 딸)

제국대장공주
(원 세조의 딸)

의비
(몽골 여성)

세자 감
27. 충숙왕

경창궁주 유 씨
(종실 여성)

숙창원비 김 씨
(김양감의 딸)

시비 반주

복국장공주(원 영왕 야선첩목아의 딸)
용산 원자
조국장공주(원 위왕 아무케의 딸)

경화공주(원 종실 여성)   28. 충혜왕   29. 충목

명덕태후 홍 씨   덕녕공주
(홍규의 딸)   (원 종실 여성)

수비 권 씨   30. 충정
(권형의 딸)   희비 윤 씨
                    (윤계종의 딸)

계국대장공주
(원 진왕 감마라의 딸)   화비 홍 씨
                      (홍택의 딸)
정비
(종실 여성)   석기釋器

순화원비 홍 씨   사기옹주
(홍규의 딸)   (임신의 딸)

조비   31. 공민왕
(조인규의 딸)

순비   노국대장공주(원 위왕 보루 테무르의
(허공의 딸)
                혜비 이 씨(이제현의 딸)

                익비 한 씨(종실의 딸)

                정비 안 씨(안극인의 딸)

                신비 염 씨(염제신의 딸)

몽골 황실 세계世系

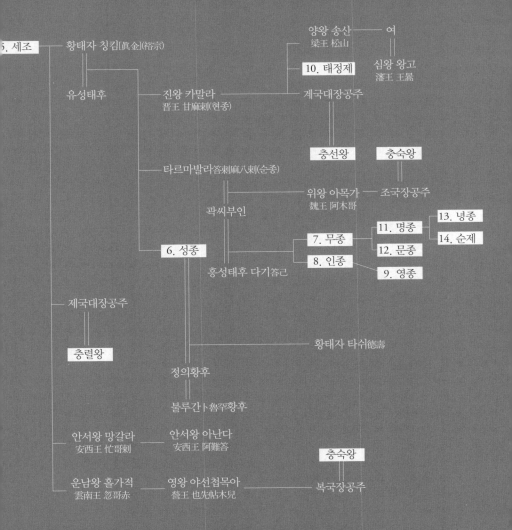

5. 세조 — 황태자 칭킴[眞金](裕宗)

유성태후 — 진왕 카말라
晉王 甘麻剌(현종)

양왕 송산 ——— 여
梁王 松山

10. 태정제

심왕 왕고
瀋王 王暠

계국대장공주

충선왕   충숙왕

타르마발라答剌麻八剌(순종)

위왕 아목가 — 조국장공주
魏王 阿木哥

곽씨부인

7. 무종   11. 명종   13. 녕종
8. 인종   12. 문종   14. 순제

6. 성종   9. 영종

홍성태후 다기荅己

제국대장공주

충렬왕

황태자 타쉬德壽

정의황후

불루간卜魯罕황후

안서왕 망갈라   안서왕 아난다
安西王 忙哥剌   安西王 阿難荅

충숙왕

운남왕 홀가적   영왕 야선첩목아   복국장공주
雲南王 忽哥赤   鶖王 也先帖木兒

차례

제 1 장

공민왕의
즉위와 집권

공민왕 왕기는 충숙왕 때부터 다음 국왕의 물망에 올랐지만
충혜·충목·충정왕, 3대가 지난 후에야 우여곡절 끝에 국왕 자리에 오른다.
왕위에 오른 공민왕은 이제현을 첫 수상에 앉히고
정방을 폐지하는 등 조심스럽게 개혁을 꿈꾼다.
하지만 기황후 친족을 비롯한 부원배의 기세는 여전했고,
여기에 대도大都 숙위 시절의 공로를 앞세운 조일신의 횡포까지 더해져
왕권을 제대로 확립하지 못하고 개혁은 마음먹은 대로 진행되지 않는다.
그러던 중에 기황후 친족들을 제거하겠다고 조일신이 변란을 일으켜
공민왕을 끌어들이는데, 공민왕은 이에 휘말리지 않고
일단 큰 무리 없이 사태를 정리하면서 안정을 찾아간다

1. 공민왕의 즉위 배경

충숙왕 때부터 후계 물망에 오른 차남

공민왕恭愍王이 왕위 계승의 물망에 맨 처음 오른 것은 충숙왕忠肅王 때였다. 충숙왕이 2차 즉위하여 원에 체류하고 있던 1337년(충숙왕 복위 6) 무렵이다. 그때 윤택尹澤이 충숙왕을 원에서 시종하고 있었는데, 그 윤택에게 충숙왕은 둘째 아들인 왕기王祺(공민왕)를 다음 후계자로 부탁한 것이다.

윤택은 충숙왕 때 과거에 급제하여 관직에 들어왔지만 청렴강직한 성품으로 낮은 문한관文翰官에 머물러 있었다. 하지만 국왕의 후계자를 부탁받았던 것으로 보아 부원배附元輩가 판치는 속에서도 충숙왕의 신임을 받았던 것 같다. 그때 윤택은 충숙왕의 부탁을 정중히 사양한다. 왕기를 후계자로 생각하고는 있었지만 자신이 감당하기에는 너무 벅찬 일로 보았던 것 같다.

충숙왕에게는 덕비(명덕태후 홍 씨)와의 사이에 두 아들이 있었다. 첫째가 왕정王禎(충혜왕)이고 둘째가 왕기였다. 충숙왕이 윤택에게 후계자를 부탁하던 그때 왕정은 23세, 왕기는 8세였다. 충숙왕은 장성한 첫째 아들 왕정을 놔두고 왜 어린 왕기를 후계자로 삼으려고 했을까?

충숙왕은 1차 재위(1313~1330) 동안 심왕瀋王 왕고王暠를 고려 국왕으로 옹립하려는 부원배들의 책동으로 입원入元하여 몇 해 동안 왕권을 정지 당하는 심한 수모를 겪었다. 다행히 왕권을 다시 회복하기는 했지만 이 사건으로 마음의 큰 상처를 입었고 관료 집단에 대한 불신감이 컸다. 충숙왕은 이후 국정을 장악하지 못하고 무력감을 드러내면서 결국 첫째 아들 왕정에게 왕위를 양위하는데, 이것이 충혜왕忠惠王의 1차 즉위이다.

그런데 충혜왕은 1차 재위(1330~1332) 동안 부왕 충숙왕과 갈등을 빚었다. 주로 관리 인사 문제로 마찰을 일으켰는데, 이를 보면 양위한 충숙왕이 완전히 권력을 놓고 있었던 것 같지는 않다. 골치 아픈 왕위는 양보하고 오히려 상왕으로서 계속 권력을 행사하려는 의도로 양위했던 것으로 보인다. 그러니 왕 부자의 갈등은 불가피한 일이었다.

아들 충혜왕은 2년 만에 왕위에서 물러나고 다시 충숙왕이 왕위에 오르니 이게 충숙왕의 2차 즉위(1332~1339)이다. 충혜왕의 폐위와 충숙왕의 복위 과정에 대해서는 필자의 전작에서 자세히 언급했으니 생략하겠다. 이런 중조重祚 현상은 원 간섭기에 처음 있는 일이 아니었다. 앞선 충렬·충선왕 부자도 그런 적이 있었는데 이 시대 왕위 계승의 파행을 잘 보여주는 특이한 현상이었다.

왕위를 빼앗긴 충혜왕은 다시 입원하여 숙위宿衛 활동에 들어간다.

원 조정에 들어가 참여하는 숙위 활동은 왕위 후계자가 반드시 치러야 할 연수 과정이었다. 충혜왕은 1차 즉위 이전에도 숙위 활동에 참여하고 왕위를 계승했지만, 왕위에서 물러난 지금 그 일을 반복한 것이다. 이는 충혜왕이 다시 왕위를 계승할 수 있다는 가능성을 열어 둔 조치라고 볼 수 있다.

그런데 충혜왕은 숙위 활동을 하는 과정에서 여러 가지 문제를 일으켰다. 자유분방한 행동으로 술과 여성을 가까이하며 숙위를 거르기도 했다. 이런 행동으로 충혜왕은 당시 원 조정의 집권자 백안伯顔(바얀)의 눈에 벗어나 결국 1336년(충숙왕 복위 5) 12월 고려에 다시 돌아와 버린다. 추방이나 별반 다름없는 조치였는데, 여기에는 군벌들이 정권을 잡고 있던 당시 원 조정의 권력 판도도 작용하고 있었다.

충혜왕이 추방당해 온 바로 그 무렵 충숙왕은 원으로 들어간다. 이는 원 황제의 입조 명령에 따른 것이었다. 복위한 충숙왕은 1차 재위 때와 마찬가지로 왕권을 제대로 행사하지 못했는데 국정을 고의로 방기했는지도 모르겠다. 관료 집단에 대한 불신은 더욱 깊어졌으며, 여기에 입성책동立省策動이라는 왕조의 존폐 문제까지 거론되는 상황이었다.

충숙왕의 입조는 그런 문제와 직접 관련이 있었지만, 충혜왕이 숙위 활동 과정에서 일으킨 문제나 그로 인한 추방과도 관련이 있었다고 보인다. 충숙왕의 입조가 충혜왕의 자유분방한 숙위 활동 문제와 관련이 있었다면 이는 바로 다음 왕위 후계자에 대한 문제였다. 숙위 활동에서 문제를 일으켰다는 것은 왕위 후계자로서 가장 큰 결격 사유였기 때문이다.

앞서 충숙왕이 시종한 윤택에게 왕기를 다음 후계자로 거론했던 것은 입조하여 원에 체류했던 바로 이 무렵이다. 충혜왕을 후계자로 생각한 것에 대해 재고할 필요가 생겼다는 뜻이다. 충혜왕은 1차 재위 때 이미 부왕과 마찰을 빚은 바 있었기 때문에 후계자로 재고할 여지는 충분했다고 볼 수 있다. 간단히 말해서 부왕은 첫째 아들 충혜왕이 마음에 들지 않았던 것이다.

하지만 윤택의 조심스런 태도로 충숙왕은 둘째 왕기를 낙점하는 데 확신을 가질 수 없었다. 8세라는 왕기의 어린 나이도 감안했겠지만, 여기에는 원 조정의 권력 판도나 충혜왕을 따르는 정치세력들의 동향도 주저하게 만들었을 것이다. 정치는 대세를 거스를 수 없으니, 충숙왕이 확고한 결단을 내리지 못한다면 왕기를 앞세운 후계 구도는 시간이 흐르면서 멀어져 갈 수밖에 없었다.

왕기의 입원 숙위와 충혜왕 폐위

충숙왕은 환국한 후에도 국정을 제대로 추스르지 못했다. 국정에 대한 방기는 1차 재위 때보다 더욱 심하여 거의 무기력한 상태에 빠져 헤어나지를 못했다. 이런 속에서 다음 왕위는 왕기보다 충혜왕 왕정이라는 것은 누가 봐도 거스를 수 없는 대세였다. 원 조정의 권력 판도는 아직도 바얀이 권력을 잡고 있어 충혜왕의 왕위 계승에 결코 녹록치 않은 상황이었는데도 그랬다.

결국, 충숙왕이 1339년 3월 46세의 나이로 죽고 충혜왕이 다시 왕위를 계승하는데 이때 충혜왕은 25세, 동생 왕기(공민왕)는 10세였다. 이를 정확히 말하자면 충숙왕이 죽은 직후 바로 충혜왕이 왕위를 계승한 것은 아니었다. 왜냐하면 원 조정의 승인 절차가 남아 있었기 때문에 충혜왕은 아직 전왕前王이라는 위상을 가진 것에 지나지 않았다.

충혜왕의 왕위 계승은 그를 따르는 세력들의 바람일 뿐만 아니라, 고려 조정의 대세 역시 왕기가 아닌 충혜왕 왕정이 분명했다. 고려에서는 문무 대신들이 힘을 합쳐 원 조정에 충혜왕의 복위 승인을 여러 차례 요청했지만 쉽사리 떨어지지 않았다. 여기에는 원 조정의 권력자 바얀의 방해가 작용하고 있었기 때문인데, 바얀은 심왕 왕고를 고려 국왕으로 삼아야 한다고 공공연히 주장할 정도였다.

이 틈을 이용하여 심왕 왕고도 핵심 측근인 조적曹頔과 모의하여 고려 왕위를 노리고 있었다. 1339년 8월, 충혜왕을 축출하고 심왕을 고려 왕위에 앉히려는 조적의 반란은 이런 상황에서 일어나는데, 이에 대해서는 전작에서 자세히 살폈다. 조적이 주살당하고 반란은 무위로 그쳤지만 충혜왕에 대한 왕위 승인은 이루어지지 않고 있었다.

충혜왕은 왕위 승인은 고사하고 조적의 반란 직후인 그해 11월 원으로 압송당하여 형부에 하옥되는 수모까지 겪는다. 이때 반란 사건 연루자들과 함께 원 조정의 심문을 받게 되었으니, 이쯤 되면 충혜왕에 대한 왕위 승인은 물 건너갔다고 봐야 한다. 그래도 고려 조정에서는 충혜왕에 대한 승인을 포기하지 않고 노력하는데 여기에는 이조년李兆年이 앞장섰다. 아마 충혜왕의 왕위 승인이 지연되는 문제를 고려 왕조의 위기로 받아들였던 것 같다.

행운이었는지 바얀이 1340년 2월 실각하면서 불가능할 것 같았던 왕위 승인 문제가 일시에 풀린다. 원 조정의 새로운 권력자로 등장한 탈

탈脫脫(톡토)에 의해 충혜왕이 석방되고 복위 승인이 떨어진 것이다. 이어서 충혜왕은 그해 4월 환국하여 비로소 왕위에 오르는데, 이게 충혜왕의 2차 즉위(1340~1344)로, 부왕 충숙왕이 죽고 1년 만에야 정식으로 다시 왕위를 계승한 것이다.

하지만 좋은 일이 갑자기 생기면 나쁜 일도 따라 오는 법일까. 충혜왕이 환국하여 왕위에 오른 바로 그때 원 조정에서는 기황후奇皇后가 제2황후로 등극한다. 충혜왕과 기황후는 비슷한 나이로 충혜왕이 숙위 기간 중에 기황후와 대면했을 가능성도 많다. 하지만 복위한 충혜왕은 기황후의 친족과 갈등을 빚었고 결국 그 기황후가 자신을 사지로 몰아넣을 줄은 그때는 몰랐을 것이다.

좋지 않은 일은 또 있었다. 충혜왕의 친동생 왕기가 1341년(충혜왕 복위 2) 5월 숙위 활동을 위해 입원하게 된 것이다. 이때 왕기는 열두 살이었는데 이는 분명히 다음 왕위 계승을 염두에 둔 원 조정의 결정이었다. 이후 왕기는 고려 국왕으로 즉위할 때까지 10년 동안 한 번도 고려에 들어오지 않지만, 여차하면 왕위가 동생에게 넘어갈 수 있어 충혜왕에게는 결코 반가운 일이 아니었다.

게다가 충혜왕은 복위 후에도 폭정을 계속하면서 조야의 비난을 받고 있었다. 아예 국왕이기를 포기한 행동도 서슴지 않았다. 충혜왕은 동생이 숙위 활동 중이니 자신의 위치가 위태로울 수 있다는 생각도 했으련만 개의치 않고 충동적이고 절제되지 못한 행동을 계속했던 것이다.

결국 충혜왕은 복위한 지 4년 만인 1343년 10월 원의 사신들에 의해 포박당해 원으로 압송되는데, 압송은 당연히 폐위를 겸한 조치였다. 원 간섭기 고려 국왕을 갑자기 폐위한 전례가 한두 번이 아니었지만 원 조정의 이때 조치는 충격적이고 폭력적이었다. 이는 전작에서 살폈듯이 폭정으로 충혜왕 자신이 초래한 측면이 강했지만 고려 왕실의 위상을 여실히 보여주는 것이었다. 충혜왕은 압송된 다음 해 1월 중국 남방으로 유배 도중에 비명횡사하고 만다.

그런데 충혜왕의 압송에는 원 조정의 자정원사資政院使로 있던 고용보高龍普가 중요한 역할을 했다. 그 고용보는 고려인 출신 환관으로 원으로 들어가 기황후의 최측근에서 참모 역할을 했던 인물이다. 충혜왕이 압송되기 전에 고용보는 고려에 들어와 압송을 위한 사전 작업을 주도했으니 이는 분명하게 기황후의 힘이 작용했다고 말할 수 있다.

충혜왕의 폐위와 압송을 기황후가 주도했다는 것은 생각해 볼 대목이 많다. 원 간섭기에 고려 조정에 대한 정치적 탄압이나 억압은 드문 일이 아니었지만, 이번 기황후가 자행한 충혜왕 폐위 조치는 지극히 폭력적이고 감정적이었다. 이는 아무래도 기황후가 고려인 출신이라는 사실에서 찾아야 할 것 같다. 아울러 이후 원 조정에서 고려에 대한 영향력 행사는 기황후에 의해 주도될 것이고 그 강도가 어느 때보다도 높아질 것이란 점도 충분히 예측할 수 있다.

어쨌든 이제 고려 왕위가 갑자기 비었으니 다시 새로운 왕을 세워야 했다. 당시 원에서 3년째 숙위 활동 중이었던 왕기에게 다시 기회가 온 것이다. 나이도 15세가 되어 성년에 접어들고 있었으니 이제는 누가 봐도 왕기의 차례가 왔다고 볼 수 있었다. 하지만 그 열쇠는 원 조정에 있으니 장담할 수는 없었다.

강릉대군 왕기에 대한 여망과 정치도감

충혜왕에게는 두 아들이 있었다. 원 공주 출신 왕비였던 덕녕공주德寧公主와의 사이에 왕흔王昕이 있었고, 고려 여성인 희비禧妃 윤 씨 사이에 왕저王㫝가 있었다. 부왕 충혜왕이 비운으로 죽었을 때 왕흔은 8세, 왕저는 7세였는데, 둘은 이복형제로 왕기에게는 조카에 해당된다.

그런데 뜻밖에도 다음 왕위 계승은 왕기가 아닌 덕녕공주 소생의 어린 왕흔에게 돌아간다. 여기에는 또 기황후의 힘이 작용하고 있었다. 기황후의 측근인 고용보가 8세의 왕흔을 품에 안고 황제를 알현하면서 그 자리에서 왕위가 결정되었는데, 이이가 충목왕忠穆王이다. 충혜왕의 압송부터 다음 충목왕의 왕위 계승까지 일련의 사건은 기황후 측에서 사전에 용의주도하게 준비하여 이루어졌던 것으로 보인다.

기황후의 힘이 작용한 탓인지 모르겠지만 유주幼主의 왕위 계승에 대한 반발은 거의 드러나지 않았다. 왕기는 이미 입원하여 숙위 활동 중이었고, 그때부터 '대원자大元子'로 불리며 다음 왕위의 물망에 올라 있었지만 그를 다음 국왕으로 앉히려는 세력들이 움직이는 낌새는 보이지 않았다. 다만 충목왕의 왕위 계승이 결정된 직후 왕기를 강릉부원대군江陵府院大君으로 책봉하는 조치를 취한다. 이는 왕위 계승에서 왕기가 비록 밀려났지만 그에 대한 여망이 여전했음을 보여주는 것이다.

기황후 측에서 성년에 접어든 왕기를 회피하고 어린 유주를 선택한 것은 고려에 대한 영향력을 강화하려는 의도였다. 장성한 국왕보다는 유주라면 기황후 측에서 고려 국정에 직접 영향력을 행사하는 데 좀 더 용이할 수 있기 때문이다. 또한 충혜왕은 고려에 거주하는 기황후의 친족들과 마찰을 빚곤 했으니, 이런 반감도 어린 유주를 선택하는 데 영향을 미쳤을 것이다.

물론 원 조정에서도 비슷한 의도로 기황후의 뜻을 수용했을 것이다. 충혜왕 시대는 여러 학정과 비행으로 국정이 파탄에 직면하였고 백성들의 원성도 높았으니 모종의 새로운 조치가 필요했다고 볼 수 있다. 즉, 원 조정에서는 고려에 대해 좀 더 강력한 통제를 하면서 개혁을 생각하게 되었고, 이를 위해서는 역시 유주를 앉히는 게 유리하다고 판단했을 것이다.

그래서 충목왕 즉위 후 개혁을 생각한 것은 회피할 수 없는 흐름이었다. 충혜왕 시대의 폐정을 바로잡기 위해서라도 개혁은 꼭 필요한 상황이었기 때문이다. 그래서 기황후나 원 조정에서 모두 개혁을 지원하고자 나섰으니, 이게 1347년(충목왕 3) 2월 개혁 기구인 정치도감整治都監의 설치로 나타났다. 대내외 상황이 그렇게 잘 맞아 떨어진 개혁은 원 간섭기 동안 처음 있는 일이었다.

그런데 그렇게 보기 좋게 시작한 개혁 활동은 곧 벽에 부딪히고 만다. 제일 먼저 기황후의 고려 친족들이 개혁 대상에 오르면서 갈등을 빚게 되었다. 기황후 친족들이 개혁을 가로막았을 뿐만 아니라 개혁 주도 세력인 정치도감의 판사들이 옥에 갇히는 일까지 벌어지면서 반개혁 활동이 공공연하게 자행되었다. 이를 틈타 부원배 세력들의 개혁에 대한 저항이 거세게 일어났다.

개혁에 대한 저항에는 기황후 측도 단단히 한몫을 했다. 기황후 자신도 애초에는 개혁 활동을 지원했지만 자신의 친족들이 개혁 대상에 오르자 더 이상 방관할 수 없었던 것이다. 한때 정치도감이 폐지될 지경에까지 이르고 개혁 활동은 지지부진했다. 그럼에도 다시 원 조정의 지원으로 개혁을 재개하는 듯했지만 별 진척이 없었다.

정치도감의 개혁 활동이 우여곡절을 겪었던 것은 원 조정의 권력 추이와도 관련이 있었다. 바얀의 뒤를 이은 집권자 톡토와 기황후 사이의 알력도 영향을 미쳤다고 보인다. 이런 속에서 정치도감의 개혁 활동을 지속적이고 일관되게 지원하지 못했다. 이는 원 조정의 권력이 안정되지 못한 탓도 있었던 것이다.

결국 정치도감의 개혁 활동은 실패로 돌아가고 만다. 개혁의 실패는 고려 국정의 실패만을 의미하는 것이 아니었다. 고려 국정에 대한 개혁 실패는 곧 원 조정의 대 고려 정책이 실패한 것이기도 했다. 원 조정에서 직접 나서 지원한 개혁이 실패해서 그런 것만이 아니라, 세계 제국으로서 고려라는 변경의 안정을 추구하는 데 실패한 것이기 때문이다. 이는 제국의 힘이 예전 같지 않았다는 뜻도 된다.

정치도감이 개혁 활동을 벌인 동안에도 강릉대군 왕기는 여전히 원 조정에서 숙위 활동 중이었다. 《원사》나 고려 측 기록에 왕기의 숙위 활동에 대해 아무런 언급이 없어 이 기간 동안 왕기의 행적에 대해서는 별로 알려진 바가 없다. 하지만 왕기의 주변에서 숙위 활동을 지원하고 있던 관리들은 다음 국왕으로서 왕기에 대한 기대를 품으면서, 이를 위한 최소한의 활동을 원 조정에서 했으리라 추측해 볼 수 있다. 더불어 고려에서도 정치도감의 개혁 활동이 장애에 부딪히면서 다음 국왕으로서 왕기에 대한 여망은 좀 더 높아졌을 것이란 추측도 해 볼 수 있다. 차기 국왕으로서 왕기에 대한 여망은 주로 개혁을 주도했거나 지지했던 세력들에게서 나타났다. 대표적인 인물로 왕후王煦와 이제현李齊賢

을 들 수 있다.

왕후는 명문 안동 권 씨 가문 출신으로 본명이 권재權載였는데 충선왕이 재원 활동 때 젊은 나이에 총애를 받으면서 왕 씨 성을 하사받아 왕후로 개명한 인물이다. 그는 충선왕 사후에는 주로 원에서 활동하면서 고려에서는 크게 중용되지 못했다. 하지만 왕후는 충목왕 때 원 황제의 특명에 의해 정치도감의 장관을 맡아 개혁을 주도했던 인물이었다.

이제현은 충선왕이 재원 활동 기간에 대도(북경)에 세운 만권당에서 문예 활동으로 중국에까지 문명을 떨쳤다. 그는 충선왕 사후 빛을 보지 못하다가 충혜왕 때 공신으로 책정되기도 했는데 정치의 중심에 서지는 못했다. 이제현은 충목왕이 즉위한 직후 원 조정에 글을 올려 개혁의 필요성을 역설했던 인물로 정치도감의 설치나 개혁 활동에 지지를 보낸 인물이었다.

이제현이나 왕후 외에도 개혁을 지지했던 관료들은 드러내지는 않았지만 왕기를 다음 국왕으로 생각했던 듯하다. 개혁에 대한 실망감은 유주 충목왕에 대한 불만으로 이어지기 쉽고, 이는 왕기에 대한 여망으로 나타났을 가능성이 크기 때문이다.

또 왕위 계승에서 밀린 왕기, 원 공주와 결혼하다

정치도감의 개혁 활동이 지지부진한 속에서 충목왕은 1348년 12월 왕위에 오른 지 4년 만에 12세의 어린 나이로 갑자기 죽는다. 왕기에게 희망을 두고 있던 사람들은 이제 확실하게 기회가 왔다고 생각했다. 왕기의 이때 나이 19세로 이미 성년이 되어 있었고 원 조정에서의 숙위 활동도 8년째였다.

국왕이 갑자기 죽자 수상으로 있던 왕후는 이제현을 급히 원으로 파견하여 다음 국왕을 선택해 줄 것을 요청했다. 그런데 이제현이 황제에게 올린 표문에는 두 명의 왕위 계승 후보자를 거론하여 이 가운데 한 사람을 선택해 달라는 것이었다. 그 한 후보자는 왕기였는데, 또 다른 한 후보자는 충혜왕과 희비 윤 씨 사이에 태어난 당시 11세였던 왕저였다.

이 부분에서 한 가지 의문이 든다. 왜 고려에서는 한 사람이 아닌 두 사람을 왕위 계승 후보자로 추천했을까 하는 점이다. 고려에서 왕위 계승 문제가 발생했을 때 이렇게 두 사람을 추천하여 그 선택을 원 조정에 맡긴 경우는 매우 특별했다는 점에서 그런 의문이 든다. 물론 왕저보다는 왕기를 우선순위로 거론했으니 왕기에게 무게를 두고 추천했음은 분명했다.

두 사람을 추천한 데는 고려 조정이 왕위 계승 후보자를 놓고 두 부류로 나뉜 탓이었다. 왕기를 밀고 있는 세력과 왕저를 밀고 있는 세력으로 양분된 것이다. 이렇게 양분된 배경에는 정치 세력 각자의 이해득실이 반영된 것이었지만, 그 속을 자세히 들여다보면 이들의 정치적 성향도 서로 상반되어 있었다.

왕후나 이제현은 왕기를 내세운 대표적인 인물인데, 정치도감의 개혁 활동을 주도하고 후원한 개혁지향적인 인물들이었다. 이들 외에도 정치도감의 개혁 활동에 동조했던 자들은 왕기를 왕위 계승 후보자로 기대했다. 이들이 왕기를 내세운 이유는 어린 유주를 회피하고자 그런 것으로 보인다. 유주 충목왕 시대를 겪은 직후라서 다시 유주를 맞이해서는 개혁이 어렵다고 판단했을 수 있다.

그 반대편에 서서 왕저를 내세운 세력들은 그 생모인 희비 윤 씨와 그 인척들이 중심에 있었다. 그리고 충목왕의 모후였던 덕녕공주 측도 왕저를 지지했던 것으로 보인다. 전자의 대표적인 인물로 윤시우尹時遇가 있고, 후자의 대표적인 인물로는 배전裵佺이 있다.

배전은 충혜왕을 악정으로 이끄는 데 일조를 한 폐행으로 처음에는 덕녕공주의 총애를 받아 위세를 부리다가 공주의 눈 밖에 나서 한때 추방당했던 인물이다. 그 후 덕녕공주의 총애를 회복하여 측근으로 들어온 것이다. 윤시우는 왕저의 모후 희비 윤 씨와 인척 관계에 있던 인물이었다. 이들은 단순히 개인적인 이해득실을 따져 왕저를 지지했던 것으로 보인다.

그런데 중요한 사실은 왕저 쪽 세력에 부원배도 적극 가담했다는 점이다. 대표적인 인물로 노책盧頙과 최유崔濡가 있다. 이 두 사람은 앞으로 자주 등장하니 꼭 기억해 둘 필요가 있다. 이들은 정치도감의 개혁대상이어서 분명한 개혁 반대 세력이었다. 간단히 말해서 어린 왕저를 내세운 세력에는 그 외척들을 중심으로 부원배가 가담하고 있었던 것이다.

결국 다음 왕위는 원 조정의 결정에 의해 왕저에게 돌아가고 마는데 이이가 충정왕忠定王이다. 충목왕에 이어 다시 유주가 등장하고 왕기는 또 왕위 계승에서 밀려난 것이었다. 원 조정에 대한 로비 활동에서 왕저를 앞세운 쪽이 우위에 있었던 것으로 보인다. 아울러 원 조정에서는 다시 유주를 등장시켜 고려에 대한 통제를 계속 강화하려는 의도도 작용했을 것이다.

그런데 충정왕이 즉위하자마자 중요한 사건이 터진다. 윤택을 비롯하여 전직 국왕 비서관 3인이 왕저의 왕위 계승을 비판하면서 왕기를 다음 국왕으로 삼아야 한다고 중서성에 글을 올렸는데 이게 발각된 것이다. 이는 충정왕으로 왕위가 결정되기 직전에 있었던 일로, 이제야 발각되어 윤택을 비롯한 3인은 귀양 내지 좌천을 당했는데, 왕기를 추대하려는 세력이 만만치 않았음을 보여주는 일이었다. 여기 윤택은 앞서 언급했던 충숙왕 때 왕기를 다음 왕위 계승자로 부탁받았던 바로 그 인물이다.

충정왕이 즉위한 후에는 당연히 그 외척과 부원배들이 권력의 중심에 섰다. 이들은 대체로 개혁에 반대하는 성향이었기 때문에 당연히 충정왕의 즉위는 개혁 세력의 패배였다고 판단할 수도 있다. 마침내 지지부진하던 개혁 활동은 1349년(충정왕 1) 8월 정치도감이 해체되면서 막을 내리게 된다. 그 이전에 이미 개혁은 물 건너갔지만 이제 정치도감이 공식적으로 해체된 것이다.

충정왕 시대의 정치는 처음에 외척 윤 씨들과 부원배가 권력을 분점하는 형태였지만 점차 외척들에게 권력이 집중하게 된다. 이런 속에서 부원배들은 권력에서 소외되고 이에 대한 불만을 터뜨리다가 그 중심에 있던 노책과 최유는 축출되고 만다. 그래서 충정왕 대는 부원배들이 권력에서 배제된 상태에서 희비 윤 씨를 중심으로 한 외척들이 권력을 독점하는 형태로 나타났다.

그 무렵 원에서 숙위 활동 중이던 왕기에게 의미 있는 중요한 일이 생긴다. 위왕魏王의 딸인 보탑실리寶塔失里(부다시리)와 결혼하게 된 것이다. 1349년(충정왕 1) 10월의 일이었다. 왕기에게 장인에 해당하는 위왕은 《고려사》에는 '魏王'으로, 《고려사절요》에는 '衛王'으로 다르게 기록되어 있어 어느 쪽이 옳은지 불확실한데, 여기서는 《고려사》의 '魏王'을 따른다. 왕기와 결혼한 그 위왕의 딸인 부다시리에 대해서는 별로 알려진 바가 없는데, 이 여성이 바로 사후에 노국대장공주魯國大長公主로 추존된 공민왕의 왕비이다.

중요한 점은 왕기가 원 공주와 결혼했다는 사실이다. 고려 왕자가 원 황실의 적통 여성과 결혼한 것은 1324년(충숙왕 11) 충숙왕이 위왕魏王의 딸과 결혼한 이후 25년 만의 일이었다. 충숙왕의 장인이 되는 위왕과 공민왕의 장인이 되는 위왕은 부자 사이로 그 왕위를 세습한 것이었다. 그 충숙왕 이후 충혜왕도 1330년(충숙왕 17) 덕녕공주와 결혼했지만 이 여성은 황실의 적통도 아니었고 계보도 알 수 없는 결혼이었다. 이후에는 유주가 연거푸 즉위하면서 고려 국왕과 원 공주의 결혼 관계는 성립하지 않았다. 그래서 왕기가 원 공주와 결혼했다는 사실은 그 정치적 의미가 남다른 것이었다. 왕위 계승에서 연거푸 밀렸지만 이제는 차기 후계 구도에서 확실한 위상을 차지할 뿐만 아니라, 즉위 후의 정치적 위상에도 중요한 일이었기 때문이다.

전격적인 충정왕 폐위

그런데 유주 충정왕은 왕위에 오른 지 3년 만인 14세의 어린 나이에 강릉대군 왕기에게 갑자기 왕위를 빼앗기고 만다. 빼앗겼다고 표현한 것은 충정왕의 사후 왕위 계승이 이루어진 것이 아니고 어느 날 갑자기 강릉대군 왕기를 국왕으로 삼는 조치가 내려지고 충정왕은 폐위되었기 때문이다. 1351년(충정왕 3) 10월의 일로 물론 원 조정의 결정이었다.

정말 예상치 못한 갑작스런 조치였다. 왕위 교체에 따른 황제의 특별한 조서도 없었고 별다른 이유 설명도 없어 폭력적이라고 볼 수밖에 없는 일이었다. 원의 사신이 당도하여 강릉대군 왕기를 국왕으로 삼는다는 결정을 알리면서 창고와 궁실을 봉쇄하고 국새를 거두어 돌아가는 것으로 그만이었다. 그리고 충정왕은 그 직후 강화도로 쫓겨 나서 다음 해 3월 그곳에서 독살당하고 만다.

고려 31대 공민왕의 왕위 계승은 그렇게 전격적으로 이루어졌다. 전격적인 왕위 교체에 따른 특별한 반발이나 저항도 없었다. 1337년 충숙왕이 아들 왕기를 윤택에게 부탁하면서 처음 물망에 오른 지 15년이 지났고, 충혜왕 충목왕 충정왕 3대를 거친 뒤였다. 왕기의 몽골식 이름은 백안첩목아伯顔帖木兒(바얀테무르)인데, 원에 들어가 숙위 활동을 한 지 10년이나 흐른 22세 때였다.

이러한 공민왕의 즉위에 대해서는 생각해 볼 대목이 많다. 우선 왜 그렇게 갑작스럽게 왕위 교체가 이루어졌을까 하는 점이 궁금하다. 즉, 공민왕을 선택하면서 재위 중인 충정왕을 왜 그렇게 갑자기 내쳤을까 하는 의문이다.

여기에는 충정왕의 모후 희비 윤 씨를 중심으로 한 외척들이 권력을 독점하는 것에 대한 원 조정의 불만이 폭발한 것으로 볼 수 있다. 그 불만의 중심에 부원배가 있었는데 이들 부원배 세력이 원 조정에 충정왕 폐위를 위한 책동을 벌였지 않았을까 여겨진다. 그리고 덕녕공주도 여기에 가담한 것으로 보인다.

덕녕공주나 노책 최유 등 부원배 세력은 모두 충정왕의 즉위 과정에 공로를 세우고 권력에 확실한 지분을 갖고 있었다. 그 대가로 즉위 초에 덕녕공주의 위상은 높아졌고 노책이나 최유 등의 부원배는 공신으로 책정되거나 고위 관직에 발탁되었다. 하지만 시간이 흐르면서 외척 세력들이 권력을 독점하면서 이들은 소외되거나 관직에서 쫓겨났다.

예를 들면 1349년(충정왕 1) 10월 부원배 세력의 핵심인 노책이 수상인 우정승으로 있다가 면직당한 일을 들 수 있다. 특별한 사유 없이 3개월 만에 해임된 것인데 이는 외척 세력과의 권력 투쟁에서 밀려난 것이었다. 또한 다음 해 5월에는 최유가 인사에 대한 불만으로 국왕이 있는 자리에서 폭력을 행사하다가 징계를 당하게 되자, 동생 두 명과 함께 원으로 달아나는 사건이 벌어졌다.

여기 노책은 종실 여성에게 장가들면서 충목왕 때 갑자기 현달한 인물인데, 그는 충렬왕 때 유명한 외교관이자 수상을 역임한 조인규趙仁規의 외손자이기도 했고, 그 처형과 딸이 원으로 출가하여 원과 끈끈한 유대 관계를 맺고 있는 대표적인 부원배라고 할 수 있다. 그는 이를 배경으로 불법과 치부를 일삼다가 충목왕 때 정치도감의 개혁 대상에 오르기도 했다. 그런 노책이 충정왕의 즉위 과정에서 공을 세우면서 수상에 발탁되었는데 곧 바로 면직되고 만 것이다.

최유는 충숙왕의 최측근으로 권력의 중심에 있었던 최안도崔安道의 아들이다. 최유는 그런 아비의 덕으로 거만의 재산을 모으고 한때 원으로 들어가 어사 벼슬까지 역임했으며, 이런 권력을 이용하여 고관의 부인을 둘이나 강간하다가 원 조정에까지 고소당한 전력이 있었다. 그 역시 대표적인 부원배 세력이었고 개혁에 대한 저항 세력이었다.

최유는 노책과 함께 충정왕의 즉위에 큰 기여를 하여 공신에 책정되고 고위직에 발탁되었다. 하지만 윤 씨 세력의 권력 독점에 불만을 드러내면서 물의를 일으키다가 동생과 함께 원으로 도망친 것이었다. 그래서 노책과 최유 등 이런 부원배 세력이 충정왕 정권에 등을 돌렸고, 마침내 충정왕을 내치는 데 앞장서지 않았을까 하는 판단을 일단 해 볼 수 있다.

부원배 세력이 고려 국정에 행사하는 힘은 의외로 강했다. 이들은 선대의 전력으로 보아 고려 국왕이나 정부를 모함하여 얼마든지 곤경에 빠뜨릴 능력을 가지고 있었다. 그런 힘을 무시할 수 없어 충숙왕 이후의 수상을 맡은 자들은 부원배가 아닌 자들이 없을 정도였다. 이는 부원배를 발탁하지 않을 수 없었던 사정을 말해 주는 것으로 그들을 배제하고서는 정권을 유지하기도 힘들었기 때문이다.

충정왕이 갑자기 폐위당한 것은 바로 이런 부원배 세력을 정권에서 배제한 탓이었다. 이들을 권력에서 축출한 것은 고려 국정을 통제하는 원 조정과의 창구를 닫아 버린다는 것을 의미했다. 원 조정에서는 이를 용납할 수 없었고, 충정왕의 즉위 과정에 결정적인 기여를 했던 부원배의 처지에서는 철저한 배신감을 느낄 수밖에 없었다. 윤 씨 세력에 의한 충정왕 정권은 그렇게 짧게 끝났다.

그런데 충정왕의 갑작스런 폐위에는 덕녕공주도 단단히 한몫을 했다고 보인다. 그녀 역시 충정왕의 즉위 과정에서 일조를 했지만 돌아오는 대접은 충분치 못하다는 불만을 가질 만했기 때문이다. 덕녕공주의 불만을 엿볼 수 있는 기록이 있다. 덕녕공주는 1350년(충정왕 2) 9월 정방政房의 인사 행정에 간섭하려다 당시 제조관으로서 인사를 담당하던 김광재金光載에게 제지당하는 수모를 겪는다. 여기 김광재는 정치도감의 판사로 활동했던 김광철金光轍의 친동생으로 청렴강직하여 충정왕의 사부를 맡기도 했다. 덕녕공주는 원 공주 출신 왕비로서, 그리고 충정왕을 즉위시킨 공로로 그 정도는 자신의 의지가 관철되리라 믿었지만 배척당했던 것이다. 김광재는 국왕도 하지 못할 일을 해 낸 것이었다.

그 사건 때문이었을 것이다. 덕녕공주는 그 일을 겪고 바로 며칠 후 원으로 들어가 버린다. 더 이상 충정왕 정권에서 자신의 위상을 찾을 수 없고 보상도 받을 수 없다는 판단에서 그랬을 것이다. 덕녕공주는 공민왕이 즉위한 후 다시 고려에 들어오는데, 그녀 역시 원으로 들어가 충정왕을 폐위시키는 데 일익을 담당했을 것으로 보인다.

기황후에게 선택받은 왕기

충정왕이 갑자기 폐위당한 이유를 살펴봤지만, 충정왕의 대안으로 왕기가 전격적으로 선택된 이유는 무엇인지 달리 살펴볼 필요가 있다. 왜냐하면 지금까지 계속 물망에만 오르다가 이제야 선택된 것은 따로 이유가 있을 것이기 때문이다.

당시 원 조정에서 고려 국정에 가장 큰 영향력을 행사할 수 있는 인물은 기황후였다. 그러니 왕기가 갑자기 고려 국왕으로 선택된 데는 그녀의 힘을 배제하고는 쉽게 상상할 수 없는 일이었다. 기황후에 의해 왕기가 고려 국왕으로 선택되었다는 점은 여러 경로에서 포착된다.

우선, 충정왕을 폐위시키고 왕기를 다음 국왕으로 삼는다는 원 조정의 결정을 고려에 전달한 원의 사신이 바로 기철奇轍의 조카인 완자불화完者不花(올제이부카)였다는 사실을 들 수 있다. 완자불화는 기황후의 오라비인 기원奇轅의 아들이었고 기원은 기철의 친동생이다. 그 완자불화는 고려에 들어와 왕기의 고려 국왕 임명을 알리고 국새를 거두어 바로 원으로 들어갔는데 이게 왕위 교체였다. 이는 공민왕의 왕위 계승에 기황후가 개입했다는 사실을 바로 드러낸 것이다.

다음으로, 왕기가 입원 숙위 동안 기황후의 아들 애유식리달랍愛猷識理達臘(아유시리다라)과 가까이 지냈다는 사실을 들 수 있다. 아유시리다라는 기황후와 원의 마지막 황제 순제順帝와의 사이에 태어난 아들로 왕기가 고려 국왕으로 선택된 1351년에 13세의 나이였다. 아유시리다라는 그 2년 뒤에 황태자로 책봉되는데 그 이전에 이미 황태자로 내정된 상태였다.

왕기가 숙위 기간에 이 황태자와 가까이 지낸 계기는 분명치 않지만 입원 숙위 동안에 단본당端本堂에서 황태자를 시종했다는 기록이 있다.

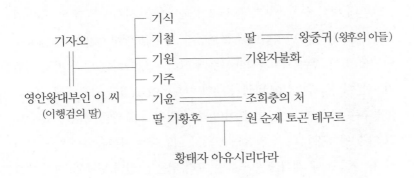

이 단본당은 황제가 황태자를 가르치기 위해 세운 교육기관으로 보인다. 여기에 유학자를 초청하여 황태자를 훈육하는데 여기에 왕기가 참여한 것이다. 아마 숙위 활동의 일환이었을 것이다.

왕기가 단본당에서 황태자의 교육에 동참한 것이 언제부터였는지는 정확히 드러나 있지 않다. 단본당을 세운 것이 아유시리다라가 황태자로 내정된 무렵으로 본다면 그 기간은 길지 않았던 것 같다. 또한 왕기의 단본당 참여가 기황후의 뜻이었는지도 분명치 않다. 하지만 이 일은 충정왕을 폐위하고 왕기를 고려 국왕으로 선택하는 데 중요하게 작용했다고 보인다. 그때 왕기는 기황후와도 자주 대면했을 것이 분명하기 때문이다.

왕기의 단본당 참여가 기황후 때문이었다면 이는 다음의 고려 왕위를 상정하고 내린 결정이었을 것이다. 또한 왕기 주변에서 숙위 활동을 지원하고 있던 고려 측 관리들은 이를 권력에 줄을 댈 수 있는 호기로 여겼을 것이 틀림없다. 기황후와의 관계를 생각하지 않을 수 없기 때문이다. 이는 시간 문제이지 언제라도 다음 국왕 자리는 왕기에게 떨어질 것이라는 기대나 예측도 가능하게 했을 것이다.

그런데 왕기가 기황후로부터 고려 국왕으로 선택받은 것은 고려 관료 집단의 동향도 반영되었다고 보인다. 왕기에 대한 여망은 다시 유주인 충정왕이 즉위하는 과정에서부터 고려 관료사회에 널리 퍼져 있었기 때문이다. 그 중심에 바로 왕후와 이제현이 있었다.

왕후는 1349년(충정왕 1)에 이미 죽어 왕기의 즉위를 보지 못했지만, 그 아들 왕중귀王重貴가 기철의 사위가 되었다는 사실을 주목할 필요가 있다. 충목왕 때 개혁을 주도했던 고려 명문 출신의 왕후와 개혁 대상이었던 기황후의 오라비인 기철이 사돈 관계를 맺은 것이다. 이 결혼은 왕기가 국왕으로 선택되기 전의 일로 보이는데, 정반대 성향의 가문과 인물이 결혼 관계로 얽힌다는 대목이 매우 흥미롭다.

왕후는 충목왕 사후 왕기와 왕저(충정왕) 사이에서 다음 국왕으로 분명히 왕기를 선택한 인물이었다. 결과는 기대한 것과 반대로 나타났지만, 이런 성향의 왕후와 기철이 사돈 관계를 맺었다는 것은 기황후가 왕기를 다음 국왕으로 선택하는 데 일조를 했을 것이다. 달리 말하자면 기황후가 재위 중인 충정왕을 갑자기 폐위시키고 왕기를 낙점하는 데 이런 결혼 관계가 힘을 실어 주었다는 뜻도 된다.

이제현 역시 기황후의 결정에 도움을 주었다. 이제현의 손녀는 기철의 조카인 기인걸奇仁傑과 결혼했던 것이다. 왕기에 대한 기대를 품고 있던 이제현도 왕후와 마찬가지로 기황후의 친족과 혼인 관계로 얽히게 된 것이다. 이런 혼인 관계를 감안하면 충정왕을 갑자기 폐위시키고 왕기를 다음 국왕으로 선택한 기황후의 결정에 이제현도 왕후와 처신을 같이했다고 보인다.

기황후 친족들과 고려의 명망 있는 가문의 혼인 관계는 기황후 친족들의 처지에서도 필요한 일이었다. 부원배라는 한계를 딛고 고려 정치 사회에 성공적으로 안착하는 수단으로써 필요했기 때문이다. 또한 고려의 명망 있는 가문에서도 권력의 중심이 기황후의 친족들에게 쏠리고 있는 현실을 무시할 수 없었다. 이러한 타협적인 분위기도 기황후가 왕기를 다음 국왕으로 선택하는 데 분명 힘이 되었을 것이다.

결국 기황후가 재위 중인 충정왕을 갑자기 내치고 왕기를 고려 국왕으로 선택한 것은 고려 조정 안팎의 왕기에 대한 여망과 기황후의 이해득실에 따른 판단이 맞아떨어져 내려진 결정이었다고 할 수 있다.

반원 기류, 혹은 기황후에 대한 반감

공민왕의 전격적인 즉위 배경을 살펴보았지만 그래도 개운치 않은 문제가 남아 있다. 공민왕이 지금까지 연거푸 왕위 계승에서 밀려났다가 이제야 선택된 이유가 궁금한 것이다. 즉, 충목왕 다음에 바로 공민왕이 왕위를 계승할 수 있었을 텐데, 왜 충정왕 즉 유주를 다시 한번 거친 후에야 전격적으로 공민왕으로 교체했을까 하는 의문이다.

이에 대한 대답을 간단히 말하자면, 기황후는 공민왕을 선택하지 않을 수 없었다는 점이다. 그 이유는 공민왕이 왕위 계승 후보자로 개혁적인 사대부들의 여망을 줄곧 받아왔는데, 기황후나 원 조정에서는 이들 사대부들의 여망을 이제는 더 이상 외면할 수 없었다는 뜻이다.

그럼, 왕기에 대한 여망은 개혁적인 사대부들이 진즉부터 품고 있던 생각이었는데, 기황후는 왜 그런 여망을 이제야 수용했을까? 이제 와서야 수용할 수밖에 없었던 것은 충정왕 대에 이르러 반원 기류가 계속 확산되면서 이를 더 이상 방치할 수 없었기 때문이다. 그 반원 기류의 중심에 고려의 개혁적인 사대부들이 움직이고 있었던 것이다.

그렇다면 중요한 문제는 그런 반원 기류가 언제부터, 그리고 왜 고려 사대부들 사이에 퍼지게 되었을까 하는 점이다. 이를 설명할 수 있는 단서는 충혜왕이 폭력적으로 폐위당하고 원으로 압송되어 유배 도중에 비명횡사했다는 사실에서부터 시작된다. 이 사건의 배후에 기황후의 의지가 작용했다는 것은 앞에서 언급한 대로다. 충혜왕을 그렇게 폭력적으로 폐위시키고 다음 충목왕을 즉위케 한 것도 기황후의 뜻이었다. 이후 기황후의 고려 국정에 대한 영향력은 원 조정과는 별개로 강력하게 행사되었다.

그런데 충혜왕에 대한 폭력적인 조치와 그의 비명횡사는 고려 관료 사회에서 원 조정에 대한 반감이 생기게 되는 계기가 되었다. 재위 중인 국왕이 그런 폭력적인 조치를 당했다는 것은 아무리 불가항력적인 여원麗元 관계를 감안하더라도 외교 관례상 용납이 안 되는 일이었다. 지난시대 충선왕이 티벳으로 유배당한 적이 있었지만 그때는 재위 중인 국왕이 아니었고 원 조정의 정치에 깊게 개입한 대가를 치른 것이었다. 더구나 죽음에까지 이르지도 않았다.

하지만 충혜왕에 대한 조치는 부마국 체제와도 무관하고 일반적인 사대 관계로도 설명할 수 없는 지극히 비정상적인 폭력일 뿐이었다. 어떤 외교 관계로도 설명할 수 없고 오로지 힘의 우열 관계에서 힘만을 앞세운 탄압이었던 것이다. 그래서 이 사건은 고려 사회에 충격이었음이 분명하고 원에 대해 반감을 갖게 되는 계기가 되었다고 보인다.

충혜왕 사태로 인한 원 조정에 대한 불만이나 반감은 고려의 전통적인 지배층인 사대부 집단에서 먼저 시작되었다. 고려 국왕은 정통 사대부 집단의 이익을 대표하는 상징이었기 때문이다. 충목왕이 즉위한 후 고려 사대부들이 충혜왕의 복권과 명예회복을 주장했던 것도 그와 관련이 있었다. 이 중에는 충혜왕에게 비판적인 관리들도 있었고, 친원적인 성향을 지닌 관리들도 포함되어 있었다.

그런데 충혜왕 사태로 인한 사대부들의 불만이나 반감은, 정확히 말하자면 원 조정에 대한 반감이라기보다는 기황후에 대한 반감이었다. 왜냐하면 충혜왕에 대한 폭거는 원 조정보다는 분명 기황후 쪽의 힘이 더 강하게 작용한 사건이었기 때문이다. 또한 기황후에 대한 반감은 당연히 고려에 거주하는 그 친족들에 대한 반감으로 이어졌다. 그 친족들의 횡포나 불법적인 치부 행위를 생각하면 이는 더욱 말할 필요도 없는 일이었다. 충혜왕 사후 기황후나 그 친족들이 이런 기류를 모르지 않았을 것이다.

기황후가 자신에 대한 고려 사대부들의 반감이나 불만을 잠재우는 방법은 이전 시대의 고질적인 폐단을 개혁하는 것이었다. 사대부들의 요구가 바로 개혁이었기 때문인데, 이는 반감의 확산을 막기 위해서도 필요했다. 충목왕이 즉위하자마자 개혁적인 분위기가 마련된 것은 그래서 자연스런 추세였고, 기황후는 그런 개혁에 지지를 보내지 않을 수 없었다.

또한 기황후는 자신에 대한 고려 사회의 반감이 확산되는 것을 막기 위해서는 자신의 친족들도 개혁 대상에서 예외로 둘 수 없다는 것도 잘 알고 있었다. 사신을 고려에 파견하여 기황후는 자신의 개혁 의지를 천명하는데, 다음 기록에서 알 수 있다.

무릇 나(기황후)의 친척은 권세를 믿고 남의 토지와 백성을 빼앗지 말라. 만약 이를 어기면 반드시 죄를 줄 것이다. 그리고 법을 시행하는 자도 (내 친척의 죄를) 알면서 짐짓 놓아 주면 또한 마땅히 죄를 줄 것이다(《고려사》 37, 충목왕 즉위년 8월 병술).

자신의 친족들을 향한 얼마나 강력한 경고인가. 그럴 필요가 있었고 그래야만 했던 것이다. 기황후로서는 자신과 친족들에 대한 불만이나 반감을 무마하기 위해서 말이다. 처음에는 그랬다.

왕후에 의한 정치도감의 개혁 활동은 그렇게 시작되었다. 개혁이 시작되면서 제일 먼저 개혁 대상에 오른 인물이 기황후의 친족들이었다는 사실은 개혁이 야심차게 추진되었다는 사실을 보여주기도 하지만, 기황후의 개혁 의지를 그대로 받아들인 결과였다. 정치도감의 개혁 관리들은 기황후를 그렇게 믿었던 것이다.

하지만 기황후 친족인 기삼만奇三萬이 정치도감에 걸려들어 심문 과정에서 죽임을 당하면서 정치도감의 개혁 활동은 벽에 부딪히고 만다. 우여곡절 끝에 정치도감의 활동은 재개되었지만 이미 개혁은 물 건너가고 개혁에 대한 저항이 거세게 일어난다. 이런 속에서 개혁은 지지부진해지는데, 여기에는 기황후의 친족뿐만 아니라 기라성 같은 여타 부원배들의 강력한 저항도 단단히 한몫했다. 충목왕 때 정치도감의 개혁 활동은 그렇게 실패했다.

그런데 정치도감의 개혁 실패는 기황후에 대한 반감을 더욱 확산시키는 계기가 되었다. 왜냐하면 개혁의 실패가 기황후 친족들의 저항에서 시작되었기 때문이다. 개혁적인 성향을 지닌 고려 사대부들은 개혁 저항 세력의 배후에 기황후나 그 친족이 도사리고 있다고 판단했다. 즉 개혁 실패의 원인으로 기황후나 그 친족들이 지목되는 것을 피할 수 없었던 것이다.

기황후와 그 친족에 대한 반감은 개혁의 실패를 계기로 확산되면서, 이는 다시 반원적인 기류를 만들었다고 보인다. 개혁이 실패한 데는 기황후 친족뿐만 아니라 원을 배경으로 한 여타 부원배들의 농간도 크게 작용했기 때문에 기황후나 그 친족들에 대한 반감이 반원적인 기류로 이어졌던 것이다. 이런 반원 기류는 원 간섭기 동안 처음 있는 특별한 일로서 꼭 눈여겨볼 필요가 있다.

말할 필요도 없지만, 이러한 반원 기류가 형성되는 큰 배경에는 이즈음 강남의 반란 세력이 북상하면서 제국의 통치력이 약화되고 원 조정이 위기 국면에 접어들고 있었다는 점도 빼놓을 수 없다.

공민왕의 즉위와 기황후

충목왕 때 정치도감의 실패는 개혁을 통해 고려 사대부들의 반감을 무마하려는 기황후의 의지가 헛된 일이었다는 것을 보여준 것이었다. 기황후 처지에서는 자신의 친족들을 그렇게 다스릴 수도 없으려니와 부원배 전체를 적으로 만들 수도 없었기 때문이다. 개혁은 더 이상 기대할 수 없는 무망한 일이라는 것을 기황후가 알아차린 것이다. 그러면서도 고려 사대부들의 불만은 여전했으니 이를 무마하는 새로운 방법을 찾아야 했다.

충목왕이 일찍 죽으면서 그 선택의 기회가 왔다. 왕기(공민왕)와 왕저(충정왕) 중에서 누구를 왕위 후계자로 삼을 것인가 하는 문제였다. 고려 사대부들의 불만을 해소하려면 그들의 여망을 줄곧 받아 왔던 왕기를 후계자로 선택해야 옳았다. 하지만 결과는 왕기가 아닌 다시 어린 유주 충정왕이었다. 왜 그랬으며, 이를 어떻게 해석해야 할까?

먼저, 충정왕의 즉위에는 기황후가 크게 개입하지 않았으리라는 판단을 해 볼 수 있다. 개혁의 실패로 인해 자신에 대한 반감이 고려 관료 사회에 더욱 퍼지고 있는데 다시 고려 왕위 계승에 깊게 개입한다는 것은 일을 더욱 어렵게 만드는 꼴이 될 수 있기 때문이다. 아니면 기황후의 이 무렵 처지가 고려 왕위 계승에 개입할 만한 여력이 없었을 수도 있다. 어쨌든 기황후가 개입하지 않고 대세에 맡긴 결과 충정왕으로 낙착되지 않았을까 생각하는 것이다.

다른 해석은, 기황후의 처지에서는 공민왕을 위험하게 판단하지 않았나 하는 생각이다. 고려 사대부들의 여망을 계속 받아 온 공민왕을 즉위시키는 것은, 자신에게 반감을 품고 있는 사대부들에게 날개를 달아주는 꼴이라고 판단했을 수 있다. 즉, 기황후에 대한 반감이 더욱 커질 수 있다는 위험을 말하는 것이다.

두 가지 해석 중에서 어느 쪽이 더 기황후의 입장을 잘 반영한 것인지 모르겠다. 충정왕 다음에는 결국 공민왕이 선택되는데, 후자는 이를 설명할 수 없으니 아무래도 전자가 더 그럴듯하게 보인다. 이 무렵 원 조정에서 기황후의 근황도 운신의 폭이 좁아지고 있어 전자의 해석에 무게가 실린다. 다음의 기록을 보자.

감찰어사 이필李泌이 말하기를, "세조(쿠빌라이 칸)께서는 고려와 더불어 일을 보지 못하도록 경계하셨는데 폐하(순제)께서는 세조의 제위를 물려받고서도 어찌 세조의 말씀을 잊으시고 고려 기 씨(기황후)를 황후로 세웠습니까? 지금 천재가 반복되면서 지진이 일어나 강이 무너지고 도적떼가 퍼지는 것은 모두 음기가 성하고 양기가 약해지는 형상입니다. 바라건대 (기황후를)

후비로 강등하소서"(《원사》41, 지정 8년 11월 신해).

1348년(지정 8년, 충목왕 4) 11월의 기록으로 충목왕이 죽기 한 달 전의 일이다. 천재지변을 이유로 기황후에 대한 후비 강등을 주장한 내용이다. 기황후에 대한 후비 강등은 성사되지 않았지만, 원 조정에서 이렇게 궁지로 몰린 판국에 충정왕의 왕위 계승에 그녀가 개입할 여력은 없었을 것이다.

사실, 기황후는 이보다 1년 전부터 원 조정에서 뭔가 입지가 좁아지고 있었다. 그해 6월에 기황후의 최측근 인물인 고용보가 고려로 추방당했다는 사실이 심상치 않은 것이다. 이는 당시 원 조정의 정치 판도와 관련 있겠지만 정치도감의 개혁 활동과도 무관치 않다고 보인다. 이무렵 고려에서는 정치도감에 걸려든 기삼만이 죽임을 당하면서 개혁 활동이 저항에 부딪히고 있었던 것이다. 정치도감의 개혁 실패는 기황후 친족들의 저항 탓으로 여겨지면서 원 조정에서 기황후의 입지가 어렵게 되고 이에 따라 그 측근인 고용보가 추방되었다고 볼 수 있다. 그런 마당에 기황후가 충정왕의 왕위 계승에 깊게 개입할 수는 없었다고 생각한다.

충정왕의 왕위 계승은 그래서 기황후의 입김보다는 부원배와 외척 윤 씨 세력의 원 조정을 향한 로비 활동으로 성사되었다. 다시 유주가 선택되었다는 점에서 기황후로서도 크게 나쁠 것이 없었다. 하지만 공민왕에게 여전히 여망을 품고 있던 고려의 개혁적 관리나 사대부들에게는 유주인 충정왕의 왕위 계승이 또 불만이 아닐 수 없었다.

그래서 중요한 것은, 충정왕 즉위 후에도 기황후에 대한 반감은 해소되지 않고 고스란히 남아 있었다는 점이다. 오히려 정치도감의 개혁 실패에 뒤이어 공민왕이 다시 낙마함으로 인해 고려 사대부들의 불만이나 반감은 더욱 확산되고 깊어졌다. 기황후로서는 이 문제를 더 이상 방치할 수 없었다. 고려에 대한 자신의 지속적이고 원활한 통제를 위해서도 새로운 조치가 필요했던 것이다.

그 방법으로 우선 기황후가 선택한 수단은 자신의 친족들에게 자중을 당부하는 것이었다. 더 이상의 개혁은 정치도감의 활동에서 보았듯이 다시 시도할 수 없는 상태에서 나온 수단이었다. 즉, 자신의 친족들이 개혁 대상에 오르는 것을 막기 위해서 반감을 사지 않도록 경고했다고 볼 수 있다. 아울러 기황후 자신도 당분간 고려에 대한 영향력 행사를 자제해야만 했다. 자신과 친족들에 대한 고려 사회의 반감을 무마하기 위해서 말이다.

충정왕이 즉위한 후에 기황후의 영향력 행사나 그 친족들의 활동이 거의 드러나지 않은 것은 그 때문이었다. 그래서 충정왕 재위 3년간은 기황후나 그 친족들의 활동이 수면 아래로 들어간 시기였던 것이다. 또한 원 조정에서도 고려의 정치에 크게 개입하지 않은 시기였다. 이 틈을 타서 충정왕 대에 득세하여 권력을 독점한 쪽이 외척 윤 씨 세력이었다.

그런데 윤 씨 세력의 권력 독점이 갈수록 커지면서 이게 또 다른 문제를 불러일으켰다. 충정왕의 즉위에 공로를 세웠던 노책이나 최유 등 부원배마저 불만을 폭발시킨 것이다. 이들이 결국 윤 씨 세력과의 권력 투쟁에서 밀려나면서 원 조정이나 기황후의 영향력은 바닥에 떨어져 손을 쓸 수 없었다. 게다가 고려의 개혁적인 관리나 사대부들의 기황후에 대한 반감도 해소되지 않고 여전히 남아 있었다.

그러니까 충정왕 대는 개혁적인 사대부들의 기황후에 대한 반감이 여전한 속에서 부원배의 불만까지 겹치게 된 것이다. 기황후의 처지에서는 고려에 대한 영향력 행사가 어려울 뿐만 아니라 자신의 친족들도 고립을 면치 못하는 것은 참아 내기 힘든 일이었을 것이다. 기황후의 친족과 왕후나 이제현 등 개혁적 사대부 가문의 혼인은 이런 위기 속에서 이 무렵 성사되었던 것이다.

이렇듯 충정왕 대의 정치 상황은 연거푸 왕위 계승에서 밀려났던 왕기(공민왕)를 이제 불러들이는 수밖에 없었다. 공민왕의 즉위만이 여러 가지 정치 상황을 타개할 수 있는 마지막 카드로 판단한 것이다. 하지만 숙위 중인 왕기를 아무런 안전장치 없이 그대로 즉위케 하는 것은 위험할 수 있었다. 공민왕은 개혁적 관리나 사대부들의 강한 여망을 받고 있었기 때문이다.

기황후로서는 충정왕에게 밀려 낙마했던 공민왕의 왕위 계승을 이제 허용하지 않을 수 없다면 숙위 중인 공민왕과의 관계를 새롭게 정립할 필요가 있었다. 알기 쉽게 말하자면 공민왕을 기황후 자기편으로 만들어야 했던 것이다. 그게 앞에서 언급했던 황태자 교육기관인 단본당에 대한 왕기의 참여로 나타났다고 본다.

단본당은 황제(순제)와 기황후 사이에 태어나 황태자에 내정된 아유시리다라의 교육을 전담하는 기구였다. 왕기가 이 단본당에 참여했다는 것은 숙위 활동의 일환이었지만 기황후나 미래 황제인 그 아들과 정치적 관계를 맺게 되었다는 것을 의미한다. 이때가 충정왕이 즉위한 직후로 보이는데, 왕기를 언제까지나 회피할 수 없다면 이제는 충정왕의 대안으로 생각하겠다는 의도였다. 그리고 이를 전격적으로 실행한 것이다.

요컨대, 충목왕 이후 해소되지 않고 있던 개혁적인 사대부들의 기황후에 대한 반감과, 충정왕 대 외척 윤 씨 세력에 의한 권력 독점, 그리고 이로 인한 부원배들의 불만 등은 충정왕의 집권을 오래 용인할 수 없었다. 기황후에게도 그랬고, 원 조정에서도 이에 동조했을 것이다. 그래서 충정왕을 3년 만에 내치고 전격적으로 공민왕을 즉위시켰다고 본다.

2. 개혁, 고민하는 공민왕

임시 수상 겸 국왕 대리, 이제현

공민왕이 고려 국왕으로 선택받은 것은 1351년(충정왕 3) 10월, 원에서 숙위 중일 때였다. 이와 함께 유주 충정왕은 바로 폐위되었으니 공민왕이 환국할 때까지 국정을 임시로 맡을 자가 필요했다. 여기에 발탁된 인물이 이제현이었는데, 그에게 섭정승 권단정동성사攝政丞 權斷征東省事라는 직책이 주어졌다. 임시 수상 겸 국왕 대리인이라고 할 수 있다.

이제현이 정치의 전면에 나선 것은 실로 30년 만의 일이다. 그의 나이 20대부터 대도의 만권당에서 충선왕의 총애를 받다가, 1320년(충숙왕 7) 충선왕이 티벳으로 유배를 당한 후 계속 정치에서 소외되었다. 충숙왕 때는 완전히 정치에서 밀려나 있었고, 충혜·충목왕 때는 잠시 관직을 맡기도 하고 개혁을 주장한 적도 있지만 정치의 중심에 서지 못했다. 부원배가 판치는 속에서 자신의 입지를 찾지 못했던 것으로 보인다.

그런 이제현이 이제 화려하게 등장한 것이다. 그동안 유학자로서 부원배 세력과 멀리하면서 지조를 지킨 덕분이었지만 무엇보다도 공민왕의 왕위 계승을 적극 지지한 공을 반영한 것이었다. 나이도 이제 60대 중반으로 정계 원로였으니 자신에게 걸맞은 위상을 찾았다고 볼 수 있겠다.

하지만 이제현의 앞날이 녹록치만은 않았다. 기황후 인척들을 비롯한 부원배 세력이 여전히 건재하고 있어 고려 국정에 힘을 발휘할 것이기 때문이다. 게다가 공민왕의 왕위 계승은 기황후의 의지가 작용한 것이었으니까 그 친족들의 득세가 다시 계속되리라는 것은 말할 필요도 없다. 여기에 더하여 공민왕이 대도에서 10년 동안 숙위하면서 그 측근으로 활동한 자들이 새롭게 기지개를 켜고 있었다. 기황후 친족들이나 기존의 부원배는 진즉부터 고려 국정을 간섭하는 존재로 드러나 있었지만, 여기 공민왕의 숙위 활동에 참여했던 자들은 지금까지 전혀 모습을 드러낸 적이 없었다.

공민왕과 숙위 활동을 함께했던 그 측근들은 왕위 계승에도 당연히 기여한 바가 있었다. 이들은 그런 이유로 공민왕이 즉위한 후 국왕 주변에서 가장 설치고 권력을 남용할 가능성이 컸고, 아울러 왕권을 제약할 수도 있었다. 그런 점에서 본다면 이들은 부원배와 그 속성이 크게 다르지도 않았다. 이제현에게는 기황후의 친족들보다도 이들이 더 위협적이고 방해가 되었다. 그 중심에 조일신趙日新이라는 인물이 있다.

공민왕이 원에서 왕위 계승을 낙점받은 지 한 달 반 정도 지난 그해 11월 조일신은 비목批目(인사안)을 가지고 원에서 환국한다. 그때 공민왕은 아직 원에 머무르고 있으면서 조일신을 먼저 환국시켜 최초의 인사발령을 실행토록 한 것이다. 이는 말할 필요도 없이 그가 원에서 공민왕의 숙위 활동을 지원하는 최측근에 있었다는 뜻이다.

바야흐로 조일신은 권력의 최고 실세로 부상하고 있었다. 이를 보면 조일신은 이제현보다 더욱 화려하게 정치의 중심에 들어선 인물이라고 할 수 있다. 지금까지 전혀 드러나거나 알려진 인물이 아니었기 때문이다. 그래서 새로 즉위한 공민왕을 대신하여 임시 수상 겸 왕권 대행을 하고 있던 이제현과, 공민왕의 첫 인사를 실행하기 위해 10년 만에 환국한 조일신, 이 두 사람의 관계를 주목할 필요가 있다.

조일신은 누구인가

공민왕의 첫 인사에 대해서는 조금 뒤에 언급하기로 하고 우선 여기서 조일신에 대해 자세히 살펴보고자 한다. 이제현과의 관계도 궁금하지만, 지금까지 전혀 드러나지 않았던 인물이 갑자기 권력의 중심에 들어와 이 자가 앞으로 큰 일을 저지르기 때문이다.

조일신은 처음 이름이 조흥문趙興門으로 조인규의 친손자이다. 조일신이라는 인물을 이해하려면 우선 그가 조인규의 친손자라는 사실을 놓칠 수 없으니, 조인규에 대해서 먼저 살펴보는 것이 순서다.

조인규는 충렬왕 때 외교관으로 유명한데 그 정도의 설명으로는 부족하다. 조인규는 일찍부터 몽골어를 익히고 외교관으로 성공하여 원 간섭기 80여 년을 통틀어 가장 입지전적인 인물이었다. 평민 이하의 신분에서 자신의 평양 조 씨 가문을 일거에 고려의 대표적인 귀족 가문으로 승격시켰기 때문이다. 원 간섭기라는 특별한 시기를 잘 만난 덕분이었다.

어느 시대나 특별한 개인이 시대를 잘 만나 비천한 신분에서 현달하는 경우는 드물지 않다. 몽골 제국의 영향력 아래에 있던 이 시대에도 그런 인물들은 수없이 많다. 하지만 그 경우 대부분 개인적인 출세나 현달에 그쳤지 이를 자손 대까지 이어가는 경우는 많지 않다. 하지만 조인규의 아들 5형제는 출가한 넷째를 제외하고 4형제가 모두 재상급에 올랐고, 딸 4자매 역시 둘째 딸이 충선왕비가 되는 것을 비롯하여 모두 유력자의 아내가 되었다. 게다가 조선 건국의 1등 공신인 조준趙浚은 조인규의 둘째 아들 조연趙璉의 손자였으니 조인규 후손은 왕조가 바뀌었음에도 신분 상승을 이어 갔던 것이다.

그런데 조인규의 아들들에게도 한때 위기가 있었다. 그게 바로 심왕 옹립 책동 때인데, 일찍 죽은 첫째 아들 조서趙瑞를 제외하고 묘하게 세 아들이 모두 그 사건에서 심왕 편에 선 것이다(이에 대해서는 필자의 전작을 참고). 이때 둘째 아들 조연은 심왕 옹립 책동에 연루되었다가 그 책동이 실패로 결말나기 전에 죽어 별 피해를 입지 않았다. 하지만 셋째 아들 조연수趙延壽는 그 책동에 가담했다가 가산이 적몰되어 유배당했고, 다섯째 아들 조위趙瑋는 그 책동에 연루되었다고 의심을 받아 재상직에 있다가 좌천당했다.

조인규의 아들들이 하나같이 심왕 옹립 책동에 관련되었다는 것은 생각해 볼 부분이 많다. 충선왕으로부터 심왕 위를 물려받은 심왕 왕고가 고려왕(충숙왕)보다 정치적 우위에 있다고 판단한 결과 그쪽에 줄을 섰던 탓인데, 이는 인위적인 판단이라기보다는 자연스런 귀결이었다. 아비 조인규의 장기간 외교관 생활로 인해 그 가문이 몽골 세계 제국과의 친연성을 강하게 드러내면서 활동 기반을 쌓았기 때문이다. 아들 5형제는 그런 가문의 전통을 기반으로 정치 사회 활동을 전개했던 것이다.

조인규의 딸이나 손녀들도 이런 점에서 마찬가지였다. 예를 들면, 조인규의 딸 하나는 충선왕의 왕비에서 폐비된 후 몽골 제국의 고위 관료에게 재가하였고, 손녀 하나는 제국의 종실에게 출가하였으며, 또 다른 손녀는 심왕 왕고의 친동생에게 출가하기도 했다. 또한 앞서 언급한 노책은 조인규의 외손자이기도 한데, 그 역시 몽골 제국에 기반을 둔 대표적인 부원배였다. 이러한 혼인 관계를 보아도 조인규 가문의 성향을 충분히 엿볼 수 있을 것이다. 그래서 조인규의 자식들은 나쁘게 말하자면 가문 자체가 전통적인 부원배 성향에서 벗어날 수 없었고, 좋게 말하자면 세계화 시대의 국제인으로 확실하게 기반을 닦은 것이었다. 이는 조인규의 가문뿐만이 아니라 심왕 옹립 책동에 가담한 인물들이 대부분 그랬다.

또 하나 재미있는 사실은 평양 조 씨 가문이 그런 위기를 맞고도 약간의 정치적 타격은 입었지만 결코 몰락하지 않았다는 점이다. 이는 그 책동이 실패로 돌아갔어도 사건에 연루된 자들에 대해 충분하고 강력한 응징이 이루어지지 못한 탓이 크지만, 이 역시 그 가문이 세계화 시대에 성공적으로 안착하여 충실하게 기반을 닦아 놓은 덕이었다.

조인규의 자식들이 심왕 옹립 책동에 가담했던 일은 가문의 몰락으로까지는 이어지지 않았지만 가문의 영화가 퇴색하게 된 계기가 된 것은 분명한 것 같다. 그 사건 이후 조인규 자식들은 사서에 아무런 행적이 드러나지 않기 때문이다. 조인규의 손자 대에 와서 정치적으로 크게 두각을 드러낸 인물이 없었다는 것도 이와 무관치 않을 것이다.

조일신은 심왕 옹립 책동에 연루된 의혹을 받아 좌천당했던 다섯째 조위의 아들이었다. 조위는 나중에 의혹이 풀려 관직을 겨우 유지했는데, 조일신은 그런 가문에서 나고 자랐다. 특별한 계기나 공로가 없다면 현달하거나 정치적 성공을 기대하기란 어려운 상황이었다. 아마 그는 은인자중하며 가문의 영광을 되찾을 재기의 기회를 노리고 있었을 것이다.

조일신의 부인은 홍탁洪鐸의 딸이었는데, 나중에 충혜왕도 홍탁의 다른 딸을 화비和妃로 삼아 조일신은 충혜왕과 동서지간이기도 했다. 이는 조일신이 충혜왕 때 정치적 안정을 찾아가는 데 약간의 도움은 되었을 것이다. 그럼에도 충혜왕이 악정을 저지르는 기간에 그는 원에 머무르면서 한 발 물러나 있어 국왕이 압송된 후에도 연루되지 않는 행운을 누렸다.

조일신이 원으로 들어간 것은 1340년(충혜왕 복위 1)이었다. 이때 조일신은 왜구를 압송하라는 원 황제의 명령을 받고 입원한다. 당시 미관 말직에 있던 그가 원 황제의 지명을 받아 입원했던 것은 그 가문이 제국 내에 활동 기반을 갖추고 있었기 때문에 가능한 일이었다. 조일신의 입원은 이후 그에게 출세의 중요한 계기로 작용했다. 이때 조일신의 나이는 많아야 30대 후반이었다.

그런데 조일신이 입원한 다음 해 공민왕 왕기가 숙위 활동을 위해 원으로 들어간다. 이후 조일신은 공민왕의 숙위 활동에 합류한 것으로 보이는데 그 정확한 시기나 동기는 드러나 있지 않다. 한때 충숙왕에 의해 왕기가 후계자 물망에 오른 적이 있었고, 충혜왕은 악정을 계속하면서 비판을 받고 있었으니 조일신의 선택은 정치적 추이를 보고 판단한 결과였을 것이다.

조일신이 정치적 출세를 위해 공민왕의 숙위 활동에 합류했을 가능성이 크지만, 충혜왕이 전격적으로 압송된 후 왕위는 뜻밖에 충목왕에게 돌아가고 말았다. 이때 유주 충목왕을 선택한 것은 기황후였으니, 이 사건만 놓고 본다면 조일신이 기황후 쪽과는 우호적인 관계가 아니었을 것으로 짐작된다.

그런데 충목왕 사후 조일신이 선택하여 받든 왕기는 또 충정왕에게 밀리고 만다. 왕위 계승에서 공민왕이 유주 충목왕과 충정왕에게 연거푸 밀리면서 조일신은 정치적 실의에 빠지기도 했다. 기회가 쉽사리 오지 않았지만, 그렇다고 공민왕의 진영에 가담한 조일신이 이제 와서 선택을 바꿀 수도 없었다. 빈손으로 환국한다는 것은 생각할 수 없었던 것이다.

조일신이 자신의 정치적 입지를 일거에 세우는 방법은 숙위 활동에 계속 참여하면서 공민왕이 왕위를 계승하도록 노력하는 길밖에 없었다. 공민왕이 연거푸 낙마하면서 실망도 컸을 테지만 그럴수록 공민왕의 즉위는 그에게 절실한 문제였다. 그래서 당연히 왕위 계승을 위해 그가 할 수 있는 일에 최대한 진력하면서 정치적 야망을 품었다.

마침내 그 공민왕이 원의 선택을 받으면서 그에게도 바야흐로 출세의 기회가 왔다. 조일신이 공민왕의 왕위 계승에 구체적으로 어떤 기여를 했는지는 드러나지 않지만 10년 동안 변함없이 숙위에 참여했다는 것 자체가 큰 공로였다. 공민왕이 자신의 첫 인사안을 조일신에게 맡겨 먼저 환국시킨 것은 그것에 대한 보답이었던 것이다.

공민왕의 첫 인사

조일신이 가지고 온 인사안을 보면 수상인 도첨의정승에는 당연한 결과로 이제현이 발탁되었다. 그리고 조익청曹益淸과 전윤장全允臧이 첨의찬성사僉議 贊成事(정2품), 조일신은 첨의참리(종2품)에 올랐다. 그 밖에 2품 이상의 관직을 받은 자들은 전부는 아니지만 대체로 새로운 인물들이 많았다.

조익청은 무장 출신으로 충혜왕 때 왕의 행동을 바로잡고자 원 조정에 상서한 적이 있던, 비교적 처신이 바른 관리였다. 그 뒤 충정왕 때 재상급에 올랐던 인물인데 다시 중용된 것이다. 이에 비해 전윤장은 통역관 출신의 무장으로 충혜왕과 가까워 말썽이 많았던 자였지만 무슨 공로가 있었는지 다시 살아남았다.

누구보다도 눈부신 승진을 한 것은 조일신이었다. 지금까지 이름도 알려지지 않았던 그가 일거에 재상급에 올랐으니 말이다. 이는 물론 공민왕의 숙위 활동에 참여하면서 왕위 계승에도 기여한 공로를 반영한 것이었지만 자신의 기대에는 미치지 못하다고 생각했는지 불만도 없지 않았다.

그 밖의 몇몇 인물을 살펴보면 이공수李公遂를 정당문학(종2품)에, 이연종李衍宗을 밀직사 겸 감찰대부(정3품), 김경직金敬直을 밀직부사(정3품), 윤택을 밀직제학(정3품)에 제수하고 있다. 이들은 모두 이전 왕대에도 활동했던 인물이지만 조금 더 살펴볼 필요가 있다.

이공수는 기황후의 외조부 이행검李行儉의 손자이니 기황후와는 내외종 간이다. 그런 인척 관계에서도 기황후나 그 형제들과는 약간의 거리를 두고 비교적 바른 길을 걸어오면서 충목왕 때의 개혁 정국에서는 감찰대부라는 막중한 직책을 맡기도 했다. 이번에 다시 발탁된 것은 그런 인척 관계와 개인적 성향을 반영한 것으로 보인다.

이연종은 《제왕운기帝王韻紀》의 저술로 유명한 이승휴李承休의 아들이다. 이승휴는 충렬왕 때 청요직淸要職에서 주로 활동했는데 관직을 사양할 정도로 청렴강직한 관리의 표상이었다. 그 아들 이연종은 과거에 합격하여 관직에 나왔는데, 비교적 올바른 관리 생활로 충정왕 때 감찰대부에 올랐으며 이제 다시 그 직책을 유지한 것이다. 하지만 그의 발탁은 조일신에 힘입은 것이었다고 비난을 받기도 했다.

김경직은 충숙왕 때 심왕 옹립 책동을 막아 내고 충혜왕 때는 일편단심으로 국왕 편에 서서 공신으로 책봉되었던 김윤金倫의 아들이다. 김경직은 조인규의 첫째 아들 조서의 딸을 부인으로 맞았으니 조일신과는 4촌 처남매부 사이이기도 한데, 특기할 점은 그가 충정왕 때 유주를 비난하다가 섬으로 유배당하는 곤욕을 치렀다는 점이다. 이는 충목왕 사후 충정왕과 공민왕의 왕위 계승 경쟁에서 공민왕 편에 섰다는 것을 말해 준다. 김경직이 발탁된 것은 그에 대한 보상으로 보인다.

윤택도 그때 공민왕을 지지했다가 김경직이 유배당할 때 지방으로 좌천당했던 인물이다. 앞서 언급했듯이, 그는 충숙왕 때부터 공민왕에 대한 기대를 걸고 있었다. 이런 점에서 보면 김경직과 윤택은 공민왕이 반드시 챙겨야 할 인물이라고 볼 수 있다. 이밖에 그때까지 드러나지 않은 새로운 인물들도 많이 발탁되었는데, 이들은 대부분 조일신과 마찬가지로 공민왕의 숙위 활동에 참여했던 인물들로 보인다. 이들에 대해서는 필요한 대목에서 언급할 것이다.

그런데 인사안의 명단에는 20여 명 정도 올라 있어 새로운 국왕의 첫 인사치고는 소폭이었다. 고려 조정에 정치적 기반이 부족했던 공민왕으로서는 당연한 노릇이었다. 아직 공민왕이 환국하기 전이라 대폭적인 인사 개편을 하기에는 조심스런 분위기를 반영한 것이 아닌가 한다.

조일신이 인사안을 발표한 바로 그날 몇몇 관리의 숙청과 퇴출도 병행되었다. 여기에는 뜻밖에도 이제현이 나선다. 아직 원에 체류 중인 공민왕의 위임을 받은 것이겠지만 이제 자신의 시대가 왔다고 판단했을지도 모르겠다. 이제현은 배전을 하옥시키고, 노영서盧英瑞와 윤시우를 섬으로 유배 보냈으며, 정천기鄭天起를 제주 목사로, 한대순韓大淳을 기장 감무로 좌천시켰다. 모두 이전 왕대에 국왕의 측근으로 작폐가 심했던 자들인데, 배전 노영서 정천기는 충혜왕 때, 윤시우와 한대순은 충정왕 때 주로 설쳤던 인물이다.

배전은 충혜왕의 숙위에 참여했던 인물로 즉위 초부터 측근으로 들어와 권력을 남용하다가 충목왕 때는 덕녕공주에 밉보여 퇴출당한 전력이 있었다. 그는 이제현에 의해 하옥당했다가 환국한 공민왕으로부터 용서를 받는데, 여기에는 석연치 않은 점이 있지만 조일신과 가까운 사이였던 것 같다.

노영서는 배전과 그 성향이나 행적이 비슷한 인물이다. 충혜왕에 의해 배전과 함께 일등 공신에 들었던 것으로 보아 숙위에 참여했던 것 같고 이로 인해 작폐가 심했던 자였다. 특히 충혜왕의 여성 편력에 일조를 한 자이기도 했다. 다른 점은 배전이 공민왕에 의해 용서받지만 노영서는 그러지 못했다는 점이다.

윤시우는 앞에서 언급한대로 충정왕 때 왕실의 외척으로 인사권을 남용하면서 비난을 받았던 인물이다. 당시 사람들이 윤시우를 윤왕尹王이라 부를 정도였다니 그의 위세가 짐작될 것이다. 윤시우는 충정왕 때의 여러 폐단의 중심에 있었던 인물이기 때문에 공민왕이 즉위하면서 숙청 대상 일 순위였다고 할 수 있다.

정천기는 배전 노영서와 마찬가지로 충혜왕의 총애를 받으며 여러 폐단을 일으켰던 인물이다. 이 자는 나중에 조일신의 반란에 가담했다가 죽임을 당하는데, 아마 이때의 좌천이 난에 연루되는 계기가 되었을 것이다. 한대순은 충정왕 때 줄곧 재상급으로 있었던 인물로 특별한 행적이 없는데, 아마 윤시우를 비롯한 외척 세력에 붙은 죄를 물은 것으로 보인다.

활발해진 감찰사 활동

조일신이 환국하여 인사발령을 낸 지 한 달이 채 못 된 1351년(공민왕 즉위) 12월 말 공민왕은 노국공주와 함께 환국하였다. 스물 두 살의 혈기왕성한 나이로 정확히 10년 만의 환국이었다. 환국 이틀 후 바로 강안전에서 즉위식을 거행하는데, 정말 할 일이 산적한 시기에 개혁에 대한 여망을 받고 고단한 고려 국왕의 자리에 오른 것이다.

그런데 공민왕이 즉위한 지 며칠도 못 되어 첫 인사에 대한 문제가 제기된다. 해가 바뀐 1352년(공민왕 1) 1월 초였다. 감찰사監察司에서 찬성사에 발탁된 조익청과 전윤장에 대해 탄핵안을 올린 것이다. 조익청은 음사淫祀를 받들었다는 죄목이었고, 전윤장은 뇌물을 받아 치죄 받게 되자 원으로 도망쳤던 자인데 공민왕이 환국할 때 어가를 호종한 덕에 재상에 올랐다는 것이었다. 조익청의 죄는 탄핵 받을 만큼 그리 큰 것이 아니었다. 하지만 전윤장의 죄는 분명 문제삼을 만했고, 게다가 그의 찬성사 발탁은 지난 행적으로 봐서 적절한 인사가 아니었다고 볼 수 있다.

감찰사에서 이 두 사람에 대한 탄핵안이 올라오자 공민왕은 이를 수용하지 않았다. 공민왕이 왜 그런 태도를 취했는지는 모르겠지만, 이들을 나름 신뢰했거나 아니면 내칠 수 없는 사정이 있었을 것이다. 즉위 직후라 아마 신중한 처신을 할 필요가 있었던 것 같다.

그런데 이 두 사람에 대한 감찰사 탄핵에는 조일신의 의지가 작용하지 않았을까 하는 생각이 든다. 왜냐하면 이때 이연종이 감찰사의 장관인 감찰대부를 맡고 있었는데, 이연종은 조일신의 힘으로 그 자리에 올랐다는 비난을 받고 있었기 때문이다. 그래서 조일신이 두 사람에 대한 탄핵을 요구했다면 이연종은 이를 거절할 수 없었을 것이다. 조일신의 처지에서는 전윤장과 조익청을 끌어내릴 충분한 이유가 있었다. 이 두 사람은 공민왕의 즉위에 대한 특별한 공로도 없었고 숙위 활동에 온전히 참여한 것도 아니었는데 조일신보다 우위의 관직에 발탁되었기 때문이다. 조일신으로서는 이를 인정할 수 없었을 것이다.

탄핵안이 거부당한 같은 날 감찰사에서는 또 건의를 올렸다. 이번에는 봉군封君된 관리들에 대한 봉록을 정지하라는 요청이었다. 원 간섭기에는 퇴직 관료나 원로대신들을 군君으로 책봉하여 우대하는 관행이 만연하고 있었다. 이는 국왕에 대한 충성심을 이끌어내기 위한 시혜 차원에서 이루어졌던 것인데 국왕이 즉위할 때마다 남발하는 경우가 많았다. 감찰사에서는 이를 지적한 것으로, 이 문제에 대해서는 공민왕이 조건 없이 수용하였다.

또한 이연종은 독자적으로 공민왕에게 간언하기도 했다. 국왕의 몽골식 변발 호복이 선왕의 제도가 아니니 본받지 말라는 건의였다. 공민왕은 이를 적극 수용하여 당장 변발을 풀고 호복을 벗었다. 나아가 이를 기쁘게 생각하여 이런 간언을 한 이연종에게 의복을 하사하기도 했다. 울고 싶은데 뺨 때려준 격으로 공민왕은 이를 반긴 것이다. 이를 반원 정치의 시작이라고 보면 너무 앞서 나간 생각일지 모르겠다.

그런데 공민왕이 즉위하자마자 이상과 같은 감찰사와 그 장관인 이연종의 적극적인 활동을 눈여겨볼 필요가 있다. 평범치 않아 보이기 때문이다. 감찰사는 고려 전통적인 관제에서 관료 집단에 대한 관리감독과 국왕에 대한 견제 장치로 만들어진 어사대御史臺를 원 간섭기에 격하시킨 관부였다. 명칭이 격하되면서 그 기능도 약화된 경향이 있었지만 관리에 대한 탄핵이나 국왕에 대한 간언은 감찰사의 고유 업무였다. 공민왕이 즉위하자마자 그런 기능이 활발해진 것인데, 그 이유나 배경이 무엇일까 궁금한 것이다.

이러한 감찰사의 활발한 활동은 일단 공민왕이 즉위하면서 고려의 전통적인 관부의 기능이 되살아나고 있다는 판단을 해 볼 수 있다. 그런 측면이 없지 않아 있었다. 실제 감찰사의 관리들 사이에서는 새로운 국왕이 즉위하면서 감찰사의 본래 기능인 관료 집단에 대한 감찰과 탄핵을 원칙대로 펼쳐보겠다는 의욕이 넘쳐 있었다. 하지만 좀 더 파고들면 그런 해석보다는 공민왕 즉위 초의 정치 세력 간의 주도권 다툼이 좀 더 중요하게 작용하지 않았을까 하는 생각이다.

조일신은 공민왕의 숙위 공신이라는 이유로 권력을 남용하면서 최고 실세로 부상하고 있었다. 하지만 감찰사의 장관인 감찰대부 이연종은 조일신과 연결되어 있었기 때문에 정작 중요한 탄핵 대상인 조일신은 건들지 못한 것이다. 오히려 조일신은 이연종을 앞세워 조익청과 전윤장 등 자신에 대한 반대 세력을 견제하는 데 감찰사를 이용하지 않았나 하는 생각이다.

그런데 공민왕은 조익청과 전윤장의 탄핵안은 거부하면서, 봉군된 관리에 대한 봉록 정지나 자신의 변발 호복 폐지 건의는 기꺼이 수용하였다. 이는 감찰사의 고유 권한과 활동을 전적으로 수용하지도 않았고, 완전히 무시하지도 않은 어정쩡한 태도를 보인 것이다. 좋게 말하자면 정치 세력 간의 주도권 다툼을 의식하여 사안에 따라 유연하고 탄력적으로 대응했다고 할까.

하지만 공민왕은 양보할 수 없는 사안에 대해서는 결코 물러서지 않았다. 다음의 정방 폐지에서 그 점을 엿볼 수 있다.

역사적인 정방 폐지

감찰사의 활동이 전개되는 도중에, 1352년(공민왕 1) 2월에는 정방政房을 폐지했다. 이 조치는 감찰사의 건의를 받거나 특정인의 주장을 수용하여 내린 것이 아니었다. 공민왕이 독자적인 판단으로 내린 조치였다. 사전에 심사숙고하지 않고서는 취할 수 없는 조치였다.

정방은 최 씨 무인정권 때 국가기구가 아닌 사적인 인사행정 기구로 처음 설치되었다. 공민왕은 이를 폐지하고 문관 인사는 전리사典理司에,

무관 인사는 군부사軍簿司에 돌리는 중대한 조치를 내린 것이다. 이는 인사행정을 정당한 절차와 기준에 의해 공정하게 실시하겠다는 의지의 표명이었다. 전리사와 군부사는 고려 전통 관제에서 문무관 인사를 담당했던 이부吏部와 병부兵部를 원의 압력을 받아 격하시킨 관부였다.

공민왕에 의한 정방 폐지는 그 역사적 의미가 컸다. 이후 정방은 가끔 그 명칭이 보이기는 하지만 고려 왕조가 끝날 때까지 다시 설치되지 않았기 때문이다. 원 간섭기 동안 여러 차례 설치와 폐지를 반복하다가 공민왕 대 와서야 완전히 사라지게 된 것이다. 공민왕이 처음부터 개혁을 꿈꾸고 있었다면 이때의 정방 폐지는 그 시작이었다고 볼 수 있다.

정방은 고려 후기 정치사를 이해하는 데 핵심 주제이다. 폐지와 복구를 반복했던 정방은 인사권의 향방을 가늠할 수 있는 관건이기 때문이다. 원 간섭기 역대 국왕들은 인사권을 장악하기 위해 정방을 폐지하기도 했고 복구하기도 했다. 정방을 폐지하여 인사권을 장악하려 했던 군주는 개혁적이라 불렸고, 정방을 복구하여 인사권을 행사하려 했던 군주는 반개혁적이라 불렸다.

충렬왕은 정방을 그대로 두면서 변형시켜 운영했고, 충선왕은 이를 폐지하여 사림원詞林院으로 대체했으며, 충숙왕은 인사권을 부왕으로부터 되찾기 위해 정방을 다시 복구했다. 그러다 충목왕 때는 정치도감에 의한 개혁 국면에서 정방을 또 폐지했다가 부원배의 반발에 부딪혀 바로 복구하기도 했다. 이를 공민왕이 완전 폐지한 것이다.

재미있는 점은 최 씨 정권의 사저에 설치했던 사적인 인사행정 기구인 정방이 끈질긴 생명력을 과시했다는 사실이다. 정방이 맨 처음 설치된 이후, 최 씨 정권이 붕괴되고 이어서 무인 정권이 완전 몰락한 후에도 백 년 이상 사라지지 않고 이어졌던 것이다. 국가 기구가 아닌 사설 기구로 출발한 정방인데 말이다. 게다가 무인 정권이 몰락한 이후에도 원 간섭기 내내 설치와 폐지를 반복하면서 이어졌다는 것은 정방을 좀 달리 생각해 볼 필요가 있다.

여기서 이 문제를 자세히 언급할 여유가 없지만, 정방은 인사행정 기구로 뛰어난 효율성을 발휘하지 않았을까 하는 생각을 떨칠 수 없다. 즉, 정방은 합리적인 인사행정 기구로 설계된 최 씨 정권의 탁월한 발명품이라고 생각한다. 그러니까 그런 끈질긴 생명력을 과시하지 않았을까. 다만 고려의 전통적인 관제에서 한참 벗어난 기구였다는 것이 문제였다.

무인 정권이 몰락한 후, 원 간섭기에 정방이 이렇게 치폐를 반복했던 것은 그만큼 이 시대 국왕들이 인사권을 장악하기가 쉽지 않았다는 것을 시사한다. 달리 말하자면 국왕 측근들이나 부원배 세력에게 국왕의 인사권이 휘둘렸다는 뜻도 된다. 공민왕이 정방을 완전 폐지한 것은 그래서 역사적 의미가 크다.

주목할 사실은 정방이 폐지되고 한 달도 못 되어 조일신이 다시 정방을 설치하자고 주장한다는 점이다. 조일신은 공민왕을 대면하고 다음과 같은 주장을 하는데, 두 사람의 대화를 《고려사절요》와 《고려사》 조일신 열전을 참고하여 인용해보겠다. 중요한 대목이기 때문이다.

조일신: 전하께서 환국하실 때 원 조정의 권신과 총신으로 우리나라에 인척을 두고 있는 자들이 그 인척에게 벼슬을 줄 것을 전하께도 부탁하고 신에게도 부탁하였습니다. 지금 전리사와 군부사로 전선銓選(인사

행정)을 맡게 한다면 유사가 법조문에 구애받아 지체될까 걱정이옵
니다. 청컨대 정방을 복구하시어 적절하게 관직을 제수하도록 하십
시오.

공민왕: 정방을 폐지하고 옛 제도로 돌아간 지 얼마 안 되어 중간에 다시 변
경한다면 사람들의 웃음거리가 될 뿐이오. 경이 부탁받은 바를 나에
게 말하면 내가 인사 부서에 일러 따르도록 하겠소.

조일신: 신의 말을 따르지 않으신다면 무슨 면목으로 원 조정의 관리들을 다
시 볼 수 있겠습니까?

이 대화에서 조일신은 정방을 복구해야 할 분명한 이유를 말하고 있
다. 고려와 인척 관계를 맺고 있는 원 조정의 권력자들에게 받은 인사
청탁을 들어줘야 한다는 것이었다. 부마국 체제가 깊어지고 양국 관계
가 밀착되면서 고려의 인사 문제에 원의 관리들까지 개입하고 있는 정
황을 그대로 드러내고 있다.

원 관리들의 인사 청탁을 들어줘야 한다고 생각한 조일신은 이들과
관계를 맺고 있었을 테니 말할 필요도 없이 그는 부원배였다. 달리 말
하면 이것은 공민왕이 정방을 폐지한 이유도 될 것이다. 그런 인사 청
탁을 막아 내기 위해서 말이다.

그런데 조일신이 정방의 복구를 주장한 진짜 중요한 이유는 자신이
인사권에 간섭하려는 것이었다. 앞의 대화의 내용에서 알 수 있듯이 조
일신은 그 점을 구태여 숨기지 않고 있다. 그래서 역시 마찬가지로 공
민왕이 정방을 폐지하고 복구 요청을 거절한 이유도 조일신과 같은 권
력자들의 인사 간섭을 배제하려는 것이었다. 공민왕은 그런 일을 자신

에게 부탁하라고 하면서 조일신의 요구를 완강하게 거절했다.

이를 보면 공민왕은 인사권 문제만큼은 일관되게 확립하고자 했음이 분명하고, 또 이를 일단 성공시킨 것이었다. 조일신은 자신의 주장이 관철되지 않자 사직하겠다고 엄포를 놓기도 했다. 그 때문인지 정방은 그 뒤에도 역사 기록에 가끔 나타나고 있다. 아마 공민왕이 양보하면서 혁파 의지를 일관되게 관철시키지 못한 것으로 보인다.

그래도 이때의 정방 폐지는 그 역사적 의미는 컸다. 정방이 공식적으로 폐지되어 역사에서 완전히 사라진 것은 몇 년 뒤의 일이지만 이때 그 단서가 마련되었기 때문이다. 이것은 또한 공민왕의 개혁 정치가 이때 이미 시작되었다고 볼 수 있는 증거이기도 하다. 이런 새로운 분위기는 이제현 등 개혁적인 사대부 관리들의 지지 속에서 조성되고 있었다.

개혁 정책 담은 즉위 교서 반포

정방을 폐지한 지 며칠 후 1352년(공민왕 1) 2월, 공민왕은 즉위 교서를 반포했다. 즉위 교서는 지금으로 말하면 대통령 취임사와 같은 것인데, 즉위한 지 수개월이 지난 뒤에야 반포한 것은 아마 개혁적인 내용을 다듬기 위해 시간이 필요했던 것 같다.

공민왕의 즉위 교서는 정말 특별한 의미가 있었다. 그 내용이 특별해서가 아니었다. 물론 내용도 주목할 대목이 있지만 우선 충선왕이 즉위 교서를 반포한 이후 반세기 만에 처음으로 나온 것이었기 때문이다.

충숙왕 때는 즉위 후 수년이나 지나 즉위 교서가 나왔지만 누구도 주목하지 않았다. 심왕 옹립 책동으로 왕권이 위협받고 있었던 탓이었다. 또한 충혜왕 때는 이런 의례적인 것마저도 생략되었는데, 중조重祚 과정에서 곡절이 많았고 왕위 계승이 파행으로 이루어졌기 때문이다. 그 이후 충목·충정왕 때는 유주로서 왕권이 허약한 탓이었는지 즉위 교서는 역사 기록에 남아 있지도 않다. 그래서 공민왕의 즉위 교서 반포는 실로 오랜만에 정치적 의미를 지닌 특별한 것이었다. 여기에 개혁적인 내용까지 담고 있으니 모처럼 국왕다운 교서로서 제대로 형식을 갖추고 있었다.

즉위 교서 내용 전체를 분석해 보면 20개 조목 정도로 세분할 수 있는데, 여기서는 정치, 경제, 사회, 군사, 네 가지로 크게 나누어 대강만 살펴보겠다.

정치 분야에서 눈에 띄는 대목은 왕권의 확립을 내세운 점이다. 이전 시대 국왕의 측근에서 환관이나 내관 폐행들이 정치 질서를 문란케 하여 국왕을 잘못으로 이끌었다고 비판하면서 이제 국왕 중심의 정치를 펼치겠다는 의지를 보였다. 더불어 바른 사람을 등용하겠다는 뜻도 밝혔다. 이런 것은 물론 즉위 교서의 상투적인 내용으로 치부할 수도 있지만 이전 시대가 워낙 정도에서 벗어난 정치였기에 주목되는 것이다.

군사 분야에서 강조한 것은 왜구에 대한 대비 문제였다. 왜구의 침략은 충정왕 때부터 빈번하게 나타나면서 국가의 중요한 문제로 대두되고 있었다. 이에 대해 교서에는 상세한 대책을 내놓지는 않았지만 국방 문제에 대해 주의를 환기시키고 있다. 즉위 교서에서 왜구에 대한 대비를 거론한 것은 최근의 현실 문제를 잘 반영하고 있다는 의미였다. 왜구에 대해서는 뒤에서 자세히 살펴볼 것이다.

경제 분야에서 제기한 문제는 이 시대의 가장 큰 병폐인 권세가에 의한 토지 탈점과 이로 인한 전민田民 소송 문제였다. 이런 토지 탈점과 소송 문제는 충선왕의 즉위 교서에서도 가장 크게 제기되었던 것인데 여전히 손을 대지 못하고 그대로였다. 토지를 탈점한 권세가들이 바로 원과 연결된 부원배였기에 그만큼 쉽사리 해결하기 어려운 과제였던 것이다.

즉위 교서에서 가장 주목할 내용은 정치 기강을 바로잡겠다는 것과 토지 탈점 문제였다. 원 간섭기라는 이 시대에 특히 병폐가 심하게 나타났던 이런 문제를 공민왕은 개혁 과제로 분명히 생각하고 있었다는 사실이 중요하다. 이들 문제에 대한 구체적인 내용에 대해서는 해당 부분에서 차츰 언급할 것이다.

조일신의 전횡, 기황후 친족의 견제

1352년(공민왕 1) 3월, 감찰대부 이연종이 갑자기 사직을 요청하였다. 감찰사의 활동이 계속되고 있던 중에 나온 것이었다. 이연종이 조일신과 연결되었다고 비난을 받고 있기는 했지만 아직 드러내놓고 그런 기색은 보이지 않고 있었는데 뜻밖의 일이었다. 그 내막은 이랬다.

감찰사 장관을 맡고 있는 이연종이 조일신과 연결되어 있다는 것이 문제의 발단이었다. 이 문제를 거론하여 이연종에게 시비를 건 자는 뜻밖에 기황후의 오라비인 기원이었다. 기원은 그때 원 조정의 원사院使 관직을 맡고 있었는데 이는 기황후의 측근이었던 고용보가 맡던 자정원사資政院使로 보인다. 어쩌면 기원은 고려 국정을 관리하기 위해 파견된 기황후의 대리인으로 봐도 무방할 것이다.

기원은 이연종에게 여러 사람들의 비난을 듣지 못하느냐고 핀잔을 주면서 감찰사의 장관으로서 시시비비도 제대로 가리지 못한다고 조롱하였다. 직접 거론하지는 않았지만 이 비난은 조일신과의 관련을 두고 한 말이었다. 즉, 조일신을 그냥 놔두고 애먼 사람들만 탄핵하고 있다는 뜻이었다. 자격지심을 가지고 있던 이연종이 이를 눈치 채지 못할 리 없었다.

이에 이연종은 반론을 펴면서 기원의 비난을 피해 갔다. "근자에 조익청과 전윤장을 탄핵했는데 만약 이제현과 조일신까지 탄핵한다면 왕은 누구와 국정을 의논하겠소?"

이게 무슨 말일까. 뒤가 구린 사람이 비난의 화살을 피하는 방법 중의 하나로 동문서답을 하는 방법이 있다. 비난의 핵심을 슬쩍 비켜 가는 수법이다. 즉, 정면 대응을 회피하면서 비난의 핵심을 흐려놓는 수법으로 이연종은 조일신과 함께 느닷없이 엉뚱한 이제현을 거론한 것이다. 기원의 주장은 조일신을 탄핵해야 한다는 것이었는데 이연종은 이제현을 함께 거론하면서 그럴 수 없었음을 주장한 것이다. 그리고 이연종은 국왕에게 사직을 요청했다. 승낙하지 않을 것이라는 것을 뻔히 알면서 말이다.

이연종의 간사함에 대해서는 공민왕도 이미 알고 있었다. 언젠가 이제현과 국정에 대해 얘기를 나누면서 이연종에 대해 넌지시 그런 자신의 속내를 드러낸 적이 있었던 것이다. 이를 보면 공민왕은 대단히 신중하게 조정의 주요 인물들을 관찰하면서 파악하고 있었다는 것을 알 수 있다.

그런데 이연종이 사직을 요청한 얼마 후에는 수상인 이제현이 사직을 요청했다. 역시 공민왕은 들어주지 않았다. 이제현이 사직을 요청한 것은 조일신의 견제 때문이었다.

조일신의 교만 방자함은 이미 드러나고 있었다. 공민왕을 원에서 시종했다는 공로를 믿고 행패를 부리는 것은 예사였고, 자신보다 높은 자리를 차지한 자들을 배척하는 일에도 거리낌이 없었다. 이연종을 앞세우고 감찰사를 동원하여 앞서 조익청과 전윤장을 탄핵한 것도 그 때문이었다. 이제현도 그런 조일신의 견제를 받은 것이다. 아마 이제현은 이런 정치판에서는 더 이상 자신의 뜻을 펼칠 수 없다고 판단하여 사직을 요청했던 것 같다.

조일신에 대해서는 공민왕도 조심스럽게 대하고 있었다. 숙위 시절부터 다혈질적인 그의 성품이나 행동을 잘 알고 있는 터라 너무 가까이 하기에는 꺼림칙했고 멀리하기에도 주저되었다. 공민왕이 이연종의 사직을 허락하지 않은 것은 그 뒤에 조일신이 있다는 것을 알기 때문이었고, 이제현의 사직을 허락하지 않은 것은 조일신에 대한 견제를 생각한 것이었다.

하지만 수상인 이제현은 유학자의 풍모를 지녀 조일신과 같은 반대 세력과 맞서 싸울 만한 배짱이 부족했다. 지금까지 이제현의 처신은 항상 그런 식이었다. 충선왕 사후에도 관직은 그런대로 유지했지만 정치 전면에 나서지 않았고, 충혜왕 때는 공신에까지 책봉되었지만 부원배들의 등쌀에 스스로 위축되었다. 이제현의 사직 요청은 자신의 그런 성품과도 무관치 않다고 보인다.

그런데 기황후 오라비인 기원이 조일신을 직접 견제하고 나선 것이다. 공민왕으로서도 손해 볼 일이 별로 없는 정치 구도였다. 공민왕도 조일신을 견제할 필요를 느끼고 있었기 때문이다. 기원이 조일신을 견제하고 나선 것은 공민왕 즉위 초의 정치 주도권 다툼의 성격도 있었다. 이는 달리 말하면 공민왕이 어느 한 쪽에도 치우치지 않고 있었다는 뜻도 된다.

하지만 공민왕 즉위 초에 조일신이 정치를 주도하고 있다는 것은 분명했다. 조일신이 그렇게 힘을 쓸 수 있는 기반은 아직 명확히 드러나지는 않지만 원 조정에 든든한 배후가 있는 것도 같았다. 물론 그 배후가 기황후가 아니라는 점은 확실하다. 그래서 고려 국정에 대한 원활한 통제를 생각하고 있는 기황후나 그 친족들은 지금 주도권을 쥐고 있는 조일신이 가장 큰 걸림돌이었다고 할 수 있다.

기황후의 오라비인 기원은 기황후의 대리인으로서 이연종을 공격하면서 그런 조일신을 탄핵하라고 우회적으로 주문한 것이다. 기원에게는 조일신을 견제할 만한 자격도 있었고 힘도 있었다. 공민왕의 즉위에 기황후의 기여가 있었고, 고려 국정에도 간섭할 만하다고 생각했기 때문이다. 이래저래 정치 구도가 복잡하게 전개되고 있었다.

마침내 감찰사의 관리들이 그 조일신을 탄핵하고 나서는데, 이 문제는 조금 뒤에 살피기로 하고 먼저 엉뚱한 배반 사건 하나 먼저 언급하겠다. 그 배반의 주인공은 최유라는 인물이다.

불발로 끝난 부원배 최유의 복수

최유는 충정왕의 왕위 계승에 공로가 있었던 인물로 앞서 거론했다. 그는 이런 공로를 바탕으로 처음에는 잘 나갔지만, 점차 외척 윤 씨 세력이 권력을 독점하자 이에 불만을 품고 난동을 부리다가 그 동생들과 함께 원으로 도망쳤던 자였다. 이 자가 공민왕이 환국할 때 어가를 호종하면서 여기에 합류한다.

원으로 도망쳤다가 새로운 왕이 즉위할 때 출세의 기회를 잡기 위해 함께 입원하는 이런 행태는 당시 부원배 세력들이 출세하는 상투적인 수법이었다. 아마 최유는 충정왕을 내치고 공민왕이 왕위를 계승하는 데 약간의 기여를 했거나 최소한 공민왕의 왕위 계승을 반대하지는 않았을 것이다. 그래서 그는 공민왕에게 기대를 걸어볼 만하다고 생각했다.

그런데 웬일인지 최유는 공민왕을 따라 요동까지 들어왔다가 다시 원으로 들어가 버렸다. 아마 환국 과정에서 무슨 농간을 부리다가 배척당했든지, 아니면 환국해서도 자신의 기대를 충족시키기 어렵다고 판단하여 스스로 목표를 선회한 것일 수도 있다.

원으로 되돌아간 최유는 고려를 일부러 괴롭히기 위해 중요한 제안을 황제에게 올린다. 고려의 군대 10만을 징발하여 중국 남방의 반란 세력을 진압하자는 것이었다. 이를 보면 환국 과정에서 그가 공민왕에게 배척당했다고 보는 것이 옳겠다. 순전히 고려에 대한 앙심을 품은 자의 소행으로 보이기 때문이다.

황제는 최유의 제안을 즉시 받아들였다. 이 무렵 중국 남방에서 올라오는 반란 세력의 진압은 당시 원 조정의 긴급한 문제였기 때문이다.

황제는 최유에게 군사 동원권을 부여하여 고려에 파견할 것을 명하였다. 그렇게 되면 최유는 공민왕이나 고려 조정에서도 어찌 해 볼 수 없는 막강한 권한을 부여받는 것으로 확실한 복수의 기회를 잡게 되는 것이다.

하지만 이를 반대하고 나선 사람들이 있었다. 당시 원에 체류하던 고려인들이 이를 저지한 것이다. 이들이 반대 이유로 내세운 것은 그 무렵 날로 심각해지는 왜구의 침략이었다. 충정왕 때부터 시작된 왜구의 침략은 공민왕이 즉위한 초기에도 계속되고 있었다.

1352년(공민왕 1) 3월, 왜구는 개경의 코밑 강화도 근해까지 올라오고 있었다. 고려 조정에서는 김휘남金暉南에게 전함 25척을 주어 막게 했지만 왜구의 강성함을 보고 싸우지도 않고 서강西江(예성강)으로 퇴각하여 증병을 요청한다. 군사 지원을 받은 김휘남이 다시 전투에 나서 착량(강화) 안흥(태안반도) 등지에서 싸워 겨우 왜선 한 척을 노획했지만, 왜구는 물러나지 않고 경기만 일대에 머무르며 강화 인근 도서를 계속 노략질하고 있었다.

왜구의 파상적인 공격이 이어지자 김휘남은 예성강으로 퇴각하여 또다시 병력 지원을 요청했다. 조정에서는 다급하게 군사를 징발하도록 명령을 내리지만 상비군 체제가 무너진 지는 이미 오래여서 군사 징발은 길거리에서 지나가는 장정들을 붙잡는 것이 전부였다. 심지어는 군량미나 화살까지 관리들이나 민가에서 갹출하는 실정이었다. 고려가 제국에 편입되어 그 안보의 그늘에 안주하면서 자체의 상비군 체제를 육성하지 못한 탓이었다.

그런 상황에서 10만의 군사를 징발한다는 것은 말도 안 되는 제안이었다. 10만의 병사는 고려의 국력으로 감당하기에도 무리였고, 이를 중국 남방까지 원거리 파병한다는 것은 더욱 큰 문제였다. 제국의 변방 정책으로 봐서도 결코 현명한 계책이 아니었으며 오히려 위험천만한 일이 아닐 수 없었다.

황제는 고려에 대한 군사 징발에 문제가 많다는 것을 알아채고 이 정책을 바로 취소한다. 이어 고려를 향해 출발했던 최유를 소환하면서 이 일은 다행히 큰 파장 없이 중단되었다. 고려에서 기원이 조일신을 견제하기 위해 이연종을 비판하고 나섰던 1352년(공민왕 1) 3월의 일이다. 최유로서는 마음껏 권력을 행사할 기회를 놓친 것인데 이후에도 최유는 고려에 대한 복수 기회를 노린다.

그런데 최유와 같이 배반의 길을 걸으면서 고려를 괴롭히는 인물들은 앞으로도 계속 등장한다. 이런 자들도 새로 즉위한 공민왕에게는 상대하기 버거운 존재들로서 왕권에 위협적이었다.

조일신에 대한 탄핵

최유의 배반이 수포로 돌아간 한 달 뒤, 마침내 조일신에 대한 탄핵안이 올라왔다. 감찰집의(종3품)로 있던 김두金枓와 지평(정5품)으로 있던 곽충수郭忠秀가 조일신 탄핵안을 올린 것이다. 이들은 모두 감찰사의 중견 관리로, 특히 김두는 충목왕 때의 개혁 기구인 정치도감에 소속되어 맹렬히 활약했던 인물이었다.

조일신 탄핵안은 감찰사의 장관인 이연종의 재가를 받은 것이 아니었다. 오히려 이연종의 반대를 무릅쓰고 이들 관리들이 독자적으로 탄핵안을 올린 것이었다. 앞서 기원이 이연종을 비난하면서 조일신에 대한 탄핵을 거론하자 아마 이에 힘입어 용기를 낸 것으로 보인다. 그래도 이들의 용기는 대단한 것이었다. 조일신 같은 권력의 실세를 탄핵한다는 것이 보통 일이 아니었고, 자칫 잘못하면 자신들이 다칠 수도 있는 위험한 일이었기 때문이다.

탄핵을 받은 조일신은 공민왕에게 당장 이들과의 대질을 요청한다. 이에 감찰사의 장관인 이연종을 함께 참여시킨 자리가 대전에서 마련되었는데, 쌍방의 주장을 듣기 위한 자리였지만 조일신이 탄핵안을 무산시키려는 수법이었다. 이연종이 조일신의 탄핵안을 수용할 리 없기 때문이다.

이연종은 그 자리에서 김두와 곽충수가 올린 탄핵안을 조목조목 비판했다. 조일신에 대한 탄핵이 부당하다는 것이었다. 이에 김두가 이연종을 향해, 헌사憲司(감찰사)의 장관으로서 죄인을 탄핵하는 데는 동참하지 않고 오히려 감찰사의 관리들을 비판하느냐고 반박하였다. 여기에 이연종은 대꾸할 말이 없었다. 이연종의 처신은 누가 봐도 드러내놓고 조일신을 비호하는 짓이었기 때문이다.

탄핵의 가부에 대한 결정에는 공민왕의 판단이 중요했다. 대전에서 쌍방 간에 대질 심문은 이를 판단하기 위한 자리였지만 정치적 판단을 하지 않을 수 없는 사안이었다. 공민왕으로서는 조일신을 이 기회에 탄핵하고 싶었는지는 모르겠지만 쉽사리 결정할 일이 아니었다는 뜻이다. 조일신의 반발과 그로 인한 파장을 고려하지 않을 수 없기 때문이다.

하지만 김두와 곽충수도 물러서지 않았다. 대전에서의 대질이 끝나고 이들은 불법을 저질렀다 하여 조일신의 가노를 잡아들였다. 이에 조일신은 자신의 가노를 마음대로 석방시키고 김두와 곽충수를 권력을 남용한다는 이유로 고소하였다. 그리고 이연종을 시켜 김두와 곽충수를 탄핵하기에 이른다. 탄핵에 탄핵으로 맞선 것이다.

난감한 것은 오히려 공민왕이었다. 어느 쪽이든 결단을 내려야 했는데, 공민왕이 어떤 판단을 했을 것 같은가? 애초에 탄핵안을 올린 김두와 곽충수에게 직무 정지를 내리고 만다. 물론 조일신 탄핵안은 통과되지 못했다. 하지만 공민왕으로서는 얻은 것도 있었다. 조일신에 대한 탄핵은 성사되지 못했지만 일단 그에 대한 견제 구도는 마련되었기 때문이다.

조일신의 탄핵이 무산된 직후 윤택이 시정에 대한 상소를 올렸다. 아마 이 상소 내용도 조일신에 대한 비판이었을 것 같은데 공민왕은 이를 수용하지 않았다. 앞서 언급한대로 윤택은 충숙왕 때부터 공민왕에게 기대를 걸었던 인물로 신뢰를 받고 있었지만 그랬다. 윤택은 자신의 뜻을 펼칠 수 없다고 판단했는지 미련 없이 사직해 버린다.

이제현도 조일신에 대한 탄핵이 성사되지 않자 다시 사직을 요청했다. 하지만 공민왕은 또 허락하지 않았다. 이제현이 또 사직을 요청한 것은 공민왕이 조일신의 손을 들어준 것에 대한 불만일 수 있지만 윤택의 처신과 마찬가지로 조일신에 대한 압박일 수도 있었다. 공민왕이 이를 다시 거절한 것도 조일신에 대한 견제를 위해서는 그가 꼭 조정에 남아 있어야 했기 때문이다.

그런데 이 일이 있고 난 얼마 후에 돌연 이연종이 관직을 버리고 향리로 돌아가 버린다. 조일신에 대한 탄핵안이 올라오자 이를 막기는 했지만 앞으로 자신에게 닥칠 일도 뻔히 보였기 때문이다. 나이도 70을 넘어 연로한 상태였다. 이번에는 공민왕도 그대로 수용했다. 그의 정체가 명백히 드러나기도 했지만 수용해도 별 탈이 없을 것으로 판단했던 것이다.

결국 조일신에 대한 탄핵은 이연종이 대신 사직하는 것으로 끝이 난다. 이연종의 사직으로 조일신은 기세가 한풀 꺾일 만도 했지만 여전히 분에 넘치는 행동을 계속하고 있었다. 처음부터 공민왕은 조일신을 탄핵하기에는 아직 이르다고 판단했는지도 모른다. 아니면 조일신에 대한 두려움이 작용했든지. 20대의 혈기왕성한 공민왕이었지만 신중한 판단이라고 보지 않을 수 없다.

조일신의 횡포

조일신은 찬성사로 승진도 했다. 앞서 첫 인사에서 찬성사로 발탁된 조익청과 전윤장이 조일신의 사주로 탄핵을 받았다는 얘기를 했는데, 아마 언젠가 이들 중 한 자리를 빼앗아 꿰찬 것으로 보인다.

조일신의 횡포는 이뿐이 아니었다. 1352년(공민왕 1) 4월, 좌우 부대언副代言(정3품)으로 있던 김득배金得培와 유숙柳淑이 갑자기 파면당하고 만다. 대언은 국왕의 비서관으로 대변인 격이니 공민왕과 긴밀한 위치에 있는 직책이다. 이들에 대한 파면에 또 조일신의 힘이 작용하고 있었던 것이다.

김득배는 과거에 급제하여 관직에 나왔는데 조적曹頔의 반란에서는 충혜왕을 따랐던 인물로 나온다. 이후 입원하여 공민왕의 숙위 활동에 참여하고 공민왕과 함께 환국하여 첫 인사에서 국왕 비서관으로 발탁된 것이다. 그러니 공민왕에게는 아주 중요한 인물이라고 볼 수 있다.

유숙 역시 과거에 급제하여 관직에 나온 인물로 공민왕의 숙위 활동에 참여하기도 했다. 다만 김득배와 달리 유숙은 공민왕과 10년 숙위 기간을 온전히 함께 보내지는 않았는데, 이는 지조가 없어서가 아니라 노모에 대한 효성 탓이었다. 그러니 공민왕의 신뢰가 김득배 못지않게 커서 역시 첫 인사에서 국왕 비서관으로 발탁된 것이다.

김득배와 유숙이 파면당한 내막은 이랬다. 원 조정의 최고 실력자인 톡토가 공민왕에게 사신을 파견하여 소인배를 멀리할 것을 당부하는 서신을 보내 온 적이 있었다. 그런데 이 사신을 조일신이 먼저 맞이하여 김득배와 유숙 그리고 김용金鏞을 음해한 것이다. 이 세 사람은 모두 조일신과 함께 공민왕의 숙위에 참여했으니까 결코 모르는 사이는 아니었을 테지만 조일신이 이들을 견제한 것이다.

조일신은 김득배 유숙 김용이 국왕 곁에서 총애를 믿고 마음대로 한다고 톡토의 사신에게 모함한 것이다. 이에 그 사신이 공민왕에게 압력을 넣어 김득배와 유숙을 파면시킨 것이었다. 이때 김용은 공민왕의 신임을 받고 있어 파면을 면할 수 있었다고 한다. 김용 역시 공민왕과 숙위를 함께한 덕에 첫 인사에서 응양군 상장군(정3품)이라는 중책에 발탁되었던 인물이다.

공민왕이 사신의 압력을 받아 김득배와 유숙을 파면하면서 김용은 제외시켰다는 사실에서 여러 가지 해석이 가능하다. 파면당한 두 사람보다 김용을 더 총애해서 그랬을 수 있지만 이보다는 조일신에 대한 견제를 생각해서 살려 둔 것이 아닌가 한다. 응양군 상장군으로 있던 김용은 무반 서열 1위로서 횡포를 일삼는 조일신을 견제하는 데 적격이라고 생각했을 것이다. 공민왕의 용인술을 엿볼 수 있는 대목이다. 김용은 앞으로 자주 등장하니 꼭 기억해 둘 필요가 있다.

이 사건에서 정작 중요한 점은 조일신이 원 조정의 실력자 톡토와 연결되고 있다는 사실이다. 그러하니 국왕보다 먼저 그 사신을 사적으로 만날 수 있었다. 조일신이 방자하게 행동하는 것도 단순히 공민왕의 숙위 신하여서만이 아니라 그런 배후를 믿고 하는 짓이었고, 또한 공민왕이 조일신을 함부로 할 수 없었던 이유도 바로 그 때문이었다. 파면당한 김득배와 유숙은 후에 다시 공민왕에게 중용된다.

그런데 조일신에게도 함부로 할 수 없는 눈엣가시 같은 존재가 있었으니 바로 기황후의 오라비인 기원이었다. 김득배와 유숙이 파면당한 며칠 후 이런 일이 있었다. 원 황제의 생일로 공민왕이 정동행성에 거둥하는데 기원이 말을 타고 국왕 곁으로 나란히 접근했다. 공민왕은 호위무사들로 하여금 기원을 가까이 오지 못하게 막았지만 기원은 기어코 공민왕 곁으로 말을 가져다 붙였다. 기원이 자신의 위세를 과시하려는 행동이었다.

공민왕으로서는 기황후와 그 친족들을 항상 염두에 두지 않을 수 없었다. 기황후의 어머니 영안왕 대부인榮安王 大夫人 이 씨의 집을 수시로 찾아 문안을 드렸다. 어떤 때는 대부인 이 씨가 공민왕과 노국공주를 사저로 초대하여 잔치를 베풀기도 했다. 공민왕의 이런 처신은 기황후 친족들의 위세를 더욱 키워 주는 일로 조일신에게는 매우 신경 쓰이는 일이었다.

국왕과 나란히 말을 타는 기원의 행동에 자극을 받았는지 조일신이 비슷한 행태를 보인다. 며칠 후 공민왕이 궁중에서 잔치를 베푼 적이 있었는데, 이때 조일신은 거만하게 공민왕과 함께 누각의 난간에 비스듬히 기대어 가무를 구경하였다. 문무 관리들은 누구도 이를 제지하지 못했고, 조일신은 그들에게 보란 듯이 국왕과 맞먹고 있음을 의도적으로 드러낸 것이다.

조일신이 이런 행태를 보인 데는 기원과의 경쟁 심리도 작용한 것 같다. 조일신이 기원의 행동을 보고 자신도 그럴 수 있다고 과시한 것이었다. 원 조정의 최고 실력자 톡토와 연결된 조일신, 그리고 기황후의 오라비 기원, 두 사람 사이에 권력 과시 경쟁이 붙은 것이다. 이 양자의 권력 경쟁 속에 공민왕의 왕권 확립은 당분간 어려울 수밖에 없었다.

그런 경쟁 심리 때문이었는지 조일신의 횡포함은 더욱 심해졌다. 순군부에 갇힌 죄수를 석방하도록 군졸을 끌고 가서 압력을 넣기도 하고, 해당 관리가 말을 들어주지 않으면 직접 구타하기도 했다. 그의 폭력적인 성향까지 더해서 안하무인이었다.

이런 일도 있었다. 조일신은 도평의사사都評議使司의 녹사로 있던 김덕린金德麟이란 자가 마음에 들지 않았는지 공민왕에게 고소하였다. 공민왕이 이를 바로 수용하지 않자 자기 마음대로 국문을 열어 관직을 빼앗고 다시는 관직에 나오지 못하도록 금고 처분을 내려 버렸다. 공민왕은 부당함을 알면서도 부득이 따를 수밖에 없었으니 안타까운 일이었다.

앞서 윤택이 사직을 하고, 이제현도 수차례나 사직을 요청했던 것은 모두 조일신의 그런 횡포와 위세를 누구도 막을 수 없다고 판단한 결과였다. 그리고 보면 조일신의 측근인 이연종이 사직을 했던 것은 화가 자신에게 미칠 것을 예견한 현명한 처신이었다고 보인다.

고민하는 공민왕

조일신의 횡포에 대해 공민왕은 방임하듯이 했다. 아직 그를 내칠 힘이
부족해서 그럴 수도 있었고, 혹은 조일신 같은 존재가 필요해서 그럴
수도 있었다. 어차피 조일신 같은 자가 사라지더라도 누군가가 그 자리
를 대신할 것이기 때문에 공민왕은 성급하게 대처할 문제가 아니라고
판단했을지도 모른다.

조일신을 없애더라도 그를 대신할 자들은 차고 넘쳤다. 기철 기원과
같은 기황후의 친족들을 비롯한 부원배들이 건재하고 있었다. 여기에
자신과 숙위 활동을 함께했던 자들도 그 공로를 내세워 호가호위에 결
코 뒤지지 않을 것이다. 그러니 차라리 조일신을 당분간 그대로 놔두는
게 나을 수도 있었다.

이래저래 즉위 초기의 공민왕은 고민이 많았다. 그런 고민을 털어 버
리려는 의도였는지 1352년(공민왕 1) 5월 승려 보우普愚를 궁중으로 불
러들인다.

보우는 홍주(충남) 출신으로 속성이 홍洪, 호가 태고太古, 처음 법명이
보허普虛였다. 1346년 원에 들어가 여러 곳을 돌아다니다가 강남에서
석옥청공石屋淸珙 화상을 만나 임제종臨濟宗을 사숙하였다. 이후 원의 황
실과도 관계를 맺으면서 기황후나 당시 원에서 숙위 중이던 공민왕과
도 가까이 지냈다. 이런 인연으로 나중에 공민왕에 의해 왕사로 책봉된

다. 보우는 1348년 원에서 환국하여 광주(경기)의 미원장迷元莊에 우거하고 있었는데 불교계에 이름이 널리 알려졌던 모양이다.

공민왕이 불법을 물으니 보우는 이렇게 대답했다. 불법을 물었지만 정치에 대한 조언을 부탁하고 있다는 것쯤은 보우 같은 고승이 모를 리 없었다.

"군왕의 도리는 교화를 닦아 밝히는 데 있지 반드시 부처를 믿는 데 있는 것이 아닙니다. 만일 국가를 잘 다스리지 못한다면 비록 부처를 지극히 받들어도 무슨 공덕이 있겠습니까? 군왕께서 사악한 자들을 제거하고 바른 이를 등용한다면 국가를 다스리는 데 어려움이 없을 것입니다."

항상 그렇듯이 고승들이 하는 고답적인 말씀이다. 누가 그것을 모르겠는가. 문제는 사악한 자들을 어떻게 제거하고 바른 이를 어떻게 등용할지가 공민왕의 고민인 것이다. 답답한 공민왕이 보우에게 다시 물었다.

"내가 사악함과 바른 것을 모르는 것이 아니지만 다만 그들이 나를 원에서 시종할 때 모두 정성을 바친 것을 생각하면 가볍게 배척할 수 없다는 것이오. 이것이 과인을 어렵게 하는 일이오."

공민왕의 이 말은 지금의 고민을 그대로 드러낸 것이었다. 바로 조일신 같은 인물을 두고 한 말이 분명해 보이기 때문이다. 가까이 할 수도 없고 내칠 수도 없는 고민 말이다. 하지만 공민왕은 조일신에게만 집착할 수 없었다. 조일신이 고민거리였지만 그럴수록 국왕으로서 정상적으로 국정을 수행하는 수밖에 없었다.

그런 생각 때문이었는지 1352년(공민왕 1) 6월에 공신 책정을 단행한다. 이름하여 연저수종공신燕邸隨從功臣으로 즉위한 지 반년이나 지난 시점이니 좀 늦은 것이었다. 공신으로 책정된 사람은 모두 37명으로 전원이 공민왕의 재원 숙위 활동에 참여했던 자들이었고, 그래서 재상급에서 말단 무관에 이르기까지 다양한 계층이 들어 있었다.

37명의 공신은 선대 충숙왕과 충혜왕 대의 공신 숫자에 비하면 적은 편이다. 앞서 승려 보우와의 대화에서 알 수 있듯이 공민왕은 이들 수종공신들에 대해 공로는 인정하면서도 크게 신뢰하지 않았던 것 같다. 그런 생각 때문이었는지 공신 규모가 크지 않았고, 또한 이렇게 뒤늦게 이루어진 것이 아닌가 싶다. 공민왕은 아마 여러 고민 속에서 그나마 정국을 주도할 수 있는 방책으로 생각한 듯했다.

공신 등급은 1등 상上, 1등, 2등, 3등의 4단계로 나뉘어 있는데, 특이한 점은 1등 공신 위에 '1등 상'을 둔 것이다. 그 1등 상 공신에는 6명이 들었는데 그 첫째 자리는 조일신이 차지했다. 이를 보면 이번 공신 책정은 조일신을 위한 것이 아니었나 하는 생각이 스친다. 조일신의 요구를 뒤늦게 수용한 것이 아닐까 하는 생각에서다.

최상위 1등 상 공신 6명을 서열대로 나열하면 찬성사 조일신, 첨의평리 김보金普, 판밀직사사 김일봉金逸逢, 전 대언 유숙, 상장군 정환鄭桓, 대장군 신소봉申小鳳 등이다. 조일신에 대해서는 생략하고 여기서 처음 등장한 몇몇을 소개하자면 이렇다.

김보는 공민왕 이전에는 전혀 행적이 드러나지 않던 인물로 공민왕의 숙위 활동에 참여하면서 발탁된 자였다. 공민왕의 첫 인사에서도 재상급으로 임명되었다가 이번에 공신 서열 2위에 올랐지만 공민왕의 10년 숙위 기간을 온전히 함께하지는 않았다. 그는 조일신의 반란 때 승진한 것으로 보아 조일신 쪽 인물로 여겨진다.

3위 김일봉 역시 이름도 없다가 공민왕의 숙위 활동에 참여하면서 등장한 인물이다. 앞의 김보와 거의 비슷한 경력으로 공민왕의 첫 인사에서는 김보에 앞섰지만 공신 책정에서는 뒤지고 있다. 그 역시 조일신의 반란 때 승진하고 있으니 이 점에서도 김보와 비슷한 행보를 보인다는 것을 알 수 있다.

 4위 유숙은 앞서 언급한 대로 조일신이 원 조정의 실력자 톡토의 위세를 빌려 파면시켰던 인물이다. 그런 그가 공신 책정에서 최상위 등급에 올랐음을 보면 공민왕의 총애가 컸고 이번 공신 책정이 조일신의 뜻대로만 이루어진 것이 아니라는 것도 알 수 있다.

 5위 정환은 이번 공신 책정 외에는 아무런 행적이 없는 인물이다. 물론 공민왕의 숙위에 참여한 것은 분명해 보이지만, 조일신의 반란 때 죽임을 당하는 것으로 보아 조일신과는 반대 성향이라는 것은 알 수 있다.

 6위 신소봉은 환관 출신으로 공민왕이 숙위 활동에 처음부터 끝까지 온전히 함께했던 인물이다. 그 덕에 첫 인사에서 대장군으로 발탁되었다가 공신 책정 이후에는 친위군 상장군에까지 오른다. 후에 노국공주가 죽자 그 정릉을 3년 동안 지켜 다시 공신에 책봉되었고, 환관 출신으로는 특이하게 재상급까지 올랐으니 그는 공민왕의 사람임이 분명하다.

 이상 1등 상 공신 6명 외에, 1등 공신에 18명, 2등 공신 8명, 3등 공신에는 5명이 들었다. 보통 공신의 숫자는 아래 등급으로 내려갈수록 많아지는데 이번 공신 책정은 그 반대였다. 추측에 불과하지만 애초에는 1등 상 공신을 1등 공신에 함께 포함시켰다가 그 수가 너무 많아 1등 상 공신을 따로 분리하지 않았나 싶다. 물론 여기에는 어떤 정치적인 동기가 작용했을 것 같은데, 분명한 것은 1등 상 공신과 1등 공신을 구별할 필요가 있어 그렇게 했을 것이란 점이다.

나머지 각각의 공신들에 대해서는 필요한 부분에서 언급할 것이다. 특별히 한 사람만 언급하자면 1등 공신에 전 찬성사 조익청이 들었다는 점이다. 앞서 조일신의 사주를 받은 이연종이 그를 탄핵했을 때 공민왕이 이를 수용하지 않았는데, 결국 관직을 그만두고 이때 1등 공신에 든 것이다. 이를 보면 조익청 역시 공민왕의 신뢰를 받은 인물이라는 것을 알 수 있다.

이렇게 공민왕은 연저수종공신을 책정하고 국왕으로서 권한을 행사하면서 조심스럽게 정국을 이끌 준비를 하고 있었다. 하지만 문제는 개혁을 어떻게 추진하느냐는 것이었다. 공민왕에게 개혁은 선택의 문제가 아니라 필수였다. 개혁적인 사대부들의 여망을 받아 즉위했으니 당연했지만, 그 길만이 왕권을 제대로 확립하는 방법이었기 때문이다.

개혁 추진, 전민변정도감

1352년(공민왕 1) 8월, 공민왕은 친정 의지를 밝히고 이를 실천할 구체적인 지침을 내린다. 전민田民 문제에 대한 소송을 담당한 첨의부 감찰사 전법사 등의 관청으로 하여금 재판 결과를 닷새에 한 번씩 보고하라고 한 것이다. 즉위 교서를 실천하기 위한 후속 조치였다.

앞의 즉위 교서에서 언급했듯이 당시 가장 시급한 정치 사회 문제는 권세가의 토지 탈점과 그로 인한 빈번한 전민 관련 소송 문제였다. 토지를 빼앗긴 농민이 소송을 제기하면 이를 제때에 처결하지 않아 소송

이 산적해 있었고, 또한 그 소송 결과도 바르게 결론 나는 경우가 드물었다. 이런 문제를 공민왕이 직접 챙기겠다는 뜻이었다.

이어서 그 며칠 후에는 원로대신을 중심으로 16명을 선정하여 서연書筵을 열었다. 조선시대에는 국왕에게 강학하는 것을 경연經筵이라 하고 세자에게 하는 것을 서연이라 하여 구분했는데, 고려시대에는 모두 서연이라 했다. 경연이든 서연이든 단순히 학문만을 강학하는 자리가 아니라 정치에 대한 자문이나 조언이 나올 수밖에 없는 자리였으니 그 기능이나 위상이 중요했다. 그래서 공민왕은 서연관을 고심해서 선정한다.

16명의 서연관에는 이제현이 포함되어 있었는데 그는 이 무렵 조일신의 견제를 받아 결국 수상 직에서 물러나 있었다. 이밖의 서연관에는 이능간李凌幹 김영후金永煦 한종유韓宗愈 등 중량감 있는 원로대신들이 참여했는데 눈여겨볼 것은 이들이 대부분 현직에 있지 않았다는 점이다. 현직 관리로는 밀직부사 안목安牧과 전법판서 백문보白文寶뿐이었다.

또 하나 재미있는 사실은 앞서 공신으로 책정된 자들은 서연관에서 모두 제외되었다는 점이다. 이는 서연관에서 현직 관리를 배제한 것과 맥락이 통하는 문제로 보인다. 이런 현상은 공민왕이 자신의 숙위에 참여한 공신들이나 현직 관리들을 온전히 신뢰하지 않았다는 사실을 말해 준다. 나아가 공민왕은 숙위 공신이나 현직 관료 집단을 견제하려는 수단으로 서연을 마련하고 서연관을 임명하지 않았나 생각한다.

서연관에 든 이능간 김영후 한종유는 선왕 대에 주로 활동하면서 부원배에 휩쓸리지 않고 왕위가 위태로울 때도 오로지 국왕 편에 서서 활동한 관리들이었다. 그래서 권력의 핵심에는 들지 못했지만 관료 집단의 신뢰를 받고 있었다. 이들뿐만이 아니라 전직 관리로서 서연관에 참여한 자들은 모두 그런 성향으로, 공민왕이 이들을 서연관으로 참여시킨 것은 개혁을 추진하기 위해서는 이들의 뒷받침이 필요했기 때문이다.

현직 관리로 서연관에 참여한 안목은 충렬왕 때 최초로 성리학을 수용한 학자로 알려진 안향安珦의 손자이다. 그는 그때까지 전혀 드러나지 않았던 참신한 인물이었다. 백문보는 충목왕 때 개혁 기구인 정치도감에서 활동한 경력으로 보아 개혁적인 성향의 관리가 분명하다. 안목이나 백문보는 서연관의 말단을 차지했지만 공민왕의 신임이 컸던 것이다.

공민왕은 이들 서연관에게 번을 나누어 교대로 강학케 하는데, 특히 경전과 역사서의 법언法言에 대해 진강하라는 주문을 한다. 법언이라면 제반 법규나 금령을 말하는 것으로 이는 정치 사회 질서를 문란케 하는 행위에 대해 이를 규제할 법적 근거를 확보하기 위한 것으로 보인다. 이 것은 말할 필요도 없이 권세가들의 불법과 횡포를 염두에 둔 것이었다.

아울러 공민왕은 서연관에게 이런 주문도 한다. 권세가들이 탈점한 토지와 노비, 해묵은 송사, 억울한 옥사에 대해 철저히 심리할 것을 당부하면서 시정의 득실에 대해서도 자신의 눈과 귀가 되어 직언을 아끼지 말라고 하였다. 서연을 강학만 하는 자리가 아니라 개혁을 추진하는 동력으로 삼겠다는 것이었다.

공민왕이 전민변정도감田民辨整都監을 설치한 것은 바로 이 무렵이었다. 전민변정도감은 그 명칭에서 알 수 있듯이 토지와 백성(노비) 문제를 살펴 바로잡기 위한 개혁 기구인데, 설치된 시기는 정확히 나와 있지 않지만 1352년(공민왕 1) 8월경으로 보인다. 이런 개혁 기구가 즉위 초에 바로 설치되었다는 것은 공민왕의 개혁 의지를 짐작할 수 있는 것으로 주목할 만한 일이다.

그런데 항상 그렇듯이 개혁에는 저항이 따르기 마련이다. 또한 그 저항은 의외의 곳에서 시작되는 경우가 많다. 전민변정도감이 설치된 지 한 달도 지나지 않아 서연 자리에서 그 폐지 주장이 나온 것이다. 그 주인공은 인승단印承旦이었다. 그는 서연에 참여하고 있는 자인데 그랬다. 인승단은 충렬왕 때 제국대장공주의 수행원으로 공주를 따라 들어온 몽골인 인후印侯의 아들이었다. 인후는 고려인 여성과 결혼하여 자식을 낳고 귀화한 상태였는데 이때는 죽고 없었다. 인후는 제국대장공주의 위세를 앞세워 충렬왕 때 막강한 권세를 부렸고 그 과정에서 토지 탈점 등 불법적인 치부 행위로 많은 비난을 받은 자였다.

그 아들 인승단 역시 개경 인근의 공전을 탈점한 것이 많았는데, 전민변정도감에서 이를 몰수하고 밀린 세금을 징수하자 그 폐지를 주장한 것이다. 그러니 인승단이 전민변정도감의 폐지를 주장한 것은 당연해 보인다. 공민왕은 인승단이 전민변정도감의 폐지를 주장하자, "좀도둑이 밤에 다니느라고 달 밝음을 싫어하는 것인가?"라고 핀잔을 주면서 그 주장을 물리쳤다.

전민변정도감에 대한 저항은 또 있었다. 역시 서연이 열린 자리에서 서연관인 김영후가 그 폐지를 또 주장한 것이다. 김영후는 원종 때부터 충렬왕 때까지 동아시아 전장을 누비고 수상에 올랐던 김방경金方慶의 손자이자, 충목왕 때 정치도감의 핵심을 맡아 개혁 정국을 이끌었던 김영돈金永旽의 친동생이다. 이런 가문의 성향으로 보면 그가 불법적인 치부를 저질렀을 것 같지 않은데 전민도감의 폐지를 주장한 것이다.

공민왕은 김영후가 전민도감의 폐지를 또 들고 나오자, "나는 아름다운 말을 듣고자 서연을 설치한 것인데 경들의 말은 참으로 나의 마음과 어긋나 실망이오" 하면서 병을 칭탁하고 자리에서 일어나 버렸다. 당연히 서연은 파장이었다.

여기서 김영후가 전민도감의 폐지를 주장한 것은 좀 생각해 볼 대목이 있다. 앞서 인승단의 폐지 주장은 분명히 개혁에 대한 저항의 표시로 읽힌다. 개혁이 자신의 이해관계와 충돌하기 때문이다. 하지만 김영후는 가문의 성향이나 개인적인 활동으로 볼 때 인승단의 경우와 같이 개혁에 대한 저항은 아니라는 생각이 든다.

김영후는 충목왕 때 정치도감의 핵심 자리를 제의받은 적도 있었지만 사양하기도 했고, 친형인 김영돈을 통해서 정치도감의 개혁 활동을 가까이서 자세히 지켜보기도 했던 인물이다. 그때 기황후 친족들이 개혁 대상으로 징치를 받으면서 개혁에 대한 저항이 시작되었고, 결국 그 때문에 개혁이 실패했다는 것도 잘 알고 있었다. 김영후가 지금 전민도감의 폐지를 주장한 것은 이를 염려한 때문으로 보인다. 그래서 김영후의 주장은 개혁에 대한 조심성이나 신중함을 주문한 것이 아닌가 한다.

공민왕으로서는 인승단의 폐지 주장보다 김영후의 폐지 주장이 더 서운했을 것이다. 인승단이야 개혁을 주장할 인물이 아니었으니 그렇다 쳐도, 김영후는 자신 편에 서서 개혁을 밀어 주리라 기대했을 것이기 때문이다. 전민변정도감을 폐지하자는 두 사람의 주장에 대한 공민왕의 서로 다른 대꾸 속에 그런 속마음이 드러나 있다.

전민변정도감을 설치하고 개혁을 추진하려던 공민왕은 조금 주저할 수밖에 없게 되었다. 개혁은 필요한데, 마음먹은 대로 되지는 않으니, 공민왕의 고민은 계속되었다. 이런 정국의 흐름 속에서 조일신이 드디어 일을 저지르고 만다.

3. 변란, 이용하는 공민왕

기황후 친족을 제거하겠다

1352년(공민왕 1) 9월, 조일신은 판삼사사(종1품)로 승진했다. 관직 서열 2위의 직함이었다. 수상인 도첨의정승에는 별 존재감도 없는 송서宋瑞를 앉혔다. 송서는 조일신의 견제를 받던 이제현이 수상에서 물러난 후 그 뒤를 이어받은 것으로, 무난한 인물을 발탁한 것이었다. 공민왕이 조일신을 배려한 인사였다고 할 수 있다.

그런데 조일신은 판삼사사에 임명된 지 한 달도 못 되어 결국 기황후 친족을 제거한다는 명분으로 반란을 일으키고 만다. 군사적 변란이라고 할 수도 있고 자신이 권력을 차지하려는 목적이었다면 쿠데타라고 볼 수도 있다. '조일신의 난'이라 불리는 1352년(공민왕 1) 9월 말의 일이다. 공민왕이 원에서 국왕으로 지명된 후 정확히 1년 만이었고, 환국한 지는 1년도 채 안 된 때였다.

조일신의 변란에 가담한 주동 인물로 정천기 최화상崔和尙 장승량張升亮 고충절高忠節 등 10여 명의 이름이 사서에 언급되어 있다. 이들이 변란에 가담할 만한 공통된 성향은 찾기 힘들지만 추측은 해 볼 수 있다. 우선 이들 중에는 이전 충혜왕의 측근에서 활동하다가 축출당했거나 원으로 끌려가 유배당했던 자들이 들어있다. 정천기와 최화상이 바로 그런 인물이다.

정천기는 충혜왕의 총애를 받으며 여러 폐단을 일으켰던 인물로, 앞서 언급했듯이 공민왕의 첫 인사에서 이제현에 의해 퇴출당했던 자다. 이 일로 불만이 많았다면 이게 변란에 가담할 만한 분명한 동기로 작용했을 것이다. 최화상은 환관 출신으로 충혜왕의 측근으로 말썽을 부리다가 원으로 압송되어 유배를 당했던 인물이다. 그가 이번 변란에 가담한 것은 이 사건과 분명 관련이 있어 보인다.

그리고 장승량과 고충절을 비롯한 나머지 가담자들은 변란 이전에는 거의 행적이 드러난 적이 없던 자들로 어떤 성향인지 분명치 않다. 이들은 추측컨대 조일신과 함께 공민왕의 재원 숙위 활동에 참여한 하급 관리나 무관들이 아니었을까 여겨진다. 이들은 아마 조일신과 과거 숙위 활동을 함께한 인연으로 가담했을 것으로 본다.

한 가지 분명한 점은 조일신의 변란에 적극 가담한 인물들은 앞서 공민왕의 연저수종공신에는 한 사람도 들지 못했다는 사실이다. 만약 이들이 공민왕의 숙위 활동에 어떻게든 관련된 자들이었다면, 이들이 연저수종공신에 들지 못한 불만이 변란에 가담한 동기로 작용했다고 생각해 볼 수 있다.

조일신은 이들과 함께 야밤에 불량배를 불러 모아 변란을 도모하였

다. 이 거사의 목적은 기철 기윤 기원 등 기황후의 오라비와, 고용보 이
수산李壽山 등을 제거하려는 것이었다. 고용보는 기황후의 측근이고 이
수산은 그 고용보와 아주 가까운 인물이었다. 조일신이 변란을 일으켜
제거하려는 인물들이 모두 기황후의 주변 인물이었다는 점은 특별히
주목할 필요가 있다.

조일신에게 기황후 주변의 인물들은 가장 껄끄러운 존재들이었다.
공민왕도 조일신에 대해서는 마음대로 통제하지 못하는 마당에 그들이
야말로 조일신에게는 권력 장악의 장애였고 가장 강력한 견제 세력이
었기 때문이다. 그렇더라도 기황후의 오라비와 측근들을 제거한다는
것은 보통 모험이 아니었다. 그것은 기황후의 위세에 정면으로 도전하
는 것이고 원 조정에 맞서는 것이었기 때문이다. 조일신이 이를 감행한
것이다.

조일신이 이런 무모한 거사를 도모한 데는 몇 가지 믿는 바가 있었
다. 하나는 공민왕이고, 다른 하나는 고려에서 진즉부터 형성되고 있던
기황후에 대한 반감과, 그리고 점차 확대되고 있는 중원의 반란 세력으
로 인한 원 조정의 불안한 정세가 배경으로 작용하고 있었다.

조일신은 공민왕을 믿고 거사했을 가능성이 매우 높다. 공민왕에게
는 왕권을 제약하는 기황후나 그 친족들이 별로 달갑지 않은 존재들이
었기 때문이다. 그래서 조일신이 이런 공민왕의 처지를 감안해서 거사
를 도모했을 가능성은 충분하다고 본다. 즉, 조일신은 자신이 변란을
도모하더라도 공민왕이 용인해 줄 것이라고 판단했다는 것이다. 하지
만 조일신이 공민왕과 사전 교감을 통해 거사했다는 증거는 없다.

여기에 더하여 고려의 개혁적 사대부들 사이에 형성되고 있던 기황

후에 대한 반감도 조일신이 거사하는 데 용기를 주었을 것이다. 앞 장에서 길게 언급했던 바이지만, 기황후나 그 친족에 대한 반감은 충혜왕이 비명횡사한 이후부터 시작되어, 정치도감의 개혁이 실패로 돌아가면서 더욱 증폭되어 해소되지 않고 있었다. 조일신은 그런 기류를 충분히 감지했을 것이다. 조일신이 기황후 주변 인물들을 제거한다면 그런 개혁적 사대부들의 여망에 부응하고 일거에 자신의 정치적 이미지를 쇄신할 수 있으리라 판단했을 것이다.

그리고 당시 중국 남방에서 점차 북상하고 있던 반란 세력에 의해 원 조정의 불안한 상황도 조일신이 반란을 도모하는 배경이 되었음은 말할 필요가 없다. 조일신이 기황후의 친족을 제거하더라도 당장 원 조정에서 군사를 일으켜 고려를 응징하지 못할 것이라고 판단했을 수 있다.

또한, 조일신은 원 조정의 군벌 실력자 톡토를 믿고 반란을 도모했을 수도 있다. 앞서 조일신이 톡토와 연결되고 있을 것이라는 추측을 했는데, 기황후의 위세에 맞서려면 그 정도의 배경은 있어야 거사를 할 수 있는 것이다. 게다가 기황후와 톡토가 원 조정에서 서로 견제했거나 적대적이었다면 조일신은 톡토의 지원을 이끌어낼 수 있다고 판단했을 것이다. 물론 사전에 조일신이 톡토와 연결되어 거사했다는 증거는 없다.

조일신은 당일 밤 군사를 나누어 기황후 주변의 인물들 제거에 나서는데 모두 놓치고 기원 하나만 제거하는 데 그친다. 사전 계획이 치밀하지 못했던지 모두 도망쳐 버린 것이다. 뭔가 어설픈 변란이었다. 그런데 제거 대상을 대부분 놓친 조일신의 그다음 행동이 수상했다. 도망친 자들을 적극 추포하여 임무를 완수할 생각을 하지 않고 군사를 몰아 공민왕이 임시로 거처하고 있던 시어궁時御宮을 포위한 것이다. 여기서 숙직

하고 있던 판밀직사사 최덕림崔德林, 상장군 정환鄭桓 등 서너 명을 죽인
다. 두 사람 모두 연저수종공신 책정에서 1등 공신에 들었던 자들이다.

군사적 변란에서 국왕의 신병을 확보하는 것은 중요한 문제이다. 하
지만 더 중요한 문제는 자신과 적대적인 인물들을 우선 제거하는 일인
데 조일신은 이를 소홀히 한 것이다. 아마 기황후 주변의 인물들을 제
거하고 공민왕의 사후 재가를 받으려고 했다가 이게 실패하자 성급히
국왕의 신병을 장악한 것이 아닌가 한다.

조일신이 숙직 관리들을 죽이고 국왕의 임시 거처를 점령하자 국왕
주변에서는 두려워 어쩔 줄을 모르고 우왕좌왕했다. 변란을 알아챘지
만 급박한 상황에서 어떻게 대처해야 할지 당황한 것이다. 이에 조일신
이 국왕 주변의 인물들에게 이런 말로 안심시켰다. "두려워하지 마라.
여러 악한 무리들을 제거하려는 것뿐이다."

조일신의 이 말은 국왕에 대해서는 해를 끼치지 않겠다는 뜻이었다.
물론 단순히 국왕 주변의 인물들을 안심시키려는 말일 수도 있지만 그
런 것 같지는 않았다. 그렇게 조일신은 국왕의 신병을 확보하고 날이
새기를 기다렸다. 목표물은 놓쳤지만 공민왕을 수중에 두었으니 일단
절반의 성공이었다.

조일신, 스스로 수상에

다음 날 아침 조일신은 공민왕을 위협하여 새로운 인사를 단행한다. 자
신이 우정승을 차지하고 정천기를 좌정승, 이권李權을 판삼사사, 나영

걸羅英傑을 판밀직사사, 장승량을 응양군 상장군에 앉혔다. 그리고 거사에 참여한 나머지 인물들에게도 차등 있게 벼슬을 나누어 주었다. 물론 공민왕의 의지와는 무관한 것이다.

이때 벼슬을 받은 이권은 충정왕 즉위 직후 재상급으로 발탁된 적이 있었고, 뒤이어 왜구 방어를 위한 경상 전라 도지휘사에 임명되었지만 임무를 방기하고 사퇴해 버렸던 인물이다. 그 후 아무런 행적이 없던 것으로 보아 이 일로 관직에서 소외되었던 것 같다. 이권은 이런 불만 때문에 조일신의 거사에 동조했을 가능성이 있고, 그에 대한 보답으로 수상 다음의 자리를 얻은 것으로 보인다.

나영걸은 삼별초 진압과 일본원정에 무장으로 참여하여 공로를 세웠던 나유羅裕의 손자인데, 그 나유의 딸이 바로 조일신의 모친이니 나영걸과 조일신은 외사촌 형제간이었다. 나영걸이 조일신의 변란에 가담했는지는 불확실하지만 이런 인척 관계가 이번 발탁의 중요한 동기가 되었을 것이다. 앞의 이권도 조일신과 먼 인척 관계였음을 감안하면 그가 조일신에 의해 발탁된 것도 이게 더 중요하게 작용했을 가능성도 있다.

장승량은 애초부터 조일신의 거사에 적극 가담한 인물로 무반 서열 1위인 응양군 상장군을 차지하였다. 군사력 장악을 위해서는 꼭 필요한 자리였다. 응양군 상장군은 공민왕의 신임을 받던 김용이 차지했던 것인데 이를 꿰찬 것이었다.

이어서 조일신은 북계(평안도) 동계(강원도) 방면을 지키기 위해 존무사를 임명하고, 철령과 의주에 방어사를 임명하였다. 물론 공민왕의 재가를 받은 조처였다. 이는 거사 목표가 기황후 주변 인물들을 제거하는 것이었기 때문에 이에 따라 혹시 있을지 모를 원의 군사적 공격을 예상하여 방어 계획까지 세운 것이다. 하지만 예상과 달리 원의 군사적 움직임은 변란이 끝날 때까지 아무런 기미가 없었다.

국경을 방비한 조일신은 이어서 의성창義成倉과 덕천창德泉倉을 봉쇄하였다. 두 창고는 왕실 직속 창고로 이는 왕권을 정지시킨다는 의미였다. 이 시기에는 왕실 직속 창고가 재원 마련과 원 조정을 향한 로비를 위해서 대단히 중요했다. 공민왕은 이미 조일신의 수중에 떨어져 왕권을 제대로 행사할 수 없는 상태였지만 별도의 조치를 다시 내린 것이다.

그리고 조일신은 수종공신에 들었던 몇몇 관리를 협박하여 자신을 따르도록 한다. 더불어 이들과 함께 국왕 시위군인 홀치忽赤와 순군巡軍을 동원하여 전날 놓친 기철 등의 집을 수색하고 그 가족을 잡아들여 하옥시켰다. 그런 와중에 조일신의 군사와 이에 저항하는 자들 사이에 군사적 충돌이 일어나면서 소란이 커지고, 여러 사람들을 잡아들였지만 대부분 주변 인물들이었다.

한편, 공민왕은 시어궁에서 노국공주와 함께 다시 천동에 있는 별궁으로 거처를 옮겼다. 조일신이 군사를 동원하여 강제로 옮긴 것인데, 국왕 주변을 확실하게 장악하기 위해 좀 더 유리한 장소를 찾아 내린 조치로 보인다. 기황후의 오라비들을 완전 제거하지 못한 상황에서 만약 국왕마저 놓친다면 거사는 수포로 끝날 수밖에 없기 때문이다. 하지만 국왕만 수중에 넣고 있다고 해서 거사가 성공할 수 있는 것은 아니었다.

이상한 쿠데타

그다음 날 10월 1일 새벽, 조일신은 무슨 생각이었는지 엉뚱한 일을 저지른다. 거사에 적극 가담해 국왕 별궁을 지키고 있던 최화상의 칼을 빼앗아 그 칼로 그의 목을 베어 살해한 것이다. 최화상은 방심하고 있다가 졸지에 당했는데, 조일신이 왜 이런 어처구니없는 행동을 했을까?

역사 기록에 의하면 조일신은 자신이 도모한 변란의 죄를 면하려고 그랬다고 한다. 기황후 친족을 모두 제거했다고 쳐도 사후에 기황후의 보복이나 추궁은 예상할 수 있는 일이었기 때문에 그럴 가능성은 충분했다. 게다가 그 친족을 모두 제거하는 데 실패한 탓에 공민왕조차도 자신의 거사를 용인할 가능성은 희박했으니 충분히 그런 생각을 가질 만했다고 볼 수 있다.

그런데 조일신은 자신의 죄를 면하기 위해 왜 하필 최화상을 제거했을까? 거사에 가담한 자들은 이밖에도 많았는데 말이다. 최화상은 충혜왕의 측근에서 비리를 저질렀다는 죄목으로 원으로 끌려가 유배를 당했던 인물이다. 이 사건은 충혜왕이 기황후에 의해 전격적으로 폐위되어 압송된 여파였다. 그래서 최화상은 누구보다도 기황후에 대한 앙심이 컸다고 볼 수 있다. 기황후 친족을 제거하겠다고 거사한 조일신으로서는 변란의 책임을 그에게 뒤집어씌우기 딱 좋았던 것이다.

최화상을 제거한 조일신은 이어서 공민왕을 부추겨 변란을 일으킨 자들을 잡아들일 것을 요구하였다. 자신이 주모자이면서 말이다. 공민왕이 조일신의 이런 엉뚱한 돌변에 선뜻 나서지 못하고 주저하니, 조일신은 "어찌 우두머리 없이 거사를 성공시킬 수 있겠습니까?" 하면서 재차 공민왕을 압박했다. 이에 공민왕이 무장을 하고 거리로 나오자 문무 관리들이 모여들고 국왕을 따르는 세력이 생겨 나서 이제는 변란에 가담한 자들이 수세에 몰리기 시작한다. 이런 반전을 조일신 자신이 주도한 것이다.

변란이 반전되면서 장승량을 비롯한 적극 가담자 8, 9명이 체포되어 죽임을 당하고 그 목이 거리에 효수되었다. 또한 조일신에 의해 수상 자리에 앉았던 정천기도 사로잡혀 하옥되고 그 아들은 주살된다. 변란을 도모한 지 사흘 만에 조일신을 제외하고 거사에 적극 가담한 핵심 인물들이 제거되고 만 것이다. 이렇게 하도록 조일신이 길을 터준 셈이었다.

조일신이 함께 거사에 가담한 최화상을 죽이고, 변란의 주모자인 자신이 오히려 변란을 진압하는 태도로 돌변한 것은 스스로 거사를 부정한 것이나 다름없다. 이 대목이 조일신의 변란에서 가장 극적이다. 이는 앞서 언급한대로 거사가 여의치 않자 자신이 빠져나갈 구멍을 마련하기 위한 것이었다고 쉽게 생각할 수 있다. 크게 틀리지 않은 판단이긴 하지만, 그렇게 어설프게 처리할 변란을 애초에 왜 도모하게 되었는지는 역시 의문으로 남는다.

이 부분에서 조일신이 공민왕에게 변란을 일으킨 자들을 잡아들일 것을 요청하면서 "어찌 우두머리 없이 거사를 성공시킬 수 있겠습니까?"라고 말한 것을 그냥 넘길 수 없다. 이 말은《고려사》조일신 열전에 그대로 드러나 있다. 이 말 속의 '우두머리'는 도대체 누구를 가리키는 것일까.

혹시 그 '우두머리'는 공민왕을 지칭한 것으로, 공민왕에게 이번 거사의 우두머리가 되어야 한다는 조일신의 강압적인 요청이 아닐지 모르겠다. 그래서 조일신의 그 말은 이렇게 해석할 수 있다. '지금까지의 변란에서는 내가 우두머리였지만 지금부터는 변란을 진압할 테니 공민왕 당신이 우두머리가 되어 줘야 하겠소'라는 식으로 말이다.

기철 일파를 제거하는 것은 공민왕에게도 나쁠 것이 없었다. 하지만 기원 하나만 제거하는 데 성공하고 모두 놓친 것이다. 이에 조일신은 공민왕을 끌어들여 거사에 앞세우고 자신은 뒤로 빠지려고 한 것이다. 공민왕이 이를 쉽게 수용할 리 없었다. 그래서 최화상을 자신이 죽여 변란의 죄를 덮어씌우고 공민왕을 부추겨 변란의 진압에 나서게 만든 것이었다.

또 하나 의문이 남아 있다. 거사가 성공하든 실패하든 기황후 측의 보복이나 공격은 처음부터 예상되는 일이었다. 그래서 조일신이 공민왕을 끌어들여 갑자기 변란의 진압에 나선 것은 처음부터 거사 계획에 의한 것인지, 아니면 기황후 친족을 완전 제거하는 데 실패하자 태도를 돌변하여 즉흥적으로 나타난 것인지 의문인 것이다. 이 부분은 변란을 마저 설명한 후에 다시 정리해 보겠다.

그런데 재미있는 일은 조일신이 그렇게 태도를 돌변하고 공민왕을 사주하여 변란 가담자 몇몇을 처단하는 데 앞장서기는 했지만 조일신 자신은 건재했다는 사실이다. 공민왕이 거사의 우두머리가 조일신이라는 사실을 몰랐을 리 없다. 하지만 그 조일신은 건드리지 못하고 그 주변 인물만 잡아들인 것이다. 그래서 권력은 아직 조일신의 수중에 있었다. 사정이 그러하니 변란이 진압되었다고 볼 수도 없고, 그렇다고 변란이 성공했다고 볼 수도 없는 이상한 쿠데타였다. 주모자인 조일신이 권력을 행사하는 한 아직 실패는 아니었던 것이다.

인사 단행

거사 나흘째인 10월 2일, 새로운 인사가 단행되었다. 수상인 우정승에 다시 송서가 앉고, 조일신은 우정승에서 변란이 일어난 지 이틀 만에 다시 좌정승으로 옮겼다. 그러면서 조일신은 판군부사와 감찰사를 겸 직했으며 이밖에 30명 정도의 인물이 새롭게 발탁된다.

그런데 조일신은 이때 공신으로까지 책봉된다. 이 대목이 매우 수상쩍 다. 조일신을 공신으로 책봉했다는 것은 이번 변란이 공민왕을 위한 거 사였다는 것을 드러낸 것인데, 이는 조일신의 의도에 정확히 부합하는 것이었다. 공민왕이 조일신의 거사에 영합한 것이 아닌지 모르겠다.

그래서 이번 인사도 조일신에 의한 인사였다고 볼 수 있다. 그렇게 판단하기에는 몇 가지 주저되는 점이 있지만 일단 그렇게 판단해 두자. 조일신이 우정승에서 좌정승으로 내려왔지만 요직인 병부와 감찰사의 장관을 겸직하였고 공신으로 책봉된 것으로 보아 그런 것이다. 따라서 아직도 권력은 조일신의 수중에 있다는 것을 알 수 있는 인사였다.

이번 인사에서 몇 가지 주목되는 점은, 우선 연저수종공신에 든 자들 이 서너 명 올라 있다는 사실이다. 연저수종공신은 조일신의 거사에 가 담한 세력과는 반대편에 있었는데 이들이 조일신에 의해 발탁된 것이 다. 이는 이들이 조일신의 거사에 동조한 결과든지, 아니면 이번 인사 에서 공민왕의 의사가 조금 반영된 것이든지 둘 중 하나일 것이다. 전자라면 조일신의 세력이 커진 것이고, 후자라면 약화된 것으로 볼 수 있다.

또 하나 주목되는 점은 과거 충정왕 때의 인물 다수가 이번 인사에서 다시 등장했다는 사실이다. 이들은 조일신의 거사에 적극 동조한 세력도 아니고 반대한 세력도 아니었다. 이런 자들을 발탁했다는 것은 조일신이 거사 후에 세력 확대를 노리고 그랬을 수 있다. 하지만 이는 달리 생각하면 조일신이 별다른 지지 기반 없이 갑자기 거사에 나섰다는 것 또한 시사한다.

이번 인사에서 하나 더 눈길을 끄는 대목은 개혁적인 관리나 정통 유학자들도 몇 명 발탁되었다는 사실이다. 예를 들면 수상 다음 자리인 판삼사사에 임명된 홍언박洪彦博이나 정당문학(종2품)에 오른 안진安震, 그리고 개성윤에 오른 김두金科가 그들이다.

홍언박은 고려 후기 명문인 남양을 본관으로 하면서 무인 정권을 끝장낸 유명한 홍규洪奎의 손자이다. 충숙왕은 홍규의 딸(명덕태후 홍 씨)을 맞아 공민왕을 낳았으니, 홍규의 딸인 명덕태후 홍 씨는 홍언박의 고모가 되고, 공민왕은 홍언박과 외종 4촌간인 것이다. 홍언박은 충숙왕 때 과거에 급제하여 관직을 시작하였고 공민왕이 즉위하면서 40대 초반의 나이로 벌써 재상급에 올라 있었다. 이때 명덕태후 홍 씨도 생존해 있었다. 그러니까 홍언박은 즉위 초기의 공민왕에게 정말 믿을 수 있는 몇 안 되는 사람 중의 하나인데, 앞으로 더욱 주목할 인물이다.

그런 홍언박이 조일신의 거사에서 판삼사사에 오른 것이다. 이는 누가 봐도 공민왕의 의지가 반영된 것으로 보지 않을 수 없다. 그게 아니라면 조일신이 공민왕의 눈치를 보고 크게 배려한 것이 분명하다. 공민왕의 의지가 반영되었건 조일신이 공민왕을 배려했건, 이는 조일신의 거사가 공민왕에게 의탁하지 않을 수 없었다는 것을 말해 주는 것이다.

안진 역시 조일신과 가까이할 인물이 결코 아니었다. 그는 과거에 수석으로 급제한 후 충숙왕 때 원 조정의 과거 시험인 제과制科에도 합격한 수재로, 주로 문한관을 맡거나 역사 편찬에 참여했던 정통 유학자였다. 조일신의 거사 과정에서 한때 가담을 협박받기는 했지만 크게 동조한 것 같지는 않다. 그런 그가 이번 인사에서 재상급인 정당문학에 오른 것은 조일신의 의지와는 무관한 것으로 보인다.

김두는 조일신과 함께할 인물이 더더욱 아니었다. 그는 충목왕 때 정치도감에 소속되어 정열적으로 개혁 활동을 수행했던 인물로 유명하다. 더구나 그는 앞서 언급한대로 공민왕이 즉위한 직후 조일신을 탄핵하려 했던 장본인이었다. 그런 그가 이번 인사에서 발탁된 것은 전적으로 공민왕의 의지가 반영된 것으로 볼 수밖에 없다.

이렇게 조일신의 거사 나흘째에 나온 몇몇 인사를 통해서 알 수 있는 것은 조일신과 공민왕이 타협의 길로 가고 있다는 점이다. 이는 달리 말해서, 조일신이 기황후에 대한 반감을 가지고 있는 몇몇 개혁적인 사대부들을 발탁해 공민왕의 뜻을 일정 부분 수용했다고 할 수 있는데, 조일신의 처지에서는 공민왕에게 의탁하지 않을 수 없었던 사정을 말해 준다. 그러니까 조일신이 거사 과정에서 함께했던 최화상을 죽이고 공민왕에게 변란을 진압하도록 스스로 길을 열어 준 것은, 그때 이미 거사가 타협 국면으로 접어든 것으로 판단할 수 있다.

또한 이번 인사를 통해서 공민왕도 조일신의 수중에서 점차 벗어나고 있다는 것도 느낄 수 있다. 그렇다면 거사는 이미 새로운 길로 접어들고 있는 것이다. 이를 달리 말하면, 조일신이 돌변하여 공민왕을 앞세우고 거사를 진압하는 쪽으로 선회한 것이었다. 애초부터 목표가 불분명하고 위험천만한 변란이었으니 필연이 아니었을까 싶다.

이인복에게 자문을 구하다

거사 닷새째인 10월 3일, 공민왕은 단양대군丹陽大君의 집으로 거처를 옮긴다. 단양대군은 부왕 충숙왕과 치열한 왕위 다툼을 벌였던 심왕 왕고의 친형인데, 공민왕이 왜 이곳으로 이어하게 되었는지는 잘 모르겠다. 조일신의 강압에 의한 것이었는지 아니면 공민왕 스스로 결정한 것인지도 명확히 드러나 있지 않다.

그런데 공민왕이 이어하는 과정에서도 조일신의 위세는 여전했다. 공민왕과 노국공주 그리고 명덕태후에게 술잔을 올리고 안팎으로 호령하니 조정의 신하들은 두려워 아무 말도 못하고 국왕 일행을 따를 뿐이었다. 조일신이 자신의 권위를 내외에 과시하기 위한 행차였다고 보인다.

난감한 것은 공민왕이었다. 거사의 주모자인 것이 분명하게 드러난 조일신을 어떻게 처리해야 할지 고민이었기 때문이다. 여기서 공민왕이 취할 수 있는 행동으로 두 가지를 생각해 볼 수 있다. 조일신의 희망대로 변란을 진압하고 조일신을 이번 사건에서 면죄시켜 주는 방법과, 아예 조일신을 제거하고 거사 자체를 원천적으로 부정하는 방법이 있었다. 전자는 공민왕도 이번 거사에 연루되어 위험하지만 조일신을 이용하여 살아남은 기황후 친족들을 견제할 수 있다는 이점이 있고, 아울러 이 기회에 노골적으로 반원의 기치를 내세울 수도 있었다. 후자는 공민왕이 이번 거사에서 자유로울 수 있지만 기황후의 친족들의 횡포를 견뎌 내야 하고, 또한 당분간 반원 정책은 생각할 수 없게 된다.

이 두 가지 방법은 간단히 말해서 조일신에게 힘을 실어 줄 것인가, 그를 제거해 버릴 것인가 하는 문제이다. 조일신은 물론 전자를 기대하고 거사를 선회시키고 있는 것인데, 이는 앞서 언급한대로 애초 계획이 그랬는지, 아니면 즉흥적으로 나타난 것인지는 잘 모르겠다. 단양대군의 집으로 이어하는 공민왕과 노국공주에게 조일신이 술잔을 올린 것은 자신에게 힘을 실어 달라는 신호였을 것이다. 하지만 공민왕은 조일신을 제거하는 쪽, 후자를 택한다.

공민왕의 처지에서는 조일신을 제거하는 것도 간단치 않았다. 우선 다수의 문무 관료들이 자신의 뜻을 따라 주어야 하는데 조일신이 두려워 입을 다물고 있기 때문이다. 이들이 마음속으로는 조일신을 제거해야 한다고 생각하고 있는지 몰라도 공민왕으로서는 그런 짐작으로만 조일신 제거를 외칠 수 없는 것이다. 정치적 변란에서는 미묘한 한 순간이 성패를 가른다. 대신들이 자신의 속마음을 헤아리고 용기를 내어 한 마디씩만 거들어도 조일신의 제거는 어렵지 않을 터인데 그 고비를 넘지 못하고 있었다.

그래도 공민왕에게 유리한 점은 한 가지 있었다. 조일신이 자신에게 의탁하지 않을 수 없다는 사실을 이미 간파했기 때문에 이런 유리한 부분을 최대한 활용하는 방법이었다. 공민왕은 조일신을 안심시키고 경계를 누그러뜨린 뒤 이인복李仁復을 비밀히 불렀다. 이번 변란과 조일신 처리 문제에 대해 자문 받으려는 것이었다.

이인복은 충선왕 때부터 충혜왕 때까지 오로지 국왕만을 위해 충성을 바쳤던, 성산(경북 성주)이 본관인 이조년의 손자이다. 특히 황음무도한 충혜왕에게 직언을 아끼지 않았던 이조년은 강직한 성품으로 사람들이 가까이하기를 꺼려할 정도로 곧은 인물로 유명했다. 그 손자이니 이인복의 성품 또한 조부로부터 크게 벗어나지 않았을 것이다.

그런데 공민왕이 이인복을 비밀히 부른 것은 그런 성품 때문만은 아니었다. 이인복은 충숙왕 때 19세의 나이로 과거에 급제한 후, 충혜왕 때는 원의 과거인 제과에도 급제하여 원에서 지방관을 역임한 경력이 있었다. 그 후 환국하여 대간 직과 국왕 비서관으로 있다가 이때는 정동행성의 도사都事로 있었다. 이 도사 직은 정동행성의 말단 관직이었지만 원 조정에서 임명하는 것이었다. 공민왕이 이인복을 부른 것은 이런 원 조정과의 관계를 염두에 둔 것이었다.

두 사람의 대화를 역사 기록 그대로 옮겨 보겠다.

공민왕: 일이 이 지경에 이르렀는데 어찌하면 좋겠는가?
이인복: 신하로서 감히 변란을 일으킨 자에 대해서는 그에 합당한 형벌이 있습니다. 하물며 지금 당당한 천조(원 조정)의 법령이 뚜렷하게 있는데 만약 주저하여 결단을 내리지 못하면 신은 그 잘못이 전하께 미칠까 두렵습니다.

공민왕은 이인복의 이런 조언을 듣고 조일신을 제거할 것을 결심했다고 한다. 하지만 조일신을 제거하겠다는 생각은 이인복을 부르면서 이미 굳어졌다고 봐야 한다. 공민왕이 조일신을 제거할 생각이 없었다면 원 조정과 관계를 맺고 있는 이인복에게 굳이 자문을 받을 필요가 없기 때문이다.

조일신을 살리든지 제거하든지 공민왕에게는 사후 원 조정의 신문이나 문책을 생각하지 않을 수 없었다. 기황후의 친족을 제거하려던 변란을 원 조정에서 방관할 수 없다는 것은 너무나 분명하기 때문이다. 아무리 쇠퇴의 길로 들어선 제국이라도 말이다. 원 조정의 관직 경력이 있고 현재 정동행성의 관리로 있는 이인복은 그래서 이번 변란에 대처하는 데 공민왕의 조력자로 적격이었다.

이인복은 공민왕이 원하는 대답을 정확하게 개진한 것이었다. 이후 이인복은 공민왕의 큰 신임을 받는다.

조일신 제거

변란 엿새째인 10월 4일, 공민왕은 정동행성에 거둥하여 원로대신들을 은밀하게 불러모았다. 노국공주와 모후 명덕태후는 단양대군의 사저에 그대로 묶여 있는 상태였다. 공민왕이 조일신의 수중을 떠나 이렇게 움직일 수 있었던 것은 조일신을 안심시킨 덕분이었지만, 조일신의 처지에서는 공민왕을 믿을 수밖에 없는 한계를 드러낸 것이다.

공민왕은 이 정동행성의 회합에서 조일신을 제거하겠다는 의지를 밝히고 동조를 구했다. 앞서 이인복의 제안에 힘을 얻은 것이기도 했다. 이 회합에서 조일신의 제거에 반대하는 자는 없었지만 그렇다고 쌍수를 들고 환영하는 분위기도 아니었다. 아무도 반대하지 않았다는 것은 드러내놓고 조일신을 옹호하는 분위기는 아니었기 때문에 미온적이지만 공민왕은 그것으로 만족할 수밖에 없었다.

문제는, 누가 조일신 제거에 나서 줄 것인가 하는 것이었다. 군사를 동원하여 조일신 세력과 맞서 싸우는 것은 좋은 방법이 아니었다. 군대 동원도 쉽지 않았고 승산도 장담할 수 없으려니와 그야말로 큰 군사적 변란으로 확대될 수도 있었기 때문이다. 조일신 한 사람만 딱 제거하는 편이 가장 유리했다. 그것만 성공한다면 그다음은 어렵지 않을 것 같았다. 그러나 고양이 목에 방울을 달 인물을 구하는 것이 문제였다.

여기에 나선 인물이 김첨수金添壽란 자였다. 김첨수는 충혜왕 때 대장군에 있으면서 조적曹頔의 반란을 진압한 공으로 1등 공신에 들었던 인물이다. 그 후 충혜왕 측근에서 국왕을 비행으로 이끌다가 그 죄로 원으로 압송되어 유배를 당했던 경력이 있었다. 앞의 최화상도 그때 함께 원에서 유배형을 받았으니까 어쩌면 김첨수는 조일신의 변란에 가담한 자들과도 가까운 사이였다고 볼 수 있다. 김첨수가 언제 유배에서 풀려 환국했는지 나타나 있지 않지만 이 무렵 고려에 돌아와 아무런 관직 없이 지내고 있었다.

그러니 김첨수는 고위 무관으로 있던 중 공신에 올랐다가 몇 년 사이에 바닥으로 추락했던 인물이었다. 이런 자의 일반적인 성향은 재기의 발판을 마련하기 위해 물불을 안 가리는 것이다. 공민왕이 조일신 제거에 김첨수를 선택한 것은 무관 출신으로서 그의 이런 처지를 잘 알고 이용한 것이었다.

다음 날, 그러니까 변란 이레째인 10월 5일, 공민왕은 다시 정동행성에 거둥하여 은밀하게 김첨수를 불러들였다. 원로대신들에게는 군사 동원 없이 조일신만을 제거하겠다는 의지를 재차 천명하고 비밀 유지와 협조를 당부했다. 사람까지 이미 물색해 두었음을 밝히니 원로대신들은 이제 조용히 지켜볼 수밖에 없었다. 자신들은 크게 개입할 일이 없겠다고 안심했을 것이다.

공민왕은 김첨수에게 조일신을 붙잡아 정동행성으로 데리고 와서 제거할 것을 특별히 지시했다. 직접 눈으로 확인하려는 것이었다. 결국 이날 조일신은 김첨수에게 붙잡혀 정동행성에서 바로 참수된다. 일이 이렇게 진행되도록 조일신이 아무것도 모른 채 두 손 놓고 있었다는 게 조금 이상한데, 아마 공민왕을 철석같이 믿고 의지한 탓이 아닐까 싶다. 어쩌면 조일신과 김첨수는 서로 잘 아는 사이였을 것이다. 그렇지 않고서는 김첨수 단독으로 조일신을 유인하여 제거한다는 게 어려울 수 있기 때문이다. 공민왕은 그런 조일신과의 관계도 고려하여 김첨수를 끌어들였을 것이고, 그래서 혹시라도 김첨수가 배신할 것을 염려하여 공민왕은 조일신의 참수를 정동행성에서 확인할 필요도 있었던 것이다.

공민왕이 조일신 제거에 정동행성이라는 특별한 장소를 선택한 것은 여러 변수를 고려한 것이었다. 정동행성은 지금으로 말하자면 고려에 주재하는 원 제국의 대사관과 같은 곳으로 원 제국에서 직접 통제 관리하는 관청이었다. 그래서 만일 실패했을 경우 공민왕이 원 조정에 의탁하기 쉬운 가장 안전한 장소였다. 또한 조일신 제거에 성공하더라도 변란의 경위에 대한 원 조정의 사후 신문이나 조사는 불가피했을 것이니 이런 문제에 대처하기 위해서도 정동행성을 이용할 필요가 있었다.

정동행성이라는 장소는 조일신을 안심시키기에도 좋았다. 변란을 일으키고, 자신이 그 변란을 진압하는 데 앞장선 조일신에게 가장 큰 관심사는 원 조정에서 이 사건을 어떻게 처리하느냐의 문제였다. 즉, 원 조정에서 자신을 변란의 주모자로 판단할 것인가, 변란의 진압자로 판단할 것인가 하는 문제이다. 그 열쇠는 공민왕이 쥐고 있었지만 결국은 원 조정의 판단을 따를 수밖에 없었다. 그럴 경우 원 조정의 판결에 결정적 영향을 미치는 정동행성의 판단이 중요했고, 따라서 조일신도 공민왕이 정동행성에 행차하는 것을 저지할 수 없었던 것이다.

아무튼 조일신은 그렇게 너무 쉽게 제거되고 변란은 거사 일주일 만에 수포로 돌아갔다. 애초의 목적대로 기황후 친족을 모두 제거하는 데도 실패했고 조일신 자신이 권력을 장악하는 데도 실패한 것이다. 공민왕의 처지에서 본다면 괜히 기황후나 원 조정의 신경만 건드려 예민하게 만든 셈이었다. 하지만 껄끄러운 조일신을 무사히 제거했다는 점에서 본다면 크게 잃은 것도 없었다.

조일신을 제거하고 변란에 연루된 28인을 잡아 하옥시켰다. 조일신을 제거하는 데도 이들은 별다른 저항도 없었다. 연루된 자가 그뿐이라는 것은 조일신이 애초에 큰 세력 기반도 없이 거사에 나섰다는 것을 알 수 있고, 또한 변란에 연루된 자들이 특별한 정치적 성향을 가지고 강한 결속력으로 뭉친 집단도 아니었다는 것을 시사한다.

사후 처리

조일신을 제거한 바로 다음 날, 공민왕은 이제현을 우정승, 조익청을 좌정승으로 임명하는 등 20명 정도의 요직 인사를 단행했다. 이제현을 다시 수상에 앉힌 것은 조일신을 제거한 것에 따른 당연한 결과였다. 그리고 홍탁洪鐸 정을보鄭乙輔 이권 등은 말단 지방관으로 좌천시켜 버렸다. 홍탁은 조일신의 장인인데, 이들은 조일신의 변란에 가담해서가 아니라 조일신에 의해 관직을 받은 대가를 치른 것이었다.

이어서 공민왕은 안팎의 민심을 안정시키기 위해 사면령을 겸한 교서를 반포하였다. 조일신의 무리가 반역을 도모하였지만 선대 영령의 힘을 입어 제거하였으니 안심하고 생업에 종사하라는 내용이었다. 아울러 불충, 불효, 고의로 살인을 저지른 자를 제외하고 모두 사면한다는 것도 포함시켰다.

하지만 이보다 더 중요한 문제는 원 조정에 이를 어떻게 보고할 것인가 하는 것이었다. 중원의 반란으로 어려운 국면에 처한 제국이라도 기황후 친족을 제거하려는 변란이었다는 사실을 알고서 이를 방치할 리가 없기 때문이다. 우선 원 조정의 문책이 들어오기 전에 변란의 상세한 경위를 보고하는 것이 중요했다. 이를 위해 공민왕은 문무백관들로 하여금 정동행성에 글을 올리도록 한다. 관찬官撰 사서에 기록된 보고 내용을 그대로 인용해 보겠다.

······ 적신 조일신이 은밀히 불궤를 도모하여 마음대로 군사를 일으켜 기 씨를 제거하고자 그 집을 쳐부수고 왕궁에 함부로 난입하여 여러 신하들을 살해하였으며······ 우리 국왕께서는 묘한 계책으로 얼굴빛을 부드럽게 하여 변란을 엿보다가 군사를 수고롭게 하지 않고 조일신만을 주살하였습니다. 엎드려 바라건대 황제께 아뢰어 법대로 처단해 주시고 후일을 경계하기 원

합니다(《고려사》 131, 조일신 열전).

이 보고서의 요지는 조일신이 반역을 도모했다는 것을 분명히 밝히고, 이를 공민왕이 계책을 발휘하여 잘 진압했다는 것이었다. 다만 변란을 약간 과장되게 진술한 측면도 보인다. 그러면서 조심스럽게 원 조정의 처결을 기다리겠다는 점이 주목된다.

조일신의 변란에 대해 공민왕은 일관되게 반역으로 분명하게 천명하고 있다. 하지만 국왕의 명령을 거역했다는 점에서는 반역이라 규정할 수 있어도, 조일신의 변란은 애초부터 국왕을 부정하거나 새로운 국왕을 옹립하려는 것이 아니었기 때문에 엄밀한 의미에서는 반역은 아니었다. 오히려 조일신의 변란은 친위 쿠데타에 가까운 면이 있었다.

그런데 조일신의 변란을 친위 쿠데타로 규정하면 공민왕도 여기서 자유로울 수 없게 된다. 더구나 변란이 기황후 친족 제거를 목표로 했다면 공민왕은 더욱 원 조정의 의심을 살 수밖에 없었다. 따라서 공민왕의 처지에서는 어떻게든 조일신의 변란을 반역으로 몰아가야만 했다고 볼 수 있다.

공민왕은 정동행성에 경위 보고서를 올린 뒤 무엇이 불안했던지 사신을 따로 보내 원 조정에 글을 올린다. 정동행성에 글을 올리면 당연히 이는 원 조정에 들어가니 별도로 할 필요가 없는 일을 한 것이다. 그 사신이 가지고 간 글은 조일신의 죄를 상세하게 논증하는 내용이었다. 이제 원 조정의 처결을 기다리는 수밖에 없었다.

그해 12월, 그러니까 변란이 일어난 지 두 달이 지난 뒤였다. 원 조정에서는 종정부宗正府와 이부吏部의 관리를 파견하여 변란 관련자들을 국문하게 된다. 변란에 대한 판결을 내리기 위한 것이었는데 사안이 중대한 만큼 반드시 필요한 과정이었다. 하지만 국문하는 과정이나 내용에 대해서는 관찬 사서에 아무런 언급이 없어 아쉬움을 남긴다.

그리고 이듬해, 그러니까 1353년(공민왕 2) 3월에는 원 조정의 종정부 단사관과 병부의 관리가 파견되어 앞서의 판결을 집행했다. 이때 정천기 고충절 등 적극 가담자 20명을 참수하고 그 집을 적몰하였으며, 그밖에 경미한 17명에게는 곤장을 때려 징계했다. 그리고 조일신의 처자는 노비로 삼는 조치가 내려진다.

변란 사건에 대한 판결 집행이 이루어지기 전인 그해 1월에 공민왕은 기황후의 모친 영안왕대부인의 집에 행차하여 위로 잔치를 열기도 했다. 기황후 친족을 제거하려는 변란의 뒤끝이었기 때문에 필요한 행보였을 것이다. 이 일이 아니라도 공민왕은 대부인의 사저에 자주 행차했었는데 이후에는 더욱 중요한 행보였다. 기황후의 고려에 대한 영향력은 다시 재개될 것이기 때문이다.

몇 가지 궁금한 문제

조일신의 변란을 살펴보았는데 몇 가지 궁금한 문제가 남아있다. 우선, 조일신이 왜 이런 변란을 도모하게 되었을까 하는 점이다. 사전 계획도 치밀했던 것 같지 않고, 그래서 조금 무모하고 우발적이어서 그렇게 어설프게 끝날 변란을 말이다.

이 문제는 일단 조일신의 가문과 관련된 출세욕이나 권력욕으로 설명할 수밖에 없을 것 같다. 공민왕이 즉위하면서 10년 동안 숙위 활동에 참여한 보상은 그런대로 받았다고 보이지만 조일신은 이에 만족하지 못했다. 조일신이 공민왕에게 정방의 복구를 요구한 점이나 수상인 이제현을 끈질기게 견제한 점 등은 그러한 권력욕의 표출이었다.

공민왕은 조일신의 그런 요구를 쉽사리 수용해 주지 않았지만 그런 과정에서 상대하기 까다로운 존재라는 것은 분명히 인식했다. 그래서 조일신의 관직 승진을 이어가게 했고 1등 공신에도 책봉해 주었던 것이다. 사실 공민왕은 조일신뿐만 아니라 과거 숙위에 함께했던 관리들을 모두 전적으로 신뢰하지는 않았던 것 같다. 이들을 연저수종공신으로 책봉해 준 것은 자신의 측근으로 삼기 위한 것이 아니라 배반이나 동요를 막기 위한 회유책에 무게가 실린 조치였다고 보인다. 조일신이 이런 공민왕의 정치적 의도를 감지한 것이다.

게다가 공민왕 즉위 초의 정치 상황이 조일신에게 유리하게 전개되지도 않았다. 자신이 권력의 중심에 서기는 했지만 개혁적인 분위기가 형성되면서 오히려 정치적으로 점차 소외되는 느낌을 받았던 것이다. 이는 조일신 자신이 개혁적인 분위기를 수용하지 못한 한계를 드러낸 것으로, 점차 정치의 주류에서 밀리고 있다는 소외감을 지울 수 없게 했을 것이다.

개혁적인 분위기 형성에는 개혁 성향의 사대부들이 움직이고 있었다. 공민왕의 즉위 자체가 그런 개혁 성향의 사대부들의 지지를 받아 가능했기 때문이다. 이런 개혁 성향의 사대부들은 기황후에 대한 반감이나 반원 기류의 중심에 있기도 했다. 이들에 의해 자신에 대한 탄핵안이 올라오면서 조일신은 소외감을 넘어 위기로 인식했다. 그때 조일신이 관직을 그만두겠다고 공민왕에게 으름장을 놓았던 것은 그 때문이다.

조일신이 이런 문제를 단숨에 극복하여 자신의 위상을 다시 세우는 방법은 기황후에 대한 반감이나 반원 기류에 편승하여 공민왕을 확실하게 자신의 편으로 묶어 두는 것이었다. 그게 기황후 친족들을 제거하겠다는 변란으로 돌출한 것이다. 위험천만한 거사였지만 성공만 한다면 공민왕의 재가를 받아 권력을 수중에 넣는 방법으로 그보다 좋은 길이 없었다.

또한 조일신은 기황후 친족들의 제거를 내세움으로써 개혁적인 사대부들의 지지나 신뢰도 얻을 것으로 판단했다. 하지만 개혁적인 사대부들은 처음부터 조일신을 개혁의 적임자로 보지 않았고 변란에 냉담했다. 조일신이 기황후에 대한 반감을 가지고 있던 사대부들의 지지를 받지 못했다는 것은 변란의 가장 큰 실패 요인이라고 볼 수 있다.

다음 궁금한 문제는, 조일신이 최화상을 죽이고 중도에 변란을 진압하는 쪽으로 선회한 것인데, 이게 처음부터 계획에 의한 것이었는지 아니면 우발적으로 나타난 것이었는지 하는 점이다. 처음부터 계획에 의한 것이었다면 변란은 상당히 치밀하게 진행된 것으로 보인다. 하지만 그런 것 같지는 않다.

조일신은 기황후 친족들을 모두 제거하는 데 실패하자 공민왕의 사후 재가를 장담할 수 없게 되었다. 재가를 받을 수 없다면 공민왕을 자신의 수중에 묶어 둘 수도 없는 노릇이었다. 그래서 최화상을 죽여 변란의 주모자로 만들고 자신은 변란의 진압자로 돌변하여 공민왕을 유인한 것이다. 즉흥적으로 생각한 길이었겠지만 그나마 공민왕을 끌어들이는 수법으로는 제법이었다. 변란이 처음 목표를 달성하지 못한 마당에 공민왕을 자신의 편에 서게 하는 방법은 달리 없기도 했다.

이때 공민왕은 조일신의 뜻에 영합한 측면이 분명 있어 보인다. 조일신을 찬화안사공신贊化安社功臣으로 책봉했기 때문이다. 이 공신 칭호는 기황후 친족을 제거하겠다는 변란에 대한 보답이 아니라 그 변란을 진압했다는 것에 대한 보답이었다. 그러니까 공민왕은 변란 주모자인 조일신을 변란 진압의 공신으로 인정해 버린 것이다. 이 부분에서 조일신은 공민왕을 믿고 안심했을 것이다.

또 하나 궁금한 문제는 바로 이 대목과 관련이 있는데, 공민왕은 혹시 처음부터 조일신의 변란을 뒤에서 은밀하게 사주하지 않았을까 하는 의문이다. 공민왕은 변란이 선회하는 과정에서 분명 조일신에게 영합했다는 의혹을 받을 만했다. 그런 점으로 보면 사주했을 가능성도 있었다. 하지만 그보다는 기황후 친족을 제거하겠다는 거사가 공민왕에게도 나쁠 게 없는 기대할 만한 일이었기 때문에 그렇게 보이지 않나 싶다.

정말 공민왕이 그런 생각으로 사주를 했을까? 조일신에게 기황후의 친족들을 제거하도록 사주하고 일이 성공하면 그 조일신을 제거해 버린다? 만약 그게 사실이라면 조일신의 변란은 잘 짜인 각본에 의한 한 편의 극적인 드라마 못지않다. 하지만 이는 공민왕에게 너무 정치적 위험 부담이 커서 그럴 가능성은 아주 낮다고 본다. 만약 그랬다면 공민왕은 정말 권모술수의 달인이라고 할 수 있다. 일국의 국왕으로서 그런 위험한 도박을 할 리가 없을 것이다.

그러나 다음과 같은 개연성은 있다고 본다. 조일신을 직접 사주하지는 않았지만, 공민왕이 조일신에게 기황후 친족들을 꺼려 하는 속마음을 드러내면서 조일신을 거사에 뛰어들도록 유혹하지 않았을까 하는 점이다. 다시 말해 조일신은 공민왕으로부터 기황후 친족을 제거해도 괜찮겠다는 암시를 받았을 것이란 뜻이다.

이런 개연성은 충분하다고 본다. 왜냐하면 조일신은 공민왕의 그런 처지를 알고 변란을 도모했기 때문이다. 그래서 조일신의 변란은 일면 친위 쿠데타의 성격도 지녔다고 봐야 한다. 다만 공민왕의 그런 속마음은 정치 판도에서 누구나 짐작할 수 있었다는 점에서 이 부분은 명확히 가늠하기 어렵다.

만약 조일신이 기황후 친족들을 완전히 제거하는 데 성공했다면 변란은 어떻게 되었을까? 그래도 조일신은 공민왕에게 주살되는 것을 피할 수 없었다고 본다. 다만 그리되면 변란이 좀 더 복잡하고 긴 진행 과정을 거쳤을 것이란 생각은 든다. 조일신이 공민왕과의 관계에서 힘의 우위를 좀 더 이어갈 수 있기 때문인데, 그 경우에도 개혁적인 사대부들의 지지 여부가 관건이었을 것이다. 그것이 가망 없어 보이니 조일신이 주살된다는 결과는 마찬가지였을 것이다.

공민왕의 처지에서는 기황후나 그 친족들이 아무리 껄끄러운 존재라고 해도 조일신이 그들을 제거하는 것을 드러내놓고 찬성할 수 없었다. 이는 공민왕 스스로 조일신의 수중에 떨어지는 일이었기 때문이다. 하지만 공민왕이 기황후나 그 친족들에게 반감을 품고 있었고, 이를 조일신이 알아채고 변란을 일으킨 것은 분명해 보인다.

조일신 난의 역사적 의미

마지막으로 남은 문제가 있다. 이 시대, 원 간섭기에 조일신의 변란은 어떤 의미를 지니는 것일까?

조일신은 원 간섭기 고려에서 최초로 제국의 조정에 정면으로 도전한 인물이라고 할 수 있다. 비록 개인의 출세욕이나 권력욕에서 벌인 일이긴 하지만 말이다. 그런 정면 도전의 혐의에서 공민왕도 자유롭지 못했다. 공민왕이 실제로 혐의가 있건 없건 자신의 재위 중에 일어난 일이었기 때문이다. 당시 원 제국이 변방에 대해 정상적으로 통치력을 발휘했다면 국정의 최고 책임자인 국왕으로서 공민왕도 상당한 어려움에 직면했을 것이 분명하다.

그래서 조일신의 난은 한마디로 말해서 쇠퇴하는 제국의 약점이 변방인 고려에서 돌발적으로 나타난 것이라 할 수 있다. 그 약점은 고려에서 기황후에 대한 반감이나 반원 기류가 이미 형성되고 있었는데 이를 제때에 해소하거나 확실하게 제어하지 못한 탓이었다. 그 이유는 말할 필요도 없이 제국이 쇠퇴의 길로 접어들고 있었기 때문이다.

그런데 반원 기류가 만들어진 계기는 재미있게도 고려에 대한 통제나 탄압을 가장 강력하게 행사했던 기황후의 행태에서 비롯되었다. 그러니까 기황후의 등장으로 고려에 대한 통제나 영향력은 가장 크게 미치고 있었는데, 마침 그때 제국은 이미 쇠퇴의 길로 들어서고 있었던 것이다. 쉽게 말해서 제국은 힘이 빠져가고 있는데 그때 기황후가 등장하고 그 친족들이 판을 치면서 이에 대한 반감이 생겨난 것이다.

그렇게 형성된 기황후에 대한 반감은 반원 기류로 이어지고, 쇠퇴하는 제국에서는 이를 제때에 원만히 다스리지 못한 허점을 드러낸 것이다. 이 틈을 타고 조일신이 변란을 도모한 것이었다. 기황후 친족을 제거하겠다는 조일신의 변란 자체가 그 성패를 떠나 제국의 약점을 정확히 인식하지 못하고서는 도저히 생각할 수 없는 거사였다.

변란이 끝난 후 원 조정에서 공민왕에 대한 문책은 없었다. 공민왕을 변란의 배후로 지목하는 것은 무리라고 하더라도, 최소한 변란 후 국왕에 대한 신문이나 견책 정도는 필요했을 것 같은데 이루어지지 않았다. 이는 공민왕이 기지를 발휘하여 조일신을 단호하게 제거함으로써 모면한 것일 수도 있지만, 그보다는 원 조정이 그럴만한 여력이 부족했던 탓도 있었다고 본다.

그래서 조일신의 변란에서 가장 이득을 본 사람은 공민왕이라고 할 수도 있다. 껄끄러운 조일신과 그 주변 인물들을 원 조정의 힘을 빌려 깔끔하게 제거하는 데 성공했고 자신은 아무런 문책도 받지 않았기 때문이다. 기황후의 처지에서는 조일신을 과감히 처단한 공민왕을 믿을 만하다고 판단했을지도 모른다. 그렇다면 공민왕은 기황후의 신뢰까지 덤으로 얻었으니 이보다 더 좋을 수 없었다.

하지만 공민왕으로서는 반원 개혁의 의지를 당분간 접을 수밖에 없었다. 또한 기황후의 친족을 비롯한 부원배의 득세를 계속 지켜볼 수밖에 없는 처지에서도 벗어나기 어려웠다. 그래서 공민왕이 처음부터 반원 개혁 정치를 꿈꾸고 있었다면 이제 그런 의지는 수면 아래로 내려가 새로운 기회가 올 때까지 드러내기 어렵게 되었다고 할 수 있다.

원 조정에서나 기황후는 조일신의 변란을 처리하면서 공민왕의 눈치를 살짝 보지 않았을까 하는 생각마저 든다. 제국의 변방 파트너를 잃지 않기 위해서, 즉 공민왕이 제국에 등을 돌리는 막다른 길로 치닫는 것을 막기 위해서 말이다. 이로 인해 공민왕은 제국의 쇠퇴를 피부로 느끼고, 이게 당장은 아니지만 나중에 반원 정책으로 나타나지 않았을까?

결국 공민왕은 나중에 기철 일파를 제거하는 데 스스로 앞장서고 이를 성공시킨다.

제2의 조일신, 김용

조일신은 변란을 일으켰다가 우여곡절 끝에 제거당했지만, 그와 비슷한 성향의 인물로 또 김용이 있다. 그에 대해서는 조일신의 모함을 받으면서도 공민왕의 비호 속에 관직을 유지한 인물로 앞에서 잠깐 언급했었다. 김용이 조일신의 모함을 받으면서도 관직을 유지할 수 있었던 것은 공민왕이 조일신을 견제하려는 의도였다고 해석했다.

김용은 공민왕이 즉위하면서 무반 서열 1위인 응양군 상장군에 발탁한 점으로 보아 처음부터 상당히 총애를 받은 것 같다. 그는 조일신과 마찬가지로 공민왕의 숙위에 참여한 공로로 연저수종공신 1등에 책봉되기도 했으니 조일신과 성장 이력도 비슷했다. 그래서 김용은 공민왕을 앞세워 권세를 부릴 소지가 다분했고 이 점도 조일신과 크게 다르지 않았다.

조일신의 변란 때 김용은 애매한 태도를 취한다. 변란 당시 그는 대궐에서 숙직하고 있었는데 여러 사람이 살해당하는 속에서도 홀로 죽음을 면했고, 그러면서 변란의 진압에는 소극적이었다. 김용의 이런 태도는 조일신의 위세 때문에 그의 눈치를 살피며 망설인 것으로 보인다. 이 때문에 그는 여러 사람들의 의심을 받아 곤장을 맞고 섬으로 유배당했다.

그런 김용이 다시 발탁된 것은 제국에서 반란이 확산되면서 원 조정에서 고려의 출병을 요구한 때였다. 이때 원에서는 40여 명의 장수 이름을 거론하며 호출했는데 여기에 김용이 들어간 것이다. 제국의 반란 진압에서 돌아온 후 김용은 지도첨의사사(종2품)에 올라 공민왕의 재신임을 받는다. 이때가 1355년(공민왕 4) 무렵이었다.

한때 김용은 공민왕의 몇 안 되는 측근 그룹에 들기도 했다. 공민왕이 믿을 만한 몇몇 관리들에게 매일 입궁하여 대소사를 보고하도록 부탁하는데 여기에 김용이 포함된 것이다. 이 정도면 공민왕의 최측근에 들어갔다고 볼 수 있다. 그런데 공민왕의 재신임에 자만했는지 김용은 여러 자잘한 권력 싸움의 중심에 선다. 예를 하나 들자면 1355년(공민왕 4) 12월 찬성사로 있던 김보金普와의 권력 싸움이 있다. 여기 김보도 연저수종공신 1등에 책봉되어 전체 공신 서열에서 조일신 바로 다음의 2위를 차지한 인물이었다. 조일신이 이미 죽었으니 김보는 음험하고 시기심 많은 김용의 첫 번째 견제 대상이었을 것이다.

김보 역시 공민왕의 총애를 받으면서 지방관의 인사에서 많은 영향력을 행사하고 있었다. 김보는 그러다가 모친상을 당하는데, 상을 당했으니 휴직을 하고 고향에 내려가 상을 치러야 했다. 이 무렵에는 3년상이 철저하게 시행되지 않고 있었던지, 김용이 이 문제를 가지고 김보를 견제했다. 김보의 복직을 막으려는 목적으로 김용은 국왕의 명령이라 속이고 문서를 꾸며 3년상을 반드시 시행할 것을 해당 관서에 내려

보낸 것이다. 이 때문에 김보는 3년 동안 복직을 못했다. 나중에 이 사실을 안 공민왕은 당장 3년상을 폐지하였고, 아울러 사건을 일으킨 김용을 제주도로 유배 보낸다. 공민왕의 측근에서 권력 다툼을 벌이는 자들의 실상을 보여주는 일이었다.

이런 자질구레한 사건들은 공민왕을 둘러싼 그 주변 인물들 사이에서 자주 일어난다. 그런 권력 다툼은 대부분 연저수종공신에 포함된 공신 그룹 내부에서 일어나고 있었다. 그 중심에 항상 김용이 있었다. 김용은 조일신이 제거된 후 자신이 그 자리를 차지하고 싶었는지 모른다. 조일신과 같은 위세를 부려보려는 욕심에서 김보를 견제했던 것이다.

김용은 제주도로 유배당한 그 뒤에 또다시 발탁되어 공민왕의 신임을 회복하면서 여러 굵직한 정치적 사건을 일으키는 중심에 선다. 이에 대해서는 앞으로 계속해서 살펴보겠지만 공민왕이 왜 그렇게 김용을 버리지 못했는지 조금 의문이다. 공민왕 시대는 조일신이나 김용과 같은 인물이 계속 등장할 수밖에 없는 시대였는지 모르겠다.

제 2장

기황후와
기울어 가는 제국

조일신의 변란 이후 공민왕은 기황후를 의식하지 않을 수 없었다.
게다가 원 조정에서 기황후 소생의 아들 아유시리다라가 황태자로 책봉되면서
기황후나 그 친족들의 위세는 높아지고 이 틈에 부원배들도 재기하고 있었다.
그 무렵 제국에서는 민중 반란이 본격적으로 시작되면서
이를 진압하기 위해 고려에 출병을 요구한다.
원 조정에서는 고려의 군사 지원을 받아 반란 진압에 나섰지만
당시 집권자이면서 진압군 총사령관인 톡토가 전장에서
숙청당하면서 반란 진압은 실기하고 만다.
톡토의 숙청에는 기황후의 힘이 작용하고 있었는데
이후부터 원 조정에서 기황후가 권력을 독점하고
그 친족들의 위세는 절정으로 치닫는다.
하지만 제국은 이미 기울어 가고 있었다.

1. 기황후 친족과 부원배

기황후를 의식한 정치

공민왕은 조일신이 제거된 바로 다음 날 이제현을 우정승, 조익청을 좌정승으로 임명했다는 말을 앞서 했다. 그런데 두 달도 못 되어 수상을 이제현에서 홍빈洪彬으로 교체하고 만다. 1353년(공민왕 2) 1월의 일로, 조일신의 변란에 대한 원 조정의 판결이 아직 나오지 않은 때였다.

수상을 맡은 홍빈은 몽골 침략기에 일찌감치 원에 투항하여 부원배의 선두에 섰던 홍복원洪福源의 먼 친척뻘 되는 인물로, 그는 선대부터 대도(북경)에 거주하면서 주로 원에서 관직 생활을 했다. 그러면서 충숙왕이 원에 억류당했을 때는 국왕을 위해 변호하기도 했다. 또한 충혜왕이 복위하는 과정에서 일어난 조적의 반란 때에는 반란에 연루되었다고 의심받기도 했는데, 이 사건으로 충혜왕과 함께 원으로 끌려가서는 국왕을 끝까지 변호했던 특별한 인물이었다. 홍빈은 한마디로 충숙·충혜왕이 곤경에 처했을 때 철저하게 국왕을 옹호했던 인물이었고 충혜왕이 복위한 후에는 공신으로까지 책봉되었다. 충혜왕이 폭력적으로 원으로 끌려간 뒤에는 기철과 함께 잠시 국왕 대행을 맡기도 했다.

이러한 홍빈을 공민왕이 갑자기 수상으로 앉힌 것은 조일신의 변란에 대한 사후 대처였다고 보인다. 즉, 조일신 변란에 대해 원 조정에서 문책이나 견제를 해 올 때 이를 막기 위해 공민왕이 그를 발탁했다는 뜻이다. 원 조정의 관직 경력이나 곤경에 처한 선왕들을 옹호했던 홍빈의 전력을 감안하여 공민왕이 그런 판단을 했을 것이란 얘기다. 수상에 발탁된 홍빈이 공민왕을 비호한 흔적은 드러나지 않지만, 어쨌든 공민왕은 조일신의 변란 끝에도 아무런 문책을 받지 않았다.

공민왕은 조일신의 변란에 대해 별다른 제재를 받지 않았지만 기황후가 신경 쓰이지 않을 수 없었다. 그래서 그랬는지 1353년(공민왕 2) 5월 기황후의 생일을 축하하기 위한 사신을 원으로 파견하고 아울러 방물과 예물을 바쳤다. 원 간섭기 동안 황제의 생일을 축하하기 위한 성절사聖節使는 정기적으로 파견했지만 황후의 생일을 축하하기 위한 사절단 파견은 이것이 처음이다. 이게 조선시대에 오면 명과 청에 대해 연례 사절단 행차로 굳어지는데, 이때 시작된 것이다.

그런데 공민왕에게 정말 신경 쓰지 않으면 안 될 일이 있었다. 그해 7월에 원 조정에서 황태자를 책봉하고 이를 고려에 알려 왔던 것이다. 이 황태자가 바로 공민왕이 숙위 시절 잠시 함께 어울렸던 기황후 소생의 아들 아유시리다라였다. 황태자는 당시 15세로 이미 몇 년 전에 황태자로 내정되어 있었지만 이제야 정식으로 책봉이 이루어진 것이다. 원 조정에서 황태자 책봉을 반대하는 여론 때문에 늦어진 것으로 보인다.

기황후 소생의 아들이 황태자로 책봉되었다는 것은 그 정치적 의미가 특별했다. 기황후는 이제 황후에서 장래 황태후의 지위까지 보장받은 것으로 그녀의 정치적 위상이 이전과는 비교할 수 없기 때문이다. 공민왕으로서는 이를 가벼이 넘길 수 없는 문제였다. 게다가 기황후의 친족을 제거하겠다고 조일신이 변란을 일으킨 뒤끝이었기 때문에 더욱 기황후를 의식하지 않을 수 없었다.

그해 8월에 원에서는 황실 종친과 사신을 파견하여 기황후의 어미 영안왕대부인을 위한 발아찰兒札(부울자르)이라는 잔치를 하사한다. '부울자르' 연회는 혼인과 같은 경사에 베푸는 큰 잔치를 말하는 몽골어인데, 영안왕대부인으로서는 외손주가 대제국의 황태자가 되었으니 그런 잔치를 충분히 받을 만했을 것이다. 자신의 딸이 황후가 된 것 못지않게 큰 경사였을 것이다.

이 황태자 책봉 축하사절단은 고려에 보름 남짓 머물렀는데, 황태자의 책봉을 축하하기 위해 고려의 본궁인 연경궁에서 부울자르를 베풀었다. 영안왕대부인과 사신단을 연경궁에 초대하고 공민왕과 노국공주도 참석한 지극히 성대한 연회였다. 이때 옷감으로 꽃을 만들어 실내를 장식하는 데 5천여 필이나 사용되었다. 사치가 이 정도였으니 다른 수요품은 말할 필요가 없었고 물가가 폭등할 지경이었다고 한다.

그런데 이 연회는 기황후 친족들이 대미를 장식했다. 몽골풍의 기악이 연주되는 속에서 기철 등 그 주변 인물들이 궁궐 뜰에 내려와 비단 옷자락을 부여잡고 빙빙 돌면서 춤을 추고 노래를 불렀다. 이 모습을 지켜보면서 공민왕은 어떤 생각을 했을까. 이후에도 매년 원에서 영안왕대부인을 위한 사신이 올 때마다 이런 연회를 거르지 않았으니 기 씨의 세상이 온 듯 했을 것이다.

그해 9월에 공민왕은 성대한 연회를 베풀어 준 것에 대한 감사사절단을 원에 또 파견했다. 이때 황제에게 올리는 표문에는 황제를 우禹와 탕湯의 성군에 비유하면서 아울러 기황후를 동방에서 낳은 구천지매俱天之妹라고 칭송하였다. '구천지매'는 시경에서 따온 말로 천제天帝의 자매라는 비유인데, 쉽게 말해서 하늘이 내려준 자매라는 뜻이다. 공민왕이 이런 극칭송의 표문을 올린 것은 원 조정과 기황후를 의식한 것이 분명하다. 비록 기울어 가는 제국이었지만 기황후는 이제 장래 황태후 자리까지 보장받았으니 말이다.

그리고 그해 10월에 채하중蔡河中이 천추절千秋節 축하사절단으로 입원하는데, 천추절은 바로 기황후가 낳은 황태자의 생일을 말한다. 이런 황태자의 생일을 축하하기 위한 사절단 파견도 원 간섭기 동안 처음 있는 일이었다. 공민왕이 기황후를 얼마나 의식했는지 알 수 있는 정치외교의 한 단면이다.

그런데 수상으로 임명된 홍빈은 웬일인지 국정의 중심에 서기를 꺼려 했다. 임명된 얼마 후 바로 사직을 원했고, 공민왕이 내관을 보내어 등청을 요청하자 문을 닫고 나오지 않았다. 여러 재상들이 그의 집에 회동하여 겨우 일을 보기는 했지만 마지못해 응하는 것이었다. 홍빈의 이런 태도는 매우 궁금한데 아마 조일신의 변란 이후 기황후와 그 친족에 쏠리는 정치가 내키지 않았는지 모르겠다. 결국 수상은 1354년(공민왕 3) 1월 홍빈에서 다시 채하중으로 교체되고 만다.

부원배 출신 수상, 채하중

공민왕이 황태자 생일을 축하하기 위한 천추절 축하사절단 대표로 채하중을 원으로 파견했다는 얘기를 했다. 공민왕이 황태자 생일 축하사절단으로 다른 사람이 아닌 채하중을 보낸 것은 사절단의 적임으로 보았기 때문이다.

채하중은 충선왕의 측근으로 활동했던 채홍철蔡洪哲의 비첩 소생인 얼자孽子였다. 채하중은 충숙왕 때 무관에서 출발하여 부원배의 핵심 인물로 성장했는데, 일찍부터 원으로 들어가 합라첩목아哈刺帖木兒라는 몽골식 이름으로 활동하면서 조적과 함께 심왕 옹립 책동의 중심에 있었다. 하지만 이 사건 이후에도 채하중은 아무런 피해를 입지 않았고, 계속 건재하면서 조적의 반란 때는 충혜왕을 시종하는 태도로 변신하여 공신으로까지 책봉된 자였다.

채하중의 이력에서 특별한 점은 원 조정의 최고 권력자 톡토와 연결되어 있다는 사실이다. 부왕 충숙왕은 이미 죽고 왕위가 비었을 때 충혜왕은 조적의 반란으로 원에 끌려가 억류당하면서 왕위 계승을 장담할 수 없게 된 적이 있었다. 이는 당시 원 조정의 권력자 바얀의 방해 때문이었는데, 다행히 바얀이 실각하고 톡토가 권력을 잡으면서 충혜왕의 복위가 가능하게 되었다. 톡토는 정권을 잡자 황제에게 충혜왕의 석방과 복위를 요청하였고, 그때 원에 체류하고 있던 채하중은 이 사실을 제일 먼저 고려에 알려 온 것이다.

채하중의 이런 민첩한 활동에는 당시 원 조정의 새로운 권력자로 등장한 톡토와 연결이 가능했기 때문이었다. 채하중이 어떻게 톡토와 연결되었는지는 드러나지 않지만, 그는 한마디로 원 조정에 상당한 활동 기반을 갖춘 부원배의 거물이었던 것이다. 채하중은 한때 수상을 맡아 국정의 중심에 서기도 했다. 복위한 충혜왕이 악정을 저지르다가 기황후에 의해 원으로 압송되어 비명횡사하고 충목왕이 즉위한 직후였다. 이때는 고려에 대한 기황후의 영향력이 최고조에 이른 때인데, 이를 보면 채하중은 기황후 쪽과도 좋은 관계를 맺고 있었던 것 같다.

충목왕 때 개혁의 바람이 불면서 채하중은 잠시 관직에서 물러나 있었다. 왕후에 의해 정치도감이 설치되고 개혁 과정에서 그가 설 자리는 없었던 것이다. 그가 개혁 대상이 되어 핍박을 받지 않은 것만도 신통한 일이었다. 정국의 흐름에 예민한 그가 들고날 때를 알아차렸을 것이다. 충정왕이 즉위한 후에도 채하중은 관직 없이 조용히 지냈다.

그런 채하중이 1354년(공민왕 3) 1월 공민왕에 의해 우정승에 발탁된 것이다. 수상을 맡아 국정에 소극적이었던 홍빈을 대신한 것으로, 10년 만에 그의 두 번째 수상 임명이었다. 공민왕은 부원배의 핵심 인물인 채하중을 왜 갑자기 수상으로 발탁했을까?

이때 채하중은 황태자의 생일을 축하하기 위한 사신으로 입원한 후 아직 환국하지도 않은 때였는데 수상에 임명한 것이다. 공민왕이 반원 개혁 정치를 꿈꾸고 있었다면 채하중은 도저히 발탁해서는 안 될 구시대의 전형적인 부원배였다. 어쩌면 조일신과 별반 다를 것이 없어 자칫하면 호가호위하며 국왕을 핍박할 수도 있었는데 말이다.

채하중은 사실 공민왕과 과거 각별한 인연도 있었다. 공민왕이 1341년(충혜왕 복위 2)에 처음 입원 숙위에 들어갔을 때 채하중이 30여 명의 수행단에 참여한 것인데, 그때 수행단 중 채하중이 가장 고위직이었다.

그 후 채하중은 무슨 사정이 있었는지 공민왕의 10년 숙위 기간 동안 줄곧 함께하지는 않았지만 공민왕이 그를 수상으로 발탁한 배경에는 그런 인연도 작용했을지 모르겠다.

게다가 채하중은 당시 원 조정의 실권자 톡토와도 인연이 있는 인물이었다. 여기에 채하중이 황태자 생일 축하사절단으로 들어갔으니 약삭빠른 그가 기황후와 다시 연결되었다고 볼 수 있다. 채하중의 수상 임명에는 이런 과거 이력과 활동 성향이 작용한 것이다. 공민왕으로서는 조일신 변란의 뒤끝과 기황후 소생의 황태자 책봉이라는 중요한 국면에 대처하기 위해서 다시 부원배의 핵심 인물인 그를 불러들인 것이었다.

제국은 쇠퇴의 기미를 보이고 있었지만 아직도 채하중과 같은 부원배의 효용 가치는 남아있었다. 부원배에 대한 효용 가치가 남아있다는 것은 아직 변방 고려에 대한 제국의 영향력이 살아 있다는 뜻이다. 그렇다면 공민왕 시대의 반원 개혁 정치는 아직 시기상조였다고 볼 수 있다.

앞 장에서 언급했지만 공민왕 직전의 충정왕 대는 기황후나 그 친족, 나아가서는 부원배들이 고려 국정에 거의 영향력을 행사하지 못하던 시기였다. 기황후에 대한 반감이나 반원 기류 때문에 그럴 수밖에 없었지만 이는 원 간섭기 동안 줄곧 계속된 지배와 종속의 관계를 감안하면 매우 특별한 현상이었다. 하지만 조일신의 변란이 실패로 끝나면서 부원배가 다시 득세하게 된 것이다. 충분히 예상할 수 있겠지만 그동안 잠수하고 있던 기황후의 친족들도 다시 고개를 들기 시작한다.

기황후 친족의 진출

1354년(공민왕 3) 2월에는 20여 명의 고위직 인사 개편이 이루어진다. 이때의 인사 개편을 눈여겨볼 필요가 있는데 중요한 몇 사람만 나열하면 다음과 같다.

① 채하중: 영도첨의
② 염제신: 우정승
③ 유 탁: 좌정승
④ 강윤충, 원호: 찬성사
⑤ 이인복: 정당문학
⑥ 김경직: 첨의평리
⑦ 기 윤: 삼사좌사
⑧ 기완자불화: 판밀직사사

구시대의 부원배와 개혁 성향의 인물, 그리고 기황후의 친족까지 끌어들인 일관성이 없는 인사 개편이다. 아마 가늠하기 힘든 정국의 흐름을 반영한 인사라고 보인다.

① 채하중은 우정승에서 한 달 만에 다시 영도첨의로 승진했다. 영도첨의는 영도첨의사사領都僉議司事의 약자로 특별한 경우에 설치되어 좌·우정승보다 우위에 있지만 실권이 별로 없는 명예직 수상이었다. 이를 보면 승진이라 보기는 어렵지만 부원배로서 채하중을 계속 우대했다고 볼 수 있다.

②의 염제신廉悌臣은 매우 특이한 인물이다. 그는 충렬왕 때 술사로서 이름을 날리며 권력을 휘둘렀던 염승익廉承益의 손자이자 유명한 조인규의 외손자로, 어려서 아비를 잃고 고모부인 원의 평장정사 말길末吉의 집에서 성장했다고 한다. 그러니 원에서 어린 시절을 보내고 장성한 후에도 원에서 주로 관직 생활을 했던 자인데, 가끔 고려에 들어와 관직을 역임하며 충목왕 때는 재상에 오르기도 했다. 그런 친원적 성향 속에서도 청렴강직하기로 소문나 앞서 홍빈과 비슷하게 부원배의 성향을 드러내지 않았던 인물이다. 공민왕은 염제신의 그런 곧은 성향과 원 조정의 관직 경력을 감안하여 실질적인 수상인 우정승에 발탁한 것으로 보인다.

③ 유탁柳濯은 충렬왕 때 통역관과 외교관으로 이름을 날리며 정치적 사건도 많이 일으켰던 유청신柳淸臣의 손자이다. 유탁은 그런 가문을 배경으로 원 관리의 딸을 부인으로 맞았던 대표적인 부원배였다. 여기에 뛰어난 무예를 바탕으로 일찍이 원으로 들어가 숙위에 참여하면서 무장으로 성장하였고 충혜왕 때는 합포(경남 마산) 만호萬戶에, 충정왕 때는 재상급에 올랐던 인물이다. 만호는 원에서 직접 임명하는 군사령관 직책으로 그는 왜구의 방어에 공로가 많아 공민왕이 즉위한 직후에도 승진을 이어갔다. 이번 좌정승 발탁은 그의 무장으로서의 경력이 작용한 것으로 보인다.

④ 강윤충康允忠의 발탁은 정말 뜻밖의 인사였다. 그는 원과 별다른 인연이 없어 부원배라고 볼 수는 없지만 충혜왕 시대의 악정을 선두에서 이끈, 구시대의 원흉으로 치부되는 인물이다. 강윤충은 천예 출신으로 충숙왕을 호위하는 무관에서 출발하였고, 조적의 반란 때는 충혜왕

을 시종한 공로로 공신에 책정되어 재상급에 오르면서 현달하였다. 그는 충목왕 때 정치도감에 의한 개혁 활동이 전개되면서 개혁 저항 세력으로 악명을 떨쳤는데, 그러면서도 큰 피해를 입지 않고 국정에 영향력을 행사하며 건재를 과시했다. 여기에는 충목왕의 모후 덕녕공주의 비호가 작용하고 있었다.

강윤충은 충목왕 대에 덕녕공주와의 간통 소문에 휩싸인 적이 있었는데 이게 모함인지는 모르지만 덕녕공주와 특별한 관계였다는 것은 사실이었다. 그 덕녕공주가 충정왕 대에 권력에서 소외되면서 원으로 들어갔다가 이번 인사 개편이 있기 며칠 전에 다시 고려에 들어오는데, 강윤충의 발탁은 덕녕공주와의 관계 때문으로 보인다. 덕녕공주가 강윤충을 적극 추천했다면 공민왕도 내키지는 않았지만 그런 요청을 거절하기 어려웠을 것이다. 덕녕공주는 충정왕을 내치고 공민왕을 즉위시키는 데 일조했기 때문이다. 이래저래 공민왕의 입지가 좁아지고 있다고 볼 수 있겠다.

④의 원호元顯는 충렬왕 때 수상을 역임한 원부元傅의 증손으로 무관에서 출발하여 만호에 임명된 인물인데, 충정왕 때 왜구 방어에 나선 것으로 보아 발탁 배경은 ③의 유탁과 비슷했다고 보인다. 한 가지 특별한 점은 원호가 기황후의 오라비인 기철과 사돈 관계였다는 사실이다. 이를 보면 그의 발탁은 기황후 친족의 득세와 관련 있다고도 할 수 있다.

⑤ 이인복은 앞서 언급했는데, 정통 사대부 가문 출신으로 원의 과거에도 급제하여 원에서 관직 생활을 했던 인물이다. 그는 조일신의 변란 때 공민왕에게 조일신을 제거할 것을 주문하여 이를 성공시키고 공민

왕의 신임이 컸으니 이번에 정당문학(종2품)에 임명된 것은 당연해 보인다.

⑥ 김경직은 일찍부터 공민왕에 대한 여망을 품고 있다가 충정왕이 즉위하면서 그에 대한 보복을 받아 유배를 당했던 인물임을 앞에서 언급했다. 그는 공민왕이 즉위한 직후 발탁되었는데 이번에도 승진을 이어간 것이다.

⑦ 기윤奇輪은 바로 기황후의 다섯째 오라비인데, 이번에 삼사좌사(정3품)에 임명되었다. 그리고 ⑧ 기완자불화는 조일신의 변란 때 죽임을 당한 기황후의 셋째 오라비 기원의 아들로, 충정왕에서 공민왕으로 전격적인 왕위 교체를 고려에 알려 오고 이에 필요한 절차를 실행한 인물이다. 이를 통해 공민왕의 즉위에는 기황후의 의지가 작용했다고 보았는데, 공민왕으로서는 외면하기 힘들었을 것이다.

이상에서 보았듯이 기황후 친족은 두 명이나 고위직에 발탁되었다. 기철과 사돈 관계였던 원호를 여기에 포함시키고, 기황후와 가까운 채하중까지 감안하면 기황후 쪽 세력의 비중은 더욱 커진다. 게다가 기윤이나 기완자불화는 지금까지 고려에서 관직을 맡은 적이 거의 없었는데 이번에 발탁된 것이다. 사실 기황후의 친족들은 고려에서 관직 유무가 그리 중요하지 않았다. 관직 여부에 관계없이 마음만 먹으면 영향력을 행사할 수 있었고, 공민왕은 당분간 이들의 요구를 뿌리칠 수 없었기 때문이다. 그래서 기황후 친족들의 득세는 계속될 것이다.

공민왕은 기황후의 눈 밖에 났다가는 형님 왕인 충혜왕처럼 하루아침에 왕위가 날아갈 수 있다는 것을 잘 알고 있었다. 충혜왕이 왕위를 빼앗기고 원으로 압송된 그때 공민왕은 15세의 성년 나이로 원에서 숙위 중에 있었으니 전후 사정을 모르지 않았을 것이다. 그래서 기황후를 의식하지 않을 수 없었지만, 제국의 통치력이나 황실의 위상이 예전 같지 않으니 한 가닥 기대를 가져볼 수밖에 없었다.

황태자에게 딸을 바친 권겸

앞서 채하중 같은 부원배는 공민왕 대 수상까지 맡았으니 큰 불만은 없었을 것이다. 하지만 공민왕의 처지에서는 부원배들이 원과 관계를 맺고 있다고 해서 이들을 모두 등용할 수도 없는 노릇이었다. 그래서 부원배 중에서는 공민왕 정권에서 겉도는 인물도 있었다. 그렇게 소외된 부원배의 핵심 인물 가운데 한 사람이 바로 권겸權謙이었다.

권겸은 고려 후기 명문 안동 권 씨 출신 권부權溥의 아들인데, 권부는 충렬왕 때 18세 나이로 과거에 급제한 후 충선왕의 총애를 받아 개혁 정치에 참여하면서 충숙왕 때는 수상에까지 오른 인물이다. 충목왕 때 정치도감을 설치하여 개혁 활동을 주도했던 왕후(권재)는 권겸의 친형이었고, 이제현은 그의 매형이기도 했다. 안동 권 씨 가문은 일가에 9봉군이 나올 정도로 왕조의 대접도 충분히 받았으며 고려 사회에서 기반도 탄탄했다. 그런 가문 출신의 권겸은 무엇이 부족했는지 형제들과는 전혀 다르게 부원배의 길을 걷는다.

권겸은 충숙왕이 원에 억류당해 있는 5년 동안 국왕을 시종하였다. 환국해서는 이런 공로를 인정받아 공신으로 책봉되고 동지밀직사사(종2품)에 올랐다. 이 시대 출세 현달하는 가장 빠른 길은 원을 왕래하는 국왕을 시종하는 일이었는데, 국왕이 한 번 입원하면 길게는 몇 년씩 체류하는 경우가 많았고 곤경에 처한 국왕을 시종했을 때는 그 보상도 컸던 것이다. 이때까지만 해도 권겸은 국왕과 좋은 관계를 유지하며 사대부가의 평범한 관직 생활을 이어 나갔다. 어쩌면 국왕을 시종한 공로가 아니라도 그의 출신 가문으로 보아 그 정도의 성취는 가능했을 것이다.

환국하여 순탄한 관직 생활을 하던 권겸은 이에 만족하지 못했는지 충숙왕에게 만호 직을 요구하다가 거절당한다. 만호는 군사령관 직으로 직접 군대를 통솔하지는 않지만 원의 황제가 임명하는 직책이다 보니 그 권위나 위상이 일반 관직과는 차원이 달랐다. 게다가 만호 직을 띠고 고려의 관직을 겸임할 수도 있었다. 하지만 만호는 고려 국왕의 추천을 받아야 임명이 가능했는데 충숙왕이 이를 거절한 것이다. 그는 원으로 달려가 세력가에 의지하여 결국 순군 만호에 임명된다.

권겸에게 5년의 재원 생활은 세계 제국의 문화와 사회를 경험하면서 출세의 큰 기반이 되었을 것이다. 원 조정의 세력가에 의지하여 자신이 원하는 만호를 얻어 냈다는 것은 그런 기반을 십분 활용한 것으로 볼 수 있다. 가끔 사신으로 입원하여 활동할 수 있었던 것도 그런 자질을 발휘한 것이었다. 좋게 말해서 권겸은 세계 제국의 정세나 국제적인 감각이 뛰어나 고려의 전통적인 관료 생활로 만족하지 못했던 것이다.

권겸에게 부원배의 길을 걷게 한 결정적인 계기는 바로 기황후의 등극이었다. 충숙왕 대는 그런대로 순탄한 관직 생활을 하던 그가 웬일인지 충혜왕 대는 거의 활동이 없었다. 기황후의 황후 책봉과 충혜왕의 복위는 거의 같은 시기에 이루어지는데 권겸이 기황후와 연결되면서 충혜왕 정권에서 소외받지 않았나 생각된다.

권겸이 기황후와 어떻게 연결되었는지는 확실치 않다. 나중에 고려에 들어온 기황후의 측근인 고용보와 행동을 같이하는 것으로 보아 원에서 충숙왕을 시종하는 기간에 고용보를 통해서 그 계기를 만들지 않았을까 여겨진다. 당시 원 황실에서는 기황후보다 고용보가 먼저 자리를 잡고 앞서가고 있었기 때문이다.

그런데 충혜왕은 재위 5년 만에 기황후의 기획에 따라 폭력적으로 원으로 끌려갔다. 고려 관리들 중에서는 이런 중대한 상황에서 여기에 내응한 자가 많았는데, 권겸은 바로 이때 충혜왕을 원으로 압송하는 호송관이었다. 이는 그가 충혜왕에 대한 폭력적인 조치에 적극 가담했다는 것을 보여주는 분명한 행동으로 기황후와 연결되어 있다는 확실한 증거로 볼 수 있다.

권겸은 이로써 충혜왕 대의 침체를 일거에 만회한 것이다. 아마 기황후의 등극을 보고 권겸은 자신이 나아갈 새로운 부원배의 길을 찾았다고 생각했는지도 모르겠다. 이것도 제국의 돌아가는 사정에 밝았으니 가능한 일이었을 것이다.

압송된 충혜왕이 비명횡사한 후, 유주 충목왕이 황제로부터 왕위 계승을 지명받고 원에서 환국할 때 권겸은 기철과 함께 국새를 받들고 새 국왕을 맞으러 입원하기도 했다. 이는 권겸이 충혜왕의 폐위에 이어 충목왕의 즉위에까지 기철 등과 어김없이 뜻을 함께했다는 것을 보여준다. 충목왕의 왕위 계승 과정에서 그도 일조한 것이었다.

하지만 충목왕이 즉위하고 권겸은 날개를 달 것 같았지만 권력의 중심에 서지 못했다. 다음 충정왕 대까지도 그랬다. 몇 차례 원으로 들어가는 사신으로 활동하는 정도에 그쳤다. 아마 개혁의 바람이 불고 정치도감의 활동이 전개되면서 국정의 전면에 나설 만한 처지가 못 되었던 것 같다. 정치도감을 이끌고 있는 그의 친형인 왕후의 비호가 있었는지는 모르겠지만 개혁 대상에 올라 핍박받지 않은 것만도 다행이었다.

권겸은 충목·충정왕 대에 기황후에 대한 반감과 반원 기류가 형성되면서 크게 위축되었다. 잘 나갈 것 같던 그에게 뜻밖에 새로운 바람이 불면서 역풍을 만난 것이다. 이 무렵 몇 차례 사신으로 원을 왕래하는 것으로 보아 기황후와 접촉은 있었는지는 모르겠지만 기황후나 기철 등 그 친족과의 관계도 별다른 효력을 발휘하지 못했다. 기황후나 그 친족들도 몸을 사리면서 잠수한 마당에 그도 별 수가 없었을 것이다. 이 무렵 권겸은 별다른 관직도 얻지 못하고 있었다.

뒤이어 공민왕이 즉위한 후에 권겸은 뭔가 상황이 달라질 것으로 기대했다. 공민왕의 왕위 계승에는 기황후의 의지도 반영되었기 때문이다. 하지만 공민왕의 즉위 자체가 개혁적 사대부들의 여망에 부응한 것이었고, 이에 따라 개혁 바람이 불면서 그가 설 자리는 역시 마땅치 않았다. 게다가 기황후에 대한 반감과 반원 기류도 수그러들지 않고 있었다.

이런 옹색한 국면을 타개하는 방법으로 권겸이 동원한 방법은 정말 뜻밖이었다. 자신의 딸을 원의 황태자에게 바친 것이다. 1352년(공민왕 1) 8월의 일인데, 권겸 자신이 딸을 데리고 원으로 들어간 것이다. 그런데 정말 중요한 것은 권겸이 딸을 들인 이 황태자가 바로 기황후가 낳은 아들 아유시리다라였다는 사실이다. 그러니까 권겸은 자신의 딸을 다음 황제의 황후로 만들어 보겠다는 속셈이었던 것이다. 쉽게 말하자면 자신의 딸을 제2의 기황후로 만들겠다는 욕심이었다. 이를 보면 권겸은 기황후를 확실하게 출세의 전범으로 생각했던 모양이다.

그러나 황태자에게 바친 그 딸은 별 효험이 없었던 것 같다. 딸을 들인다고 모두 황태자비가 된다는 보장도 없지만 이 무렵 제국은 이미 쇠퇴의 길로 들어섰기 때문이다. 그래도 그 딸을 바친 결과 권겸은 원으로부터 태부감 태감太府監太監이라는 벼슬을 얻게 된다. 태부감은 황궁의 재정 출납을 관장하는 부서로 태감(종3품)은 그 차관 직이었다. 기황후 측근의 인물들이 가끔 이 관직을 띠고 고려에 들어온 경우를 감안하면 이는 권겸이 기황후와 더욱 가까워진 것으로, 최소한의 보상은 받은 셈이었다.

권겸이 원으로 들어가 딸을 바친 그때가 바로 조일신이 변란을 일으키기 한 달여 전이었다. 그때 조일신은 기철 형제와 고용보 등 기황후 측근들을 정확히 거명하며 제거하겠다고 변란을 일으켰다. 권겸도 국내에 있었다면 조일신이 거론한 그 제거 대상에서 자유롭지 못했을 것이다.

원으로 달려가 황태자에게 딸을 바친 권겸 같은 인물을 공민왕은 어떻게 보았을까? 말할 필요도 없지만 경계 대상 1호였을 것이다. 자신의 딸을 기황후와 같은 위상으로 만들겠다는 것이니 말이다. 공민왕으로서는 기황후 친족들도 버거운 상태에서 권겸 같은 자는 미래의 기철쯤으로 생각하여 기피했을 것이 분명하다. 자신의 딸을 황태자에게 바친 이후에도 권겸은 공민왕에게 발탁되지 못한다. 앞서 기윤이나 기완자불화 등 기황후의 친족들이 조일신의 난 이후 득세하는 속에서도 그는 아무런 관직도 얻지 못했다. 어쩌면 권겸 같은 경우는 고려의 관직에 연연해하지 않았을 것 같다는 생각도 든다.

권겸은 결국 몇 년 후 공민왕에 의해 기철 등과 함께 주살당한다. 그는 쇠망하는 제국의 황실에 마지막으로 기대려다 죽임을 당한 것이다.

또 다른 부원배, 노책

권겸과 마찬가지로 공민왕 정권에서 소외당한 부원배의 중요 인물로
또 노책이란 자가 있다. 그에 대해서는 앞 장에서 충정왕의 왕위 계승
에 공로를 세웠다가 윤 씨 외척들에게 배척당한 인물로 언급한 바 있지
만, 여기서 좀 더 자세히 살펴보고자 한다. 공민왕 대에 들어와 부원배
들의 향방을 이해하는 데 그는 권겸과 함께 중요한 인물이기 때문이다.

노책은 본관이 교하(경기 김포)로 아버지는 노영수盧穎秀, 어머니는 유
명한 조인규의 딸이었다. 뛰어난 명문 출신은 아니지만 그는 고려의 종
실 여성인 평양공 현平陽公 眩의 딸 경녕옹주慶寧翁主와 결혼하면서 출세
의 계기를 마련한다. 그 경녕옹주의 어미, 즉 평양공의 부인은 충렬왕
때 수상을 역임한 허공許珙의 딸이었는데 평양공이 3남 4녀를 낳고 일
찍 죽자 그 부인 허 씨를 충선왕이 들여 순비順妃로 삼았다. 그러니까
노책의 부인 경녕옹주는 어미 허 씨가 충선왕에게 재가함으로 인해 형
식상 충선왕의 딸이 된 것이다.

중요한 점은 노책의 장모인 순비 허 씨의 자매 가운데 하나가 원으로
들어가 당시 황태자(후의 인종 황제)를 시종하고 있었다는 사실이다. 이
시대는 원의 황실에 조그만 인연의 끈만 있어도 그게 큰 힘을 발휘하던
시절이었다. 충선왕이 과부가 된 허 씨를 들인 것도 그런 자매의 위상
을 염두에 두고 당시 원에서의 활동을 감안한 정략결혼이었다. 그러니

까 노책의 장모가 충선왕의 후비가 되었으니 노책은 형식상 충선왕의 사위와 같았고, 그 장모의 자매는 원 황실에서 황태자를 시종했기 때문에 노책의 출세 배경이 되었던 것이다. 노책이 부원배의 성향을 띠게 된 것은 이런 혼인 관계를 바탕으로 한다고 볼 수 있다.

그런데 재미있는 사실은 1347년(충목왕 3) 3월에 노책의 둘째 딸이 원으로 들어간다는 점이다. 이게 노책이 자진해서 보낸 것인지 확실하게 드러나진 않지만 공녀로 강제 선발된 것은 아니었고, 노책의 처가나 외가의 친원 성향과 무관치 않다는 것은 분명한 것 같다. 그 1년 뒤에는 노책이 사신으로 입원하는데, 이후부터 노책은 확실하게 부원배의 길로 접어들면서 정치적으로 급부상한다. 이를 보면 원으로 들어간 그 둘째 딸이 어떤 위치에 있었는지는 모르겠지만 노책의 정치적 부상에 일정한 역할을 한 것 같다.

노책이 부원배의 길로 접어들면서 결정적으로 힘을 발휘한 것은 바로 충목왕이 죽고 충정왕으로 왕위가 교체되는 과정에서였다. 이때 노책은 부원배인 최유와 함께 어린 왕저(충정왕)를 받들고 원으로 달려갔다. 당시 개혁 성향의 사대부들은 왕기(공민왕)를 다음 왕위 계승자로 밀었지만 노책은 확실하게 왕저를 선택한 것이다. 결국 왕위는 충정왕으로 낙점되었다.

당연한 결과지만 노책은 그 공로로 충정왕 대 첫 수상에 발탁된다. 하지만 수상에 임명된 지 불과 몇 개월 만에 면직되고 말았다. 이는 충정왕의 외척인 윤 씨 세력들과의 권력 투쟁에서 밀려난 것으로 볼 수 있는데, 여기에는 원의 영향력이 차단된 상태에서 부원배들이 힘을 발휘할 수 없었던 충정왕 대의 정치 상황과 관련 있었다. 반원 기류가 형

성되고 기황후나 그 친족들도 잠수한 상태에서 앞서의 권겸이 침체기
에 접어든 것과 정치적 맥락이 비슷하다.

그런데 노책은 공민왕이 즉위한 후에도 침체에서 벗어나지 못했다.
역시 권겸이 그랬던 것과 같은 상황에 직면한 것이다. 노책이 이런 상
황을 타개하는 방법도 권겸과 똑 같았다. 원 황제인 순제 토곤 테무르
에게 자신의 딸을 바친 것이다. 이게 처음이 아니고 원에 두 번째로 바
치는 딸이었다. 첫 번째로 보낸 딸의 효험이 떨어졌다고 생각했는지 다
시 출세의 돌파구를 마련하려는 몸부림이었으리라.

노책이 두 번째로 딸을 바친 것은 앞서 권겸이 황태자에게 자신의 딸
을 바친 것보다 조금 뒤늦은 1353년(공민왕 3) 5월의 일이었다. 그가 권
겸처럼 황태자를 선택하지 않고 바로 황제를 향해 자신의 딸을 들인 것
은 기황후와 별 인연이 없어 그런 것이기도 했지만, 사대부들 사이에
퍼져 있는 기황후에 대한 반감과 조일신 난의 뒤끝이어서 그런 것으로
보인다.

노책은 그 딸을 바치고 원에서 집현전 학사 직을 제수받는다. 하지만
그 후 공민왕으로부터 어떤 관직도 얻지 못했다. 딸을 바치고 원 조정의
관직을 얻었으니 최소한 본전치기는 했지만 공민왕 정권에서는 권겸과
마찬가지로 소외를 면치 못했던 것이다. 몇 년 후 노책 역시 기철 권겸
과 어울려 작당하다가 공민왕에 의해 주살당하고 만다. 노책은 기울어
가는 제국의 황실에 기댄 부원배의 끝물이 아니었을까.

기황후의 형제들

기황후의 다섯 오라비 중에서 첫째 기식奇軾은 일찍 죽었고, 셋째 기원은 조일신의 변란에서 죽임을 당했으며, 넷째 기주奇輈는 정치도감의 개혁 활동에서 걸려들어 하옥당한 인물로 나온다. 그리고 다섯째 기윤이 앞의 인사 개편에서 살펴보았듯이 고위직에 발탁되었다. 이 다섯 형제 중에서 둘째 기철이 가장 현달했다고 보인다.

기철이 맨 처음 정계에 등장한 것은 충혜왕이 복위한 직후였다. 1340년(충혜왕 복위 1) 3월 황제 생일을 축하하기 위한 성절사로 입원한 것이었다. 이 무렵에 기황후가 제국의 황후로 등극하였으니 시기가 맞아 떨어진다. 이때 기철의 나이 많아야 40대 초중반 정도로 짐작되는데 고려에서 특별한 관직도 없었다.

그리고 다섯째 기윤은 충혜왕이 복위한 후 국왕과 심한 마찰을 빚은 적이 있었다. 충혜왕이 저지른 간통 사건에서 기윤이 피해자 측과 인척 관계에 있어 나섰다가 충혜왕에게 오히려 보복을 당한 것이다. 이를 보면 충혜왕은 기황후 형제들의 위세에 강하게 맞섰다고 볼 수 있다. 한편 기철은 조익청과 함께 입성책동을 일으키기도 하는데, 이는 충혜왕의 악정에 대한 불만에서 나온 것으로 보이지만 큰 위력을 발휘하진 못했다.

기철이 국정의 중심에 들어선 것은 1343년(충혜왕 복위 4) 11월 기황후에 의해 충혜왕이 원으로 압송당한 직후였다. 이 폭력적인 사건으로 갑자기 왕위가 공백이 되자 이때 기철은 홍빈과 함께 정동행성의 권한 대행을 맡았다. 정동행성은 원 조정에서 고려를 지칭하는 행정구역 명칭이니 이건 바로 국왕의 권한 대행과 같은 것이다. 이게 기황후의 의지가 반영된 발탁임은 말할 필요도 없다.

왕위가 공백일 때나 국왕이 입원하여 공석일 때 임시로 국왕 권한 대행을 세우는 것이 관례였는데, 대단한 권력을 행사하는 것은 아니지만 일반적으로 조정의 존경받는 원로대신이나 왕실의 중심인물이 맡았다. 기황후의 형제가 아니었다면 기철이 나설 만한 자리가 전혀 아니었던 것이다. 이때까지도 기철이나 나머지 형제들은 고려에서 별다른 관직 경력이 없었다.

그 후 충혜왕이 유배 도중 비명횡사하고 충목왕이 다음 왕위 계승자로 낙점되자 기철은 권겸과 함께 옥새를 받들고 새 국왕을 맞으러 간다. 이는 충혜왕에서 충목왕으로 왕위 교체가 기황후에 의해 기획되고 기철 등에 의해 실행되었음을 보여주는 것이다. 앞서의 권겸이 이때부터 기철 등과 행동을 같이했다.

그런데 충목왕이 즉위한 후 기황후 형제들의 활동은 별로 드러나지 않는다. 기철이 사신으로 딱 한 번 입원하는 데 그친다. 이때도 기철은 관직 없이 덕성부원군德成府院君이라는 봉군호만 지닌 채였다. 나머지 형제들도 활동이 없기는 마찬가지였다. 이는 정치도감의 개혁 활동이 진행되면서 숨죽였던 탓이었다.

충목왕 때 정치도감의 징계를 받다가 죽임을 당한 기삼만 사건은 그 파장이 엄청났다. 기삼만은 기황후의 친형제는 아니었는데, 하필 이 자가 죽으면서 개혁에 대한 저항이 일어나 정치도감의 활동이 벽에 부딪힌 것이다. 기삼만이 정치도감에 걸려든 지 한 달도 못 되어 이번에는 넷째 기주가 세력을 믿고 포악한 짓을 하다가 또 정치도감에 의해 하옥당한다. 이 무렵 기철이 국왕에게 압력을 넣어 감찰사의 사정 활동을 방해하는 자로 등장하는데, 이는 분명 정치도감의 개혁 활동에 대한 저항이었다.

기철은 1348년(충정왕 즉위) 12월, 충목왕에서 충정왕으로 다시 왕위가 교체되는 과정에서 왕후와 함께 다시 한번 국왕 권한 대행을 맡았다. 이 역시 기황후가 배후에 있어 가능한 것이었겠지만 기철이 두 번씩이나 국왕 권한 대행을 맡았다는 것은 이미 국정의 중심에 있었다는 뜻이다. 그런데 충정왕이 즉위한 후에는 기황후 형제들의 활동이 정말 쥐 죽은 듯이 잠잠해진다. 이는 앞에서 언급한대로 사대부들 사이에 퍼져 있는 기황후에 대한 반감과 반원 기류가 이들을 잠수하게 만들었던 것이다. 당시 이들 형제는 주로 원에서 관직 생활을 했거나 시간을 보냈을 것으로 짐작된다.

공민왕이 즉위한 후에는 셋째 기원이 먼저 활동을 재개했다. 앞 장에서 언급했듯이 바로 조일신을 탄핵하라고 감찰사를 압박한 것이었다. 이는 공민왕 초기의 국정에 깊숙이 개입한 행동이다. 왜냐하면 당시 조일신은 공민왕도 조심스러워할 정도로 권력의 중심에 있었기 때문이다. 기원은 이때 조일신과 권력 과시 경쟁에 들어간 것 같은 인상을 주는데, 두 사람이 번갈아가며 국왕과 맞먹으려는 행동을 보였다.

당시 기원의 관직은 원사院使로 나타난다. 아마 원의 자정원사를 말하는 것 같다. 자정원사는 황후궁의 재정과 사무를 총괄하는 자정원의 장관 직이다. 그렇다면 기원은 기황후의 오라비로서 기황후의 최측근으로 들어간 셈이니까 마음만 먹으면 공민왕이나 고려 국정에 얼마든지 영향력을 행사할 수 있었다.

그러다가 1352년(공민왕 1) 조일신의 변란이 일어났다. 공교롭게도 이 변란에서 조일신은 기원 하나만 제거하는 데 성공한다. 기원은 조일신에게 가장 큰 정적으로 여겨졌을 것이다. 어쩌면 조일신이 변란을 도모한 직접적인 계기는 기원과의 알력에서 출발했는지도 모른다. 기원은 자신들에 대한 반감이 있는지도 모르고 설치다가 공민왕이 아닌 엉뚱한 조일신에게 당하고 만 것이다. 그리고 공민왕은 조일신을 단칼에 제거함으로써 일단 기황후와 그 오라비들을 안심시키는 데 성공했다.

그래서 조일신의 변란 후에는 다시 기황후와 오라비들이 득세하는 형세가 유지될 수밖에 없었다. 그래봐야 다섯 형제 중에서 기철과 기윤밖에 남지 않았지만. 그 후 1354년(공민왕 3) 2월, 앞서 인사 개편에서 살폈듯이 기윤과 죽은 기원의 아들 기완자불화는 고려에서 고위 관직에 발탁되었다. 변란의 뒤끝이라 기황후와 그 친족에 대한 공민왕의 무마용이었을 것이다.

1354년(공민왕 3) 7월에는 기윤을 덕산부원군德山府院君, 기완자불화를 덕양부원군德陽府院君으로 봉군하는 조치가 내려진다. 큰 의미가 있는 것은 아니었지만 여전히 기황후의 위세를 의식한 것이고 그 친족들의 활동도 계속 이어지리라는 것을 알 수 있다. 이 무렵 기철은 고려의 관직 없이 원에서 임명하는 요양행성의 평장정사(종1품)로 있었다.

기철은 요양행성의 평장에 있으면서 고려와 원을 왕래했던 것 같다. 《고려사》〈악지〉에는 '총석정叢石亭'이라는 가사의 제목이 언급되어 있는데, 여기 해설에 의하면, 기철이 원에서 평장의 벼슬을 하다가 사명을 받고 환국하여 강릉의 정자에 올라 바다를 바라보고 지은 가사라는 설명이 붙어 있다. 기철이 원에서 요양행성의 평장으로 있던 중 환국했다는 얘기다.

기철이 조일신의 거사 때 국내에 있었다면, 변란을 피해 원으로 도망쳤다가 혼란이 종식되자 환국했던 것 같다. 그리고 심사가 복잡했던지 동해안 여행길에 나섰던 모양이다. 어쩌면 기황후의 원찰이 있는 금강산 장안사長安寺에 가는 길에 잠시 들렀는지도 모를 일이다.

기철의 자녀들

행주(경기)를 본관으로 한 기철의 몽골식 이름은 기백안불화奇伯顔不花(바얀부카)였는데, 관찬 사서에서 그의 자녀 3남 1녀가 확인된다. 기철의 자녀와 그 혼인 관계에 대해서는 자세한 언급이 없고 단편적으로 이름만 거론되는 정도이지만 이를 취합하여 가계를 표시하면 이렇다.

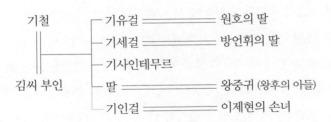

첫째 기유걸奇有傑은 원호의 딸과 결혼했는데, 원호는 조일신의 변란 직후 찬성사(정2품)에 발탁된 인물이다. 그런데 그 몇 년 후인 1356년(공민왕 5)에 사위인 기유걸이 찬성사로 나타난다. 이는 그의 경력으로 보거나 나이를 감안하더라도 일반적인 관직 승진 과정을 초월한 것이었다.

둘째 기세걸奇世傑은 방언휘方彦暉의 딸과 결혼했는데, 방언휘는 공민왕 5년 무렵에 첨의평리(종2품)에 있었고, 기세걸은 상장군(정3품)으로 원에 체류하고 있었다. 이 역시 빠른 승진이었다.

셋째 기사인첩목아奇賽因帖木兒(기사인테무르)는 결혼 관계를 알 수 없지만 몽골식 이름만 드러난 것으로 보아 어려서부터 원에서 성장했거나 주로 원에서 관직 생활을 한 것으로 여겨진다. 그는 공민왕 5년 무렵에 원에 체류하면서 평장이라는 직함을 띠고 있었다. 앞서 기철이 요양행성의 평장으로 있었다고 언급했는데 혹시 이는 기철이 지녔던 요양행성의 평장을 아들이 그대로 이어받은 것이 아닌가 한다. 기철과 그 아들이 요양행성의 평장 직을 역임했다는 것은 중요한 문제로, 이에 대해서는 뒤에 다시 살펴보겠다.

그리고 딸 하나는 왕후의 아들인 왕중귀와 결혼했다. 기철이 개혁적 사대부의 대표적인 인물인 왕후와 사돈 관계를 맺은 것은 기황후에 대한 반감과 반원 기류를 의식했기 때문이었다. 아울러 기인걸奇仁傑이라는 인물이 있는데 이 사람이 기철의 아들이라는 것을 확인할 수는 없지만, 기철 형제의 아들임에는 분명하다. 그 기인걸은 이제현의 손녀와 결혼했다. 이런 혼인 역시 사돈 관계를 맺은 왕후의 경우와 맥락이 같은 경우라 할 수 있다.

이렇게 기철의 세 아들은 모두 젊은 나이에 급속히 승진했다. 이들은 공민왕 5년 무렵에 나이가 많아야 30대 중후반이었을 것인데 고려에서나 원에서 모두 고위직에 있었던 것이다. 이는 두말할 필요 없이 기황후의 후광이 작용한 것이었다.

그런데 기철과 그 아들 기사인테무르가 지녔던 원의 관직인 요양행성의 평장에 대해서 짚고 넘어갈 부분이 있다. 우선 다음 기록을 참고해 보자.

① 요양행성 좌승 기백안불화(기철)를 본성(요양행성)의 평장정사로 승진시켰다(《원사》 44, 지정 15년 정월 무오).

② 요양행서 평장정사 기백안불화(기철)에게 대사도大司徒를 더했다(《원사》 44, 지정 16년 4월 병인).

①의 기록에 의하면 기철은 처음에 요양행성의 좌승(정2품)으로 있었다. 그러다가 지정 15년(1355, 공민왕 5)에 평장정사(종1품)로 승진한 것으로 나타난다. 평장정사는 줄여서 평장이라고도 불렸다.

그리고 기철은 1년 후 ②의 기록에서 보듯이 평장정사에 대사도라는 직함을 더한 것으로 나온다. 대사도는 삼공三公의 하나로 상설직이 아니라 특별한 경우에 만들어지는 명예직이었다. 이는 기철이 제국의 중앙 무대에까지 진출했다는 것을 말해 준다. 이때 기철의 나이는 50대 중후반쯤에 이르렀을 것으로 보인다.

그런데 앞서 언급했듯이 기철의 아들 기사인테무르가 공민왕 5년 무렵에 요양행성의 평장(정사)으로 있었다. 그렇다면 기철은 평장정사에 대사도를 겸임한 이후 언제인가 평장정사를 그만두고 이를 아들 기사인테무르에게 물려주면서 자신은 대사도라는 직함만 지닌 것으로 볼 수 있다. 그게 아니라면, 기철과 아들 기사인테무르가 동시에 요양행성의 평장정사로 재임했을 수도 있다. 《원사》〈백관지〉에 의하면 평장정사는 각 행성에 정원 2명을 둘 수 있다고 나와 있기 때문에 충분히 그럴 수 있었다. 어느 쪽이 옳은 판단인지 쉽사리 분간하기 어려운데, 중요한 것은 그게 아니다.

여기서 중요한 것은, 기철과 그 아들 기사인테무르가 대를 이어 세습하듯이 요양행성의 고위직을 두루 역임했다는 사실이다. 주목해야 할 점은 바로 이 요양행성이다. 요양행성의 중심 도시인 요양과 심양 지역에는 고려의 유민이 많이 거주하면서 고려 국왕의 통치권과 충돌하는 경우가 많았기 때문이다. 이 지역에는 몽골과의 전쟁 초기부터 고려의 난민들이 많이 유입되었고, 그 후에도 고려인들이 계속 들어와 거주하면서 고려 유민 관리가 중요한 문제로 대두하였다. 이를 위해 원 조정에서는 고려에서 귀화한 자들이나 항복한 자들에게 요양행성의 관직을 내리고 고려 유민 관리를 맡겼다. 그리고 그 직책이 세습되는 경향도 매우 강했다. 요양행성의 관직을 대대로 이어받은 홍복원과 그 자손들이 바로 그들이다.

그래서 기철과 그 아들 기사인테무르가 요양행성의 평장을 앞뒤로 주고받았다면 이는 전대의 홍복원 일가에 내렸던 요양행성의 직책을 세습한 것과 같은 것이다. 즉, 기철과 그 아들도 대를 이어가며 요양과 심양 지역의 고려 유민을 관리했던 것으로 판단할 수 있다는 뜻이다. 기황후가 황후로 책봉된 후 언젠가부터 기철과 그 자식에 의해 그러한 일이 이루어지고 있었던 것이다.

이게 사실이라면 공민왕의 처지에서는 기황후나 기철에 대해 마음 편히 대할 수 없는 또 다른 갈등의 요인이었다고 할 수 있다. 요양과 심양 지역의 고려 유민 관리 문제는 선대부터 고려 국왕에게 예민한 문제였다. 필자의 전작에서 상세히 설명했지만 심왕 왕고와 그 측근들은 여기 유민들을 동원하고 정치적으로 이용하여 충숙왕과의 왕위 다툼을 벌였던 전례가 있었기 때문이다.

기황후나 기철은 이래저래 공민왕과의 대결을 피할 수 없는 상황에 돌입하고 있었다. 나중에 공민왕은 기철 일당을 제거할 때 기철과 요양과 심양 지역의 유민 세력을 연결시켜 반역을 도모했다는 구실을 내세운다.

2. 기울어 가는 제국

반원 민중 봉기

몽골 세계 제국이 반란에 휩싸이면서 쇠퇴해 가는 배경을 정확히 진단하는 것은 간단치 않다. 정치 경제 사회 군사 등 여러 부문의 문제를 두루 살펴야 하기 때문이다. 여기서는 자연재해로부터 시작된 기층 민중의 동요를 중심으로 간단히 살펴보겠다.

1342년(충혜왕 복위 3) 황하의 대범람이 일어나면서 하남 산동 지역이 황폐화된다. 이해 《원사》의 기록에 의하면 여러 천변과 자연재해가 발생하여 기근이 이어지고 백련교白蓮敎에 의한 반란이 하남과 강북에서 일어났다고 한다. 황하의 치수공사에 강제 동원된 기층 민중들이 백련교라는 무장 종교 집단에 가담하여 황하의 남쪽과 장강의 북쪽 일대를 휩쓴 것이다.

반란에 가담한 이들 기층 민중들은 붉은 천을 이마에 둘렀기 때문에 홍건적紅巾賊이라 부르기도 했다. 이들 반란 세력은 초기에는 연대가 이루어지지 않아 일사불란한 지휘 체계가 서지 못하고 중심인물도 없는 상태에서 진압군에 의해 각개격파당한다. 하지만 이들이 완전히 소멸한 것은 아니었다.

1345년(충목왕 1) 봄에는 각지의 기민과 유민이 대도(북경)로 운집하여 관계 기관에서 긴급 구제에 나섰으나 절반 이상이 죽기도 했다. 백련교도 혹은 홍건적이라고 통칭되는 기층 민중들이 사회 불안 세력으로 그대로 잠재되어 동요하고 있었던 것이다. 원 조정에서는 이들 동요세력을 충분히 구제하고 다스리지 못한 것이다.

이들 사회 불안 세력에 중심 인물이 등장한 것은 1348년(충목왕 4) 무렵이다. 그해 《원사》에 의하면 태주의 황암黃巖(절강성)에서 방국진方國珍이 무리를 모아 반란을 일으켰다고 하는데 이게 처음인 것 같다. 이에 원 조정에서는 강절행성 참지정사에게 명하여 토벌케 한다. 그러니까 방국진은 제국에 본격적으로 반기를 든 최초의 인물이라고 할 수 있다. 방국진은 1350년(충정왕 2) 12월에 황암의 아래에 있는 온주溫州(절강성)를 공략한다. 1351년(충정왕 3) 1월 원 조정에서는 강절행성 좌승에게 다시 토벌케 하지만 그해 6월 반군에게 격파당하고 만다. 그해 7월 조정에서는 방국진에 대한 회유를 시도하는데 이를 보면 반군 세력을 효과적으로 제압하지 못했다는 것을 알 수 있다.

여기에 더하여 1351년 5월에는 한산동韓山童이 백련교를 중심으로 송 휘종徽宗(북송의 마지막 황제)의 8세손이라 자칭하며 거병했다가 체포된다. 하지만 한산동의 무리인 유복통劉福通이 다시 반란을 일으켜 영주穎州(안휘성 부양현)를 함락시켜 버린다. 유복통이 등장하면서 백련교를 중심으로 홍건적을 다시 결집한 것이다.

반란 세력은 이뿐이 아니었다. 1351년 8월에는 기주蘄州(호북성 기춘)에서 서수휘徐壽輝가 반란을 일으켜 국호와 연호를 정하고 황제를 칭하기까지 한다. 앞서 유복통 세력을 '동계 홍군'이라 하고 여기 서수휘 세력을 '서계 홍군'이라 부르기도 한다. 이 정도면 단순한 도적의 무리가 아니라 명백한 반원 봉기로서 제국의 전복을 노린 혁명 세력이었다.

1351년은 중국 각지에서 반원 민중 봉기가 확대된 시기였다. 절강성의 방국진 세력, 안휘성의 유복통 세력, 호북성의 서수휘 세력 등 1351년을 전후로 반원 민중 봉기가 동시다발로 일어난 것이다. 반군이 일어난 지역은 장강을 위아래로 접하고 있는 중국의 중심부로 강남과 수도권을 연결하는 중간지대였다. 반란 세력은 강남에서 해운과 대운하를 통해 제국의 수도로 향하는 물류 통로를 차단하고 있었다. 이에 따라 대도 상도上都 등 수도권은 강남의 물자 공급이 어려워지자 경제난을 피할 수 없었다. 반란 그 자체도 문제였지만 그 여파 역시 원 조정으로서는 위협적인 일이 아닐 수 없었다.

그런데 1351년(충정왕 3, 공민왕 즉위)은 바로 공민왕이 즉위한 해이다. 공민왕은 그해 10월 원에서 숙위 도중에 갑자기 고려 국왕으로 낙점받는데, 여기에 혹시 당시 제국에서 확산되고 있는 반원 봉기도 그 계기로 작용하지 않았을까 하는 생각이 든다. 멀쩡하게 재위 중인 충정왕을 갑자기 내치고 공민왕을 세운 것은 동쪽 울타리인 고려의 안정이 중요하게 대두되었기 때문이다. 제국 내에서 반원 봉기가 일어나면서 고려의 반원 기류도 무마할 겸 공민왕을 세우지 않을 수 없었다고 볼 수 있다.

공민왕도 원에서 숙위 생활을 하면서 그런 반란 소식을 충분히 접하고 환국했을 것이다. 장차 고려 국왕으로서 무슨 생각이 들었을까? 공민왕이 환국하여 즉위한 후에도 반원 민중 봉기는 계속된다.

앞의 서수휘 세력은 1352년(공민왕 1) 1월 기주 인근의 한양 무창 위순을 연달아 함락시키며 크게 세력을 떨쳤다. 고려에서 원으로 도망친 최유가 황제에게 고려인 10만을 동원하여 반란을 진압하자고 주장한 것이 바로 이 무렵이었다. 이 문제는 성사되지 않았지만 원 조정에서 고려의 병력 동원에 귀가 솔깃할 정도였으니 얼마나 다급했는지 짐작할 수 있을 것이다.

1352년 3월에는 방국진의 무리가 황암으로 쳐들어가 몽골의 행정감독관인 다루가치를 죽이고 절강성의 해안 일대를 휩쓸었다. 그러다가 1353년(공민왕 2) 1월 방국진은 갑자기 항복하고 만다. 아마 조정의 회유나 포섭 공작에 넘어간 것으로 보인다.

그런 중에 1353년 5월에는 새롭게 장사성張士誠이 등장하여 반란을 일으켰다. 장사성의 무리는 태주泰州(강소성)를 함락시키고 고우高郵(강소성)를 거점으로 국호를 대주大周, 연호를 천우天祐라 하고 황제를 칭했다. 고우는 장강과 회수 사이의 요충으로 반란 세력이 점차 북상하는 형세였다.

이 무렵 서수휘 세력은 1353년 12월 강절행성 평장정사의 공격을 받아 기주(호북성)에서 크게 패했다. 이후 서수휘의 이름이 등장하지 않는 것으로 보아 그의 세력은 소멸한 것으로 보인다. 하지만 장사성은 계속 세력을 키우면서 제국에 가장 위협적인 반란 세력으로 부상한다.

원의 군사 지원 요청

채하중이 기황후의 아들인 황태자 아유시리다라의 생일을 축하하기 위해 입원했다는 말을 앞 장에서 언급했다. 그때가 바로 장사성의 반란 세력이 한참 강성해지고 있던 1353년(공민왕 2) 10월이었다. 그 채하중이 환국한 것은 다음 해 6월이었다.

이때 채하중이 환국하면서 반란 진압을 위해 고려에서 군사를 지원하라는 원 조정의 요구를 전달한다. 원 조정의 지시는 우승상인 톡토의 이름으로 전달되었는데, 톡토는 그때 수상이자 진압군 총사령관이 되어 남으로 정벌을 준비하고 있었다. 톡토는 제국의 수상으로서 반란 진압에 대한 전권을 쥐고 군통수권을 행사하고 있었던 것 같다.

그런데 톡토의 군사 지원 요청은 채하중이 자청하여 이루어진 것이었다. 자신이 환국하면 출병토록 하여 정벌에 협조하겠다고 한 것이다. 여기에는 채하중의 권력욕이 작용하고 있었다. 채하중이 나서지 않더라도 원에서는 고려에 출병을 요구했을 가능성이 크지만, 채하중의 자청으로 인해서 그는 출병이라는 중대한 문제에 주도권을 행사할 수 있게 된 것이다. 이럴 경우 고려 국왕은 출병 문제를 놓고 채하중의 권력에 휘둘릴 수밖에 없게 된다.

채하중은 원에서 고려의 출병을 자청하면서 구체적인 장수까지 거명하며 추천했다. 유탁과 염제신을 용맹과 지략이 있다고 하여 출병하는 지원군 장수로 호출할 것을 지목한 것이다. 유탁과 염제신은 원과 친연성이 강한 인물로 1354년 2월에 좌·우정승으로 발탁되어 양두 체제의 수상으로 있었다. 채하중이 유탁과 염제신을 특별히 거론하여 지원군 장수로 추천한 것은 수상 직책에 있는 이들을 견제하려는 의도가 작용한 것이었다. 특히 염제신에 대한 견제 심리가 강했다. 유탁은 확실한 무장이니 추천이 가능했지만 염제신은 무장이라 볼 수 없는 사대부 문관에 가까운 인물인데도 굳이 추천한 것이다. 이는 채하중 자신이 수상 자리를 꿰차려는 의도였다.

과연 채하중은 환국한 후 수상인 첨의정승에 오른다. 그것도 좌·우정승을 합친 1인 체제의 수상을 맡았는데 이는 원 조정의 압력으로 이루어진 것이다. 감찰사에서는 그가 서얼 출신에다가 과거의 심왕 옹립 책동에 가담한 사실을 들어 직첩에 서명을 거부했으나 결국은 통과되었다. 고려에서는 출병이라는 중대한 현안 문제를 놓고 원 조정의 눈치를 보며 채하중을 임명하지 않을 수 없었던 것이다.

채하중이 환국한 지 10여 일 후 원에서는 출병을 관철시키기 위한 사신 일행을 보내 온다. 이 사신단은 톡토의 명령이라 하여 유탁 염제신을 비롯해 장수급 40여 명을 직접 거명하여 부른다. 원에서 호출한 장수급에는 유탁과 염제신 외에도 권겸 원호 나영걸 인당 김용 이권 강윤충 등이 포함되는데 모두 앞에서 한번쯤 거론했던 인물들이다.

여기에 서경의 수군水軍 3백 명과 용감한 군사를 소집하여 8월 10일 기한으로 대도에 집결시키라는 것이었다. 드디어 올 것이 오고야 말았으니, 바야흐로 전시 동원령이 내려질 판이었다. 그날까지는 두 달도 남지 않은 시점이다. 수군 3백을 따로 요구한 것은 대도에 집결한 후 중국 동해안의 해로를 따라 남하시키려는 목적으로 보인다. 장사성이 근거하고 있는 강소성의 고우는 해안에서 매우 가까운 지역이었기 때문이다. 여기에 방국진의 무리도 해안 지역을 휩쓸고 있었던 것이다.

그런데 원에서 지휘관급으로 40여 명이나 직접 지명하여 호출한 점이 흥미롭다. 당연히 이들은 염제신을 제외하고 모두 무장 출신이었는데, 대부분 명망 있는 무관들로서 그중에는 유명한 최영崔瑩도 대장군 (종3품)으로 말단에 포함되어 있었다. 원에서 이렇게 말단 지휘관까지 거명하여 호출할 수 있었던 것은 고려 무장들의 면면을 정확히 파악하고 있었다는 뜻이다. 여기에는 사신 일행에 포함된 고려인 출신 관리였던 강순룡康舜龍의 역할이 있었다. 강순룡은 이때 원과 고려에서 모두 관직을 지니고 있었다.

출병 요구 사신이 들어온 지 며칠 후에는 원에서 또 사신을 파견하여 보초寶鈔(원의 화폐) 6만 정을 보내 왔다. 징발된 군졸들에게 지급하라는 것으로 이를 보면 제국의 병역 체계는 선진적이었던 것 같다. 징발되는 군졸들에게 그에 대한 반대급부까지 고려한 것이니 말이다. 이때 보초를 가져 온 사신이 박새안불화朴賽顔不花라는 자인데, 역시 고려인 출신의 원 관리였다.

이어서 출병하는 장수급에게는 모두 봉군封君의 조치가 내려지고 중하급 무관들에게는 3등급을 뛰어 승진시켰다. 이 때문에 관직 수요가 늘어나니 첨설직添設職이 만들어지고 각 관청의 정원이 요직을 제외하고 배로 증원되기도 했다. 또한 각 영領(1천 명의 단위부대)마다 중하급 무관직이 2~3명씩 증원되기도 했다. 이런 임시변통 조치는 출병하는 최고 지휘관부터 최하위의 무관까지 모두 특혜를 베풀기 위한 것인데, 관직 체계의 문란을 초래하는 원인을 제공했다.

그런가 하면 출병하지 않는 문무 관리와 승도들에게 차등 있게 말을 내게 하여 출병하는 군사들로 하여금 정당한 값으로 사도록 했다. 이런 와중에 출병하는 무관들이 백성들의 말을 강제로 빼앗거나 강제로 억매하는 일도 벌어졌다. 정동행성에서 이에 대한 금령을 내렸지만 제대로 먹혀들지 않았다. 전시동원령과 같은 비상시국에서 당연한 일이었을 것이다.

그리하여 1354년(공민왕 3) 7월 초 마침내 원으로 출병이 이루어지게 된다. 유탁 염제신 등 40여 명의 장수가 총 2천여 명의 군사를 거느리고 출정식을 갖는데 공민왕은 영빈관에서 출정하는 군사를 사열하였다. 얼마나 다급하게 서둘렀는지 모르겠지만 약속한 날짜에 대강 맞출 수 있었던 게 신기할 정도였다.

2천의 군사는 생각보다 큰 규모는 아니었지만 당시 고려의 처지에서는 최대의 징발이었다. 왜구의 침략을 방어하기 위한 군사는 남겨 둔 듯하지만, 출병으로 인해 궁궐의 숙위에 공백이 생겨 서해도에서 궁수를 급히 모집했다니 사정을 알 만할 것이다. 원에서도 그 무렵 한반도를 향하는 왜구의 침략을 고려하여 아쉽지만 그 정도의 군사 지원으로 만족한 듯 싶다.

출병에 따른 문제

그런데, 2천의 군사가 출정식을 갖고 대도를 향해 출발하여 압록강에 이르렀을 때 문제가 터진다. 지휘관 중 한 명으로 차출된 강윤충이 출병에 반발한 것이다. 강윤충은 몇 개월 전에 찬성사에 발탁된 인물인데, 그가 출병에 저항한 것은 사지로 나가는 데 대한 불만 때문이었다.

강윤충은 이렇게 선동한다. "우리들이 가족과 이별하고 고향을 떠나 죽음의 땅에 나아가면 언제 돌아올 것인가? 정기 50으로 서울로 되돌아가 출병을 처음 주장한 자를 주살하고자 한다."

강윤충이 주살하겠다고 언급한 자는 물론 채하중을 가리킨다. 강윤충은 지원군 사령관인 염제신에게 이런 자신의 뜻을 드러냈지만 수용되지 않았다. 강윤충이 염제신을 선동한 것은 그가 채하중의 견제를 받아 출병하는 것이라 여겨 자신의 불만을 수용해 줄 것으로 믿었기 때문이다. 하지만 염제신의 거부로 지원군의 대도 행군은 계속되었다.

출병에 따르는 문제는 또 있었다. 지원군이 출발한 지 이틀 후, 이전에 원으로 도망쳤던 최유가 원의 관직을 띠고서 고려에 들어온 것이다. 출병에 대한 독려와 무기를 구하기 위한 사신이었다. 고려인 출신의 이런 사신은 들어와서 행패를 부리기 일쑤인데 그 목적이 뻔했다. 출병이라는 거부할 수 없는 원 조정의 요구를 등에 업고 이득을 구하려는 것이었다. 공민왕은 또 이들의 요구를 들어주지 않을 수 없었다.

지원군이 출발한 지 10여 일 후, 먼저 고려에 들어왔던 고려인 출신 사신 강순룡과 박새안불화를 찬성사에 앉히고, 최유를 삼사우사에 임명한다. 또한 출병에 저항한 강윤충도 찬성사에서 판삼사사로 승진시켰다. 공민왕은 강윤충의 저항 소식을 듣고 그도 달랠 필요를 느꼈던 모양이다. 출병의 정국에서 공민왕의 입지가 좁아지고 있는 것이다.

이뿐이 아니었다. 관직 제수로는 부족하다고 생각했는지 고려인 출신 사신들을 모두 봉군 조치한다. 기윤과 기완자불화 등 기황후 친족에 대한 봉군 조치도 이때 함께 이루어진다. 또한 박새안불화의 친형인 박덕용朴德龍이란 자를 이름도 없었지만 감찰대부라는 막중한 직책에 앉히기도 했다. 이렇게 부원배들이 대거 발탁되고 중용되는 형국이니 관직이 부족할 지경이었다. 공민왕의 인사권 행사가 말이 아니게 생겼다.

이 무렵 원에서는 사신을 파견하여 기황후의 어미 영안왕대부인을 직접 챙긴다. 물론 기황후의 뜻이었다. 공민왕은 즉위한 후 거의 매년 한두 차례씩 공주와 함께 대부인의 집을 찾아 위로 잔치를 베풀었다. 그럼에도 기황후가 사신을 직접 파견하여 어미를 위한 잔치를 베푼 것은 고려의 정국에 대한 의구심을 품고 있었기 때문이다. 이럴 경우 공민왕과 공주는 이 자리에 당연히 참석해야 했다. 이런 문제도 공민왕으로서는 여간 신경 쓰이지 않을 수 없는 일로 왕권을 제약하는 요소였을 것이다.

그런데 지원군 장수로 출병했던 염제신이 1354년(공민왕 3) 10월 갑자기 돌아오고 만다. 염제신은 대도에 도착하여 환영을 받은 후 강남 정벌에는 나서지 않고 곧 환국한 것이다. 이는 공민왕이 사신을 보내 황제에게 돌려보낼 것을 요청하여 그런 것이었다.

공민왕이 염제신을 특별히 지명하여 다시 환국시킨 것은 채하중을 견제하려는 의도였다. 채하중을 견제할 자는 원 조정에서 관직 생활을 하면서 인맥을 쌓은 염제신밖에 없다고 판단한 것이다. 지원군의 출병이라는 비상시국에서 채하중뿐만 아니라 고려인 출신 사신들도 얼마든지 왕권을 위협할 수 있었으니 그나마 공민왕이 국정을 장악하기 위해 자신의 의지를 관철한 것이다.

반란 진압에서 생긴 일

고려의 지원군이 대도에 도착하기 전인 1354년(공민왕 3) 6월, 강소성의
고우에 근거를 둔 장사성이 양주楊州(강소성)를 침략하자 원 조정에서는
진압군을 편성하여 토벌했으나 참패하고 말았다. 이에 원 조정은 그해
9월 우승상 톡토를 사령관으로 삼아 고우로 출정시킨다. 바로 이때 고
려에서 출병한 지원군이 도착하여 톡토의 진압군에 편입된 것이다.

그런데 고려에서 출병한 지원군 2천은 그게 전부가 아니었다. 대도
(북경)에 거주하는 고려인 2만여 명이 동원되어 여기에 합류한 것이다.
이들이 모두 수도인 대도에서 모집된 것인지, 아니면 요양이나 심양의
고려 유민 집단에서도 차출된 것인지는 분명치 않지만, 이들 재원 고려
인과 고려에서 출병한 지원군을 합해 고려인 군단은 총 2만 3천여 명이
나 되었으니 결코 적은 군사가 아니었다.

톡토의 진압군은 그 규모가 얼마나 되었는지 잘 모르겠지만 고려인
군단보다는 많았을 것이다. 《고려사》에는 톡토 휘하의 군사가 8백만이
었다는 기록이 있는데, 이는 오기이든지 과장인 것 같고 아마 8만 정도
가 아니었나 싶다. 이렇게 보면 여몽 진압군은 최소한 10만 이상이었을
것으로 짐작된다. 이들 여몽 진압군이 톡토의 지휘하에 대군단을 형성
하고 1354년(공민왕 3) 9월 남으로 반란 진압에 나섰다.

그해 11월 톡토의 대군단은 고우에 도착하여 장사성의 군대를 성의
외곽에서 격파하고 고우성을 포위하는 데 성공한다. 아직 결정적 승리
는 아니었지만 하남과 강북의 여러 반란 세력을 진압해 나가는 데 의미
있는 출발이었다. 장차 고우성을 함락하여 장사성 세력만 진압한다면

반원 민중 봉기의 확산을 막을 수 있는 좋은 기회였기 때문이다.

그런데 고우성 공격을 하던 중에 진압군 사령관 톡토가 그해 12월 탄핵을 받아 회안(강소성)으로 유배되고 만다. 이 갑작스런 조치로 반란 진압은 실기하고 마는데 이게 좀 수상쩍다. 반란 진압 이야기는 조금 뒤로 미루고 우선 이 부분부터 살펴볼 필요가 있다. 톡토의 탄핵에는 반드시 짚고 넘어갈 부분이 있기 때문이다.

톡토는 1340년(충혜왕 복위 1)부터 1354년(공민왕 3)까지 14년 동안 제국의 수상(우승상)으로서 몽골 제국의 최고 실력자 위치에 있었다. 그 중간에 4, 5년 정도 우승상 직에서 물러나 있긴 했지만 상당히 긴 집권 기간이다. 반원 봉기가 일어나고 점차 확산된 것은 바로 그의 집권 기간이었다. 반원 봉기의 확산이 그의 실정 때문은 아니었지만 이 문제로 그의 정치적 입지가 좁아졌으리라는 것은 충분히 짐작할 수 있다.

이에 톡토는 자신이 진압군 총사령관을 자청해 나선다. 앞서 고려에 대한 지원군 요청이 모두 그의 명령으로 이루어진 것을 감안하면 그가 반란 진압의 총책임을 졌다는 것을 알 수 있다. 반란 진압을 놓고 톡토가 정치적 승부수를 던졌다고 볼 수도 있다. 그렇게 반란 진압에 나선 일선 사령관을 도중에 탄핵해 버린 것이다.

그런데 《고려사》에 의하면, 1354년(공민왕 3) 6월 원에서 사신을 파견하여 정주定住(딘주)를 우승상으로, 합마哈麻(콰마)를 좌승상으로 삼았음을 고려에 통보해 온다. 이때가 바로 채하중이 원에서 환국하여 톡토의 지원군 요청을 전달한 직후였다. 그러니까 톡토는 반란 진압에 나서기 전인 6월 이전에 이미 수상에서 물러난 것이고, 고우성 전투에 나섰다가 12월에 탄핵당한 것이다. 아마 남으로 출정을 떠나면서 자신의 빈자리에 대한 충분한 대비를 못한 탓으로 보인다.

말하고 싶은 바는 다음인데, 톡토가 탄핵당하기 직전에 고우성 전투에서 이상한 일이 벌어진다. 그해 12월 유탁을 사령관으로 한 고려인 군단은 선봉에 서서 톡토의 대군단과 함께 고우성을 치는데 곧 함락할 지경에 이른 때였다. 그런데 몽골 귀족 출신의 노장 하나가 고려인들이 선봉에서 공을 세우는 것을 시기하여 일몰을 핑계로 군사를 철수시켜 버린 것이다. 이에 성안의 장사성 세력은 다시 성벽을 수리하여 방어에 나설 수 있는 시간을 벌게 되었고, 다음 날 다시 진압군은 고우성 공략에 나섰지만 실패하고 만다. 그 직후 진압군 총사령관 톡토는 탄핵을 받아 유배를 당했던 것이다.

대군단을 이끌고 반란 진압에 나선 톡토는 휘하의 군사력으로 보아 황제에 위협적이었을 것이다. 그의 대군단이 남쪽으로 반란 정벌에 나설 때 그 성대함이 과거에는 볼 수 없을 정도였다고 한다. 그래서 톡토가 황제가 되려 한다는 두려움과 의심이 원의 궁정에 퍼졌다. 실제로 톡토에게 그런 의도가 있었는지는 모르겠지만 그런 식의 모함을 충분히 받을 만했다고 여겨진다. 이에 고우성 전투의 실패를 빌미로 톡토는 유배당했던 것이다. 그리고 선봉에서 고우성을 공략한 고려인 군단은 톡토를 그렇게 함정에 빠뜨리는 데 이용당했다고 볼 수 있는 것이다.

중요한 사실은 톡토를 모함하여 탄핵시킨 자가 새로이 좌승상에 오른 콰마였는데, 《원사》 톡토 열전에 의하면 그 콰마가 바로 기황후에게 톡토를 모함했다는 점이다. 톡토는 기황후의 아들인 아유시리다라의 태자 책봉 문제를 놓고 기황후와 대립하기 시작하면서 양자는 진즉부터 적대 관계였다. 그런 톡토를 탄핵한 콰마의 배후에는 기황후가 있었고, 양자의 권력 투쟁에서 결국 기황후가 승리한 것이다. 그리고 여기에는 반란 진압에 동원된 고려인 군단이 우연인지는 모르겠지만 이용당한 것이니 참 흥미로운 일이 아닐 수 없다.

진압군 총사령관을 맡았던 톡토가 유배된 후 하남행성 평장정사로 있던 태불화太不花(타이부카)란 자가 진압군을 총괄하는데 고려인 군단도 이제 그의 지휘를 받게 되었다. 이후 반란 진압을 위한 대군단은 여러 지역으로 흩어져 전투를 치르지만 큰 성과를 내지 못했다. 반면 고려인 군단은 육합성(강소성)을 함락시키는 승전을 올리기도 하는데, 이 과정에서 이권 등 몇몇 고려 장수가 전사했고 최영은 부상을 입기도 했다. 그러다가 유탁은 이듬해 2월 돌아오고 나머지 출병 장수들도 5월에 모두 돌아온다.

하지만 고려인 군단의 일부는 회안로(강소성) 방어를 위해 주둔했다. 회안로는 고우성 바로 위쪽의 도시로 탄핵당한 톡토가 유배된 곳이다. 여기도 반란 세력의 영향권에 든 곳이기는 하지만 고려인 군단의 회안로 주둔은 유배당한 톡토를 격리시키려던 것이 아닌가 싶다. 그렇다면 혹시 대도에서 동원된 고려인 군단은 처음부터 기황후의 의도에 따라 톡토를 숙청하기 위해 동원되지 않았을까 하는 의심마저 든다.

장사성의 반란 세력은 톡토의 숙청으로 궤멸을 면하면서 그 후에도 계속 존속한다. 여기에다 1355년(공민왕 4) 2월에는 유복통이 한산동의 아들 한림아韓林兒를 황제로 받들고 호주亳州(안휘성)를 수도로 삼아 국호를 송宋, 연호를 용봉龍鳳이라 세운다.

그리고 6월에는 주원장朱元璋이 새로 등장하면서 화주和州에서 거병하여 태평로를 장악한다. 주원장은 남송 호주(안휘성) 출신으로 승려 생

활을 하다가 처음에는 안휘성 일대에서 일어난 곽자흥郭子興의 부하로
활약하였다. 이게 1351년 무렵인데, 그 후 곽자흥이 죽자 독자 세력을
만들어 농민군 지도자로 뒤늦게 부상한 것이다.

대군단을 이끌고 반란 진압을 하던 톡토를 숙청한 것은 원 조정에서
권력 투쟁만을 앞세운 결과였다. 이렇게 반원 민중 봉기의 진압에 결정
적으로 실기하면서 반란 세력의 확산을 막지 못한 것이다. 그렇다면 톡
토의 숙청에 간여한 기황후는 반원 민중 봉기의 확산에 일조를 한 것이
아닐까? 그녀의 지나친 권력욕이 제국에서나 변방인 고려에서 문제를
일으켰다는 것은 분명해 보인다.

정지상, 기철 일당의 제거를 외치다

반란 진압을 위해 고려에서 출병한 군사와 장수들이 환국하기 전에 중
요한 사건이 하나 터진다. 1355년(공민왕 4) 2월, 전라도 안렴사(조선시
대의 관찰사)로 있던 정지상鄭之祥이 원에서 파견한 어향사御香使 야사불
화埜思不花(에센부카)를 전주 관아에 감금한 사건이다.

어향사로 고려에 들어온 야사불화는 고려인이었다. 그가 어떻게 입
원하여 출세하게 되었는지는 모르겠지만 황제의 총애를 받으며 어향사
로 고려에 온 것이다. 야사불화 덕분에 그의 형인 서신계徐臣桂는 동지
밀직사사(종2품)에 오르고 동생 서응려徐應呂는 상장군(정3품)에 올라 횡
포를 부리기도 했다.

어향사는 황제의 명을 받고 명산대천에 강향降香이라는 불교 의식을

수행하는 중요한 사신이다. 당연히 어향사가 가는 곳에는 이들의 접대를 위해 접반사가 따르고 해당 지역의 지방관도 어향사의 임무나 요구에 충실히 따라야 한다. 이 때문에 어향사나 이를 수행하는 접반사의 횡포가 잦았고 해당 지역의 지방관은 이를 감수할 수밖에 없었다. 이런 위세를 부리기 위해 어향사는 고려인 출신이 자청해서 오는 경우가 많았다.

고려에 들어온 야사불화는 고려에 들어와 가는 곳마다 방자하게 횡포를 부리니 해당 지방의 안렴사는 욕을 먹곤 했다. 야사불화가 전주에 들어오자 소문을 들은 전라도 안렴사 정지상은 정중히 맞이하였다. 하지만 어향사라는 황제의 사신을 등에 업은 접반사 홍원철洪元哲이 문제였다. 홍원철이 정지상에게 모종의 청탁을 했는데 정지상이 이를 거절한 것이다. 이에 불만을 품은 홍원철이 어향사 야사불화를 부추겨 정지상이 황제의 사신을 욕보인다고 모함한 것이다. 조그만 꼬투리만 잡혀도 문제를 삼으려는 어향사가 이를 그냥 넘길 리 없었다. 당장 정지상을 포박하여 관아의 정청 앞에 꿇어 앉혔다.

전라도 안렴사 정지상은 하동(경남)이 본관인 한 평범한 사대부가 출신이었다. 하지만 그에게도 비빌 언덕이 전혀 없는 것이 아니었다. 그의 누이가 원으로 출가하면서 자신도 자주 원에 왕래하였고 그러던 중에 공민왕이 입원 숙위에 들어가자 이에 참여한 적도 있었다. 그래서 공민왕이 즉위한 후에는 약간의 총애도 받아 요직인 감찰사의 관직을 얻기도 했다. 즉, 정지상이라는 인물은 원을 왕래하면서 제국의 돌아가는 사정을 어느 정도 알고 있었다는 점, 그리고 공민왕의 총애도 조금은 받고 있었다는 점이다.

정지상은 그런 것에 믿는 바가 있어 그랬는지 어향사의 횡포를 그대로 감수하지 않았다. 그는 전주 관아의 향리들을 향해 자신을 구출하라며 이렇게 선동했다.

"나라에서는 이미 기 씨 일당을 주살하고 다시는 원나라를 섬기지 않기로 하였다. 김경직을 원수로 삼아 압록강을 지키게 하였으니 이 사신을 사로잡을 수 있다. 너희들은 무엇이 두려워 나를 구하지 않느냐?"

기 씨 일당은 물론 기황후 친족과 그 주변 인물들을 말하는데, 이 말에 힘을 얻었는지 향리들이 몰려들어 정지상의 포박을 풀어 주었다. 그런데 정지상의 선동이 심상치 않다. 기 씨 일당을 주살하고 다시는 원나라를 섬기지 않기로 했다는 것이다. 자신이 위기를 모면하기 위해 지어냈다고 보기에는 너무 엄청난 내용이었다. 그 말로 인한 파장이나 폭발력이 상상을 초월하기 때문이다.

더 이상 원나라를 섬기지 않기로 했다는 것은 원과의 사대 관계를 말하는 것으로 지배 복속 관계를 끝장낼 수 있다는 뜻이 아니겠는가. 이는 원과의 관계 단절도 불사하겠다는 것이었다. 기 씨 일당에 대한 제거는 정지상이 말할 수 있다고 쳐도, 원과의 지배 복속 관계를 끝장내겠다는 말은 도저히 그의 처지에서 할 수 있는 말이 아닌 것이다.

또한 김경직을 원수로 삼아 압록강을 지키게 했다고 한다. 김경직은 앞에서 여러 차례 언급한 인물로, 공민왕이 즉위하기 훨씬 전부터 그에 대한 여망을 품었고, 즉위한 후에는 공민왕의 신임 속에 승진을 계속하며 이때 삼사우사(정3품)로 있었다. 고려에서 기 씨 일당을 주살하고 원나라를 섬기지 않겠다면 당연히 원의 군사적 공격을 예상할 수밖에 없는데, 그때 방어에 나설 적격의 인물이 바로 김경직인 것이다.

그러니까 정지상의 말은 위험천만한 것이긴 했지만 앞뒤가 전혀 안 맞는 내용은 아니었다. 갑자기 지어 낸 엉뚱한 말은 아니라는 뜻이다. 어쩌면 공민왕과 그 주변의 총애하는 관료들 사이에서는 암암리에 퍼져 있는 말이었는지도 모른다. 최소한 기황후 친족에 대한 반감만큼은 관료 사회에 널리 퍼져 있었기 때문에 나온 것이 분명했다.

그런데 앞서 살폈던 조일신의 변란 역시 기황후 친족에 대한 반감을 등에 업고 일으킨 것이었다. 여기 정지상이 기 씨 일당의 주살을 외친 것도 그와 정치적 맥락이 같다고 보인다. 다른 점은 조일신이 자신의 권력욕을 채우기 위해 적극적으로 변란을 도모했다면, 여기 정지상은 자신이 당한 수모를 만회하려다 갑자기 내뱉은 말이라는 점이다. 문제는 공민왕이다. 공민왕이 정지상의 이 말을 수용하여 그를 옹호해 줄지, 아니면 조일신처럼 위험한 인물로 판단하여 제거해 버릴지 말이다. 공민왕이 정지상을 보호해 준다면 정지상의 그 말은 바로 공민왕의 뜻으로 판단해도 될 것이다.

공민왕에게 달려간 정지상

향리들에 의해 구출된 정지상은 무리들을 이끌고 반대로 야사불화와 홍원철을 잡아 가뒀다. 야사불화가 차고 있던 금패金牌까지 빼앗아 버렸다. 금패는 황제가 사신에게 내리는 신용장 같은 패찰인데, 이를 빼앗고 사신을 감금한 것은 원 황제에 대한 명백한 저항이다. 이미 돌아올 수 없는 강을 건너고 만 것이다.

정지상은 빼앗은 금패를 들고 서울(개경)로 말을 달렸다. 국왕에게 보고하려는 것이었다. 공민왕에게 보고까지 생각한 것은 뭔가 분명히 믿는 바가 있는 것 같았다. 가는 도중 공주(충남)에서는 야사불화의 아우 서응려를 붙잡아 철퇴로 죽이기도 했다.

공민왕은 정지상의 보고를 받고 어떻게 대응했을까? 깜짝 놀란 공민왕은 즉시 정지상을 순군옥에 가두어 버린다. 그리고 바로 정동행성의 관리를 전주로 파견하여 정지상의 말을 듣고 어향사를 감금하는 데 협조한 향리들과 전주 목사를 체포케 했다. 조금도 주저함이 없는 즉각적인 조치였다. 그리고 따로 사람을 보내 야사불화를 위로하고 금패를 돌려주었다.

그 후 이 사건은 이상하게도 별 탈 없이 조용히 넘어갔다. 그해 5월에야 원에서 단사관이 파견되어 정지상에 대한 국문이 이루어졌지만 정지상이 죽임을 당하지도 않았고 사건이 더 이상 확대되지도 않았다. 그해 11월에는 전주를 부곡部曲으로 강등시키는데 그것으로 그만이었다.

공민왕의 즉각적인 조치는 당연해 보인다. 공민왕이 기황후 친족을 제거하겠다는 의지를 품고 있었다고 해도 그럴 수밖에 없었다. 아직은 때가 아니라고 판단했을 수 있고, 그런 식으로 드러내놓고 기황후 친족을 제거할 수도 없었기 때문이다. 하지만 공민왕은 정지상을 죽이지도 않았다.

원 조정의 미온적인 처결도 조금 의문이다. 정지상이 자신을 구출하라며 향리들을 선동했던 말이 원 조정에 들어갔다면 도저히 묵과할 수 없었을 텐데 말이다. 정지상을 국문하는 과정에서 그 말이 축소, 은폐되었을 가능성도 있지만, 당사자인 어향사 야사불화가 돌아가 사건의 진상을 정확히 전달했다면 그러기는 힘들었을 것이다. 원 조정에서는 사건의 진상을 알았지만 단호하게 대처할 여력이 없었던 것일까, 아니면 사건의 진상을 제대로 파악하지 못했던 것일까? 어느 쪽으로 보든 변방 고려에 대한 제국의 통제력이 제대로 작동하지 못하고 있다는 것은 분명해 보인다.

원 조정에서 정지상 사건을 단호하고 철저하게 추궁하지 못한 것은 말할 필요도 없지만 당시 확산되던 제국의 반원 민중 봉기가 발목을 잡았기 때문이기도 했다. 반란이 확산되는 속에서 자칫 잘못하면 고려의 배반까지 불러올 수 있다는 우려를 분명히 했을 법하다. 원 조정으로서는 정지상 사건을 심각하게 판단했더라도 고려를 응징할 만한 여력이 없으니 돌발적 혹은 우발적인 사건으로 치부했을 것이다.

정지상이 기 씨 친족의 제거를 외치며 어향사를 감금한 것은 혼자서 너무 앞서간 것이었다. 하지만 개인이 그렇게 돌발적으로 기 씨 친족의 제거를 들고 나왔다는 것은 기씨 친족에 대한 반감이 널리 퍼져 있었다는 뜻이기도 하다. 게다가 지방의 향리들까지 기 씨 친족을 제거하겠다는 선동에 동조했다는 것은 조야의 대세가 그런 쪽으로 기울고 있었다고 봐야 한다. 적당한 때가 오기만 하면 기황후 친족들을 제거해야 한다는 것은 모두가 다 마음속에 품고 있는 일이었는데, 기황후의 친족들만 그것을 모르고 있었던 것이 아닐까.

기울어 가는 제국

한림아를 황제로 세우고 호주를 수도로 삼았던 유복통은 1355년(공민왕 4) 12월 태강太康(하남성)에서 진압군에게 격파당하고 한림아는 안풍安豐(안휘성 수현)으로 도주했다. 유복통은 호주에서 북상하려다 패배한 것으로 보인다. 모처럼 진압군의 승리였지만 그 잔여 세력은 여전히 산재해 있었다.

1356년(공민왕 5) 2월에는 고우의 장사성이 평강로平江路(강소성)를 함락시켜 새로운 근거지로 삼고 관부를 설치했다. 관부를 설치했다는 것은 그 지역을 실질적으로 통치했다는 뜻이니, 달리 말하면 원 조정의 통치권이 이곳에 미치지 못한다는 말이다. 이런 지역은 반원 민중 봉기가 확산되면서 갈수록 늘어간다.

그리고 항복했던 방국진은 다시 세력을 규합하여 저항을 이어 갔다. 방국진 같은 경우 회유에 응했을 때는 원 조정에서 지방 관직을 내려주었는데 이를 항복이라고 사서에 기록한 것 같다. 그는 항복과 저항을 반복하며 자신의 세력을 온존시키고 있었던 것이다. 아마 방국진은 힘이 부치면 조정의 회유에 응했다가 다시 세력을 규합하여 저항하는 강온 양면 전략을 구사한 것으로 보인다.

그해 7월에는 평강로를 장악한 장사성이 군대를 파견하여 항주杭州(절강성)를 함락시켜 버린다. 항주는 강남 최대의 상업도시였는데 이곳이 반란 세력의 수중에 떨어졌다는 것은 원 조정에 치명타였다. 장사성에 의한 항주의 함락은 그로 인한 세력 확대보다 원 조정에 미치는 경제적 타격이 더 큰 것이었다.

이 무렵 주원장은 건강建康(강소성 금릉)에서 여러 장수의 추대를 받아 오국공吳國公에 오르고 강남행중서성을 설치하여 스스로 행성의 업무를 총괄한다. 건강은 지금의 남경南京으로 과거 위진남북조시대에 남왕조의 수도였던 유서 깊은 도시이다. 주원장이 이곳에서 오국공에 추대되었다는 것은 정치적 의미가 남다른 것이었다. 이후 반란의 후발주자인 주원장은 반원 민중 봉기의 중심인물로 부상한다.

이렇듯 1356년(공민왕 5) 무렵까지만 살펴봐도 반원 민중 봉기는 조금도 수그러들지 않고 계속 확산되고 있었다. 그 세력 또한 갈수록 강성해져 갔다. 반란 세력은 이미 제국의 약점을 간파했는지 진압을 비웃듯이 대륙의 정중앙을 휩쓸고 있었고 원 조정에서는 제대로 손을 쓰지 못하고 있었던 것이다.

그런데 이런 반원 민중 봉기의 확산은 그 자체로도 문제였지만 이로 인한 사회 경제적 타격이 이만저만한 것이 아니었다. 반란이 일어난 안휘성 강소성 절강성 등은 장강을 중심으로 위아래에 위치한 곳으로 중국의 동해안에 치우친 지역이다. 이들 지역은 송나라 때부터 중국 경제의 중심지였는데 이 지역을 반란 세력이 장악하면서 사회 경제적 타격이 심각해진 것이다.

먼저, 식량 공급이 원활하게 이루어질 수 없었다. 인구가 밀집한 화북의 수도권 지역은 강남으로부터 식량 공급을 받아야 했지만 반란 세력이 이곳을 장악함으로써 그것이 불가능해진 것이다. 게다가 황하의 대범람으로 화북 지역마저 황폐화되어 자체 공급도 역부족이었다. 이로 인해 화북의 한인이나 몽골 고원의 유목민들까지 남하하여 식량을 구하는 일이 생겼다고 한다. 이들도 여의치 않으면 반란 세력에 가담했으니 식량 문제가 또 반란 세력을 키우는 사회적 악순환이 반복되었던 것이다.

또한, 제국의 재정에 심각한 타격을 주었다. 몽골 중앙 정부에서 재정의 두 기둥은 소금세와 상세에 의존하고 있었다. 이게 세조 쿠빌라이가 구축한 재정 정책이었다고 한다. 그런데 반란 세력이 장악한 중국 동해안 지역이 바로 소금 생산의 중심지였고 상공업이 발달한 지역이었다. 중앙 정부의 재정에 큰 타격이 올 수밖에 없었던 것이다.

강남은 몽골 제국의 경제적 부를 창출하는 곳인데 반란 세력은 화북의 수도권과 강남을 차단하면서 제국의 중앙 정부를 옭죄고 있었다. 몽골 제국이 중국을 정복하면서 유목 사회의 전통을 버리고 중국화를 이룩한 대가를 톡톡히 치르게 된 것이다. 대제국이 기울어 가는 과정을 정확히 진단하려면 이런 문제는 좀 더 깊은 천착이 필요한데 이 정도에서 그치고자 한다. 아무튼 1356년(공민왕 5) 무렵부터는 장강 지역이 반란 세력의 수중에 떨어지면서 제국의 중앙 정부에서는 이 지역에 대한 통치권을 상실해 가고 있었던 것이다.

기황후와 그 친족의 전성기

제국에서 반원 민중 봉기가 확산되면서 제국은 기울어 가는데 기황후와 그 친족들은 반대로 전성기를 맞는다. 원 조정에서 기황후의 권력이 절정에 이르면서 한편으로 반원 민중 봉기가 확산되는 결정적인 계기는, 앞서 살핀 1354년(공민왕 3) 12월 반란 진압의 전선에 있던 톡토를 숙청한 일이었다. 제국의 쇠퇴가 이 사건 때문만은 결코 아니겠지만 반란 진압에서 실기한 것은 분명해 보인다.

원에서는 톡토를 숙청한 사실을 이듬해 1355년(공민왕 4) 1월 바로 고려에 통보해 왔다. 이때 고려에서 사면령까지 내려진 것으로 보아 축하의 의미가 있었던 것 같다. 권력 투쟁에 승리한 기황후의 입장에서는 자축하고 싶었을 것이다.

앞서 언급했지만, 기철이 요양행성 좌승에서 요양행성 평장정사로 승진한 것도 바로 이 무렵이다. 톡토의 숙청으로 기황후의 영향력이 커지면서 바로 나타난 일이었다. 기철뿐만 아니라 그 자식들까지 고려에서 대거 승진한 것도 톡토가 숙청된 이후였다. 기황후와 그 친족들이 원에서나 고려에서 크게 득세한 것이다.

그해 3월 원에서는 왕가노汪家奴(옹기얄리우)를 우승상으로, 정주(딘주)를 좌승상으로 삼았다고 고려에 알려 왔다. 이 전년 6월에는 딘주를 우승상, 쾨마를 좌승상으로 삼았다고 알려 왔는데 그새 바뀐 것이다. 톡토를 숙청하고 기황후가 권력을 장악하면서 안정을 찾아 가는 과정으로 보인다.

그런데 우승상 왕가노는 고려에서 찬성사로 있던 박수년朴壽年이란 인물의 사위이기도 했다. 고려 여성을 부인으로 둔 자가 제국의 수상에 올랐으니 친고려계 인물의 부상으로 볼 수도 있다. 왕가노가 친고려계 인물이라는 점에서 원 조정에서 그는 기황후와 정치적 이해관계를 같이했을 것이다. 이 왕가노는 고려의 인사권에도 간여하였다.

또한 왕가노가 원 조정의 수상에 오르면서 기황후 아들인 황태자 아유시리다라에게 옥책玉册이 비로소 내려진다. 황태자에게 옥책을 내리는 것은 진정한 황태자로 인정하는 중요한 유교적 의례로서 황태자 책봉과 함께 이루어지는 것이 보통이었다. 아유시리다라는 이보다 몇 년 전에 황태자로 이미 책봉되었지만 톡토의 반대로 옥책이 이루어지지 못하고 있다가 톡토가 숙청되고 왕가노가 수상에 오르면서 바로 내려진 것이다.

그해 8월에 황태자는 자신이 직접 고려에 사신을 파견하여 영안왕대부인을 위한 잔치를 베푼다. 자신의 외할머니에 해당하니 얼마나 애틋했겠는가. 영안왕대부인의 집에서 벌어지는 이런 향연 자리에 국왕과 왕비가 참석해야 한다는 것은 말할 필요가 없지만, 이때는 기철과 기황후의 여동생까지도 참석하여 한 자리씩 차지한다. 공민왕은 기황후의 친족들에게 그렇게 휘둘리고 있었다.

황태자의 사신이 들어온 지 한 달도 못 되어 이번에는 원의 자정원사로 있던 강금강길사姜金剛吉思가 영안왕대부인의 향연을 위해 또 고려에 들어온다. 강금강길사는 고려인 출신으로 자정원의 장관이었으니 기황후의 최측근 인물이라고 볼 수 있다. 영안왕대부인을 위한 이런 잦은 사신 행차는 공민왕의 왕권을 위축시키는 것이 분명했다.

당연한 일이겠지만 원에서 기황후의 영향력이 커지면서 고려에서 그 친족들에 의한 인사권 간섭도 심하게 일어난다. 1355년(공민왕 4) 9월, 제목除目이 마련되었는데 모두 기황후 친족과 원의 사신이 요청한 그대로였다. 여기 제목은 이부와 병부에서 마련한 중하급 관리에 대한 인사안으로서 국왕이 결재하면 통과되는 것이다. 공민왕의 처지에서는 거부할 수 없는 노릇이었고 인사권 침해는 뻔히 보이는 일이었다. 이 무렵에는 인사발령도 1년에 수차례씩 이루어졌다. 심한 경우 한 달이 멀다하고 이루어지는 경우도 있었다. 이럴 경우 발령장에는 부원배가 꼭 한두 사람씩 끼어 있었다. 이런 잦은 인사발령은 기황후 친족들의 간섭 때문에 일어난 일로서 분명 정상이 아니었다.

1356년(공민왕 5) 2월에는 기철의 위세를 보여주는 상징적인 사건이 벌어진다. 원 조정에서 공민왕에게 공신호를 하사한 것인데, 고려 국왕에 대한 이런 공신 책정은 조금 생각해 볼 대목이 있다. 제국이 쇠퇴의 기미를 보인 반면 절정에 오른 기황후와 그 친족들의 위세를 감안하면 사소한 것 같지만 정치적 의미가 남다르기 때문이다.

원 간섭기 고려 국왕에 대한 공신 책정은 이게 처음은 아니었다. 원 조정의 권위를 내세우고 고려 국왕을 신하 취급하는 정치적 성격이 강했다. 하지만 이 무렵 원 조정은 고려에 대한 권위를 내세울 만한 여력이 없었다. 반원 민중 봉기 탓에 제 코가 석자인데 변방 고려에 대해 그런 여유를 부릴 만한 처지가 아니었던 것이다. 공민왕에 대한 공신 책봉은 그래서 원 조정의 권위보다는 오히려 허약성을 보여주는, 즉 공민왕을 달래려는 것이 아니었는가 한다.

그런데 공민왕에 대한 공신호가 하사되자 요양행성 평장정사로 있던 기철이 이를 축하한답시고 나서는데 이게 기황후 친족들의 위세를 그대로 보여주었다. 기철이 이에 대한 축하시를 지어 공민왕에게 올리면서 공민왕에게 칭신稱臣, 자신을 신하라고 칭하지 않은 것이다. 고려 국왕의 권위에 맞서려는 의도적인 행위이라고 볼 수밖에 없었다. 공민왕으로서는 충분히 자존심이 상했을 법하다. 기철의 언행 하나하나는 공민왕에게 민감한 사안이었으니 말이다. 공민왕이 기철 일파의 제거를 마음속에 품고 있었다면 아마 이 사건이 그것을 실행에 옮기는 계기가 되었을 것이다.

또한 기철은 1356년(공민왕 5) 4월, 앞에서 언급했듯이 원 조정의 대사도에도 임명된다. 대사도는 원 조정의 3공三公 중 하나로 실질적인 직임은 없지만 형식상 수상보다 높은 직함이다. 충선왕이 원에서 정치 활동을 하면서 인종 황제로부터 태사太師에 임명된 적이 있었는데, 고려인 출신으로는 그 충선왕 다음으로 높은 직함을 받은 것이다. 물론 기황후가 원 조정에서 권력을 장악하면서 나타난 일이었다.

그해 5월 원에서는 기완자불화를 보내와 영안왕榮安王(기황후의 부)을 경왕敬王으로 고쳐 책봉하고 3대(부, 조, 증조)를 추증하여 모두 왕으로 삼는 조치를 취한다. 모두 기황후의 의지가 관철된 것임은 말할 필요도 없다. 기황후의 아버지인 기자오는 이미 죽었는데 그를 영안왕이라는 2자 왕에서 경왕이라는 1자 왕으로 고쳐 책봉한 것은 큰 승격이었다. 게다가 기자오의 3대 조까지 추증하여 모두 왕으로 책봉했으니 기황후가 제국의 황후로서 확실하게 중심에 섰다는 것을 알 수 있다.

이렇듯 제국에서 기황후의 권력은 절정을 향해 달려 갔고, 이에 따라 원과 고려에서 그 친족들의 위세 또한 높아졌다. 그러니 바야흐로 원에서는 기황후의 세상이고 고려에서는 그 친족들의 세상이었다. 기황후와 그 친족들의 위세에 눌렸는지 여타 부원배들은 오히려 숨을 죽이는 모습이었다. 수상으로 있던 거물 부원배 채하중도 이 무렵에는 별 움직임을 보이지 않고 있었다.

권력은 절정에 이르렀을 때 위험이 닥치는 법인데 기황후나 그 친족들은 이를 몰랐으리라.

제 3장

반원의
기치를 들다

1356년(공민왕 5) 5월, 공민왕은 기철 노책 권겸과 그 친족들을 제거하는 데 성공한다.
기철을 비롯한 이들 부원배 일당의 제거는 기황후에 대한 반감이나
반원 기류를 이용하여 공민왕이 치밀하게 주도하고 성공시킨 사건이었다.
기철 일당을 제거한 직후 공민왕은 원 제국의 연호 사용을 정지하면서
지금까지의 사대 복속 관계를 재검토한다.
이어서 압록강 서쪽을 공격하고 쌍성총관부를 수복하는 등 영토 회복에도 나섰다.
그런 반원 정책 속에서도 공민왕은 원과 정면충돌을 피하면서
노골적으로 배반을 드러내지는 않았다.
과거와 같은 형식적인 사대 관계를 그대로 유지했던 것이다.

1. 기철 일당의 제거

공민왕과 홍언박

기철을 비롯한 권겸 노책 등 핵심 부원배 일당이 제거된 것은 1356년 (공민왕 5) 5월 18일이었다. 이 하루 동안에 기철 일당을 모두 일망타진 한 것은 아니었다. 나머지 그 친족들은 계엄이 내려진 가운데 며칠에 걸쳐 추포하여 제거하는 데 성공한다.

이 거사는 원의 지배와 간섭을 받던 지난 80여 년의 역사에서 획기 적인 사건이었다. 이후부터 공민왕의 본격적인 반원 개혁 정책이 전개 되었기 때문이다. 거사의 경위나 진행 과정을 살피는 것은 조금 뒤로 미루고 우선 이 거사에서 중요한 인물 두 사람을 먼저 언급할 필요가 있다.

이 거사의 핵심 인물로 가장 먼저 거론해야 할 사람은 누구보다도 바로 공민왕이다. 국왕이 이런 정치적 부담이 큰 사건에서 직접 중심에 섰다는 게 조금 뜻밖이지만 실제 그랬다. 기철 일당을 제거하겠다는 가장 강한 의지를 가진 인물이 공민왕이었고 자신이 선두에 서서 실행에 옮겼던 것이다.

조금 이상한 점은 거사를 위한 사전의 구체적인 모의나 역할 분담이 정확히 드러나 있지 않다는 사실이다. 이는 공민왕을 비롯한 그 측근들 사이에서 진즉부터 마음속에 품고 있던 당연한 일을 실행에 옮긴 결과로 보인다. 기철 일당을 제거하겠다는 공민왕의 의지를 많은 사람들이 일찍부터 감지하고 있었으며 이에 대해 공감하는 여론도 이미 형성되어 있었다는 말이다.

그런 공감이나 여론 형성에는 지금까지 설명해 온 바와 같이 기황후와 그 친족들에 대한 반감이나 반원 기류가 배경으로 작용하고 있었다. 이는 공민왕이 즉위한 초부터 이미 작동하기 시작한 일인데, 공민왕은 관료들의 그런 움직임을 조심스럽게 관망하면서 한편으로는 은밀하게 통제하며 주도하고 있었다. 조일신의 변란이나 정지상이 어향사를 감금한 사건에서 공민왕이 그에 대해 어떻게 대처했던가를 상기하면 그 점을 충분히 짐작할 수 있을 것이다.

그리고 이 거사에서 또 하나 빼놓을 수 없는 중요한 인물이 홍언박이다. 그에 대해서는 앞서 언급했듯이 홍언박의 고모가 바로 공민왕의 모후 명덕태후였다. 이 점 한 가지만 놓고 보더라도 홍언박은 공민왕이 마음 놓고 믿을 수 있는 최측근이었다고 할 수 있다. 이런 인연을 바탕으로 홍언박은 공민왕의 의지를 실천한 이 거사의 핵심 인물로 등장한다.

홍언박은 공민왕 즉위 이전에는 거의 행적이 없었다. 아직 40대에도 못 미친 나이 탓도 있겠지만 이 기간 동안 대부분의 시간을 원에 들어가 활동한 때문으로 보인다. 홍언박은 원 조정에서 활동할 수 있는 인적인 기반을 충분히 갖추고 있었던 것이다.

홍언박에게 고모가 다섯 명(명덕태후 홍 씨의 자매) 있었는데, 첫째 고모가 원으로 출가하여 좌승상을 역임한 아홀태阿忽台(아쿠타이)의 부인이 되었고, 그 사이에서 출생한 별아겁불화別兒怯不花(베르케부카)는 충목왕 무렵에 우승상(수상)까지 역임했다. 그러니까 홍언박은 공민왕뿐만 아니라 원에서 수상을 역임한 베르케부카의 외종 4촌간이기도 한 것이었다. 이 정도의 배경을 갖춘 인물은 원 간섭기 동안 매우 드물었고 이런 관계라면 원에서 어떤 활동도 가능했을 것이다. 한마디로 홍언박은 부원배는 아니라 해도 원과 친연성이 매우 강한 인물이었다.

또한 홍언박이 원에서 활동하고 있는 동안에 공민왕도 원에서 숙위하는 기간이었다. 홍언박이 연저수종공신에 들지 않은 것으로 보아 그 숙위에 직접 참여한 것 같지는 않다. 하지만 공민왕과 접촉은 있었으리라고 본다. 공민왕이 고려 국왕의 물망에 올라 있다는 점에서도 그렇고 인척 관계를 봐서도 그런 것이다. 공민왕이 즉위한 후 홍언박의 급속한 부상은 이를 말해 준다.

고려 국왕으로 즉위한 공민왕에게는 굳게 의지할 만한 인물이 많지 않았다. 숙위 생활을 함께한 연저수종공신 그룹은 공민왕이 거사에 끌어들일 수는 있었지만 신뢰하기 어려웠다. 그들 중에서 공민왕이 믿을 자는 많지 않았다. 거사 후에 공로를 앞세워 개인적인 출세나 탐할 수 있었고 심하면 오히려 왕권에 위협이 될 수도 있었기 때문이다. 이는 선대 왕들의 수종공신들이 보인 행태에서 이미 드러났지만, 조일신의 변란을 통해서도 공민왕은 그 점을 인식한 것이다. 연저수종공신에 포함된 자들 중에서 공민왕의 거사에 참여한 인물이 그리 많지 않았던 것은 그런 탓으로 보인다.

연저수종공신들은 기철 일당과 여차하면 내통할 수도 있는 존재들이었다. 권력의 추이에 민감한 자라면 권력의 속성상 충분히 그럴 수 있었다. 하지만 홍언박에게는 기철 일당이 분명 달갑지 않은 존재들이었다. 공민왕이 즉위한 후 국왕과 인연을 통해 정치적으로 급부상하는 홍언박에게 그들은 왕권을 위협하는 존재였을 뿐만 아니라 자신의 앞길을 가로막는 걸림돌이었기 때문이다. 그래서 홍언박은 기철 일당을 제거하는 거사에 누구보다도 적극 나서게 된 것이다.

한편 이제현 같은 유학자 그룹은 신뢰할 수는 있었지만 공민왕의 의지를 좇아 결행할 과단성이 부족했다. 이제현은 이 거사 1년여 전에 우정승을 맡겼지만 자꾸 사양하고 있었으니 그 점을 잘 보여준 일이다. 이제현은 뭔가 거사의 조짐을 눈치채고 여기서 발을 빼고 싶었는지도 모른다. 유학자인 그가 위험천만한 거사에 직접 몸을 던질 이유가 없었던 것이다.

공민왕의 처지에서 볼 때 홍언박은 기철 일당을 제거할 거사에서 의지와 신뢰를 모두 갖추고 있었다. 그래서 공민왕은 거사 전에 이제현을 우정승에 앉히고 동시에 홍언박을 좌정승으로 기용했다. 그때 이제현이 공민왕의 거사 의지를 눈치채고 수상을 사양했지만, 반대로 홍언박은 공민왕의 그런 의지를 충분히 읽고 마음의 준비를 했던 것이다.

쌍성총관부의 이자춘

기철 일당을 제거하겠다고 결심한 공민왕에게 한 가지 걱정거리가 있었다. 바로 국경 문제였다. 기철 일당을 제거했을 때 원의 군사적 공격은 충분히 예상할 수 있는 일이었기 때문이다. 다만 원 조정에서 즉각 군사적 공격을 감행하기에는 여유가 없을 것이란 점은 조금 안심이 되었다. 원의 반란 진압을 위해 고려에서 출병했던 장수들이 환국하면서 제국 내의 반원 민중 봉기가 계속 확산되고 있다는 실상을 잘 알고 있었기 때문이다. 그렇더라도 공민왕은 원의 보복 공격에 대한 방어를 걱정하지 않을 수 없었다.

게다가 기철은 1355년(공민왕 4) 1월에 요양행성 평장에 임명되어 고려의 접경 지역을 관할하고 있었다. 요양행성의 평장은 고려 유민이 집단으로 거주하고 있는 요양과 심양을 통치하는 지방 행정기관의 실질적인 장관이었다. 그가 마음만 먹으면 그 지역 유민을 동원해서 고려에 대한 군사적 공격을 감행하는 것은 어려운 일이 아니었다.

그런데 마침 이 걱정을 해소시켜 주는 일이 행운처럼 일어난다. 쌍성(화주, 함경 영흥) 지방에서 천호千戶를 맡고 있던 이자춘李子春이 제 발로 공민왕을 찾아온 것이다. 1355년(공민왕 4) 12월의 일이었다. 천호는 만호萬戶 아래의 몽골의 군사령관 직책인데, 그 이자춘이 공민왕을 찾아 온 것은 고려 왕조에 신복하러 온 것이니 실질적인 투항이나 다름없는 행동이었다. 이자춘은 조선 왕조를 개창한 태조 이성계李成桂의 아버지로서 몽골 제국에 신복했던 이성계의 가문이 변신하는 역사적 순간이다.

여기서 잠깐 이성계의 선조에 대해서 이야기하고 넘어가자. 전주(전북)를 본관으로 한 이성계의 4대조 이안사李安社가 전주의 향민을 이끌고 고향을 떠나 처음 이주한 곳은 삼척(강원)이었다. 이곳에서 다시 의주(함경 덕원)로 옮겼으나 몽골과의 전쟁으로 정착하지 못하고 두만강 유역의 경흥(함경)으로 또다시 이주했다. 3대조 이행리李行里 대에 와서는 조금씩 세력 기반을 마련하면서 점차 남쪽으로 이주하여 현재의 영흥 지방에 정착했다.

3대조 이행리가 영흥에 정착할 무렵인 1258년(고종 45)에 조휘趙暉와 탁청卓靑이란 자가 몽골과의 전쟁에 불만을 품고 이 지역의 향민들을 선동하여 몽골에 투항해 버린다. 이에 몽골에서는 영흥에 쌍성총관부를 세우고 조휘를 총관, 탁청을 천호로 임명하여 이 지역을 통치하게 했는데, 이게 철령 이북의 땅이 몽골에 복속되는 사건으로 영토 상실을 의미하는 것이었다. 3대조 이행리가 영흥에 들어온 것은 이 사건 직전이나 직후였을 것으로 짐작되는데, 이후 동계(강원도 동해안) 지역의 주민들이 삶의 터전을 찾아 이곳으로 들어오면서 이행리는 이들 유민들을 포섭하여 자신의 세력 기반으로 만들었던 것 같다.

몽골과의 전쟁이 끝나고 양국 관계가 원만해지면서 쌍성총관부는 원조정의 통치력이 강하게 미치지 않아 조휘의 자손들에게 그 총관 직이 세습되고 있었다. 3대조 이행리는 이 속에서 점차 세력을 키워 갔고 마침내 자신도 쌍성총관부의 지배 집단에 편입되었다. 이후 조부인 이춘李椿과 아버지 이자춘에 이르면서 독자적인 세력을 더욱 확대시켜 공민왕 대에 오면 이 지역에서 무시 못할 정도의 세력 기반을 가졌던 것으로 보인다. 이자춘이 공민왕에게 내부來附하면서 지녔던 천호라는 군사 직책은 그 점을 보여준다.

이자춘이 왜 내부하게 되었는지는 잘 모르겠지만 이는 공민왕에게 절호의 기회였다. 이자춘이 내부해 오자 공민왕은 장차 크게 발탁하여 등용할 것을 암시하면서 이 지역의 유민들을 잘 보호할 것을 당부했다. 이자춘이 여기에 충분히 부응했는지 이후 백성들의 생업이 점차 안정을 찾았다고 한다. 이때 공민왕과 이자춘 사이에 뭔가 통하는 바가 있었던 것 같다. 왜냐하면 이자춘은 처음 내부한 지 3개월 뒤 1356년(공민왕 5) 3월에 다시 고려 조정을 찾아 공민왕을 대면하고 있기 때문이다.

이때 공민왕이 이자춘에게 전하는 말이 의미심장했다. 역사 기록 그대로 옮겨 보겠다.

"완민들을 어루만지고 다스리느라 얼마나 수고가 많은가? 경은 다시 돌아가 나의 백성들을 잘 진무하시오. 그리고 만약 변란이 일어나면 마땅히 나의 명령을 따르시오."

이게 무슨 말일까? 변란이 일어나면 나의 명령을 따르라니, 기철 일당의 변란을 예고하는 말 같다. 기철 일당을 제거하는 거사가 일어나기 두 달 전의 일이다. 공민왕은 이때 이미 기철 일당을 제거하기로 마음먹고 있었다는 얘기다.

이 무렵 기철에 대한 밀고가 들어오기도 했다. 기철이 쌍성 지역의 반민과 결탁하고 작당하여 역모를 꾸민다는 것이었다. 이는 기철을 제거하기 위한 명분을 만들려는 근거 없는 모함일 수 있었다. 하지만 기철 일당을 제거하는 거사를 실행했을 때 공민왕으로서 가장 걱정스런 부분이 쌍성 지방에 거주하고 있는 고려 유민들의 동향이었다는 것을 알 수 있다.

쌍성총관부는 원의 요양행성의 관할 아래에 있었고 기철은 그때 요양행성 평장으로 있었다. 쌍성총관부는 토착 세력의 자치 형태를 유지하고 있어 요양행성의 강한 통제를 받고 있지는 않았지만 형식상 그랬다. 그래서 기철이 이 지역 백성들과 결탁하여 작당할 가능성은 충분히 있었고, 공민왕이 마음속에 품고 있는 거사에서 중요한 걱정거리가 아닐 수 없었던 것이다.

그런데 이자춘이 연거푸 두 차례나 내부해 오자 공민왕은 변란을 암시하면서 자신의 명령을 따르라고 주문한 것이다. 어쩌면 공민왕은 그 이전부터 이자춘과 접촉하고 있었는지도 모른다. 기철 일당을 제거하는 거사를 생각하면서 말이다. 이제 거사는 무르익고 있었다.

준비하고 때를 기다린 공민왕

공민왕은 거사를 결행할 적절한 때가 오기만을 기다렸다. 조일신이 기황후 친족들을 제거하겠다고 변란을 일으켰을 때는 적절한 시기가 아니었다. 그때는 즉위 초이기도 했지만 조일신이라는 인물은 신뢰하기 힘들다고 판단했기 때문이다. 그래서 이리저리 망설인 끝에 조일신을 제거해 버린 것이었다.

정지상이 기황후 친족을 주살하겠다고 나서면서 어향사를 감금한 사건은 시기는 닥쳐 왔지만 핵심 인물인 기철이 국내에 없었다. 그 무렵 기철은 요양행성 평장으로 있으면서 고려를 들락거리는데 그가 분명하게 고려에 들어온 것은 1356년(공민왕 5) 2월 공민왕에게 공신호가 하사된 때였다. 이때 기철은 요양으로부터 고려에 들어와 공민왕에게 축하의 글을 올렸던 것이다. 그러니까 정지상은 기철이 국내에 없는데도 성급하게 그 일당을 주살하겠다고 선동한 것이다. 당연히 공민왕은 그 정지상을 즉각 하옥시키고 사건을 재빨리 덮었던 것이다. 하지만 그런 정지상을 조일신처럼 죽이지도 않았다.

정지상 사건은 기철 일당을 제거하기 딱 일 년 전에 일어난 일이었는데 이제 거사를 더 이상 미룰 수 없게 만들었다. 계속 미루다가는 또 어떤 돌발 사건이 터져 거사를 실행도 못하게 만들지 알 수 없기 때문이다. 조일신의 변란에 이어 정지상이 또 기황후 친족의 제거를 외쳤으니 거사의 기미를 눈치채고 기철 일당이 이에 대한 대책을 강구하는 것은 시간 문제였을 것이다.

그러던 차에 1356년(공민왕 5) 2월 공민왕은 승려 보우를 초청하여 내불당에서 공양을 드린다. 그 10여 일 후, 공민왕은 봉은사에 행차하여 보우의 설법을 듣고 모여든 승도와 불자들에게 모두 후한 선물도 내렸다. 봉은사는 왕실의 원찰인데 이때 모후인 명덕태후와 노국공주도 함께했다. 의례적인 불교 행사로 보이지만 거사를 앞둔 공민왕이 마음을 다지려는 것이 아니었나 싶다. 이때가 거사 3개월 전이었다.

그런데 조금 이상한 것은 보우가 우거하고 있던 광주(경기)의 미원장迷元莊을 현으로 승격하고 여기서는 진즉부터 주변의 전원을 점유하여 목마장으로 육성하고 있었다는 점이다. 미원장에서는 궁중에서 쓰는 말을 기르고 있었으며 또한 그 지역의 감무(임시 지방관)는 보우의 명령을 충실히 따르고 있었다. 보우는 그 목마장을 실제 관리하는 위치에 있었다고 보인다.

그렇다면 이게 혹시 기병을 양성하여 군사력을 키우려는 공민왕의 속셈이 아니었을까. 원 간섭기에는 원 조정의 감시를 피해 국왕이 군사적 기반을 마련하는 것은 쉬운 일이 아니었다. 공민왕은 보우에게 은밀하게 그런 역할을 맡겼던 것 같다. 그러니 그 지역 지방관도 보우의 명령을 따랐을 것이다. 보우를 초청한 것은 그런 사업의 진척 상황을 알아보기 위한 것이었다고 보인다.

공민왕은 그해 4월에 다시 보우를 초청하여 왕사王師로 삼는다. 뿐만 아니라 보우를 위해 원융부圓融府라는 관부까지 세우고 여기에 관속까지 배치했다. 그 관속에 좌우보마배左右寶馬陪, 지유指諭, 행수行首라는 명칭이 보이는데 이게 심상치 않다. 모두 군사 조직과 관련된 이름이기 때문이다. 아무리 왕사라지만 승려에게 관부를 열어 준 것도 이상한데 여기에 배치한 관속들이 왕사하고는 도저히 어울리지 않는 군사 조직이었던 것이다. 이 대목에서 공민왕이 뭔가 단단히 준비하고 있다는 느낌을 받지 않을 수 없는 것이다. 이때가 거사 한 달 전이었다.

보우가 왕사로 책봉된 닷새 후 다시 보우를 연경궁에 초청하여 성대한 사제의 예를 치른다. 이때 공민왕과 모후인 명덕태후 그리고 노국공주까지 참석하여 다과를 베풀고 후한 선물까지 내리는데 모후와 공주는 눈물까지 흘렸다고 한다. 왕사 보우에 대한 공민왕의 간절한 바람이 있었던 모양이다. 공민왕이 거사를 앞두고 초조한 심정을 다스리기 위한 자리였을 수도 있고 실질적인 어떤 부탁을 했을 수도 있을 것이다.

공민왕은 그해 5월 자신의 탄일을 맞아 보우를 또 내전에 초청하여 108승도들과 함께 공양을 드린다. 이때가 거사 10여 일 전이었다. 이 자리에서 보우는 공민왕으로부터 선종禪宗 교종敎宗 양 종문의 주지 임명에 대한 전권을 부여받았다. 주지 임명을 실제 보우가 주관하고 공민왕은 그에 대해 재가만 내리겠다는 것이었다. 이 때문에 수많은 승도들이 보우의 문도가 되었다고 한다.

1356년(공민왕 5) 2월부터 5월까지 보우는 그렇게 공민왕의 곁을 떠나지 않고 있었다. 그런 보우 주변에서 일어나는 일들이 심상치 않은 것이었다. 목마장을 만들어 말을 육성하고, 관부를 세워 군사 조직을 방불케 하는 관속을 배치하며, 이제 승도들까지 몰려들고 있으니 이는 거사를 준비한 것이 분명해 보인다.

기철 일당을 제거하는 거사가 만약 실패한다면 공민왕에게 어떤 화가 닥칠지 상상도 할 수 없는 일이었다. 최악의 경우 형님 왕인 충혜왕처럼 왕위에서 쫓겨나고 불측한 변도 피할 수 없었다. 기철 일당을 단번에 제거하지 못한다면 큰 화가 밀어닥칠 것은 불을 보듯 뻔한 일이었던 것이다. 그래서 거사가 실패했을 경우 그에 대한 철저한 준비가 필요했을 것이다. 보우는 그에 대한 대비책이었다고 보인다.

드디어 준비하고 기다리던 공민왕에게 그 최적의 시기가 온다. 앞서 언급한 기황후의 아비 기자오에 대한 경왕 책봉과 그 선조 3대를 추증하여 왕으로 삼는다는 사신을 기황후가 보내 온 때였다. 그날이 1356년(공민왕 5) 5월 8일 거사 열흘 전이었다. 그때 사신으로 온 자가 바로 기철의 조카 기완자불화였으니 안성맞춤이었다. 기완자불화뿐만 아니라 기철의 아들들은 원에서 활동하는 시간이 많아 그들 모두가 국내에 동시에 체류하고 있는 시간은 많지 않았다. 기철이 국내에 들어와 있던 시간에 기완자불화까지 용케 시간을 맞춰 들어온 것이니 공민왕으로서는 이보다 더 좋은 때가 없었다.

거사

1356년(공민왕 5) 5월 18일 거사 당일, 공민왕은 연회를 베푼다는 명목으로 고위 관리들을 입궐하게 하였다. 특별히 홍의洪義를 시켜 기철과 그 아들 기유걸, 조카 기완자불화, 권겸과 그 두 아들, 노책과 그 아들을 불러들였다. 기황후의 아비 기자오에 대한 경왕 책봉과 그 선조에 대한 추증을 축하하기 위한 연회이니 명분도 좋았다. 당장 제거해야 할 인물만 정확히 고른 것이다. 기철의 나머지 아들들은 그때 국내에 없었던 것 같다.

공민왕의 특명을 받은 홍의는 무관 출신으로 공민왕이 즉위한 후에야 심복으로 들어온 자였다. 홍의는 조일신의 변란 때 조일신이 특별히 표적으로 삼아 죽이려 했지만 살아난 자였다. 또한 그는 김용 정세운鄭世雲 유숙 3인과 함께 매일 입궁하여 세상 돌아가는 크고 작은 일을 보고하라는 공민왕의 부탁을 받은 인물이기도 했다. 이게 거사 6개월 전의 일이니 공민왕의 심복이 분명한 것이다.

김용 홍의 정세운 유숙, 이들 4인 중 홍의만 연저수종공신에 들지 않았고 나머지는 모두 1등 공신에 든 자들이었다. 그러니까 홍의는 공민왕 즉위 후에 포섭된 인물로 보인다. 그리고 김용은 권력 싸움을 일으키다가 제주도에 유배 중이어서 이번 거사에는 참여하지 못했다.

홍의의 전갈을 받은 기철 일당 중에서 기철과 권겸이 먼저 대궐에 도착했다. 대궐에는 이미 장사를 매복시켜 놓고 대기하고 있었는데 기철과 권겸 두 사람만 먼저 입궐한 것이다. 이럴 때 바로 행동에 들어가는 것이 망설여진다. 모두 모이기를 기다려야 할지, 당장 실행에 옮겨야 할지 헷갈리는 것이다.

그때 국왕 비서관으로 있던 경천흥慶千興이 공민왕에게 시간을 지체하면 일이 누설될 수 있으니 즉각 결행할 것을 촉구했다. 큰일에는 신속한 결단이 중요한데 이는 결과적으로 거사의 첫 번째 위기를 넘기고 성공하는 바탕이 된다. 나중에 이 거사에 대한 공신을 책정하면서 경천흥은 홍언박 다음으로 공신 서열 두 번째를 차지했다.

여기 경천흥은 충숙왕 때 심왕 옹립 책동의 저지에 앞장선 경사만慶斯萬의 아들인데, 경사만이 홍규의 외손녀에게 장가들어 경천흥을 낳았으니 명덕태후(홍규의 딸)는 경천흥의 외조모와 자매간이었다. 그래서 앞서의 홍언박은 경천흥에게 외숙뻘이었고 홍언박이나 경천흥은 모두 공민왕과 인척 관계에 있었던 것이다. 경천흥은 앞의 홍의와 마찬가지로 연저수종공신에 들지 않은 것으로 보아 공민왕의 숙위에 참여하지 않았고 공민왕이 즉위한 후에야 그 측근으로 들어온 것 같다.

경천흥의 재촉을 받은 공민왕은 강중경姜仲卿 목인길睦仁吉을 시켜 즉시 기철과 권겸을 주살하도록 한다. 이에 매복한 장사들이 기철을 철퇴로 내리쳐 현장에서 바로 주살하였다. 위기를 느낀 권겸은 달아나다가 대궐 문 앞에서 붙잡혀 역시 주살당했다. 여기 장사들을 지휘한 강중경과 목인길은 모두 무장으로서 연저수종공신에 든 자들이었다. 그렇게 기철과 권겸, 두 사람은 일단 현장에서 제거하는 데 성공했다. 하지만 기철의 아들과 조카, 그리고 권겸의 아들 둘, 노책과 그 아들 하나가 아직 건재하고 있었다. 이들은 아직 입궐하지 않고 있었지만 앉아서 기다릴 여유가 없었다.

그래서 아직 입궐하지 않은 이들의 집으로 당장 군사를 급파하여 제거에 나서는데, 벌써 기철과 권겸을 따르는 무리들이 저항에 나서면서 개경 시가가 소란해지고 있었다. 하지만 저항 세력이 변변치 못했는지 우두머리 몇몇이 죽자 바로 사방으로 흩어져 버린다. 조직적인 저항이라기보다는 기철과 권겸의 주살 소식을 접한 그 친당들이 놀라 도망치면서 소란을 피우는 정도였다.

이 틈에 강중경은 군사를 이끌고 노책의 집으로 달려가 그를 죽이는 데 성공한다. 기철과 권겸의 집에서는 그 자식들이 벌써 소문을 듣고 모두 달아나고 없었다. 기철의 아들 기유걸, 조카 기완자불화와 노책과 권겸의 아들들은 입궐하는 도중에 변을 듣고 모두 달아나 숨어 버렸던 것이다. 간발의 차이로 일단 화를 면한 것이다. 이들은 워낙 갑작스럽게 닥친 위기여서 그랬는지 조직적으로 저항할 기회를 잡지 못하고 도망치기에 급급했던 것 같다.

공민왕은 금위의 군사들을 출동시켜 개경 시가에 계엄을 내리고 달아난 잔당들을 찾아 주살하도록 했다. 또한 어향사 감금 사건으로 하옥시킨 정지상을 즉각 석방시켜 궁궐 수비의 총책임을 맡겼다. 이를 보면 정지상이 앞서 기철 일당을 제거하겠다고 소리쳤던 것은 괜한 허세가 아니었다는 것을 알 수 있다. 다만, 정지상이 나중에 거사에 대한 공신 책봉에서 빠진 것을 보면 이번 거사의 주역은 아니었던 것 같다.

홍언박을 수상으로

이렇듯 공민왕은 일단 거사 당일에 기철 권겸 노책 등 핵심 3인을 제거

하는 데 성공했다. 그 자식들은 저항하기보다는 도망치기에 급급했으
니 이들을 추포하여 주살하는 것은 시간 문제였다. 핵심 3인의 제거로
한숨을 돌린 공민왕은 새로운 인사를 단행한다.

① 홍언박: 우정승
② 윤환: 좌정승
③ 원호: 판삼사사
④ 허백, 황석기: 찬성사
⑤ 전보문, 한가귀: 삼사좌우사
⑥ 김일봉, 김용, 인당: 첨의평리

①의 홍언박이 수상인 우정승에 기용된 것은 당연해 보인다. 이번 거
사의 핵심 인물이기 때문이다. 아직 거사가 진행 중인 상태에서 홍언박
은 이 일을 성공시키고 마무리할 적격의 인물이라고 할 수 있다. 게다
가 앞서 수상에 임명된 이제현이 이번 거사에 소극적이었으니 거사의
중심인 홍언박이 수상을 차지하는 것은 당연한 귀결이었다.

그런 점에서 좌정승에 발탁된 ②의 윤환尹桓도 거사를 마무리 지을
인물로 보인다. 윤환은 충혜왕의 핵심 측근으로 활동했다는 점에서 이
번 거사에 적극 동조했다고 볼 수 있다. 충혜왕의 핵심 측근들은 충혜
왕의 갑작스런 비명횡사로 기황후나 그 친족들에게 반감을 가졌을 가
능성이 많기 때문이다.

하지만 판삼사사에 오른 ③의 원호는 뜻밖의 발탁이다. 그는 앞서 언
급했듯이 기철의 아들 기유걸을 사위로 맞아 기철과 사돈 관계의 인물

이다. 공민왕은 그런 원호를 거사가 진행 중에 왜 발탁했을까? 기철과의 그런 인척 관계를 고려하면 오히려 피하고 싶었을 텐데 말이다. 이 부분은 뒤에 살펴보겠다.

④의 허백許伯은 권력과 정파에 초연하여 가끔 국정이 위기에 빠졌을 때 기용되었던 인물이다. 그런 성향의 인물이라면 이번 거사를 마무리하는 데 무난했을 것이다. ⑤의 황석기黃石奇는 행적이 많지 않아 성향을 정확히 알 수 없지만 허백과 비슷한 배경에서 발탁되었다고 보인다.

그리고 ⑤와 ⑥의 전보문全普門 한가귀韓可貴 김일봉金逸逢과 김용은 모두 연저수종공신 1등에 들었던 인물이다. 공민왕은 연저수종공신을 모두 신뢰하지는 않았지만 이들은 그런 중에도 신임을 받아 그동안 승진을 이어온 자들이었다. 급박한 거사의 와중에 공민왕에게 그래도 믿을 자는 이들이었을 것이다.

그런데 홍언박을 수상으로 한 이와 같은 거사 수습 내각은 금방 한계를 드러낸다. 기철 일당을 제거하는 일이 워낙 막중한 거사였는지라 급박한 상황에서 오는 심리적 불안으로 발탁된 인물들이 일관된 태도를 보이지 못한 탓이었다. 공민왕은 새로운 인사 진용에 포함된 원호와 한가귀를 갑자기 하옥시키고 곧바로 죽여 버린다. 이들이 기철 잔당을 추포하는 데 소극적이라는 이유에서였다.

사정은 이러했다. 조금 전에 언급했듯이 원호는 기철의 사돈이었으니 처음부터 공민왕이 신뢰하기 힘든 인물이다. 그런데도 거사 수습을 위해 그를 발탁한 것은 공민왕의 숨은 의도가 있었을 것 같다는 생각이 든다. 급박한 상황에서 기철 일당에 붙지 못하게 만들면서 잘만하면 충성을 이끌어낼 수도 있기 때문이다. 공민왕은 원호가 홍언박과 권력 다툼을 벌이고 있다는 것을 잘 알고 있으면서 이를 이용한 것이기도 했다.

과연, 원호는 판삼사사에 발탁되자마자 홍언박을 견제하면서, 아울러 한가귀 등이 기철의 잔당을 추포하지 않는다고 모함하면서 공민왕에게 자신을 내세운다. 공민왕은 곧바로 원호와 한가귀를 하옥시키고 대질시켰다. 하지만 한가귀 등이 기철 일당을 추포하지 않는다는 사실 여부가 중요한 게 아니었다. 중요한 것은 이들이 모두 공민왕의 충분한 신뢰를 받지 못하고 있었다는 사실이었다. 공민왕은 하옥된 이들을 당장 주살하고 만다. 원호는 공민왕이 파놓은 함정에 걸려든 꼴이었다. 공민왕의 처지에서는 기철의 사돈인 원호에게 힘을 실어 주면서 신뢰하기도 어려웠지만 그렇다고 당장 제거하기에도 명분이 없었다. 그를 신뢰하여 힘을 실어 주려면 계기가 있어야 했고, 제거하려면 구실이 필요했던 것이다. 원호는 공민왕이 제공한 기회를 놓치고 함정에 걸려든 것이었다.

한가귀란 자는 그 와중에 덤으로 걸려든 것이다. 그가 기철 일당을 추포하지 않은 것이 사실인지는 잘 모르겠지만, 공민왕으로서는 급박한 상황에서 연저수종공신이라고 모두 마음 놓고 믿을 수 없었다. 또한 한가귀를 단호히 처단함으로써 다른 연저수종공신들이 기철의 잔당을 추포하는 데 분명하게 처신하도록 압박하는 효과도 노리고 있었다.

이문소의 폐지와 국경 방어

기철의 사돈인 원호를 제거한 직후 공민왕은 정동행성의 이문소理問所

를 혁파하였다. 정동행성 이문소는 정동행성의 산하 기구 가운데 하나로서 중죄인에 대한 형벌을 담당했던 사법 기구였다. 하지만 이문소를 이해하는 데 이보다 중요한 것은 이 기구가 원 조정의 통제를 받고 있어 고려에서는 이들의 활동을 간섭하기 힘들다는 점이었다. 이문소는 한마디로 말하자면 정동행성의 핵심 기구로 원 조정에서 고려의 내정을 감시 감독하는 기능을 수행했던 것이다.

정동행성과 그 부속 기구인 이문소를 지금의 한미 관계로 비유해서 말하면 이런 것이다. 정동행성은 원 조정과 고려 정부 사이의 연락 기관 같은 것이었으니까 지금의 주한미국대사관과 같은 기능을 수행했다고 보면 된다. 그런 정동행성의 산하 핵심 기구가 이문소였는데, 이는 지금의 주한미국대사관 내의 CIA 한국지부 정도로 이해하면 크게 틀리지 않다.

공민왕이 기철 일당을 제거한 직후 정동행성 이문소를 제일 먼저 혁파했던 것은 이 기구가 그런 기능을 수행하고 있었기 때문이다. 기철 등 핵심 부원배 세력들은 이러한 정동행성이나 이문소와 같은 핵심 부속 기구에 자신들의 친족이나 측근을 포진해 놓고 영향력을 행사했다. 이는 노책의 첫째 아들 노제盧濟가 사건 당시 정동행성의 관리로 있었다는 것에서 알 수 있다.

이문소를 폐지했다는 것은 기철 일당을 제거하여 그들의 권력 남용을 허용하지 않고 원 조정의 정치적 간섭을 더 이상 받지 않겠다는 조치였다. 그래서 공민왕은 그런 이문소를 당장 혁파한 것이다. 이는 공민왕의 거사가 기철 일당의 제거에 그치지 않고 원 조정의 간섭과 통제에 맞서는 반원 정책을 지향하고 있다는 확실한 증거이기도 했다.

정동행성 이문소를 폐지한 직후 신속하게 국경 방어에 나선 다음의 조치를 보면 그 점은 더욱 확실해진다. 공민왕은 인당印璫과 강중경을 서북면병마사로 삼아 압록강 서쪽의 8개 역참을 공격하게 하였다. 아울러 동북면병마사도 임명하여 쌍성총관부(함경 영흥)를 수복하도록 했다. 소극적인 방어가 아니라 적극적인 공세로 나아간 것이다. 제국과 맞서겠다는 의지가 없고서는 취할 수 없는 조치였다.

공민왕은 자신이 원에서 숙위하던 시절부터 제국의 쇠퇴를 피부로 느끼고 있었다. 여기에 최근에는 원의 반란 진압에 동원되었던 장수들이 돌아오면서 제국의 쇠퇴는 돌이킬 수 없다는 것을 다시 확인했다. 서북면병마사에 임명된 인당 역시 제국의 쇠퇴를 눈으로 확인하고 돌아왔으니 이번 사태에 누구보다도 적극적이었을 것이다.

그런데 서북면병마사에 임명된 강중경이 인당에게 살해당하는 이상한 일이 벌어진다. 인당과 강중경은 함께 서북면병마사에 임명받은 상태였다. 두 사람을 병마사에 함께 임명한 것은 양인을 서로 견제하려는 공민왕의 의도로 보인다.

인당은 기철 일당을 제거하는 거사에서 한 일은 없지만 원의 반란 진압에 동원되었다가 돌아온 용맹한 장수였다. 강중경은 연저수종공신에 들었던 자로 공민왕의 신임이 두터운 자였다. 그는 목인길과 함께 궁궐에 매복시킨 군사들을 지휘하여 입궐하는 기철과 권겸을 주살했던 장본인이다. 군사를 보내 노책을 제거한 것도 강중경이었다.

그런 강중경이 출정을 앞두고 인당에게 살해당한 것이다. 인당이 출정하는데 강중경은 술에 취하여 지체하다가 나중에야 뒤따르면서 주사를 부렸고, 인당이 이를 제지해도 강중경은 듣지 않았다. 아마 강중경은 압록강의 역참을 공격하라는 공민왕의 명령이 못마땅했는지도 모르겠다. 기철 등 일당을 제거하는 것까지는 동의하여 적극 따랐지만 원을 공격하는 것은 무리라고 판단했을 수 있다. 그렇지 않고서야 출정을 앞두고 술에 취하고 주사를 부릴 수 없었을 것이다. 게다가 강중경은 이미 기철과 권겸 노책을 제거한 공로가 있어 자만했을 수도 있다. 그런 점에서 강중경은 인당보다 정치적으로 우위에 있었고 공민왕과도 가까웠다. 인당이 제지해도 강중경이 술 취한 행동을 그치지 않은 것은 그런 자만심 때문이 아니었을까 하는 생각도 든다.

이에 인당은 자신을 따르는 병마부사와 상의하여 그런 강중경을 주살해 버린 것이다. 그리고 공민왕에게는 강중경이 이심을 품고 있어 군법으로 처단했다고 보고한다. 조정에서는 그 자세한 내막을 알지 못하여 의견이 분분했지만 인당에 대한 별다른 조치 없이 이 일은 그대로 넘어갔다. 공민왕이 강중경을 처단한 인당의 행동을 크게 문제 삼지 않았다는 얘기다.

앞서 기철의 잔당을 제거하는 데 소극적이었다는 이유로 원호와 한가귀를 살해한 것도 그렇지만, 여기 강중경을 처단한 인당에 대한 대처에서도 미심쩍은 부분이 많다. 어쩌면 공민왕의 통치 스타일과 관련 있지 않나 하는 생각이 들어서다. 공민왕은 공로를 세운 강중경에 대해 더 이상 힘을 실어 주기 싫었는지도 모른다. 강중경이 기철 일파를 제거하는 공로에 자만했다면 충분히 그럴 수 있었다. 누구도 안심하고 신뢰하지 못하는 이런 공민왕의 정치 성향은 앞으로도 자주 드러난다.

지금까지의 일들이 거사 당일인 1356년(공민왕 5) 5월 18일 하루 동안에 있었던 일이다. 그 이틀 후인 5월 20일, 공민왕은 제거된 강중경을 대신하여 새로이 서북면병마사를 임명하고 이어서 각 지방을 방어할 장수를 따로 임명하였다. 공민왕은 기철의 잔당을 추포하도록 하면서 한편에서는 원의 공격에 대비한 준비를 철저히 하고 있었던 것이다.

23일에는 공민왕의 명령으로 만호 천호 백호의 패면을 몰수하였다. 만호 천호 백호는 원의 군사 조직으로 각 단위 부대의 지휘관을 부르는 명칭이기도 한데, 이들의 착용한 패면은 그 지휘권을 상징하는 것이었다. 이를 몰수한 것은 지휘권 박탈로 원의 군사적 통제를 더 이상 받지 않겠다는 선언이었다.

공민왕의 담화문

그런데 기철 노책 권겸 등 3인은 거사 당일 제거했지만 그 자식들은 도주하여 아직 건재하고 있었다. 원의 군사 공격에 대한 방비도 중요했지만 이들을 추포하여 제거하는 일은 더욱 중요했다. 이 잔당을 완전히 제거하지 못한다면 거사가 실패할 수 있었기 때문이다. 다음과 같은 공민왕의 교서는 그래서 나온 것 같다. 그대로 인용해 보겠다.

　…… 이제 기철 노책 권겸 등이 있어 원조에서 우리를 구휼한 뜻과 선왕께서 창업 수통하신 법을 생각하지 않고 세력을 믿고 임금을 업신여기며 권력을 함부로 행사하여 백성을 해치기에 한이 없었다. 나는 그들이 원의 황실과 혼인 관계가 있음으로 해서 그들이 요구하는 것에 대해 모두 따라 주었는데 그들은 이에 만족하지 않고 오히려 몰래 반역을 도모하고 사직을 위태롭게 하

였다. 다행히 천지 조종의 영령에 힘입어 기철 등 3인은 이미 제거하였다. 흉한 무리 가운데 도망간 자와 기유걸(기철의 아들) 완자불화(기철의 아들) 노제(노책의 아들) 권항(권겸의 아들) 권화상(권겸의 아들) 등은 그 죄를 용서받을 수 없는데 한가귀 등이 명령을 따르지 않고 고의로 그 배반자들을 놓아 주었다. 그래서 이들을 모두 법대로 처단하였다. 배반자들을 잡아서 알려 주는 자에게는 배반자의 재산을 상으로 나누어 줄 것이다. 그 밖의 나머지 사람들의 범행에 대해서는 모두 면제하노라. 기철 등 3인이 빼앗아 가진 노비와 토지에 대해서는 빼앗긴 사람에게 고발을 허락하여 각각 원주인에게 돌려주도록 하라《고려사절요》 26, 공민왕 5년 5월: 《고려사》 131, 기철 열전).

이는 간단히 말하면 잔당들에 대한 현상 수배령이었다. 기철 노책 권겸 3인은 사직을 위태롭게 하여 이미 제거했음을 밝히고, 기철의 두 아들인 기유걸과 기완자불화, 노책의 아들인 노제, 권겸의 아들인 권항과 권화상에 대해 정확히 이름을 거명하여 수배령을 내린 것이다. 특히 이 자들에게 재산을 빼앗긴 피해자들의 고발을 촉구하고 있다. 또한 이들 외의 그 나머지 친족들의 죄는 모두 용서한다는 점을 강조하여 사건을 더 이상 확대하지 않겠다는 뜻도 분명히 하고 있다. 일을 조속히 마무리 지으려면 그래야 했을 것이다. 그리고 특별히 이 자들을 놓아 준 한가귀 등을 처단했음을 언급하여 또 다른 비호 세력이 나오는 것도 사전에 차단하고 있다.

이 현상 수배령이 효과를 발휘했는지 잔당들은 며칠 후 모두 잡혀 참수당한다. 다만 권겸의 아들 권항은 권력에 붙지 않았다고 하여 죽음을 면하고 제주도로 유배 보내는 것으로 그쳤다. 그리고 기철의 아내 김

씨는 머리를 깎고 중이 되었다가 잡혀 들어왔고, 그 어린 아들 하나도 머리를 깎고 흥왕사에 숨어 있는 것을 잡아 죽였다. 기철의 아들 기세걸과 기사인테무르는 그때 원에 있어 죽음을 면하였다.

이어서 기철과 가까운 10여 명의 관리들을 잡아들여 곤장을 치거나 유배를 보냈다. 여기에는 연저수종공신 1등에 들었던 김보, 왕후의 아들이자 기철의 사위인 왕중귀, 고용보와 가까웠던 이수산 등이 포함되었다. 이들 중 몇몇은 얼마 안 있어 바로 죽임을 당했다. 그리고 기황후의 어미 이 씨(영안왕대부인)는 기철이 주살되었다는 소문을 듣고 병이 나 눕고 말았다. 그 후 한동안 원과의 소식이 단절되어 지내다가 자신의 외손인 원의 황태자가 사신을 보내어 원으로 맞이하려 했지만 끝내 사양했다고 한다.

이렇게 기철 노책 권겸 등을 제거하려던 거사는 그해 5월에 대강 마무리하여 일단 성공했다. 이제 남은 문제는 원 조정의 추궁이나 군사적 공격에 대한 대응이었다.

석기 역모 사건

1356년(공민왕 5) 6월 초에는 앞서 서북면병마사에 임명된 인당이 압록강을 넘어 파사부婆娑府 등 3개의 역참을 격파했다. 파사부는 의주에서 압록강을 건너 가장 가까이 있는 역참으로 고려와 원 사이의 관문이었다. 이는 원과의 교통 통신의 요충을 장악하기 위한 조치로, 원에서 고려에 들어오는 사신을 통제하고 고려에서 원으로 향하는 내통자를 차단하려는 것이었다.

그 10여 일 뒤, 기철을 태사도에 임명한다는 선명宣命(황제의 명령)과 인장을 가지고 원의 사신이 국경에 들어왔다. 고려에서 기철을 주살한 후 처음 들어오는 사신이었다. 이때 국경을 방어하던 장수는 선명과 인장을 압수하고 사신을 감금하였다. 하지만 이 사신은 몰래 탈주하여 원으로 돌아가는데, 원 조정에서는 이 자에 의해 고려에서 모종의 중대한 사태가 벌어졌다는 것을 알아차릴 수 있었다.

그런데 그 사이 모반 사건이 하나 터진다. 그해 6월 중순 경 석기釋器를 새로운 국왕으로 추대하려는 역모가 일어난 것이다. 이는 말할 필요도 없지만 공민왕을 축출하려는 움직임이었다. 석기는 충혜왕과 그 사랑을 받던 비첩 은천옹주 임 씨 사이에 태어난 서자로 이때 10여 세의 성년에 접어들고 있었다. 이런 역모 사건은 사실 여부를 판가름하기가 어려운데 중요한 것은 사실 여부가 아니라 석기가 거론되었다는 점이다.

임중보林仲甫라는 전직 장군 출신의 무장이 석기를 중심으로 한 역모의 배후 인물로 잡혀 들어왔다. 그를 문초하여 10여 명의 연루자가 드러났는데 중심인물은 손수경孫守卿이라는 전대의 재상이었다. 석기 역모 사건에서 손수경이 중심인물이라는 점은 이 사건을 조금 달리 생각할 필요가 있다. 손수경은 역모의 중심에 설 만한 인물로 보이지 않기 때문이다.

손수경은 무장 출신으로 입신한 자인데, 충혜왕의 측근으로 활동하다가 1등 공신에도 책봉되었지만 충혜왕이 폐위된 후에도 아무런 피해를 입지 않았으며, 오히려 충목왕 때는 재상급에 오르고 충정왕 초기에는 노책을 대신하여 수상까지 맡은 적이 있었다. 이런 손수경이 역모의 중심으로 떠오른 것은 그와 그 주변을 제거하려는 공민왕의 책략이 아니었나 싶다.

이때 손수경을 비롯한 서너 명은 참수당하고 나머지는 유배당하거나 곤장을 맞았다. 역모 사건 치고는 연루자가 많지 않고 사건도 크게 확대되지 않아 사실 여부가 미심쩍은 것이다. 유배당한 인물 중에는 충혜왕의 핵심 측근이었던 강윤충도 있었다. 강윤충은 원의 반란 진압에 동원되어 파병되었다가 이에 반발하여 저항했던 인물인데, 공민왕에 밉보인 탓에 연루된 것이 아닌가 한다.

주인공인 석기는 역모의 사실 여부와 관계없이 죽음을 피할 수 없었다. 그런데 석기를 제주에 유배하기 위해 압송하는 과정에서 새로운 문제가 터진다. 압송관이 그 석기를 중도에 놓치고 바다에 빠져 죽었다고 거짓 보고한 것이다. 어쩌면 고의로 도망치도록 방치했는지도 모를 일이다.

그런데 몇 년 후 석기가 평양에 나타나 다시 역모의 주인공으로 등장한다. 이에 공민왕은 그때의 압송관과 그 주변 인물들을 처형해 버린다. 그리고 석기도 평양에서 참수되어 그 머리가 공민왕에게 보내졌다. 하지만 참수당한 그 석기가 진짜 석기가 아니라는 말과 함께 여러 유언비어가 나중에 떠돌면서 혼란이 더해지기도 했다. 심지어 우왕 때까지 석기가 살아있다는 유언비어가 나오기도 했다.

석기를 둘러싼 이러한 장기간의 혼란이나 유언비어는 공민왕을 축출하려는 자들의 저항이거나 작란이 이런 식으로 표출되었다는 생각이다. 공민왕을 반대하는 무리들이 고려 국왕을 교체하려는 의도를 그런 식으로 드러냈을 것이다. 공민왕의 반원 정책에 불만을 품은 세력들은

석기를 그렇게 이용해 먹기 좋았다. 마치 충숙왕 때의 심왕 옹립 책동
처럼 말이다.

공민왕은 석기의 역모 사건을 정리한 직후 교서 반포와 함께 사면령
을 내렸다. 기철 일당을 제거한 거사를 일단 성공시키고 이 기회를 이
용하여 미심쩍은 자들까지 일망타진했으니 민심 수습 차원의 사면령이
었다고 볼 수 있다. 그리고 국가를 일신하고 온 백성들과 함께 새 출발
을 다짐했다. 이 책 맨 앞에 제시한 〈프롤로그〉가 그것이다.

2. 반원 개혁 정치

제국의 연호 정지

공민왕은 1356년(공민왕 5) 6월 사면령을 겸한 교서를 반포하면서 원의 지정至正 연호를 정지하였다. 이는 제국과의 사대 복속 관계를 중단하겠다는 역사적인 조치였다. 공민왕이 제국을 상대로 반원 정치를 실천하는 과정에서 그 첫 발을 내딛는 상징적인 일이기도 했다.

연호年號는 햇수를 헤아리는 호칭을 말한다. '서기 2016년', 혹은 '단기 4349년'에서 '서기西紀'나 '단기檀紀'가 연호이다. 서기 2016년은 '예수님의 탄생을 기점으로 2016년째 되는 해'라는 뜻이고, 단기 4349년은 '단군의 고조선 건국을 기점으로 4349년째 되는 해'라는 뜻이다.

전통 왕조시대에는 근대식 연호가 없었으니 햇수를 헤아리는 특별한 장치가 필요했다. 중국에서는 황제들이 새로 즉위할 때마다 연호를 제정하여 햇수를 헤아렸는데 이를 건원建元이라 한다. 중국 역사에서 이런 연호 사용이 정확히 언제부터 시작되었는지 잘 모르겠지만 한漢 나라 때부터가 아닌가 싶다. 중국(한)이 세계의 중심이라는 철학적 세계관의 확립이었다. 햇수를 헤아려 주재하는 자가 바로 중화의 황제이고 이는 시간을 지배하는 자가 세계를 지배한다는 철학적 의미라고 볼 수 있다.

한국 역사에서도 고구려의 광개토대왕이나 신라의 법흥왕, 고려의 광종 등이 중국의 황제와 별도로 연호를 제정한 적이 있었다. 하지만 그 밖의 대부분 한국 역사에서는 동시대 중국 황제의 연호를 그대로 차용하여 사용하였다. 이는 중국 황제 체제의 시간 질서에 편입된다는 것을 의미했고 말할 필요도 없이 중국과 사대 관계의 성립을 의미했다. 즉, 중국 연호의 차용은 중국 황제 중심의 세계 질서에 순응한다는 뜻이었다.

그리고 중국이 동시대에 여러 왕조로 나뉘어 있을 때는 어느 특정한 왕조의 연호를 선택해야 했다. 이럴 경우 당연히 특정한 그 왕조의 세계 질서에 편입하는 것이고 그 왕조와 사대 외교 관계가 성립하는 것이다. 위진남북조시대에 고구려는 주로 북조의 연호를 차용하면서 외교 관계를 맺었고, 백제는 남조와 외교 관계를 맺으면서 그들의 연호를 사용했던 것이다.

그런데 중국에서 신구 왕조가 교체될 때에는 연호 차용 문제가 특히 중요했다. 구 왕조, 즉 지는 해의 연호를 버리고 새로이 뜨는 해의 연호를 선택해야 하는 문제이다. 쇠퇴하는 구세계의 질서를 버리고 새로이 융성하는 신세계의 질서를 선택하는 문제로 사대 외교 관계의 변화를 의미하는 것이었다. 너무 성급히 선택하면 지는 해의 보복을 당하기 쉽고, 너무 지체하면 뜨는 해의 양심을 사기 쉬운 것이다.

고려가 몽골 제국의 연호를 처음 도입한 것은 1259년(고종 46) 4월 고려 태자(후의 원종)가 백관의 전송을 받으며 몽골로 향했던 행차에서 비롯되었다. 이 행차는 몽골에 항복하기 위한 친조親朝로서 병석에 있던 부왕(고종)을 대신한 것이었다. 당시 태자였던 원종은 중원에서 쿠빌라이를 대면하고 이듬해 3월 환국하여 고려 왕위를 계승했다. 그리고 세조 쿠빌라이의 연호인 중통中統을 처음으로 도입한 것이다. 이는 고려가 몽골 중심의 세계 질서에 편입되었다는 가장 중요한 표지였다.

고려의 공민왕은 1356년(공민왕 5) 6월 몽골 제국을 이제 지는 해로 간주하고 과감하게 그 연호를 정지한 것이다. 이게 너무 성급한 것인지 아니면 지체된 것인지는 좀 두고 볼 일이지만, 1260년(원종 1) 원 세조 쿠빌라이의 중통 연호를 도입한 지 96년 만의 일이다. 실로 1세기 만에 세계관의 변화를 의미하는 것으로 역사적인 조치가 아닐 수 없었다.

그래서 공민왕이 이런 몽골 제국의 연호를 정지한다는 것은 몽골 중심의 세계 질서에서 이제 벗어나겠다는 의지의 표명이었다. 이는 두말할 필요도 없이 몽골의 지배를 더 이상 받지 않겠다는 선언이나 다름없는 것으로 국제 관계의 대변화가 아닐 수 없었다. 기철 일당을 제거한 지 한 달 남짓 지난 시점이었다.

상비군 체제 정비

고려가 자주 국가로서 거듭나려면 가장 중요한 문제가 정상적인 군대

를 갖추는 것이었다. 상비군 체제를 갖추고 이를 장악하여 통솔하는 군
통수권이야말로 명실상부한 왕권 확립을 위해서도 필수였고, 원의 군
사적 공격에 대한 대비를 위해서도 가장 시급한 문제였다.

공민왕은 기철 일당을 제거하기 훨씬 이전부터 고려의 상비군 문제
를 고민한 것 같다. 즉위한 직후인 1352년(공민왕 1) 3월에 이런 조치를
내린다. 위로는 재상급 관료부터 이래로는 각 관청의 서리에 이르기까
지 무장을 갖추되, 구체적으로 개인당 활 하나에 화살 50개, 창 하나에
검 하나씩 비치하라는 것이었다. 그리고 이를 점검하였다.

원 간섭기에 고려가 독자적인 군사력을 갖추는 것은 쉬운 일이 아니
었다. 원 조정에서 이를 예민하게 감시하고 통제했기 때문이다. 하지
만 제국이 반란에 휩싸이면서 이게 좀 느슨해진 것으로 보인다. 게다가
왜구의 침략이 시작되면서 자체적인 방위 능력을 키워야 한다는 명분
도 쌓였다. 하지만 공민왕이 즉위 초부터 드러내놓고 상비군을 갖춘다
는 것은 위험한 일이었을 것이다. 그런 상황에서 공민왕의 이런 명령은
원 조정의 감시를 피하면서 현실적으로 군비를 갖출 수 있는 아주 멋진
계책이었다. 문무백관과 서리에 이르기까지 각 개인이 모두 이와 같은
군비를 갖추면 그 무장력은 상당한 것이 된다. 여기에 군사만 모집하면
상비군 체제를 정비하는 것은 어렵지 않다고 본 것이다.

공민왕의 본격적인 상비군 체제 정비는 기철 일당을 제거한 직후부
터 이루어진다. 1356년(공민왕 5) 6월 다음과 같이 군역 체계에 대한 구
체적인 교서를 내렸다. 관찬 사서의 교서 내용에 알기 쉽게 일련번호를
붙여 그대로 옮겨 보겠다.

① 정동행성의 3개 관서와 각 만호부에 예속된 장정을 추쇄하여 군사에 대비할 것.

② 군대에 복무하는 군졸은 쌍정雙丁에 1정을 보내는 것도 지나친데 단정單丁은 너무 가혹하니 군역을 지지 않게 할 것.

③ 바야흐로 전쟁이 일어날 수 있으니 범죄를 저지른 승도들은 왕명으로 환속시키며 군사에 충당할 것.

④ 장정 한 명에게 토지 17결을 지급하여 군인전으로 만든 것은 옛날 토지제도의 유법이다. 군호軍戶는 연립하는(세습하는) 것이니 남에게 빼앗긴 군인전은 신고를 받아 환급하고, 군인전을 불법으로 연립(세습)하는 자들은 선군별감이 추쇄하여 군사로 충당하며, 또한 역적의 토지는 그 수를 헤아려 모집된 군정軍丁에게 지급할 것.

⑤ 역적의 노비들이 다루가치를 사칭하면서 백성들을 사역시키고 남의 토지를 빼앗아 재산을 축적하고 있으니 소재지의 지방관은 이를 적몰하여 군정으로 만들 것(《고려사》 81, 〈병지〉 1, 공민왕 5년 6월조).

공민왕의 이 교서를 한마디로 말하면 고려의 전통 군역 체계를 복구하겠다는 것이다. 학계에서는 고려의 전통적인 군역 체계에 대해 한편에서는 '군반씨족제'로 다른 한편에서는 '병농일치제'로 판단하여 논란이 많다. 일반적으로 중앙군은 군반씨족제로 지방군은 병농일치제로 보는 것 같다. 즉, 양자가 혼합된 것으로 보는 것이다.

병농일치제는 모든 농민이 군역의 의무를 진다는 지금의 의무병제 개념인데 16세부터 60세까지의 양인 남자를 장정壯丁이라 하여 군역 의무 대상자로 규정하였다. 고려 전통 군제에서 병농일치제는 지방군 체제에서 그 모습이 보이지만 이게 보편화된 계기는 일본원정 기간에 군사를 징발하는 과정에서 나타났다. 하지만 이후 원 조정에서 고려의 군대를 통제 감시하면서 병농일치제는 의미가 없어졌다.

위 ②항의 내용은 병농일치제의 복원과 관련된 내용으로 보인다. 다만 쌍정 단정이라는 용어는 고려 전통 군역 체계에서는 보이지 않는 생소한 용어이다. 쌍정은 장정 두 명이 한 조를 이루어 한 명만 현역으로 복무하고 나머지 한 명은 고향에 남아 이를 보조하는 것인데, 단정은 한 명의 장정이 홀로 감당하는 것이니 가혹하다는 뜻이다. 이게 조선시대에 들어오면 보법保法으로 완비된다. 즉 장정 3명이 한 조가 되는데, 그 중 한 명은 정군正軍이라 하여 현역으로 군역을 지고, 나머지 두 명의 장정은 보인保人이라 하여 고향에서 정군을 보조하는 것이다. 그러니까 ②항은 고려의 전통 병농일치제를 복원하면서 여기에 새로운 제도를 가미한 것인데, 이를 조선시대 보법이 만들어지는 전 단계로 볼 수 있다.

군반씨족제는 군인만 배출하는 가문을 지정하여 군정을 만들고 이들에게 군역에 봉사하는 반대급부로 토지 17결(군인전)을 지급하는 것이다. 그리고 군역을 세습하면 지급받은 군인전 역시 세습되는 것으로, 이런 가문을 군호軍戶 혹은 군반軍班이라 불렀다. 그러니까 이들 군반은 전시과 체제에서 토지를 지급받는 관료 집단의 말단을 형성하는 것이다.

이 군반씨족제가 무너진 이유는 군인들에게 지급하는 군인전이 제대로 지급되지 않고, 또한 지급되더라도 권력자에 의해 탈점되었기 때문이다. 군인전 지급은 군반씨족제를 운영하는 가장 중요한 기반인데 이게 원활하게 유지되지 않았다. 특히 무인 집권기 때 권력자에 의한 불법적인 군인전 탈점이 자행되면서 그랬다. 그래서 군반씨족제는 원의 통제를 받기 이전부터 무인 집권기 때 이미 무너져 형태만 남아있었던 것이다.

위 ④항은 이런 군반씨족제와 관련 있는 내용이다. ④항에서 말하는 것은 군반씨족제를 유지하는 데 가장 중요한 군인전을 복구하겠다는 뜻이다. 여기서 역적의 토지는 기철 일당이 불법으로 탈점한 토지를 말한 것으로 이를 몰수하여 군인전으로 하라는 것이다. 군정을 지정하고 이들에게 군인전을 지급하는 담당 관청이 선군도감選軍都監이고 그 장관이 선군별감인데, 이는 고려 전통 법제 그대로 복구하는 것이었다.

그리고 ①항은 정동행성과 만호부를 혁파하여 그에 소속된 고려 장정들을 고려 상비군으로 충당하겠다는 뜻으로 보인다. 정동행성과 만호부에 대한 혁파 문제에 대해서는 뒤에 다시 언급하겠지만, 이 대목에서 정동행성에는 군사까지 배치되고 있었다는 사실을 알게 해 준다.

③항은 내용 그대로, 불법을 저지른 승도를 강제 징발하여 부족한 군사로 충당하겠다는 것이다. 고려는 불교 국가이다 보니 승도들의 수가 상상외로 많았다. 웬만한 사찰은 승도 수가 1천 명을 넘을 정도였으니 유사시 군사로 징발하기에 가장 좋은 집단이었다. 여기서 전쟁을 언급한 것은 기철 일당을 제거하고 위급한 상황을 말해 주는 것이지만 승도 징발의 명분으로 활용하려는 것으로 보인다.

그리고 ⑤항에서 언급한 역적은 기철 일당을 말하는 것 같다. 이들의 노비까지 다루가치(원에서 파견한 행정 감독관)를 사칭하며 불법을 자행했음을 보여주는데, 이들이 탈점한 토지도 몰수하여 군인전으로 지급하고 군정을 복원하라는 것이다. 이는 군반씨족제를 복원하려는 ④항과 관련 있는 것이다.

상비군 체제를 정비하려는 공민왕의 노력은 그해 1356년(공민왕 5) 11월 충용忠勇 4위의 성립으로 결실을 맺는다. 이 '충용 4위'는 궁궐 수비와 개경 방어를 위한 중앙군으로 4개의 부대를 만들었는데 그 이름이 충용이라는 뜻이다. 그리고 4개 부대마다 각각 장군(정4품) 1인을 지휘관으로 두고 군사 수에 맞게 그 이하 하급 지휘관도 두었다. 고려시대 장군은 1천 명 단위의 군사를 지휘하는 지휘관이었으니까 충용 4위의 총 군사 수는 4천 명이 된다는 뜻이다. 공민왕이 짧은 시간 동안 중앙군으로 이 정도의 군대를 정비했다는 것은 괄목할 만한 일이었다.

공민왕은 이렇듯 고려의 상비군 체제를 착실하게 정비하고 있었다. 기철 일당의 제거가 단순히 왕권을 위협하는 세력만 제거한 것이 아니라 장기적인 계획에 따른 개혁 정치의 시작이었다는 것을 말해 주는 것이다.

관제 복구

공민왕은 상비군 체제를 정비하면서 고려의 전통 관제도 원상 복구했다. 공민왕의 반원 개혁 정치에서 이것도 대단히 중요한 의미를 지닌 조치였다.

본래 고려의 전통 관제는 당의 관제를 모방한 2성 6부제를 근간으로 하고 있었다. 중앙 행정의 중심인 중서문하성과 상서성, 그리고 6부인 이부·병부·호부·형부·예부·공부가 그것이다. 여기에 군국 기무와 국왕 비서 기능을 겸하는 추밀원(중추원), 관리의 감찰 기능을 맡는 어사대 등의 기구가 별도로 있었다. 이런 성省 원院 대臺 부部의 명칭이 들어가는 관부는 원 조정에도 똑같이 존재했다.

1275년(충렬왕 1) 원에서는 자신들과 관부의 명칭이 같은 이런 고려의 관제가 참월하다고 하여 고치도록 요구했다. 그래서 중서문하성과 상서성을 합쳐 첨의부, 6부를 전리사 군부사 판도사 전법사라는 4사 체제로 통폐합했다. 2성 6부제가 1부 4사제로 축소 격하된 것이다.

또한 추밀원은 밀직사, 어사대는 감찰사, 한림원은 문한서 등 원 제국과 명칭이 같은 중앙의 모든 관부는 격하되어 이름이 바뀌었다. 이에 따라 관직의 명칭도 격하되었는데 수상인 문하시중을 첨의중찬, 6부의 장관인 상서는 판서라 했다. 게다가 이렇게 격하된 관제에서 고려의 수상인 첨의중찬은 종1품의 최고 관직이었지만 원 조정에서는 4품 정도에 지나지 않았다. 현실적으로 관제 격하의 실상은 이게 문제였다. 쉽게 말해서 고려 조정은 원 제국의 일개 지방 관청에 불과했던 것이다. 사정이 이러하니 고려 수상이 사신으로서 원에 들어가면 어떤 대우를 받을지는 보지 않아도 알 수 있는 일이었다.

이렇게 축소 격하된 관제를 1356년(공민왕 5) 7월 9일 공민왕이 다시 원상 복구한 것이다. 80여 년만의 일로 연호 정지와 함께 그 역사적 의미가 컸다. 기철 일당의 제거가 단순히 부원배의 제거로 그치는 것이 아니라 그동안 격하 왜곡되었던 제도의 개혁을 겸한 조치였던 것이다.

그런데 관찬 사서에는 나타나 있지 않지만 개인 문집이나 사찬私撰 기록에 의하면 이때 고려는 황제 체제의 용어도 사용하고 있었음을 알 수 있다. 예를 들면 황제 국가에서 사용하는 선지宣旨, 조서詔書, 칙서勅書, 태자太子 등의 용례이다. 사실 이런 용례들 역시 고려가 본래 황제 체제의 국가였으니 원상 복구된 것으로 볼 수 있다.

공민왕은 관제를 다시 복구했으니 이에 따른 새로운 관리 인사도 단행했다. 고려 전통 관제에 의거한 인사로서 관제 복구와 동시에 단행된 것이다.

① 홍언박: 문하시중(종1품)　　　② 윤환: 수문하시중(종1품)

③ 유탁: 문하시랑 동중서문하평장사(정2품)

④ 허백: 중서시랑 동중서문하평장사(정2품)

⑤ 황석기: 문하평장사(정2품)　　　⑥ 김용: 중서평장사(정2품)

⑦ 김일봉·인당: 참지정사(종2품)　　⑧ 이인복: 정당문학(정2품)

⑨ 전보문·정인: 좌우복야(정2품)　　⑩ 경천흥: 판추밀원사(종2품)

⑪ 최인원: 추밀원사(종2품)　　　　⑫ 안우: 지추밀원사(종2품)

⑬ 배천경·황상: 동지추밀원사(종2품)　⑭ 유인우·이춘부: 추밀원부사(종2품)

⑮ 김희조: 첨서추밀원사(정3품)　　⑯ 유숙: 추밀원학사(정3품)

재상이나 그에 준하는 고위 인사였는데, 몇몇의 인물을 제외하고는 앞에서 한 번쯤 거론했던 인물들이다. 공민왕이 기철 일당을 제거하고 이제 새 출발을 하려는 인사였으니, 즉위한 이후 온전히 누구의 눈치도 보지 않고 공민왕의 재량을 최대한 발휘한 인사라고 할 수 있다. 그래서 홍언박을 수상에 계속 앉힌 것은 충분히 예상할 수 있다.

이 가운데 연저수종공신에 들었던 자는 ⑥ 김용 ⑦ 김일봉 ⑨ 전보문 ⑯ 유숙 등 4인뿐이다. 이번 인사가 있고 3년 뒤인 1359년(공민왕 8) 공민왕은 기철 일당 제거에 대한 공신을 20명 책정하는데, 이 중 ① 홍언박 ⑩ 경천흥 ⑬ 황상黃裳 ⑫ 안우安祐 ⑯ 유숙 등 5인만 공신에 들어간다는 점도 주목할 필요가 있다. 이번 인사가 고위직에만 해당된 것이어서 당시 중하위직에 머물렀던 공신들이 들어갈 수 없어 그랬는지 모르지만 좀 의외이기도 하다.

공민왕은 공신이라고 해서 전적으로 신뢰하고 관직에서 특혜를 주지 않았다. 공민왕의 용인술에서 드러난 특징은 권력 집단의 형성을 막고 특정인에게 권력을 집중시키지 않는 것이었다. 연저수종공신을 모두 요직에 등용하지 않은 것이나 기철 제거 공신들을 고위직에 발탁하지 않은 것은 이와 관련이 있지 않을까 생각한다.

영토 수복, 쌍성총관부

공민왕은 1356년(공민왕 5) 5월 서북면병마사 인당으로 하여금 압록강 서쪽 8개 역참을 공격하는 한편, 유인우柳仁雨를 동북면병마사로 삼아 쌍성총관부도 아울러 공략하게 하였다. 기철 일당을 제거한 첫 날의 일이었다. 동서 양면으로 동시에 공격을 시작한 것인데 이게 최선의 방어라고 판단한 것이다. 그해 6월 초에는 서북면병마사 인당이 압록강 서쪽의 3개 역참을 격파하는데 이에 대해서는 앞에서 이미 언급한 바다.

압록강 서쪽의 3개 역참을 격파한 며칠 후, 쌍성(함경 영흥)에 사는 조도적趙都赤이라는 자가 고려 조정에 항복해 들어온다. 여기 조도적은 조휘의 증손이었다. 조도적의 투항은 쌍성총관부를 공략하기 시작한 것과 관련 있어 보인다. 유인우가 쌍성을 공략할 무렵, 쌍성총관부는 조소생趙小生이 총관으로 탁도경卓都卿이 천호로서 관할하고 있었다. 양자 모두 조휘와 탁청의 후손으로 그 직책을 세습한 것이었다. 조휘와 탁청의 후손들이 그렇게 직책을 세습하면서 쌍성총관부의 지배 집단을 형성하고 있었다. 조도적이 고려에 항복해 온 것은 이런 쌍성총관부의 세습적 지배 집단에서 소외된 불만도 작용했다.

공민왕은 투항한 조도적에게 금패와 함께 쌍성의 천호 직책을 내려 준다. 이는 이전에 원의 황제가 내리는 것을 대신한 것인데, 쌍성의 지배 집단을 분리시키고 이후 쌍성 관할에 대해 고려에서 간여하겠다는 의지의 표현이었다. 조도적의 투항으로 쌍성총관부를 공략하여 수복할 좋은 기회가 만들어진 것이었다.

당시 쌍성 수복을 위해 적극 협조한 인물이 이자춘(이성계의 부)과 조돈趙暾이었다. 기철 일당을 제거하기 직전에 쌍성총관부의 천호였던 이자춘이 공민왕에게 투항해 온 것도 공민왕에게는 큰 힘이 되었다. 공민왕은 유인우가 공격을 망설인다는 보고를 받고 사신을 급파하여 이자춘에게 고려의 벼슬을 내려주고 내응하도록 하였다. 이에 이자춘은 공민왕의 명령을 받고 즉시 유인우와 합세하여 쌍성 공략에 나서게 된다.

그리고 조돈은 바로 조휘의 손자였는데, 조소생과 조도적의 숙부이기도 했다. 조돈은 충숙왕 때 이미 고려 조정에 들어와 변경의 유민을 쇄환하는 데 공을 세우고 장군직을 제수받았으며 이때 용진(덕원, 함경원산)에 내려와 있었다. 그러니까 조휘의 후손인 조돈 조도적 조소생은 모두 같은 친족으로서 일부는 쌍성 지배 집단으로 남고, 일부는 이탈하여 고려에 귀부한 것이었다.

동북면병마사 유인우가 쌍성 공략에 나서자 총관 조소생과 천호 탁도경은 조돈을 붙잡아두고 함께 항거하자고 하였다. 조돈은 이런 연대 요청을 거부했다. 하지만 조도적은 조소생과 탁도경 등의 배반 세력 쪽에 기울어 이들의 참모 역할을 하고 있었다. 아마 조도적은 고려 조정에 귀부한 지 얼마 되지 않은지라 배반 세력의 유혹을 뿌리치지 못한 것 같다.

그런데 쌍성총관부 공략에 나섰던 동북면병마사 유인우는 등주(함경 안변)에 이르러 10여 일을 머뭇거리고 있었다. 등주는 영흥의 바로 코밑이었는데 공격을 지체한 것이다. 유인우가 쌍성 공략에 적극 나서지 못한 것은 조돈과 조도적 등이 배반 세력과 연대한다면 형세가 불리하리라는 판단에서 그랬던 것 같다. 조돈은 그럴 생각이 전혀 없었는데 유인우는 이를 염려한 것이었다.

이때 강릉도 존무사 이인임李仁任이 망설이는 유인우를 달래어 공격에 나서게 한다. 여기 이인임은 앞서 나왔던 이인복의 친동생이며 이조년의 손자로, 우왕 때 실력자로 등장한 인물이다. 조돈은 고려에 벼슬했으니 결코 그럴 위인이 아니고, 불러들여 격문만 전해도 배반 세력과 함께 항거하지는 않을 것이라고 유인우에게 주문한 것이다.

조돈은 조도적에게 고려를 배반한 반역자, 즉 조소생과 탁도경을 따르지 말 것을 종용했다. 자신들의 가문은 본래 한양에 대대로 살아왔는데 본국을 배반한 역도들을 따를 수 없다는 것이었다. 이에 주저하던 조도적은 조돈을 따르기로 결심하고 함께 쌍성을 탈출하여 바다를 통해 조돈의 거주지인 원산으로 가서 가솔들을 챙겼다. 그리고 조돈은 조도적과 함께 원산에서 동북면병마사 유인우의 안변 군영으로 달려가 쌍성을 공략할 계책을 제시한다. 그 계책은 군사적 공격은 뒤로 미루고 쌍성의 백성들을 먼저 회유하여 귀순하도록 하자는 것이었다. 배반 세력의 형세가 궁색한데 여기에 갑작스런 공격을 하면 백성들이 놀라 산간으로 숨어든다는 것이었다. 현지 사정에 밝은 조돈의 현명한 계책이었다.

쌍성의 백성들에 대한 회유에는 조돈의 아들들과 인근의 지방 관리들까지 적극적으로 나섰다. 백성들은 특히 조돈과 그 아들들을 환영하면서 앞으로는 고려 국왕을 섬기겠다고 모두 나섰다. 백성들이 공략에 나선 고려의 군대를 환영했으니 전투는 더 이상 해보나마나였다. 공격이 시작되자 조소생과 탁도경은 처자를 버리고 도망치기에 급급했다. 이들은 북쪽으로 달아나 여진 지역으로 들어간다.

그렇게 쌍성총관부는 공파되었고 그 관할 아래에 있던 8개의 주현과 5개 주진을 되찾은 것이다. 영토를 상실한 지 99년만에 다시 수복한 것으로 역사적인 사건이었다. 이게 1356년(공민왕 5) 7월 9일의 일이다. 앞서 고려 전통 관제를 원상 복구하고 새로운 인사발령을 낸 같은 날이다.

그 후 조소생과 탁도경은 북쪽의 여진 지역으로 들어가 고려 조정에는 끝내 귀부하지 않았다. 몇 차례 귀부할 기회가 있었지만 귀부해도 살아남기 힘들다고 판단했는지도 모른다. 여기에는 이전에 귀부한 조도적이 결국 죽임을 당했다는 사실이 크게 작용한 것 같다. 원 제국이 쇠퇴하는 세계사의 대세 속에서 고려를 배반한 한양 조씨, 조휘 가문의 후손들이 이렇게 갈라져 분화되는 것도 재미있는 현상이다.

쌍성총관부를 공략하여 영토를 수복하는 데 1등 공신은 조돈이었다. 그 공으로 조돈은 공민왕으로부터 개경에 집을 하사받고 예빈경(종3품)

에 올랐는데, 이후에도 고려 조정에 여러 차례 공을 세우고 착실하게 안착한다. 또한 쌍성 공략에 적극 협조한 이자춘에게도 개경에 집을 하사하고 사복경(종3품)을 내린다. 후에 조돈의 아들 조인옥趙仁沃은 이자춘의 아들 이성계를 따라 조선 왕조 개창에도 적극 참여했으니 쌍성총관부를 공략하던 아버지 세대의 인연이 작용했는지도 모르겠다.

공민왕은 쌍성총관부를 공략하여 고려 왕조에 공을 세운 이들 두 가문의 아들이 결국 고려 왕조를 배반하리라는 것을 이때는 상상할 수 없었으리라.

원의 미온적 대처, 고려의 변명

한편, 원에서는 1356년(공민왕 5) 6월 말 고려의 사신을 요양에 감금하고 80만 대군으로 고려를 토벌하겠다고 협박했다. 이 사신은 기철을 제거하기 전에 입원했던 사신으로 보인다. 당시 제국의 상황으로 볼 때 80만의 출병은 엄포에 불과한 것이었지만 고려에서는 겁먹지 않을 수 없었다.

공민왕은 이때 남경(서울)으로 천도까지 생각할 정도였다. 천문지리를 담당하는 서운관을 파견하여 남경의 지세를 살피게 하는데, 어떻게 알았는지 원의 군사적 공격과 천도에 대한 소문이 퍼지면서 많은 백성들이 가솔을 이끌고 남행하는 일이 벌어졌다. 이에 백성들의 성 밖 출입을 엄금하면서 기철 일당에 연루되어 주살된 자들의 가산을 적몰하여 빈민들에게 나누어 주기도 했다. 어려운 시기에 민심의 동요를 막기 위한 진무책이었다.

공민왕은 또한 원에서 고려에 들어오는 사신을 철저히 통제했다. 그해 7월 초에는 원의 위왕魏王 태자가 압록강에 이르러 입경하려는데 모든 수행원은 남겨 두고 종자 두 사람만 데리고 도강할 것을 허락하였다. 여기 위왕 태자는 공민왕에게 처남이 되는 인물인데, 아마 원 조정에서 고려에서 일어난 거사의 전말을 파악하기 위한 것이거나 공민왕을 회유하려는 뜻으로 선정된 인물로 보인다.

그리고 7월 중순 경에는 원에서 다시 중서성의 단사관 살적한撒迪罕을 파견하여 황제의 명령을 전달한다. 이 사신은 압록강도 넘지 못하고 강 건너에서 황제의 선지를 전달하였는데 그 선지의 내용은 재미있는 것이었다. 공민왕의 반원 정책에 비추어 뜻밖에 너무 온건한 내용이었기 때문이다.

그 선지에 의하면, 지금까지 고려의 복속과 혼인 관계를 통한 우호를 강조하면서 국경을 공격하고 사신의 입경을 막은 것은 의심할 여지 없이 큰 죄임을 말하고 있다. 그러면서도 혹시 양국을 이간질하려는 다른 나라의 도적이나 고려의 반란 세력이 한 짓이 아닌지 의심이 든다고 하면서, 혼란을 피하기 위해 대군의 출병을 자제한다고 하였다. 그래서 고려의 군사로 도적들을 제거하든지, 아니면 제국의 군대와 함께 공략한 후 자세히 보고하라는 것이었다.

이런 황제의 대응은 분명 미온적인 것이었다. 원 조정에서는 기철 일당이 제거된 사실을 아직 정확히 몰랐을 수 있다. 하지만 이전에 입경하려다 감금된 후 도망친 원의 사신이 분명 있었고, 게다가 압록강 서쪽의 역참 공격은 분명히 고려의 선제적 공세라는 것을 알았을 것이다.

이런 정보마저 정확하게 파악하지 못했다면 제국의 조정은 이미 정상이 아니었다.

그런데도 도적들의 소행이 아니냐고 언급하면서 고려가 빠져나갈 길을 열어 준 것은 무엇 때문이었을까? 이는 말할 것도 없이 당시 제국이 반란 세력에 휩싸여 고려를 군사적으로 응징할 여력이 없었기 때문이다. 그럴 힘도 없으면서 고려의 배반을 기정사실화해 버리면 제국의 체면만 손상되는 일이 아니겠는가. 게다가 배반한 고려가 중국의 반란 세력과 연대한다면 이는 최악의 상황으로 치닫는 일이었다.

그런데 더욱 재미있는 일은 이에 대한 고려의 반응이었다. 고려에서는 황제의 선지를 접수한 10여 일 후 바로 서북면병마사 인당을 참수해 버린다. 이건 또 뭐란 말인가. 공민왕은 인당에게 압록강 서쪽의 역참을 공략하라 해놓고 황제의 선지를 받자마자 그 인당을 제거해 버린 것이다. 원의 강력한 경고도 없었는데 알아서 굴복하겠다는 뜻일까?

공민왕은 왜 이렇게 순응하는 태도를 보였을까? 이는 언급할 필요도 없이 배반이나 정면 도전이 아니라는 점을 확인시키기 위한 조치로 보인다. 공민왕으로서는 제국의 군사적 응징이 당장 힘들다고 판단했을지라도 고려의 배반을 정면으로 드러내기에는 아직 이르다고 생각했을 수 있다. 마음속 배반은 이미 시작되었지만.

공민왕은 인당을 참수하고 바로 표문을 작성하여 그해 7월 말 압록강 너머에 대기하고 있던 원의 사신에게 전달했다. 사태의 진상을 보고하는 것이었는데 표문의 핵심 내용은 두 가지였다. 하나는 기철 일당을 제거하지 않을 수 없었던 사정을 언급한 것이고, 또 하나는 압록강 서쪽 지역을 공격한 것에 대한 변명이었다.

기철 일당은 원 조정의 위엄을 빌려 국왕을 협박하고 남의 토지와 노비를 빼앗았으며, 자신의 세력이나 심복들을 마음대로 요직에 앉혔다는 것이다. 뿐만 아니라 병장기와 무뢰배를 모아 군사 훈련을 하면서 변란을 도모하는데, 이에 사태가 급박하여 보고할 틈을 얻지 못하고 처단했다는 것이다. 그리고 압록강 서쪽의 역참 공격에 대해서는 변방의 백성들이 소란을 일으키거나 간사한 자들이 국경을 왕래하면서 고려의 실정을 잘못 전달할까 염려하여 국경 출입을 통제한 것뿐이라고 하였다. 그러면서 고려 군의 무력 행위나 협박은 본의가 아니었으니 그 죄인을 찾아 이미 처단했음을 말하고 있다. 말미에는 어진 마음으로 노여움을 거두고 넓은 아량을 보이면 계속 동쪽의 울타리가 되겠다는 외교적 수사까지 보태고 있다.

이 표문을 접수한 원 조정에서 다시 어떻게 나올지 두고 볼 일이지만, 당사자인 인당까지 참수했으니 일단 믿지 않을 수 없었을 것이다. 원 조정에서는 이 보고를 믿지 못한다고 해도 달리 뾰족한 수는 없었겠지만, 다만 기황후가 기철 일당을 제거한 것에 대해서 어떻게 나올지는 좀 더 지켜볼 일이었다.

공민왕이 제국과 전쟁까지 각오하고 기철 일당을 제거한 것은 아니었다. 고려의 처지에서는 일단 시간을 벌어 둘 필요가 있었다. 공민왕의 반원 개혁 정치는 기철 일당의 제거로 끝난 것이 아니라 이제 시작이었기 때문이다. 게다가 원에서는 고려가 변명할 기회까지 제공했으니 이를 마다할 이유가 없었던 것이다. 그래서 애먼 서북면병마사 인당만 죽임을 당했다. 공민왕은 인당을 참수하면서 조금도 애석해하지 않았다. 어쩌면 처음부터 인당을 그렇게 이용하려는 것이 아니었을까 하는 생각마저 든다. 공민왕의 용인술에서 보이는 또 하나의 특징은 사람을 쉽게 버린다는 점이다. 대의나 자신의 목적을 위해서는 어떤 사람의 희생도 마다하지 않았다. 마치 냉혈한처럼.

옹색한 제국

공민왕은 인당을 참수하고 황제에게 변명하는 내용의 표문을 올린 후, 1356년(공민왕 5) 8, 9월 사이에 국경에 대한 방어 체제를 다시 단단히 정비했다. 먼저 황순黃順을 강릉도순무사로 삼아 동계 지역의 방어를 맡기고 수복한 쌍성총관부를 지키게 했다. 그리고 부원배의 거물 채하중과 개혁의 걸림돌인 인승단을 유배 보냈다.

　무엇보다 중요한 것은 북계(서북면) 지방에 대한 방어였다. 이에 남도에 사신을 보내 화척이나 재인 같은 천민들을 차출하여 서북면의 군사로 충당하였다. 여기서 상비군이 미처 정비되지 못한 고려 정규군의 실상을 알 수 있지만 급박한 상황도 짐작할 만하다. 이어서 염제신을 서북면도원수, 김원명金元命을 부원수로 삼아 부월을 내려 주고 북계로 보냈다. 염제신은 앞에서 거론한 인물이고, 김원명은 선대에 명덕태후 홍 씨 가문과 혼인 관계가 있어 공민왕의 먼 외가 인척이면서 기철 일당을 제거하는 데 공로도 있었던 인물이다. 서북면에 대한 방어는 원의 군사적 공격이 시작되면 직접 맞아 싸워야 했으니 대단히 중요했다.

　이 무렵 대궐 뜰에서는 군대 사열도 자주 이루어졌다. 충분한 군사는 아니었지만 어느 정도 모습을 갖춘 중앙군을 과시하려는 것으로 보인다. 서북면으로 군대를 파견할 때는 숭문관에 재상들을 모아놓고 병장기를 사열하기도 했다. 언제 갖추었는지 총통銃筒으로 화살을 발사하는 시연도 베풀었다.

그리고 1356년(공민왕 5) 그해 10월, 기다리던 원의 사신이 황제의 조서를 들고 개경에 들어온다. 앞서 압록강에서 도강도 못하고 황제의 선지만 전달했던 바로 그 사신이었는데 이번에는 개경까지 들어오는 것을 허용한 것이다. 기철 일당을 제거한 후 처음으로 개경에 들어온 사신이기도 했다.

공민왕은 이 사신이 입경하자 군대를 소집하여 성대하게 위세를 펼치고 궁문 밖으로 출영했다. 사신을 환영한다는 명분의 군대 사열이었지만 고려 군대의 위용을 사신에게 과시하려는 더 깊은 뜻이 있었을 것이다. 원에서 오판하여 군사적 공격을 쉽게 할 수 없도록 말이다.

이보다 중요한 관심사는 이 사신이 들고 온 조서의 내용이 무엇이냐는 것이었다. 기철 일당을 제거하고 압록강 북쪽의 역참을 공격한 것에 대한 고려의 변명을 원 조정에서 어떻게 판단하느냐에 따라 앞으로 고려의 대책이 세워져야 하기 때문이다. 초미의 관심사가 아닐 수 없었다.

그런데 조서의 내용은 고려의 잘못을 추궁하면서도 앞으로는 그런 불법적인 행동을 조심하라는 관용적인 것이었다. 이는 고려에서 기철 일당을 제거하고 압록강 서쪽의 역참을 공격한 것에 대해 원 조정에서 응징할 수 없는 옹색한 사정을 여지없이 드러낸 것이었다. 원에서 고려에 대해 군사적 보복을 당장 결행할 수 없다면 그게 현실적인 대응이었을 것이다.

앞 장에서 언급한대로, 제국에서는 그해 7월에 장사성이 항주를 함락시켰으며, 주원장은 건강(금릉)에서 여러 장수의 추대를 받아 오국공에 오르고 강남행중서성을 설치하여 이 지역의 실질적인 통치자로 등장한다. 제국 내의 반란 세력은 조금도 수그러들지 않고 그렇게 확산되고 있었다. 원 조정에서 고려의 사정을 알기 위해 연거푸 사신을 보내올 무렵이다.

이런 사정 때문이었는지 당시 원 조정에서는 강력하게 응징하는 것은 고사하고 외교문서 하나에서도 고려의 비위를 건드리지 않을까 조심스러워 하는 지경이었다. 관용을 베푼다는 황제의 조서는 그런 허약성을 드러낸 것이다. 고려가 중국의 반란 세력과 연결되는 것을 미연에 방지하고 더 이상의 배반으로 치 닫는 것을 막기 위해서는 어쩔 수 없었던 것이다.

공민왕은 조서의 내용에 만족하고 안심이 되었던지 노국공주와 함께 원의 사신 일행에게 성대한 연회까지 베풀어 주었다. 제국에 배반할 마음은 조금도 없다는 듯이. 하지만 공민왕은 제국이 곤경에 빠져들고 있다는 것을 이미 간파하고 있었다.

화폐 개혁 논의

한편, 고려에서는 화폐 개혁에 대해서도 생각하고 있었다. 1356년(공민왕 5) 9월에 도당(2품 이상 관리의 재상회의)이 중심이 되어 중앙의 모든 관청에 화폐 개혁을 논의하게 한 것이다. 공민왕의 의지가 얼마나 실린 것인지는 모르겠지만 대단히 깊고 광범위하게 논의되었다. 그만큼 이 화폐 개혁 문제도 중요한 과제였다는 얘기다.

본래 고려에서는 성종 때 화폐로서는 처음으로 철전鐵錢이 주조된 적이 있었지만 크게 유통되지는 않았다. 이어 숙종 때 은병銀瓶이 주조되었는데, 은 1근으로 본국의 지형을 본떠 병 모양으로 만든 것으로 일명 활구闊口라고도 했다. 이게 조금 유통되었는데 백성들이 구리를 섞어 몰래 주조하는 일이 생기면서 해동통보海東通寶를 주조하여 대체하기도 했다. 숙종 당시 조정에서는 동전인 해동통보 외에도 해동중보 등의 철전도 주조하여 문무 관리로부터 군인들에게 나누어 주고 점포까지 열어 적극 사용을 권장했지만 역시 크게 유통되지 못하였다.

고려 중엽에 들어서면서 은병의 유통이 다시 활발하였는데 특히 무인 집권기에 많이 사용되었다. 하지만 은병은 화폐 가치가 너무 높아 일상의 상거래에서는 불편하다는 단점이 있었다. 은병은 아마 중국과의 무역 거래나 뇌물과 같은 부정축재용으로 많이 사용되지 않았나 생각된다. 무인 집권기 때의 활발한 은병 유통은 그런 사회적 현상과 관련 있었다고 볼 수 있다.

고려 후기에 은병의 불편함을 보완하기 위해서 나온 화폐가 쇄은碎銀이었다. 쇄은은 작은 은전인데, 정확히 말하자면 은전이라기보다는 자잘한 은 덩어리 같은 것이었다. 역시 은과 동을 섞어 주조하는 문제가 발생하면서 정부는 합주를 금지하는 조치를 자주 내렸다. 쇄은은 그래도 고려 말까지 포布와 함께 가장 보편적으로 사용된 화폐였다.

그 후 충렬왕 때에 와서 유통 화폐가 크게 바뀌었다. 바로 원의 지배를 받으면서 제국의 화폐가 들어온 것인데, 그게 지원보초至元寶鈔와 중통보초中統寶鈔였다. 이 보초는 세조 쿠빌라이 때 만들어진 일종의 지폐로 유라시아에 걸쳐 유통된 화폐이기도 하다. 충렬왕 때의 보초 유통은 1287년(충렬왕 13) 세조 황제의 조서에 의해 정식 반포된 것으로 지원보초가 중통보초보다 액면가의 5배로 법제화되었다.

1356년(공민왕 5) 9월의 화폐 개혁 논의는 이런 화폐 유통의 역사 속에서 생각할 부분이 많다. 이때 논의 과정에서 지금까지 유통되었던 모든 화폐에 대해 전면 재검토에 들어간 것이다. 그러면서 새로운 화폐를 생각한 것이었다. 우선 은병과 포에 대한 폐단이 거론되었는데, 은병에는 구리가 많이 섞여 동이나 마찬가지였고 포는 날로 거칠어져 화폐로서의 기능을 할 수도 없다고 하였다. 특히 은병의 높은 액면가가 문제였다. 은 1근으로 주조한 은병은 포 1백여 필에 해당되어 한 필의 옷감도 없는 백성들로서는 상거래를 할 수 없다는 것이었다.

그래서 그 대안으로 나온 것이 새로운 동전 주조였다. 하지만 동전을 새로 만들어 화폐로 대체한다고 해도 오랫동안 사용치 않은 탓에 혼란만 일으킨다고 보았다. 고려 중기 숙종 때의 해동통보와 같은 것을 다시 생각한 것이었지만 부정적인 의견이 많아 채택되지 못하였다. 또 다른 대안으로 제시된 것이 당시 유통되던 쇄은을 계속 사용하자는 것이었다. 하지만 이 쇄은도 민간에서 마음대로 주조하여 표지가 없이 유통되는 경우가 많아 조정의 화폐발행권에 문제가 생긴다고 보았다. 표지가 없다는 것은 정확한 액면가나 발행 주체가 분명치 않다는 뜻일 것이다. 당연히 이런 화폐는 정부의 통제가 어려웠을 것이다.

여러 논의가 나왔지만, 결국 쇄은을 보완하여 유통하는 것이 가장 좋은 방편이라는 결론을 내린다. 즉, 은 1냥의 가치를 포 8필로 정하여 국가에서 은전을 주조하게 하고, 은전의 무게를 한 냥인지 두 냥인지 표면에 표시하여 그 경중에 따라 옷감이나 곡식의 가치와 등가시키자는 것이었다. 이렇게 하면 은병보다 주조하기가 쉽고 동전에 비하면 소지하기도 간편하다는 것이었다.

다만 은전의 주조를 위한 은의 원활한 공급이 문제였다. 이를 위해 은소銀所에 거주하는 주민들에게 요역을 면제해 주고 은을 채취하여 국가에 공물로 납품하도록 하자는 것이었다. 은소는 은을 전문적으로 생산 채취하는 지역인데, 고려시대 향鄕 소所 부곡部曲 중의 '소'라는 특별 행정구역이 그것이다. 그렇게 공납받은 은으로 은전을 주조하여 포와 함께 병용하도록 하자는 것이었다. 그리고 민간에서 소유하고 있는 은 제품은 모두 거두어 이를 은전으로 만들어 되돌려주면 은의 공급에는 문제가 없다고 하였다.

또한 옷감도 국가에서 납품받아 표인標印을 한 후 유통을 허가하자고 하였다. 그 표인을 주관하는 관청은, 중앙에서는 경시서京市署에서 담당하고 어사대에서 이를 감독하며, 지방에서는 지방관이 담당하고 안렴사가 이를 감독한다는 것이었다. 그리고 이를 어긴 자는 법으로 다스리고 다음 해(1357)부터 바로 시행하자고 하였다.

이렇게 결정된 화폐 개혁이 그 후 어떻게 시행되었는지는 역사 기록에 자세히 나타나 있지 않다. 하지만 은전이나 포의 질을 균등히 하고 이를 국가에서 통제 관리하는 방편으로써 합리적인 화폐 개혁이었다고 판단된다. 기철 일당을 제거하고 반원 정책을 시행하는 그 위급한 상황에서 공민왕이 이런 화폐 개혁까지 단행했다는 사실은 놀라울 정도이다.

그런데 정작 중요한 문제는 공민왕이 왜 이때 화폐 개혁을 생각했을까 하는 점이다. 논의 과정에서 제국의 화폐인 보초에 대해서는 어떻게

할 것인지 일언반구도 없었다. 이는 고려의 화폐 개혁에서 제국의 보초는 더 이상 유통 문제를 고려할 필요도 없었다는 뜻이 아니었을까. 비유해서 말하자면, 현재 유럽연합에 속한 어떤 국가가 여기서 탈퇴하면서 유로화를 버리고 자국의 전통 화폐로 회귀한 것과 같은 경우로 볼 수 있다. 공민왕의 화폐 개혁은 기본 화폐를 원 제국의 보초에서 은전으로 전환하는 대변화가 아닐 수 없고, 제국의 경제 체제에서 벗어나겠다는 의지로 볼 수 있는 것이다. 그래서 공민왕의 화폐 개혁을 반원 정치의 일환으로 판단해도 무리가 없다고 본다. 또한 공민왕의 반원 정치가 일회성이 아닌 개혁 정치의 일환이었음을 알 수 있는 대목이다.

정동행성과 만호부 혁파

앞서, 고려에서는 황제의 조서를 가지고 온 원의 사신에게 연회를 베푼 후 바로 그에 대한 답 표문을 이인복에게 주어 원으로 보냈다. 1356년(공민왕 5) 그해 10월, 원의 사신이 들어온 지 나흘 만의 일로 조금도 지체하지 않은 신속한 대응이었다. 공민왕이 자신의 의도에 맞게 일이 순조롭게 진행되면서 발 빠르게 대응했는지 모르겠다.

고려에서 황제에게 보내는 그 답 표문은 두 가지였다. 하나는 황제의 관용에 감사하다는 것이고 다른 하나는 고려의 요구 사항이었다. 전자는 의례적인 것으로 상투적인 내용이었지만 후자는 매우 중요한 의미를 갖는 것이었다. 두 개의 표문을 별도로 작성한 것은 후자, 즉 이 기회에 고려의 요구 사항을 관철하려는 의도로 풀이된다.

표문에 언급된 고려의 요구 사항은 다섯 가지인데, 번잡하지만 하나하나 살펴보고자 한다. 이를 통해 공민왕이 의도한 반원 정책이 외교적으로 성공하고 있다는 측면도 엿볼 수 있지만, 그 반원 정책의 방향이 뭔가를 짚어 볼 수도 있어 매우 중요하기 때문이다.

첫 번째로 요구한 것은 정동행성 산하의 여러 관서를 폐지하라는 것이었다. 정동행성은 원 조정에서 고려를 통제하는 연락 기구였는데, 그 산하에 도진무사都鎭撫使 이문소理問所 유학제거사儒學提擧司 의학제거사醫學提擧司 등의 관서가 있었다. 고려 국왕은 정동행성의 장관(승상)을 겸직했고 그 산하 관서의 속관들은 고려 국왕의 천거를 받아 원의 황제가 임명하는 것이었다. 그러니까 정확히 표현하자면 정동행성의 속관들은 고려인이 임명받더라도 고려의 관리라기보다는 원 조정에 소속된 관리에 가까웠다.

표문에 의하면 그 속관들은 원 조정이나 황제의 위세를 등에 업고 고려 내정에 간섭하는 경우가 많았다고 비판하고 있다. 특히 형벌과 소송 문제를 다루는 이문소의 행패가 더욱 심했다고 언급하면서 정동행성 산하 부서를 모두 폐지해 달라고 요구한 것이다. 이문소는 앞에서 언급했듯이 정동행성의 핵심 부서로서 기철 일당을 제거한 당일 이미 폐지한 것이었다. 그때 이문소를 폐지했다는 것은 이미 정동행성의 기능을 정지시킨 것이나 다름없는 조치였다.

그럼에도 이번 요청에서 이문소를 비롯한 정동행성 산하 관서의 폐지를 다시 요청한 것은 정동행성 자체의 혁파를 기정사실화하려는 의도로 보인다. 앞서 거론했지만 공민왕은 이미 교서를 내려 정동행성 산하의 관서에 소속된 군사까지 고려 상비군으로 충당하겠다는 조치를 내린 바 있다. 즉, 정동행성의 폐지는 이미 일을 저질러놓고 밀어붙이려는 것이었다.

둘째, 만호부萬戶府의 혁파를 요청한 것이다. 만호부는 알기 쉽게 말해서 고려에 주둔했던 원의 군사령부 같은 존재로 그 사령관을 만호라고 불렀는데, 역시 고려 국왕의 천거를 받아 원의 황제가 임명하는 것이었다. 그래서 이들 만호의 행패 또한 심각한 문제를 야기하고 있었다.

처음 일본원정 무렵에 설치된 만호부는 중군만호부 우군만호부 좌군만호부의 3개뿐이었지만 일본원정이 실패로 돌아가고 5개의 만호부가 시차를 두고 증치되었다. 일본원정 후 증치된 대표적인 만호부가 마산에 세워진 합포(진변)만호부였다. 공민왕의 요구는 본래의 3개 만호부만 왜구의 방어를 위해 남기고 나머지 증치된 만호부를 모두 혁파하라는 요구였다. 공민왕이 그 이유로 내세운 것은, 이들이 실제 거느리는 군사도 없으면서 금패를 차고 황제의 위세를 등에 업고 주현민을 억압한다는 것이었다. 실제 그랬다.

그런데 공민왕은 원 황제가 만호에게 내렸던 패면을 이미 회수한 바 있었고, 만호부에 소속된 군사를 고려의 상비군으로 충당하라는 교서도 내린 바 있었다. 기철 일당을 제거한 바로 며칠 후의 일이었다. 만호부 소속의 군사를 소환한다거나 만호의 금패를 회수했다는 것은 그때 만호부도 폐지된 것이나 다름없는 조치였는데 새삼 다시 요청한 것이다. 이 문제 역시 공민왕이 사후 승인을 받아내기 위한 것으로 볼 수 있다.

셋째로 요청한 것은 사신에 관한 문제였다. 원 조정에서 파견하는 많은 사신의 문제점을 거론하면서, 특히 고려인 출신 사신들이 많은 문제를 일으킨다고 비판하였다. 이들 고려인 출신 사신들은 본래의 사행 목적보다는 향리나 친인척들에게 자신의 출세를 과시하며 고려의 재상들까지 능욕한다고 하였다. 대표적인 것이 불교 행사의 일환으로 파견된 어향사의 횡포였는데, 앞서 황제의 어향사를 감금한 정지상 사건은 그 과정에서 일어난 것이었다. 황제의 복을 비는 어향사에 의한 강향降香은 고려의 명산대천에서 이루어지는데, 특히 금강산 장안사에서는 해마다 두 번씩 행향하고 있었다. 이 장안사는 바로 기황후의 원찰이었으니 어향사 문제는 바로 기황후와 관련된 문제인 것이다. 표문에서는 기황후를 직접 언급하지는 않았지만 공민왕은 기황후를 견제하고픈 의도로 금강산의 강향을 거론한 것이었다.

기철 일당을 제거하기 직전인 1355년(공민왕 4) 9월에는 원의 자정원사로 있는 강금강길사가 금강산에 강향하러 온 적이 있었다. 이 자는 그 직책으로 보아 기황후의 측근 인물임에 분명한데, 고려에 들어오면 먼저 기황후의 모후를 향연하고 금강산으로 향했다. 그러니 공민왕으로서는 금강산 강향이 대단히 신경 쓰이는 문제가 아닐 수 없었던 것이다.

넷째, 쌍성총관부에 대해 언급한 것이다. 쌍성의 관할 지역은 본래 고려의 영역이니 환수되어야 마땅하고 관청을 세워 고려에서 관할하겠다는 것이었다. 이 문제도 앞서 살폈듯이 군대를 동원하여 이미 쌍성총관부를 공략하여 수복해놓고 사후에 요청한 것이다. 표문에는 쌍성총관부에 대한 군사적 공략을 이미 실행했다는 것도 숨기지 않고 있다. 그 이유를 기철 일당이 이곳의 세력들과 연결되어 유민을 소집하여 반역을 시도했고, 기철 사후에는 그 잔당이 이곳으로 숨어들어 부득이 출병한 것이었다고 했다. 또한 총관 조소생과 천호 탁도경은 아직 여진 지역에 도피 중이어서 어떤 일이 생길지 두렵다고 하면서, 군대를 동원한 공략이 아직 진행 중이라는 것도 넌지시 비치고 있다.

고려에서 군대를 동원하여 쌍성총관부를 공략한 것에 대해서는 원 조정에서 아직 정확히 모르고 있었을 것이다. 이 문제는 압록강 서쪽의 역참을 공격한 것만큼이나 중대한 문제였다. 군대를 동원한 것은 제국에 대한 정면 도전이었기 때문이다. 그래서 앞의 여러 가지 요구와 다르게, 원 조정에서 인지하기 전에 이미 실행에 옮겼음을 보고한 것이다. 공민왕의 노련한 대응이었다.

표문에서 마지막으로 요청한 것은 탑사첩목아塔思帖木兒(타스테무르)라는 자를 고려로 돌려보내라는 것이었다. 이 자는 모계가 불분명한 충선왕의 비첩 소생이었는데, 덕흥군德興君으로 책봉된 사실 외에는 인적 사항에 대해서도 별로 알려진 바가 없는 인물이다. 한 가지 분명한 것은 타스테무르가 공민왕에게는 매우 껄끄러운 존재였다는 사실이다. 이 자는 충정왕이 폐위되어 강화도로 쫓겨 나고 공민왕으로 왕위가 교체될 무렵 고려에 있다가 원으로 도망쳐 들어간다. 이런 사실은 충정왕이 폐위될 무렵 그가 한때 공민왕의 대안이 아니었을까 하는 의구심을 갖게 한다. 그렇다면 그는 공민왕에게 매우 신경 쓰이는 존재였을 것이다.

제국에 대한 배반을 꿈꾸고 반원 정책을 추진하고 있는 공민왕을 원 조정에서는 곱게 볼 수가 없었다. 발등의 불이 급한 제국으로서는 이런 공민왕에 대해 당장 어떻게 해 볼 수가 없었지만 여차하면 공민왕을 대체할 생각을 도모할 수가 있었다. 나중의 일이지만 실제 그런 일이 벌어진다. 공민왕이 덕흥군 타스테무르의 소환을 요청한 것은 이런 공작을 미연에 차단하려는 것으로 보인다.

원 조정이 이상의 다섯 가지 요구 사항을 어떻게 받아들일지는 모르겠지만, 공민왕으로서는 원 조정이 처한 어려운 상황을 이용하여 반원 정책을 착실하게 추진하고 있었던 것이다.

변함없는 사대 외교

그런데 고려의 요구 사항에 대해 웬일인지 원 조정에서는 몇 년이 지나도록 가타부타 답변이 없었다. 아마 인정할 수도 없었고, 그렇다고 이미 실행에 옮겨진 일들을 되돌릴 강제력도 마땅치 않아 침묵으로 대응한 것이 아닌가 싶다. 어쩌면 제국 내의 반란으로 그조차 신경 쓸 수 없어 그냥 방치한 결과였는지도 모른다.

하지만 고려에서는 정기적인 사행을 중단할 수 없었다. 공민왕은 제국의 연호를 이미 정지하고 사대 복속 관계를 더 이상 지속하지 않겠다는 의지를 가지고 있었지만 아직 정면으로 배반을 드러내기에는 이르다고 본 것이다. 1356년(공민왕 5) 10월 말에는 황태자 생일을 축하하기 위한 사신을 파견하였고, 그해 연말에는 다가오는 새해를 축하하기 위한 하정사도 빠뜨리지 않고 파견했다. 다음해 3월에는 황제의 생일을 축하하기 위한 성절사도 어김없이 파견했다. 겉으로는 변함없는 사대 복속 관계를 계속 유지했던 것이다. 원 조정의 움직임을 알아내기 위해서도 사신 파견은 필요했으리라.

그런 속에서 공민왕은 1356년(공민왕 5) 11월에 새로운 인사 조치를 단행한다. 앞서 관제 복구와 더불어 내렸던 인사에서 불과 수개월도 안 된 시점으로 좀 뜬금없는 일이었다. 특별한 사유도 없이 수상인 문하시중 홍언박을 면직시키고 윤환 허백 유탁 3인을 유배 보낸 것이다. 이들은 앞에서 한 번쯤 거론했던 인물인데 이런 인사 조치는 어떻게 이해해야 할지 망설여진다. 공민왕이 그렇게 믿었던 홍언박을 왜 면직시키고, 3명의 고위 관료들은 왜 유배 보냈을까?

이들의 행적에서 특별한 사유를 찾기 힘들지만 한 가지 공통점은 있었다. 그것은 이들이 같은 해 7월에 있었던 인사에서 모두 관직 서열 1위부터 4위까지 차지한 최고위 관료였다는 점이다. 이를 인사 조치의 사유로 설명하기에는 막연하지만 공민왕의 인사 스타일과 관련 있다고 보기 때문이다.

공민왕의 용인술에서 보이는 또 하나 중요한 특징은 특정인을 같은 직책에 오래 두지 않는다는 점이다. 특히 수상 같은 최고위 직함이나 군사지휘권에서 그랬다. 아마 자주 교체함으로써 충성심을 이끌어내고 왕권에 대한 위협 세력으로 성장하는 것을 막기 위한 예방으로 풀이된다. 홍언박 등 이들은 임명된 지 불과 몇 개월도 못 되어 낙마했지만, 나중에 모두 다시 기용된다는 점에서 그렇게 생각한다.

그런데 이들이 공민왕의 반원 정책에 이의를 제기한 때문에 인사 조치 당한 것이 아닌가 하는 생각도 든다. 수상인 홍언박을 면직시킨 것은 권력화를 막기 위한 것이었다고 이해하더라도, 나머지 3명에 대한 유배 조치는 뭔가 분명한 잘못이 있지 않고서는 수긍하기 어렵기 때문이다. 기철 일당을 제거한 후 공민왕의 반원 정책이 너무 급박하게 진행되고 있다는 점에서 그런 생각이 든다.

그런가 하면 이들에 대한 인사 조치가 혹시 원 조정에 보이기 위한 제스추어가 아니었을까 하는 생각도 스친다. 기철 일당을 제거하고 이어서 급격한 반원 정책에 대해 원 조정의 의구심이나 불만을 무마하기 위해서 말이다. 수상인 홍언박을 면직시키면서 문하시중에 온건한 이제현을 다시 앉힌 것은 그 문제와 관련 있는 것으로 보인다.

그리고 서북면도원수로 나가 있던 염제신을 수문하시중에 앉혀 겸직하게 했다. 하지만 염제신은 사퇴하기를 거듭 요청하여 결국 서북면도원수에서 물러나는데, 왜 사퇴를 요청했는지 이게 좀 궁금하다. 원 조정에서 여러 해 동안 벼슬했던 그에게는 반원 정책으로 제국과 대치하고 있는 지금 상황이 부담스러웠는지도 모르겠다.

동북면병마사는 앞서 유인우에서 배천경裵天慶으로 교체했다. 배천경은 충선왕의 최측근으로 활동했던 무장 배정지裵廷芝의 아들로, 재상급에 임명받은 지 수개월 만에 동북면의 군사령관으로 나가는 것이다. 이것도 군사지휘권을 특정인에게 오래 맡기지 않으려는 공민왕의 인사 스타일과 관련 있다고 보인다. 염제신이 맡았던 서북면도원수는 1357년(공민왕 6) 2월 김경직에게 맡겨 보냈다. 김경직은 앞서 여러 차례 거론한 인물인데 이때 관직 없이 지내다 발탁된 것이다. 공민왕의 신임이 컸던 그에게 가장 중요한 군사령관 직책을 맡긴 것이다.

이어서 공민왕은 정방을 완전 혁파했다. 정방은 공민왕이 즉위한 직후 폐지한 적이 있었지만 이에 대한 반대가 심하여 완전 폐지에는 이르지 못했던 것 같다. 그러던 것을 원에서 관직 생활을 하다가 귀국한 이색李穡의 개혁안을 받아들이는 형식으로 폐지한 것이었다. 이색은 자신의 개혁안 '시정팔사時政八事'에서 정방 폐지를 첫 번째로 들었다.

이색의 건의는 1356년(공민왕 5)의 일로, 공민왕이 기철 일당을 제거한 후 조정의 모든 관청에 직언을 요청하여 이루어진 것이다. 정방이라는 백년도 더 오래 묵은 제도를 없애려면 간단한 왕명 하나로 해결될 일이 아니었던 모양이다. 앞서의 실패를 거울 삼아 치밀하게 정방 혁파라는 개혁을 성공시킨 것이다. 하지만 이것으로도 정방의 인사 관행이 완전히 사라진 것은 아니었다.

정방은 혁파되었지만 인사 업무가 이부와 병부로 완전히 돌아간 것은 다음 해인 1357년(공민왕 6) 12월이었다. 이로써 문관 인사는 이부가 담당하고 무관 인사는 병부가 담당하는 고려 전통의 법제로 원상 복구된 것이다. 정방의 혁파는 공민왕의 개혁 정치에서 그 역사적 의미가 컸다. 이후에도 정방의 잔재는 희미하게 보이지만 크게 영향력을 발휘한 것 같지는 않다.

천도의 꿈

공민왕은 또한 남경(서울)으로 천도를 생각하기도 했다. 이게 일회적인 생각이 아니고 상당히 구체적으로 진행되고 있었다. 앞서 원의 군사적 협박이 있었을 때 남경의 지세를 살펴보게 한 것이 그 시작이었던 것이다. 그 이후에도 남경의 궁궐을 수습하게 하는 등 공민왕은 이 문제를 포기하지 않았다.

1357년(공민왕 6) 1월의 일이다. 공민왕은 봉은사에 행차하여 태조 왕건의 진전眞殿을 배알하고 한양에 천도하는 문제를 점쳤다. 봉은사의 태조 진전을 알현하고 점을 쳤다는 것은 공민왕이 이를 고려 왕조의 명운이 달린 문제로 상당히 고심했다는 얘기다.

그런데 공민왕이 점통을 더듬어 얻은 점괘는 '靜'(정) 자였다. 움직이지 말라는, 즉 천도는 어렵다는 뜻이었다. 이에 뭔가 서운했는지 공민왕은 며칠 후 수상인 이제현에게 다시 점을 부탁했다. 이제현이 얻은 점괘는 '動'(동)이었다. 공민왕이 얻은 점괘와 반대로 나온 것이다. 이에 공민왕은 자신의 뜻에 부응했다고 대단히 만족하면서 이제현을 천도에 앞장세웠다.

아마 공민왕은 수상인 이제현을 천도의 총책임자로 삼으려는 생각을 갖고 있었던 것 같다. 기철 일당을 제거한 후 그를 다시 수상에 앉힌 것도 처음부터 그런 의도가 있었다고 보인다. 그런 이제현이 천도에 긍정적인 점괘를 얻었으니 공민왕은 다시 힘을 얻은 것이다.

이제현의 점괘가 나온 다음 날 바로 남경에 궁궐을 조영할 계획을 세우고, 이어서 양광도의 백성들을 요역에 동원하기 위해 그해의 조세를 면제해 주기로 한다. 그해 2월에는 이제현에게 명령하여 한양의 풍수지리를 보게 하고 궁궐 조영에 들어갔다.

그런데 천도가 구체적으로 거론되면서 이에 반대하는 여론이 일어났다. 천도를 반대한 대표적인 인물이 윤택이었다. 윤택은 공민왕에게 묘청妙淸의 난을 거울로 삼으라는 충고를 하면서, 지금은 도처에 걱정거리가 많아 군사를 훈련하고 양성할 때인데 큰 공사를 일으켜 백성들을 힘들게 한다면 나라의 근본이 손상된다는 것이었다. 도처의 걱정거리라는 것은 기철 일당의 제거로 인해 혹시 닥칠지 모를 여러 위험을 말한 것 같다.

윤택이 천도를 반대하면서 묘청을 언급한 것은 지금 천도 논의의 배후에 승려 보우가 있다고 판단했기 때문이다. 보우는 현재 공민왕과 정치적으로 밀착된 인물로 충분히 그럴 만했다. 실제 보우는 한양에 천도하면 36국이 조공을 받쳐올 것이라고 하면서 공민왕을 현혹한 적이 있었다. 윤택은 공민왕의 측근에서 천도를 부추기는 그런 보우를 견제하고 있었던 것이다.

윤택은 앞에서 여러 차례 언급했는데, 고전에 능통하고 학문을 좋아하여 과거에 급제했지만 벼슬을 탐하지 않는 청렴강직한 인물이었다. 또한 공민왕의 소년 시절부터 공민왕을 다음 국왕으로 밀면서 신뢰받는 인물이었으니 공민왕으로서는 더욱 그의 반대를 무겁게 느꼈을 것이다. 윤택이 천도를 거세게 반대하자 이 문제는 착수 과정에서 포기한 것으로 보인다.

그해 4월 천도의 총책임을 맡았던 이제현도 물러나기를 요청하여 결국 수상에서 사퇴하고 만다. 이제현도 물론 천도를 달갑지 않게 여겼기 때문에 수상에서 물러났을 것이다. 그 후로 천도는 더 이상 언급되지 않았다. 아마 공민왕은 이제현을 통해 천도의 꿈을 실현해 보려고 했지만 반대 여론에 부딪혀 그 꿈을 접은 듯하다.

그런데 공민왕은 왜 이 무렵 한양 천도를 생각했을까? 처음 천도를 생각한 것이 원의 군사적 협박을 받은 직후라는 점을 감안하면 원의 군사적 공격을 피하기 위한 방편이었다고 볼 수 있다. 하지만 개경과 한양이 먼 거리도 아니고 한양 천도가 원의 공격을 피하는 좋은 계책도 아니라는 점에서 이는 조금 미심쩍다. 원의 군사적 공격을 피하기 위한 천도라면 무인 집권기 때의 강화도보다 좋은 곳은 없었을 것이다.

또한 승려 보우의 부추김을 받아 천도를 생각했다는 것도 사실이긴 하지만 핵심적인 이유가 아니다. 공민왕이 어떤 의도를 가지고 천도를 꿈꾸었느냐가 중요하다. 천도는 보통 새 왕조의 시작이나 전쟁과 같은 위급한 상황에서나 생각하는 문제다. 공민왕이 천도를 생각한 것은 이 두 가지 중에서 어느 것도 아니었다. 그렇다면 공민왕은 무엇 때문에 한양 천도를 생각했을까?

공민왕은 고려 왕조를 새롭게 출범시키고 싶었는지도 모른다. 창업한 지 5백 년이 다 되어 가는 오랜 왕조였지만 공민왕 자신으로부터 새로운 왕조를 시작하고 싶었을 것이다. 게다가 기철 일당의 제거는 왕권을 확립할 수 있는 좋은 기회였고 또한 원과의 복속 관계도 새롭게 재고할 수 있는 계기였다. 그런 속에서 한양 천도는 왕조의 새로운 출범을 위한 공민왕의 꿈이었다는 생각이다.

또한 수도 개경은 원 제국의 통제와 간섭을 받던 지난 1세기 동안, 온갖 부와 권력을 누리고 득세했던 부원배 세력의 아성이기도 했다. 누대에 걸친 이들의 터전을 벗어나려는 것도 공민왕이 한양 천도를 생각했던 이유가 아니었을까. 그래야 고려 왕조를 새롭게 출범시키고 왕조의 새로운 시작이 가능하다고 생각했을 것이다. 여기에 정확히 부응한 인물이 속세의 기득권에 초연했던 승려 보우였다. 보우는 공민왕의 측근에서 그런 의중을 재빨리 간파했던 것이다.

윤택이 천도를 반대했던 것은 그 배후에 있는 승려 보우나 불교를 싫어한 때문이었다. 유학자로서 이는 당연한 태도였다. 만약 천도가 추진되었다면 보우의 정치적 영향력이 커지면서 불교의 현실 정치 개입은 피할 수 없었을 것이다. 윤택은 이를 용납할 수 없었다. 이 대목에서 공민왕 때 유교과 불교, 유학자와 승려의 사이의 갈등도 엿볼 수 있다.

그런데 이제현이 천도에 소극적이었던 것은 그런 이유만은 아니었을 것으로 본다. 이제현은 천도뿐만 아니라 기철 일당의 제거도 그리 반기지 않았다. 이제현이 천도에 대한 점괘를 얻기 전에 공민왕은 기철 일당의 재산을 몰수하여 고위 관리들에게 분배한 적이 있었는데, 이제현은 공로가 없다고 하면서 이를 사양하고 거절한다. 이제현의 이런 태도는 무엇을 의미하겠는가?

이제현은 주살당한 기철과 사돈 관계였다. 이미 살폈듯이 고려를 대표하는 유학자 가문과 부원배의 핵심 가문이 혼인으로 얽혀 있었던 것이다. 이는 이제현과 같은 유학자나 기철과 같은 부원배가 결코 동떨어진 사회적 존재가 아니었다는 뜻이다. 동시대에 같은 땅 위에서 발을 딛고 살았던 위정자들인 것이다.

이제현 등 유학자들에게도 개경은 누대에 걸쳐 기득권을 누리던 세거지로서 떠나기 어려웠다. 즉, 쉽게 말해서 부원배 세력뿐만 아니라 전통 유학자들에게도 왕도 개경은 자신들의 기득권이 보장되는 아성이었던 것이다. 이 점에서는 부원배나, 유학자들이나, 전통 관료 집단이나 조금도 다를 바가 없었다. 윤택이나 이제현의 천도 반대 주장에는 누대 동안 개경을 기반으로 누렸던 정치·사회적 기득권이 작용하고 있었던 것이다.

1357년(공민왕 6)의 천도 논의는 그렇게 일단 물 건너갔지만 이후에도 간헐적으로 천도 논의가 일어난다. 이를 보면 공민왕은 수백 년 왕도였던 개경을 불편하게 여기고 그 자리를 뜨고 싶었던 게 분명했던 것 같다.

채하중, 역모 사건으로 제거당하다

기철 일당 외에도 부원배로서 언급하지 않을 수 없는 인물이 있는데 바로 채하중이다. 앞에서 여러 차례 언급했듯이 그는 부원배의 핵심으로서 기철이나 노책 권겸과는 또 다른 부류의 부원배였다. 그는 기철 일당보다 부원배의 대선배로서 공민왕에게는 역시 부담스런 인물이 아닐 수 없었다.

채하중은 1356년(공민왕 5) 8월에 순천으로 유배를 당했다. 공민왕이 기철 일당을 제거하고 국경에 대한 방어 체제를 구축할 무렵이었다. 채하중은 충목왕과 공민왕 때 두 차례나 수상까지 역임했으니 그의 정치적 비중은 가볍지 않았다. 그가 수상을 두 차례나 역임한 것은 원과의 사대 복속 관계가 정상적으로 유지될 때의 일로 부원배인 그의 위상을 무시할 수 없었기 때문이다.

하지만 공민왕이 기철 일당을 제거하고 제국과의 복속 관계를 재조정하는 이 무렵에는 채하중의 존재를 예전처럼 우대할 필요가 없었다. 그는 기철 일당처럼 공민왕에게 큰 위협은 아니었지만 지난시대 열성적인 부원배의 상징적인 인물로 그냥 놔둘 수 없는 존재였다. 게다가 그는 기철 친족과는 다르게 원 조정에 막강한 후원자가 있는 것도 아니어서 크게 조심스러워 할 대상도 아니었다. 공민왕이 채하중을 간단히 유배 보낼 수 있었던 것은 그의 이런 위상 약화도 감안한 것이었다.

그런데 채하중은 유배지에서 큰 일을 도모하려다 결국 제거되고 만다. 이미 힘 빠진 부원배였지만 역시 묵은 기반이 있었던 것 같다. 1357년(공민왕 6) 6월의 일이었는데, 경위는 이러했다. 달선達禪이라는 승려가 있었다. 이 자가 채하중의 유배지 순천에서 달려와 전찬全贊이란 자에게, 채하중이 함께 대사를 도모하고자 한다는 뜻을 전한 것이다. 전찬은 충혜왕 때 만호를 역임한 자였는데 이것으로 보아 그는 부원배라고 대강 짐작할 수 있다. 그런데 달선이라는 승려가 전찬에게 전달한 그 말은 바로 공민왕의 귀에 들어간다. 이에 관련자들을 잡아들이는데, 전찬은 달아나고 달선이 잡혀 들어오면서 채하중도 유배지에서 압송되어 국문을 당했다. 이때 채하중의 사위를 비롯한 친인척 다수와 채하중과 가까운 자들 10여 명이 함께 얽혀 끌려들어 왔다.

이때 국문을 담당한 자가 이인복이었다. 공민왕이 특별히 맡긴 일이었다. 수십 일 동안 가혹한 국문이 이루지면서 이 일을 처음 발설한 달선이 자살해 버린다. 그리고 채하중도 옥중에서 목을 매어 자결하는데, 자결한 그 시신을 저자에 끌어내 다시 참수해 버린다. 그 후 달아난 전찬 역시 잡혀 들어와 참수당했다.

그 나머지 연루된 자들은 같은 해 8월에 곤장을 맞고 유배당하거나 지방의 봉졸로 충당되었다. 이들은 채하중과 인척 관계에 있거나 아니면 기황후 혹은 기철 일당과도 어떻게든 관련 있는 자들이었다. 아마 공민왕은 기철 일당을 제거한 후 미심쩍게 남아있던 자들을 채하중과 얽어 제거한 것으로 보인다. 그래서 채하중 역모 사건은 공민왕이 미처 손보지 못했던 자들을 축출하기 위한 공작이 아니었을까 하는 생각이다. 그 실체가 분명치 않은 사건이라는 뜻이다.

사건이 마무리되고 국문을 담당했던 이인복은 채하중이 죄도 없이 옥사했다면서 한탄했다고 한다. 이런 말을 통해서도 이 사건의 실체가 무엇이었는가는 짐작할 수 있을 것이다. 공민왕은 마음속에 조금이라도 거추장스런 인물이 있으면 절대 그냥 놔두지를 않았는데, 이 점도 그의 중요한 통치 스타일이었다. 그의 머릿속에 관용은 결코 없었다.

채하중과 그 주변 인물을 제거한 공민왕은 쌍성총관부 관할 지역에 대한 영토 수복의 의지를 원 조정에 다시 천명한다. 앞서 언급했듯이 쌍성총관부는 기철 일당을 제거한 직후 공략하여 실질적으로 수복한 상태였다. 이때 수복한 지역은 이판령伊板嶺 이남 지역이었다. 이판령 은 지금의 마천령으로 함경남북도의 경계를 이루는 고개인데, 그 북쪽 은 여진족이 지배하는 지역이었다.

그런데 쌍성의 지배자였던 총관 조소생과 천호 탁도경이 도주하여 이 여진 지역에서 잔존 세력을 유지하고 있었던 것이다. 공민왕에게 신 경 쓰이는 문제가 바로 이것이었다. 게다가 이들은 고려에서 피역하거 나 죄를 짓고 이곳으로 도망쳐 들어온 유민들을 포섭하여 세력을 키워 가고 있었다.

이에 공민왕은 1357년(공민왕 6) 8월, 이 문제를 해결하기 위해 정동 행성에 글을 올린다. 여기 정동행성은 앞서 그 산하 기구를 폐지하고 기능을 정지시킨 바 있었지만 아직 완전 혁파에는 이르지 못했던 것 같 다. 정동행성에 요청한 내용은 여진과의 경계 지역인 이판령 입구에 관 방關防을 설치하도록 해 달라는 것이었다. 여기 관방은 국경 출입을 통 제 관리할 관청을 말하는데, 고려 유민의 유입을 막고 여진족과 연결된 조소생 탁도경 등 과거 쌍성총관부 지배 세력의 확대를 방지하려는 것 이었다.

공민왕의 관방 설치 요구는 이판령 이남을 고려의 경계로 확실하게 해 두려는 뜻도 있었지만, 구체적으로 금 채굴과 공납 문제가 관련되어 있었다. 옛날부터 쌍성총관부에서는 금을 채굴하여 원에 공납으로 바쳤는데 이 문제를 요양행성에서 관할했던 모양이다. 관방 설치 요구는 조소생과 탁도경이 이 금 채굴을 이유로 옛날처럼 요양행성과 연결되는 것을 막으려는 것이다. 이는 곧 고려가 수복한 쌍성총관부 관할 지역에 대해 다시 요양행성에서 간섭하는 것을 저지하려는 것이었다.

반란 세력과 교류

공민왕의 반원 정책에서 또 하나 중요한 사실은 중국 강남에서 세력을 떨치고 있던 군웅들과 외교 관계를 트고 있었다는 점이다. 이런 현상은 원 조정이 아직은 건재하고 있는 가운데 반란 세력과 교류한다는 점에서 주목할 만한 일이었고, 게다가 이들 군웅들은 모두 한인 출신이어서 더욱 특별했다.

강남의 군웅들 중에서 맨 먼저 고려와 교류의 물꼬를 튼 인물은 장사성이었다. 장사성은 1357년(공민왕 6) 7월 강절행성 승상의 자격으로 사신을 보내와 고려에 토산물을 바치는데 이게 처음이었다. 이 전년 7월에 장사성은 강남 최대의 도시 항주를 함락시킨 바 있었다. 아마 그런 세력 확대의 여세를 몰아 고려와 교류를 튼 것으로 보인다.

장사성은 다음 해 1358년(공민왕 7) 7월에 다시 사신을 파견하여 진귀한 선물과 함께 서신까지 보내왔다. 서신 내용은 이런 것이었다.

'요즈음 중국에 일이 많아 백성들이 도탄에 허덕이는데 차마 볼 수가 없소. 회수淮水 동쪽에서 일어나 다행히 옛날 오나라의 땅을 온전히 보존할 수 있었지만 회수 서쪽 도적들이 흉악하여 백성들을 못살게 구니 소탕하고 싶지만 어찌 해야 할지 모르겠소. 내가 들으니 국왕은 덕이 있어 백성들이 생업을 즐긴다고 하니 안심이 되오.'

겸손한 듯 보이지만 백성들을 걱정하는 모습에서 마치 중국의 황제가 된 것 같은 모습을 드러내고 있다. 장강 이남의 옛 오나라의 땅을 다 차지했으니 자신감이 넘쳤으리라. 하지만 회수 서쪽의 도적들이 걱정이라는 속마음도 드러내고 있다. 여기 회수 서쪽의 도적이 바로 주원장의 세력이나 홍건적의 무리가 아닐까 추측된다.

장사성이 항주를 점령할 무렵에 주원장은 그 서쪽 지역에서 일어나 금릉(남경)을 장악하고 오국공에 올랐었다. 이로써 보면 장사성에게 근접하여 세력을 확대시키고 있는 주원장은 가장 큰 위협 세력이었을 것이다. 장사성이 고려에 사신을 보낸 것도 이런 주원장의 세력 확대에 대응해 외교를 통한 새로운 활로를 개척하려는 의도였다고 보인다.

장사성은 1367년(공민왕 16) 9월 주원장에게 멸망할 때까지 10여 차례 고려에 사신을 파견하여 중국의 군웅들 중에서 가장 빈번하게 고려와 교류하였다. 이런 빈번한 교류에서 공민왕이 장사성에게 보낸 답례 사신은 두세 차례에 불과했다. 이를 보면 양자의 교류에서 장사성이 더 적극적이었다는 것을 알 수 있다. 또한 고려에서 사신으로 파견된 자도 3, 4품 이하 중하급 관리여서 공민왕은 크게 무게를 두지 않았다는 것도 짐작할 수 있다.

장사성 다음으로 고려에 사신을 많이 보낸 자는 방국진이었다. 방국진도 1367년(공민왕 16) 12월에 주원장에게 항복하는데, 그때까지 다섯 차례 정도 고려에 사신을 파견했다. 하지만 방국진에 대한 고려 측의 답례 사신이 한 차례도 없었던 것을 감안하면 장사성과 마찬가지로 역시 방국진 쪽에서 더 적극적인 교류였다고 보인다.

이밖에도 자잘한 군웅들의 사신 파견이 두세 차례 정도 더 있었는데, 한 가지만 예를 들면 정문빈丁文彬이란 자가 있다. 정문빈은 《원사》에는 기록이 없는 인물인데 《고려사》에 세 차례나 사신을 파견한 것으로 특별히 언급되어 있다. 이 정문빈이 고려에 맨 처음 사신을 파견한 것은 1358년(공민왕 7) 7월의 일로, 앞서 장사성의 사신 파견과 함께였다. 이때 정문빈은 '강절해도방어만호'라는 직함을 지니고 있었다. 이런 직함으로 보면 정문빈은 강절행성 승상인 장사성 휘하의 세력으로 보이는데, 중요한 점은 그런 그가 공민왕에게 장사성과는 별개로 사신과 함께 서신을 보내 온 것이다.

정문빈이 보내온 서신은 장사성이 보내 온 서신 내용과 달리 고려와 무역을 트자는 것이 핵심 내용이었다. 이것으로 보면 정문빈은 해상 무역을 통해 세력을 키우고 장사성 휘하로 들어간 인물로 보인다. 하지만 장사성 세력과는 별개로 정치적 목적보다는 무역을 통한 상업적 이익을 노리면서 반 독립적인 상태를 유지한 인물이 아닌가 싶다.

그런데 여러 군웅 중에서 왜 장사성이나 방국진만이 유독 고려에 사신을 적극적으로 파견했을까 궁금해진다. 그 이유는 두 가지로 본다. 하나는 이들이 근거한 지역이 장강 하류의 중국 동해안 지역이어서 지정학적으로 고려와의 교류에 유리했다는 점이다. 장사성 휘하의 정문빈이 대표적인 예가 될 수 있다. 장강 하류에서 동지나해를 건너 한반도의 흑산도에 닿아 서해안을 따라 북상하여 개경에 이르는 해로는 남송시대부터 대단히 활발했던 남방항로였다. 장사성이나 방국진은 자신들의 근거지에서 이 항로를 손쉽게 장악하고 이용했던 것으로 보인다.

또 하나는 주원장의 세력이 커지면서 장사성이나 방국진이 그의 위협을 받아 고려에 손길을 내밀지 않았나 하는 점이다. 즉, 이들의 고려에 대한 빈번한 사신 파견은 중국에서 군웅이 할거하는 속에서 외교적 선점이나 일종의 위기 타개책으로 볼 수 있다는 점이다. 양쪽의 교류에서 고려 공민왕은 소극적으로 대응했는데 이들이 더욱 적극적이었다는 점에서 그런 생각이 든다.

명을 건국한 주원장은 대륙의 군웅들 중에서 후발 주자였다. 그런 주원장이 결국 제국의 수도인 북경을 점령하고 대륙의 새로운 주인공으로 등장하는데, 그러기까지 주원장은 딱 한 번 고려에 사신을 파견하였다. 주원장이 장사성이나 방국진에 비해 고려와 교류가 거의 없었던 것도 위와 같은 이유와 관련이 있다고 보인다. 하나는 장사성 방국진 세력이 장강 하류를 장악하고 있어 지정학적으로 고려와 교류하는 데 불리했고, 또 하나는 점차 세력이 커지면서 고려에 적극적으로 손길을 내밀 필요가 없었다는 점이다.

그런데 정작 짚고 가야 할 문제는 다른 데 있다. 장사성 방국진 등 제국의 반란 세력이 고려에 접근했다는 사실은 공민왕의 반원 정책을 어느 정도 알아채고 그러했으리라는 점이다. 만약 공민왕이 원 조정과 변함없고 끈끈한 사대 복속 관계를 그대로 유지하고 있었다면 반란 세력은 그리 쉽게 접근하지는 못했을 것이다. 장사성이나 방국진은 반원 정책을 펼치고 있던 공민왕 정권을 우호적으로 판단했다는 뜻이다.

마찬가지로, 공민왕 정권도 중국의 반란 세력과 교류하는 데 소극적이기는 했지만 거절하지 않았다는 점을 주목할 필요가 있다. 가령 그들이 보내 온 사신을 처단한다든가 억류하지 않았다는 사실을 주목할 필요가 있다. 반원 정책을 펼치던 공민왕의 처지에서는 중국의 반란 세력이 내미는 손길을 뿌리칠 이유가 없었던 것이다.

제 4장

왜구와 홍건적,
위기의 공민왕

왜구의 침략은 공민왕 이전부터 시작되어 조선이 개창될 때까지 계속된다.
게다가 공민왕 대는 중국의 반란 세력인 홍건적이 두 차례나 고려에 쳐들어오는데,
두 번째 침략 때는 왕도 개경이 함락당하고
공민왕이 안동으로 피난을 떠나는 위기를 맞는다.
간신히 홍건적을 몰아내고 개경을 수복하기는 했지만
그 과정에서 김용과 같은 인물이 간계를 꾸며 충신들을 죽이고,
또한 그 김용은 공민왕을 시해하려는 흥왕사의 변란까지 일으켜 왕권은 크게 위축되었다.
여기에 기황후 측에서는 공민왕을 폐위시키고 새로운 국왕을 세우려는 공작을 벌이면서
양국의 긴장 관계가 깊어지고 공민왕은 최대의 위기를 맞는다.
홍건적의 침략이나 공민왕에 대한 폐위 공작은 반원 정치를 지속할 수 없게 만들었고
원과의 관계도 다시 사대 복속 관계로 회귀하는 계기로 작용한다.

1. 왜구의 침략

일본의 남북조시대와 고려 말 왜구

일본 역사에서 천황이 양립했던 남북조시대(1336~1392)는 정권이 양분되어 중앙 통치권이 지방에까지 미치지 못하는 혼란기였다. 이 시대의 무사들은 정권 싸움의 혼란에 편승하여 영지를 확대시키고자 획책하였다. 이런 사회 변동 속에서 농지를 잃은 농민이나 정권 쟁탈전에 동원되었다가 보상을 받지 못해 경제적으로 무력해진 하급 무사들이 통제에서 벗어나 해적으로 변신했다.

여기에 경작지가 적고 토지가 척박한 북규슈 연안 일대의 도서 지역에서는 영세 농어민뿐만 아니라 중소 영주나 호족층까지 해적으로 변신하였다. 게다가 규슈 지역은 중앙 정세의 변화에 영향을 많이 받는 지역으로 한반도와도 가까운 지역이었다. 왜구는 이런 북규슈 연안 일대를 배후로 삼아 고려 말부터 한반도를 향해 침략의 손길을 뻗쳤던 것이다.

한반도를 침략한 왜구의 추세를 알아보기 위해 무인 정권이 끝나가는 원종 대부터 고려가 쇠망할 때까지 왕대별로 왜구의 침략 회수를 표로 나타내면 다음과 같다.

국왕	재위 연도	재위 기간	침략 횟수	연평균 횟수
원종	1260~1274	15년	2회	0.13
충렬왕	1275~1308	34년	2회	0.06
충선왕	1309~1313	5년	0	0
충숙왕	1314~1339	26년	2회	0.08
충혜왕	1340~1344	5년	0	0
충목왕	1345~1348	4년	0	0
충정왕	1349~1351	3년	11회	3.7회
공민왕	1352~1374	23년	115회	5.0회
우왕	1375~1388	14년	378회	27회
창왕	1389	1년	5회	5회
공양왕	1390~1392	3년	8회	2.7회

〈표〉 고려 말 왜구의 침략 횟수

위 표에 의하면 고려 말 왜구의 본격적인 침략은 충정왕 대부터 시작되었다는 것을 알 수 있다. 그 이전에도 왜구의 침략이 있긴 했지만 굉장히 드물어 큰 흐름은 아니었다. 가령 1260년 원종 즉위 때부터 1348년 충정왕 즉위 직전까지 80여 년 동안 왜구의 침략은 총 6차례 정도뿐이었다. 이 정도의 횟수는 큰 의미를 부여할 수 없는 것이다. 하지만 충정왕 때에 와서는 재위 3년 동안 11차례나 있어 확실히 그 이전과 다른 양상을 보였다.

충정왕 대에 들어와 왜구의 침략이 빈번해진 것은 이 무렵 일본의 정세와 관련이 깊다. 남북조의 혼란기 가운데 특히 1350년(충정왕 2) 무렵부터 일본에서는 정권 쟁탈을 위한 내전이 격화된 시기였기 때문이다. 이때 그 내전이 규슈 지역에까지 영향을 미치고 확대되면서 한반도를 향하는 왜구의 침략이 본격적으로 시작되었던 것이다.

1350년 한반도를 침략하기 시작한 왜구는 가마쿠라 막부 시기부터 쓰시마를 독점적으로 지배하고 있던 쇼니少貳 씨의 움직임과 관계가 깊었다. 쇼니 씨는 규슈 본토에서의 전란을 앞두고 군량미 확보를 위해 한반도를 침략했고, 또 전투에 패한 뒤에는 일시적인 도피를 목적으로 한반도로 향했다. 이렇게 시작된 한반도를 향한 왜구의 침략은 공민왕 대에는 더욱 빈번해지고 다음 우왕 대에는 최고조에 이른다.

왜구의 근거지는 막부의 통제력이 약한 규슈의 도서나 연안 지방이었지만 구체적으로 확실한 지역이 어디인가에 대해서는 약간의 이견들이 있다. 대체로 쓰시마對馬島, 이키시마壹岐島, 마쓰우라松浦 등이 거론되고 여기에 히라도平戶島가 추가되기도 한다. 아마 왜구의 근거지는 특정한 어느 한두 곳이 아니라 한반도와 가까운 북규슈의 섬들과 연안 지역이었다고 보인다. 이들 지역은 막부의 통치와 지배에서 벗어나 대립하던 규슈의 토착 호족 세력들이 왜구로 변신할 가능성이 큰 곳이었다.

왜구가 한반도에 침입한 목적은 경제적인 이유가 가장 컸다. 당시 일본 상황이 남북조의 혼란기였기 때문에 정치적 피란도 있었지만 그런 목적보다는 경제적 이익을 얻고 생활필수품을 약탈하려는 것이었다. 한반도에 쳐들어온 왜구는 어느 한 지역을 장기간 점거하여 지배하거나 세력 거점을 구축하지는 않았던 것이다. 이는 정치 군사적 이유보다는 경제적 약탈이 왜구 침략의 가장 큰 목적이었다는 것을 말해 준다.

그래서 가장 중요한 약탈 대상은 미곡이었다. 미곡을 약탈하는 데 가장 손쉬운 방법이 세곡을 보관하고 있는 조창이나 세곡을 운반하는 조운선을 공격하는 것이었다. 그래서 왜구의 침략 시기는 조운선이 움직이는 계절과 맞아떨어지는 경우가 많았는데, 이는 일본의 식량 사정이 매우 열악했다는 것을 보여주기도 한다. 예를 들면 왜구의 근거지 중의 하나였던 쓰시마에서는 오곡이 생산되지 않아 자식을 낳으면 양육할 수가 없어 바다에 던지기도 한다는 조선 초의 기록을 통해서도 알 수 있다.

왜구가 주로 침략하는 지역은 한반도의 서남해안이었다. 이는 왜구가 조창이나 조운선의 약탈을 목적으로 삼다 보니 자연스럽게 나타난 현상이었다. 하지만 침략이 빈번해지면서 나중에는 해안 지역뿐만 아니라 충청 경상 전라도의 내륙까지 쳐들어왔고, 드물기는 하지만 때로는 함경도나 평안도까지 침략하는 경우도 있었다. 이를 감안하면 왜구의 침략은 갈수록 범위를 넓혀 한반도 전체를 대상으로 했다는 것을 알 수 있다.

왜구는 미곡 외에도 사람을 약탈 대상으로 삼는 경우도 가끔 있었다. 이는 백성들을 포로로 잡아 가서 값싼 노동력을 손쉽게 확보하려는 것으로 보인다. 포로로 붙잡은 백성들을 적당한 대가를 받고 교환하려는 목적도 있었지만 대부분은 노예로 삼아 노 젓는 일 등 잡역에 종사시키려는 것이었다. 이들 포로는 때로는 왜구의 병력을 보충하는 데 이용되기도 했다.

번국 체제, 대일본 방어 체제

그런데 고려 말 왜구의 침략은 몽골 제국의 쇠퇴기와 맞아떨어진다는 점을 주목할 필요가 있다. 마치 왜구가 몽골 제국의 쇠퇴 기미를 알아채고 침략을 개시한 것처럼 느껴질 정도다. 특히 왜구가 이 무렵 중국의 동해안까지 출몰했다는 사실에서 제국의 쇠퇴와 무관치 않다고 보는 것이다. 제국의 쇠퇴는 왜구의 침략과 어떤 관계가 있을까?

일본에 대한 몽골 제국의 정책은 처음에는 정벌을 하지 않고 외교적으로 복속시키는 것이었다. 이게 세조 쿠빌라이의 초기 대일본 정책으로 몽골 제국이 주도하는 세계 지배 질서 안으로 일본을 끌어들이려고 한 것이다. 일본이 이를 완강히 거절하자 군사적 정복을 결행한 것인데, 세조 쿠빌라이 재위 시절에 일본원정을 두 차례나 단행했었다.

일본원정을 전후한 이 시기에는 일본을 군사적으로 압도하여 왜구의 침략은 없었다. 당시 막부 정권에서도 방어에만 급급했지 적극적으로 한반도나 대륙을 향한 공격은 생각할 수 없었다. 두 차례의 일본원정이 비록 실패로 끝났지만 여전히 몽골 제국은 전성기로서 동아시아 질서를 주도하였던 것이다. 그렇지만 일본은 막강한 몽골 세계 제국의 침략을 물리친 동아시아의 유일한 미정복국으로 남게 되었다.

일본원정이 실패로 끝난 이후에도 원정 시도가 한두 번 있었지만 실행에 옮겨지지 못했다. 그러다 쿠빌라이 칸의 사후에 일본원정은 완전히 포기되고 말았다. 이후 대일본 전략은 군사적 정복이 아닌 방어 체제로 전환되었다. 이는 몽골 제국이 미정복 국가인 일본을 적대 국가로 규정했음을 뜻한다. 하지만 일본원정을 포기한 이후에도 대일본 방어 체제가 구축되어 왜구의 침략은 거의 없었다.

일본원정을 포기한 이후 대일본 방어 체제에서 중요한 기능을 했던 것이 고려에 설치된 정동행성이다. 정동행성은 처음에 일본원정을 위한 준비 기구로 설치된 것이었지만 일본원정이 실패한 후에는 고려에 대한 통제 기구 겸 대일본 방어 기구로 전환된 것이다. 정동행성이 대일본 방어 기구였다는 사실은, 입성책동 당시 고려를 모함하려는 자들이 요양행성과 정동행성을 병합하자는 주장에 대해 고려에서 대일본 방어 기능을 들어 반대했다는 점에서 알 수 있다.

정동행성과 함께 합포(마산)에 세워진 합포(진변)만호부는 대일본 방어 체제에서 가장 중요한 군사기지였다. 합포만호부는 고려에 주둔한 제국의 주둔군 사령부 같은 것이었는데, 합포만호부가 설치된 이후에도 몇 개의 만호부가 더 설치되었다. 이들 만호부는 고려의 군사력을 통제하는 역할도 했지만 기본적으로 대일본 방어를 위한 주둔군 사령부였다. 이는 제국의 변방인 고려를 제국의 울타리로 삼겠다는 것이었다. 이를 울타리 '번' 자를 써서 '번국藩國' 체제라고 한다. 한반도는 아시아 대륙을 차지한 몽골 제국과 미정복국인 일본 사이를 가르는 세계 제국의 울타리 같은 기능을 했던 것이다.

이러한 번국 체제에서 고려가 지정학적으로 중요하다는 것은 원 조정의 관료들이나 고려의 국왕을 비롯한 위정자들이나 모두 공통된 인식이었다. 그래서 고려 왕조의 존립을 위협하는 입성책동이 일어났을 때 고려에서는 울타리 국가로서의 중요성을 들어 반대했고, 원 조정에서는 이를 인정했던 것이다. 한마디로 번국 체제는 여원麗元 양국의 군사동맹 같은 것으로 대일본 방어 체제의 근간이었다고 말할 수 있다.

그런데 이러한 대일본 방어 체제는 몽골 제국이 반란에 휩싸이고 쇠퇴기에 접어들면서 점차 해이해진다. 방국진이 절강성에서 맨처음 세력을 규합하여 등장한 때는 1348년(충목왕 4) 무렵이고, 이들 반란 세력이 최초의 진압군을 격파한 때는 1351년(충정왕 3)이었다. 그러니까 왜구가 한반도를 본격적으로 침략하기 시작하던 때인 1350년 무렵은 제국에서 반란 세력이 본격적으로 일어난 시기와 정확히 일치한 것이다.

규슈 지역에서 왜구가 발생한 배경에는 남북조시대의 전란기라는 일본 국내 사정과 분명 관련이 깊다. 그러나 일본의 국내 사정으로 왜구가 발생하긴 했지만, 한반도를 향하는 왜구 침략이 갈수록 빈번해지고 극심해진 것은 이를 강력히 제압하거나 방어하지 못한 탓도 분명 있었다. 바로 대일본 방어 체제가 약화된 상황과 무관할 수 없는 것이다.

한반도를 향한 왜구의 침략이 대일본 방어 체제의 약화와 관련이 있다는 것은 몽골 제국의 힘으로 유지되던 동아시아의 국제 질서가 이제 더 이상 계속될 수 없다는 것을 의미했다. 즉 팍스 몽골리카의 동요, 혹은 해체라고 볼 수 있다.

무력해진 합포만호부

대일본 방어 체제가 무너지고 있었다는 것은 충정왕 때의 맨처음 왜구 침략에 대한 대응을 살펴보면 그대로 드러난다. 1350년(충정왕 2) 2월, 왜구는 경남 남해안 지역인 고성 거제 합포 등에 쳐들어와 노략질하였다. 이게 역사 기록에 자주 나타나는 '경인년 왜구'로서 고려 말 본격적인 왜구 침략의 시작이었다.

이때 합포 천호 최선(崔禪)이란 인물이 왜구를 맞아 싸웠는데 죽은 왜구가 3백여 명이나 되었다고 한다. 전투하다가 죽은 왜구가 3백 명이 넘었다는 것은 그 침략 규모가 작지 않았다는 것을 말해 준다. 아마 이때 왜구의 규모는 1천 명 내외가 아니었을까 짐작된다. 이 정도의 규모라면 전선이 수십 척 동원되어야 했을 것이다.

그런데 이때 왜구 침략에서 중요한 사실은 합포(마산)가 공격당했다는 점이다. 합포는 바로 대일본 방어사령부의 핵심인 합포만호부가 있는 곳이다. 왜구가 그런 중대한 곳을 쳐들어왔다는 것은 합포만호부가 유명무실했고 대일본 방어 체제가 작동하지 않았다는 뜻이다. 또한 왜구에 맞서 싸운 최선이라는 인물은 합포의 만호가 아닌 천호였다. 마땅히 대일본 방어사령부인 합포만호부의 최고 사령관은 만호인데, 만호는 보이지 않고 그 아래 지휘관인 천호가 나서 싸운 것이다. 이 역시 해이해진 대일본 방어 체제를 보여주는 것이었다.

그해 3월 고려에서는 심상치 않다고 판단했는지 이권을 경상 전라도 지휘사로 삼고, 유탁을 전라 양광 도순문사로 삼아 왜구에 대비한다. 이때 유탁은 합포 만호라는 직함을 이미 지니고 있었다. 그런데도 이권과 유탁을 이런 직위에 새로 임명한 것은 고려가 합포만호부를 이용하지 않고 독자적으로 왜구를 방어하겠다는 뜻이다. 이 또한 합포만호부가 별 의미가 없었다는 뜻으로도 통한다.

그런데 왜구는 그해 4월 다시 전선 백여 척을 거느리고 순천부(전남)를 침략하고 이어서 남원 구례 영광 장흥의 조운선을 노략질하였다. 전선이 백여 척이면 군사는 수천 명 이상이었을 것이니 엄청난 규모였다.

남원과 구례는 섬진강을 따라 올라와 침략한 것이었고, 영광과 장흥은 전라도의 중요한 조창이 있는 곳이었다. 세미를 중앙으로 운송하는 조운선은 보통 2월부터 시작하여 봄철 농사가 시작되기 전까지 움직이는데 왜구는 정확히 그 시기를 알고 노린 것이다.

같은 해 5월에는 66척의 왜선이 다시 순천부를 침략하였다. 이때의 규모도 결코 적은 것이 아니었는데 왜구가 계속 조운선을 노리고 있다는 것을 알 수 있다. 이 무렵 왜구가 집중적으로 남해안의 조창을 공격하고 조운선을 노렸다는 것은, 앞서 언급한대로 당시 쓰시마를 지배하고 있던 쇼니 씨가 군량미 확보를 위해 침략했다는 것을 뒷받침하는 것이다.

이뿐이 아니었다. 그해 6월에는 왜선 20척이 합포에 침입하여 병영을 불사르고 고성에서 장흥까지 노략질하였다. 그러니까 1350년 그해 왜구는 2월부터 거의 매달 경상도와 전라도의 남해안 지역을 마음껏 휘젓고 다니며 노략질한 것이었다. 앞서 왜구 방어를 위해 임명한 도지휘사 이권이나 도순문사 유탁은 별 다른 손을 쓰지 못했다.

6월의 침략에서 정작 중요한 점은 왜구가 합포만호부의 병영을 공격했다는 사실이다. 앞서 2월의 처음 침략에서도 왜구는 합포에 쳐들어왔지만 그 병영까지 공격하지는 못했던 것 같다. 하지만 이때는 합포만호부의 병영, 즉 대일본 방어사령부를 불사르는 모험을 감행한 것이다. 이는 합포만호부가 대일본 방어사령부로서의 기능을 이미 상실했음을 보여주는 것이다. 아마 주둔하고 있는 군사도 없는 유명무실한 병영이 아니었나 싶다.

몽골 제국이 쿠빌라이 칸 시대의 전성기를 지나 내리막길을 걸으면서 이렇게 대일본 방어 체제는 점차 무너지고 있었다. 합포만호부를 비롯한 여러 개의 만호부는 군사도 없이 만호라는 직책만 남게 되었고, 정동행성은 고려의 내정이나 간섭하는 단순한 연락 기구로 전락한 것이다. 이는 반복해서 말하지만 대일본 방어를 위한 번국 체제가 이미 무너졌음을 뜻한다.

그런데 1351년(충목왕 3) 8월에는 왜선 130척이 자연도(경기 인천)와 인근 도서를 방화 약탈하였다. 개경 턱 밑까지 왜구가 쳐들어온 것이다. 고려 정부는 즉시 원호를 서북면으로 파견하고 인당과 이권을 서강(예성강, 임진강, 한강의 합류 지점)에 보내 방어하게 하였다. 그럼에도 왜구는 다음 날 남양만 연안 일대를 방화하고 노략질을 계속했다. 여기 원호나 인당 이권 등은 앞에서 거론한 인물로 그때 만호라는 직함을 띠고 있었다.

이때 왜구 방어 임무를 맡은 이권은, 자신은 장수도 아니고 봉록도 받지 않고 있으니 명령을 받지 못하겠다고 하면서 퇴각해 버린다. 이는 대일본 방어 체제가 바로 서 있다면 상상할 수 없는 일이다. 이권은 그 후 제국의 반란 세력 진압을 위해 파견되었다가 그곳에서 전사하는데, 이권의 그런 항명은 합포만호부의 기능 상실과 함께 대일본 방어 체제가 무력해졌다는 또 다른 증거였다.

공민왕의 반원 정책과 왜구

공민왕 대에 와서도 왜구의 침략은 계속된다. 우선 공민왕 대의 왜구

침략에 대해 그 추세를 알아보기 위해 연대별로 침략 횟수를 정리하면
다음과 같다.

연대	침략 횟수	연대	침략 횟수
공민왕 1년	8회	공민왕 13년	11회
공민왕 2년	0	공민왕 14년	5회
공민왕 3년	1회	공민왕 15년	3회
공민왕 4년	2회	공민왕 16년	1회
공민왕 5년	0	공민왕 17년	0
공민왕 6년	4회	공민왕 18년	2회
공민왕 7년	10회	공민왕 19년	2회
공민왕 8년	4회	공민왕 20년	4회
공민왕 9년	8회	공민왕 21년	19회
공민왕 10년	10회	공민왕 22년	6회
공민왕 11년	1회	공민왕 23년	12회
공민왕 12년	2회	합계	115 회

이 통계에서 특별한 의미나 특징을 찾기는 어렵지만 충정왕 대의 왜
구 침략이 공민왕 대에도 계속 이어지고 있으며 더욱 빈번해졌다는 것
을 알 수 있다. 이 역시 왜구를 발생시키는 일본의 정세가 근본적으로
바뀌지 않았기 때문에 나타난 당연한 결과이다. 하지만 여기 공민왕 대
의 왜구 침략에도 무력해진 대일본 방어 체제가 단단히 한몫했다는 생
각이 든다.

공민왕은 기철 일당을 제거한 후 반원 정책을 내세웠다. 그래서 공민
왕의 반원 정책이 대일본 방어 체제를 무력하게 만드는 데 일조를 하지
않았을까 하는 생각을 해 볼 수 있다. 이 때문에 왜구에 대한 방어나 대
비를 어렵게 만들고, 이게 왜구의 침략을 계속 불러들이지 않았을까 하

는 생각을 해 볼 수 있기 때문이다. 이 문제를 좀 짚어 보자.

공민왕은 기철 일당을 제거한 직후 만호 천호 백호의 패면을 몰수한 적이 있다. 만호 천호 백호는 십진법에 의한 원의 군사 조직으로 각 단위 부대의 지휘관을 부르는 명칭이기도 한데, 이들이 착용한 패면은 원의 황제가 부여하는 것이었다. 특히 최고 사령관인 만호에게 내리는 호두 금패는 원의 황제가 직접 내려주는 막강한 권력과 군사 지휘권을 상징하는 것이었다. 공민왕이 이를 몰수했다는 것은 원의 군사적 통제를 받지 않겠다는 뜻이었다.

또한 공민왕은 반원 정책을 펼치면서 정동행성과 만호부를 폐지하려고 했다. 이에 대해서도 앞서 살폈지만, 그때 공민왕은 정동행성 이문소를 폐지하고 이어서 원 조정에 요청하여 그 산하 기구까지 폐지하려고 했다. 또한 만호부도 왜구 방어를 위한 최소한의 3개 만호부만 남기고 폐지해 줄 것을 요청하였다. 정동행성이나 만호부는 고려를 통제하는 기능도 했기 때문이다. 공민왕의 이러한 반원 정책들은 당연히 양국의 군사적 동맹 관계를 약화시키는 쪽으로 작용했을 것이다. 그리고 이는 대일본 방어 체제나 번국 체제를 무력화시키는 쪽으로 영향을 미쳤을 것으로 보인다. 그렇다면 이것이 왜구의 침략을 더욱 자초하는 역할을 하지 않았을까?

그런데 위 통계에 의하면 공민왕이 반원 정책을 내세우기 시작한 공민왕 5년을 기준으로 보았을 때 왜구의 침략 횟수에서 그 이전과 이후가 별다른 차이가 없다. 공민왕 5년 이후에 약간 늘어난 듯 보이지만 의미 있는 차이는 아닌 것 같다. 그렇다면 공민왕의 반원 정책이 왜구의 침략을 증가시켰다고 보기는 어려울 것 같다는 생각이다. 다시 말해서 공민왕의 반원 정책이 제국과의 군사적 동맹 관계를 약화시키고 대일본 방어 체제를 무력화시켰다고 쳐도, 이게 왜구의 침략에 대한 대응에는 별 다른 영향을 미치지 않았던 것이다. 이는 결국, 공민왕의 반원 정책이 아니더라도 당시 원 조정에서는 쇠퇴하고 있던 제국의 사정 때문에 한반도를 침략하는 왜구에 대해 강력한 대응을 못했을 것이란 뜻이다.

하지만 이런 생각은 해 볼 수 있다. 공민왕의 반원 정책은 원 조정의 반감을 사면서 제국의 군사적 위협에도 대처해야 했는데, 이 때문에 많지도 않은 군사를 서북면이나 동북면 방면에 집중시켜야 했다는 사실이다. 이런 상황에서 공민왕은 서남해안에 집중된 왜구의 침략에 효과적으로 대응할 수 없는 군사 전략적인 한계를 노출했으리란 것은 분명해 보인다.

공민왕 대의 왜구 침략

그렇다면 공민왕 대의 왜구 침략의 실상이 어떠했는지 살펴보자. 1352년(공민왕 1) 3월에 왜구가 20척의 전선으로 강화도 인근에 쳐들어왔다. 이때 방어를 맡은 포왜사 김휘남金暉南은 싸우지도 않고 퇴각하면서 군대의 증파를 요청하였다. 군대의 증파를 요구했다는 것은 왜구의 침략에 대비한 군대가 제대로 갖추어지지 않았다는 뜻이다.

이때의 왜구는 열흘 가까이 강화도 인근에 머물며 노략질을 계속하는데, 김휘남은 군사가 적어 제대로 대적하지도 못했다. 얼마나 군사가 없었는지 왕도와 궁궐을 수비하는 군사를 강화도로 급파하여 돌려막고 화살과 군량을 관리들에게 갹출할 정도였다. 이로 인해 방비가 허술해진 개경에서는 놀란 백성들이 길을 가로막고 소란을 피우는 일이 벌어졌다.

이번 왜구 침략은 개경 부근까지 이른 최초의 일이었는데 이후부터 왜구는 강화도 인근에 자주 침략해 들어온다. 왜구는 그 후에도 강화도 인근에 대한 노략질을 계속하면서 왕도 개경까지 위협하고 있었다. 왜구에 대한 방어나 대비가 전혀 없었다는 뜻이다.

왜구는 그러면서 세곡을 운송하는 조운선을 집중적으로 노렸다. 1355년(공민왕 4) 3월에는 전라도를 침략하여 조운선 2백여 척을 약탈하기도 하였다. 이 정도면 세곡으로 환산해서 1만 석 이상을 약탈당한 것이니 경제적 타격도 적은 것이 아니었다. 이때는 공민왕이 반원 정책을 내세우기 전이었다.

1357년(공민왕 6) 4월에는 왜구가 교동(강화도)을 침략하니 개경에 계엄령이 내려졌다. 그해 9월에는 승천부(경기 개풍군) 흥천사興天寺에 쳐들어와 충선왕과 한국공주韓國公主의 진영을 약탈해 가기도 했다. 이때 왜구를 추포하라고 파견한 장수들은 겁을 내고 싸우지도 않아 하옥당하기도 한다. 이 지경이라면 왜구에 대해 거의 무방비 상태였다고 본다. 현재 규슈 가라쓰(당진) 시 가가미 신사에 전해져 내려오는 고려 〈수월관음도水月觀音圖〉는 이 무렵 함께 약탈해 간 것이라고 한다.

여기서 고려 〈수월관음도〉에 대해서 잠깐 언급하고 넘어가자. 국립중앙박물관에서는 2016년 10월 17일 윤동한 ㈜한국 콜마홀딩스 회장이 기증한 〈수월관음도〉를 언론에 공개하는 기념행사를 열었다. 윤 회장은 2016년 초 일본의 고미술업자로부터 25억여 원에 이 작품을 사들여 온 뒤 박물관에 기증했다고 한다. 윤 회장이 박물관에 기증했다는 이 〈수월관음도〉는 비단에 그려져 색감 구도 묘사력이 뛰어난 14세기 중엽의 고려 불화의 걸작이라고 한다(한겨레신문 2016년 10월 18일 자 보도). 그렇다면 흥천사에서 왜구에 의해 약탈당한 후 가가미 신사에 보관되었던 〈수월관음도〉가 국립박물관으로 돌아온 바로 그 작품이 아닌지 모르겠다.

1358년(공민왕 7)은 왜구의 침략이 특히 심했던 해다. 이 무렵 일본에서는 남북조 내란기의 최대 규모인 오호바루大保原 전투(1359)가 벌어지는데 이와 관련이 있었다. 오호바루 전투가 벌어지기 한 해 전인 이 해에는 중국에도 왜구가 출몰하는데, 전투를 앞두고 대량의 군량미를 확보하려는 것이었다.

1358년 3월에 왜구는 고성(경남)에 쳐들어와 전선 3백여 척을 불태우는 것을 시작으로, 4월에는 한주(충남 사천)의 조창을 공격하고, 5월에는 면주(충남 당진)에 이어 교동까지 침략하니 다시 개경에 계엄령이 내려진다. 계엄령을 내리면서 거리의 장정을 징발하여 군사로 충당하였고, 연해의 조창을 내지로 옮기는 비상조치를 취한다. 그해 7월에는 경상도와 전라도 연해 곳곳에서 왜구와 전투를 벌이면서 전과가 있기도 했지만 미미했다. 8월에는 왜구가 수원 인천까지 다시 북상한 것을 보면 이 해 왜구는 물러가지 않고 파상적인 침략을 해 온 것 같다.

이렇게 극심해진 왜구의 침략 속에서, 그해 1358년 4월 합포 진변사로 있던 유인우는 왜구를 막지 못했다고 하여 하옥당하기도 했다. 여기 유인우는 앞서 쌍성총관부를 공략하여 수복한 장수였는데 왜구의 침략이 격렬해지자 합포의 방어를 책임지고 내려와 있었던 것 같다. 그리고 대장군 최영을 양광 전라도 체복사로 삼아 왜적을 막지 못하는 자는 군법으로 다스리도록 했지만 큰 효과는 없었다. 이 해의 왜구 침략으로 세곡을 운송하는 조운선의 통행이 불가능해지자 문무 관리의 봉록을 감봉하는 사태가 벌어지기도 했다.

이러한 왜구의 침략은 1359년(공민왕 8)에도 계속된다. 왜구는 그해 2월 장흥 해남에 이어, 5월에는 예성강을 침략하고 옹진현에 상륙하여 민가를 불태우면서 왕도 개경을 계속 위협했다. 다급한 조정에서는 태묘에 제사를 올리고 왜구의 근절을 기원했지만 이것으로 해소될 일이 아니었다.

그런데 설상가상으로 1359년은 북쪽에서 홍건적도 움직이기 시작하고 있었다. 그해 11월 압록강을 넘은 홍건적은 12월 서경(평양)을 함락시킨다. 홍건적의 침략은 다음 장에서 본격적으로 살펴보겠지만 그 규모가 왜구와 비교할 수 없었다. 바야흐로 남과 북에서, 바다와 육지에서 동시에 외적의 침입을 받는 고려 왕조의 위기였다.

1360년(공민왕 9)에도 왜구는 4월에 사천(경남)을 시작으로 5월에는 옥구(전북)를 거쳐 북상하면서 평택 아산 홍주 등을 침략하였고, 이어서 강화도를 다시 공격하였다. 계엄령을 내렸지만 왜구는 강화도 인근 해역에 머물며 세곡 4만 석을 약탈하고 교동까지 침략했다. 이 해는 흉년까지 겹쳐 아사자가 줄을 이었다고 하니 경제 사회적 피해도 이만저만한 것이 아니었다.

이후 계속 격렬해지는 왜구 침략에 대해서는 더 이상 언급하지 않겠다. 고려 왕조가 쇠망한 배경의 하나로 왜구의 침략을 거론할 정도이니 고려가 망할 때까지 그치지 않고 계속된 것이다. 이런 왜구 침략 때문에 공민왕은 1360년 7월 백악白岳(임진현)으로 행차하여 임시 궁궐을 조영하면서 천도를 생각할 정도였다. 그해 11월 결국 공민왕이 백악의 임시 궁궐로 옮긴 것은 심각한 위기의식의 표출로 보인다. 애초부터 왜구에 대한 방비가 없었지만 북쪽의 홍건적 침입까지 겹치면서 그렇게 위기를 맞은 것이다.

그런데 공민왕 대의 왜구 침략 문제에서 한 가지 궁금한 점은, 왜구의 침략에 속수무책이면서도 원 조정에 전혀 이런 사실을 알리지 않았고 구원 요청도 없었다는 사실이다. 공민왕은 반원 정책을 내세우면서도 원과의 정기적이고 의례적인 사신 교환은 계속하고 있었는데도 그랬다. 왜 그랬을까?

그것은 공민왕의 반원 정책 때문이라고 생각한다. 공민왕으로서는 반원의 기치를 내건 마당에 지원의 손길을 내밀 수 없었을 것이다. 물론 원 조정에서도 제국 내의 반란으로 제 코가 석 자이니 군사적 지원을 할 처지가 못 되었다. 하지만 군사적 지원은 당장 어렵더라도 심각한 왜구 침략의 실상에 대해서는 통보를 하는 것이 지금까지의 양국 관계로 보아 정상이었다. 그렇게 하지 못한 것은 공민왕의 반원 정책이 걸림돌로 작용했다고 보는 것이다.

그렇다면 극심한 왜구의 침략이 계속되는 속에서 혹시 공민왕은 반원 정책의 진퇴를 고민하지 않았을까 하는 생각이 스친다. 다음 장에서 살펴볼 홍건적의 침입까지 겹치면서 반원 정책에 대한 공민왕의 고민은 더욱 깊어진다.

2. 홍건적의 침입

반란 세력의 판도

홍건적의 침입을 살피기 전에 당시 대륙에서 확산되고 있던 반란 세력의 판도를 좀 알아 볼 필요가 있다. 홍건적의 고려 침입은 그 와중에 일어난 일이기 때문이다. 앞 장에서 공민왕이 기철 일당을 제거하기 직전인 1355년(공민왕 4) 무렵까지 중국의 반란 세력을 대강 살펴보았는데, 그 이후 반란 세력의 추이를 살펴보겠다.

먼저, 황암과 태주를 중심으로 한 방국진의 반란 세력이 있었다. 이 지역은 현재 절강성의 해안에 접한 지역으로 해운로를 장악하는 데 유리한 위치였다. 그런 방국진이 1356년(공민왕 5) 3월 원 조정에 항복하면서 해도운량조운만호海道運糧漕運萬戶라는 직함을 얻는다. 그의 투항은 이게 처음이 아닌데 1358년(공민왕 7) 5월에는 여기에 강절행성 좌승까지 겸한다. 방국진은 투항과 저항을 반복하면서 그가 장악하고 있던 해안 지역의 지정학적 위치를 잘 활용하며 자신의 세력을 온존시킨 것으로 보인다.

다음, 태주와 고우를 거점으로 한 장사성 세력이 있었다. 이곳은 지금의 강소성으로 장강의 바로 북쪽인데 해안에서 조금 떨어진 곳이었다. 여기는 해로보다는 호수와 운하가 많아 내륙 수로를 장악하는 데 유리한 위치였다. 여기 고우의 장사성 세력을 1354년(공민왕 3) 우승상 톡토가 고려에서 파병된 군대와 함께 토벌하려다 실패했다는 얘기를 앞 장에서 했었다. 그 후 장사성은 1356년(공민왕 5) 2월 평강로(강소성)를 함락시켜 새로운 근거지로 삼고, 그해 7월에는 강남 최대의 도시 항주를 함락시켜 버린다. 이런 진로 방향은 수도를 향한 북상이 아니라 남하하는 것인데 이게 좀 이상하다. 1357년(공민왕 6) 8월에는 이 장사성도 투항하면서 원 조정으로부터 태위太尉라는 중앙 고위직을 받는다.

그런데 방국진과 함께 장사성이 앞서거니 뒤서거니 중앙 정부에 항복했다는 사실이 재미있다. 항복이라는 표현은 원 조정의 관점에서 나온 것이겠지만, 회유를 수용한 것이거나 아니면 일방적으로 원 조정에서 관직을 내린 것으로 보인다. 어쨌든 이들이 중앙 정부의 관직을 띠었다는 것은 반란 세력이면서도 원 조정과 어느 정도 관계를 맺고 있었다는 뜻이다.

원 조정의 처지에서는 방국진과 장사성의 반란 세력이 해로와 내륙의 수로를 장악하고 있어 다른 반란 세력보다 치명적이었다. 강남으로부터 수도권의 물자 조달이 다급해졌기 때문이다. 그래서 이들에 대한 회유에 보다 적극적이었다. 또한 이들 반란 세력은 경제력이 풍부한 지역을 지배하고 있어 중앙 정부에 대한 저항에 소극적이지 않았을까 싶

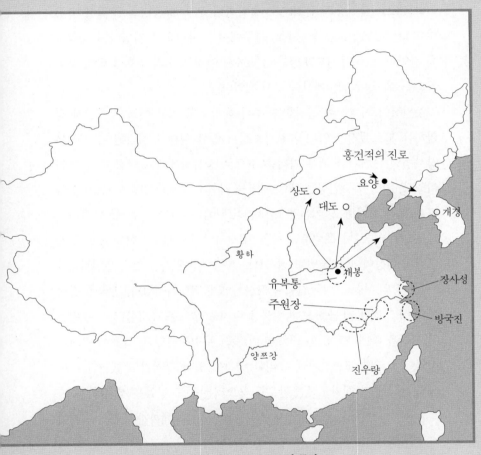

〈반란 세력의 판도〉: 1358~1360년 무렵.

다. 이런 현실에 안주하는 성향은 반란 세력으로서 세력을 확대시켜 이들이 결정적인 힘을 발휘하는 데 분명 한계가 있었을 것이다.

다음으로 곽자흥의 부장으로 출발하여 뒤늦게 등장한 주원장이 있다. 그는 1355년(공민왕 4) 6월 화주에서 독자적으로 거병하여 태평로를 장악하고, 이듬해 7월 금릉(남경)에서 여러 장수의 추대를 받아 오국공吳國公에 올랐다는 얘기를 앞서 했었다.

주원장이 거병하여 장악한 화주나 태평로가 지금 어느 지역인지 정확히는 모르겠지만 안휘성과 강소성이 접한 일대로 짐작된다. 이곳은 장사성의 근거지와 매우 가까운 곳으로 장사성에게는 달갑지 않은 일이었다. 이어서 주원장은 계속 세력을 키워 1357년(공민왕 6) 4월에 영국로寧國路를 차지하고, 이듬해 1358년 12월에는 무주로婺州路를 함락시킨다. 여기 영국로나 무주로도 지금 어느 지역인지 불확실한데 후발 주자였던 주원장이 강력한 반란 세력으로 부상하고 있다는 것은 분명하다.

주원장의 부상은 방국진이나 장사성에게 위협적이었다. 방국진 장사성 등이 고려에 사신을 보내 방물을 바치고 우호를 표시한 것은 주원장이 세력을 확대하고 있던 1358년 바로 그 무렵부터였다. 그들이 근거한 지역이 고려와 교통하기에 유리한 위치에 있어 그러기도 했지만 주원장의 부상에 따른 외교적인 활로를 찾으려는 뜻도 있었을 것이다.

주원장이 부상하고 있던 1358년(공민왕 7)은 중국에까지 왜구의 침략이 시작된 해이기도 하다. 반란 세력에 휩싸이고 있던 제국에서는 왜구의 침략이 시작되었고, 이미 왜구의 침략에 시달리고 있던 고려에서는 이제 중국의 반란 세력이 몰려오고 있었다. 바로 홍건적의 고려 침입이다.

유복통과 백련교, 혹은 홍건적

홍건적이 고려에 침입하기 직전에 제국의 중앙 정부에 가장 위협적으로 다가오고 있는 세력은 주원장이 아니라 유복통이 이끄는 반란 세력이었다. 처음 유복통은 한산동을 백련교의 교주로 세워 함께 거병했다가 한산동이 체포 처형되자 영주(안휘성 부양)로 도망쳐 이곳을 거점으로 다시 세력을 규합했다. 유복통이 다시 세력을 규합하여 키운 기반이 백련교였다.

백련교는 황하의 수재와 기근이 겹치는 정치 사회적 혼란 속에서 미륵불의 출현을 고대하며 중생을 구제하고 새로운 세상을 건설하겠다는 민간신앙으로 출현하였다. 그 한산동이 죽자 유복통이 백련교를 중심으로 다시 농민 세력을 규합한 것인데, 이들을 '홍건적'이라 불렀다. 《고려사》에는 '홍두군', '홍두적' 혹은 '홍적'이라고 기록하고 있다.

1355년(공민왕 4) 2월 유복통은 죽은 교주 한산동의 아들 한림아韓林兒를 다시 황제로 받들고 국호를 송宋, 연호를 용봉龍鳳이라 하고 호주(안휘성)를 수도로 삼는다. 유복통의 홍건적은 짧은 시간에 지금의 하남성과 안휘성이 접한 지역을 장악한 것이다. 한산동에서 한림아로 세습된 반란 조직은 말할 필요도 없이 백련교라는 신앙 결사가 중요한 역할을 했다.

그런데 그해 12월 유복통의 홍건적은 태강(하남성)에서 조정의 진압군에 격파당하고 한림아는 안풍(안휘성 수현)으로 도망쳤다. 태강은 황하 바로 아래인데, 이런 진로는 거점인 호주에서 북상하려다 저지당하고 다시 남하한 것으로 보인다. 유복통의 홍건적은 여러 반란 세력 중에서 수도권에서 가장 가까운 위치에 있었고, 이 무렵 다른 반란 세력과는 달리 북상하고 있었다는 것이 특별했다.

한동안 잠잠하던 유복통의 홍건적이 다시 움직이기 시작한 것은 1357년(공민왕 6) 무렵이다. 그해 2월 유복통의 부하 모귀毛貴란 인물이 교주膠州를 함락시키고 3월에는 내주萊州에 이어 익도로益都路를 함락시킨다. 모귀가 함락시킨 이들 지역이 어디인지 잘 모르겠지만, 이후 산동성의 여러 군현이 모두 함락되었다는 역사 기록으로 보아 지금의 안휘성에서 산동성으로 북상하는 도정의 지역으로 짐작된다. 또한 그해 6월에는 유복통이 변량(하남성 개봉)을 공략하고 군사를 세 방향으로 나누어 북상하는데 그 세력이 걷잡을 수 없이 불어났다.

유복통의 반란 세력이 이렇게 갑자기 커진 것은 그동안 수재와 기근으로 불만에 쌓여 있던 황하 유역의 농민들을 백련교로써 규합할 수 있었기 때문이다. 유복통은 마침내 1358년(공민왕 7) 5월 개봉을 함락시키고 이곳을 수도로 삼아 안풍에 피신해 있던 한림아를 다시 맞아들인다. 개봉은 황하 바로 아래 인접한 도시로 이곳을 근거로 계속 북상하려는 것이었다.

개봉을 함락시킨 같은 해 6월 유복통의 또 다른 부장인 관탁關鐸과 파두반破頭潘이 요주遼州를 공략하는데 여기서 진압군과 전투를 벌이고 이어서 기녕로冀寧路를 함락시킨다. 《고려사》에는 관탁이라는 인물이 관선생關先生으로 나오고 파두반은 반성潘誠이라고 했다. 이들이 함락시킨 요주나 기녕로가 지금 어디인지 모르겠는데 아마 개봉에서 황하를 건너 서북쪽으로 북상하는 산서성 일대의 지명으로 보인다.

짐작컨대, 유복통의 홍건적은 개봉에서 세 방향으로 나누어 북상했던 것 같다. 먼저 모귀의 세력은 동북쪽으로 북상하여 산동성 지역을 장악했고, 이어서 관탁과 파두반은 서북쪽으로 북상하여 산서성 일대를 통과한 것으로 보인다. 그리고 유복통은 개봉에 본진을 두면서 대도를 향해 바로 북진을 준비하고 있었던 것 같다. 함락 지역이 지금의 지명으로 정확하게 비정되지 않아 추측한 것이지만, 이런 추측은 다음의 진로를 보면 대강 맞을 듯하다.

1358년(공민왕 7) 그해 12월에 관탁, 즉 관선생의 홍건적은 상도를 함락시켜 버린다. 상도는 몽골 제국의 제2의 수도였다. 개봉에서 상도까지의 거리는 부산에서 신의주까지의 거리만큼 먼 곳인데 개봉을 접수한 지 반년 만에 상도를 함락시켰다는 사실이 쉽사리 이해가 안 된다. 관선생의 홍건적 세력은 거침없이 중앙 정부를 향해 북상했다는 얘기인데 어떻게 그게 가능했을까?

관선생이 이끄는 홍건적의 북상 경로는 황하를 거슬러 올라가는 것이었다. 황하 유역의 농민들은 수재로 인해 수년 전부터 강제 노역과 기근으로 큰 불만이 쌓였다. 관선생은 이들 불만 농민들을 백련교로 규합하면서 그 세력이 순식간에 눈덩이처럼 불어났던 것이다. 황하를 거슬러 올라가면서 단숨에 상도를 함락시켰던 것은 그런 배경이 있었다.

상도를 함락시킨 관선생이 이끄는 홍건적은 궁궐을 불태우고 수일을 머물다가 요양을 거쳐 마침내 압록강에 이른다. 해가 바뀐 1359년(공민왕 8) 2월의 일이었다. 이후 홍건적의 고려 침략에 대해서는 다음에서 살피기로 하고, 우선 당시 원 조정의 정치 상황을 잠깐 언급하고 넘어가자.

기황후의 권력욕

1358년, 그해는 대도에 큰 기근이 들면서 엄청난 아사자가 발생한 해다. 이때 기황후는 기아에 허덕이던 백성들을 위해 국고와 황후 자신의 부속 기구인 자정원의 재정을 털어 진휼에 앞장서고, 만인갱萬人阬을 만들어 죽은 자 10만 여 명을 묻어 주기도 했다. 또한 죽은 사람들을 위해 수륙법회水陸法會를 열어 주기도 했다니 그런대로 황후로서의 역할을 수행했던 모양이다.

대도에서 이렇게 수많은 아사자가 생긴 이때가 바로 홍건적이 황하 유역과 산동 지역을 휩쓸고 있던 무렵이었다. 이때 남녀노소의 백성들이 병란을 피하고 먹을 것을 찾아 대도로 몰려든 것이다. 굶어 죽은 시체가 서로 베개를 삼아 널려 있었다니 그 참상을 짐작할 것이다. 앞서 홍건적의 거침없었던 북상은 이런 사회적 위기와 혼란 속에서 가능했다.

기황후의 명을 받아 백성들의 진휼을 주관한 인물이 고려인 출신 환관 박불화朴不花(박부카)였다. 당시 박불화가 자정원사로 있었던 것으로 보아 그는 앞서 거론한 강금강길사의 뒤를 이어 기황후의 측근으로 들어왔던 것 같다. 그가 언제 기황후의 측근으로 들어와 심복이 되었는지 정확하게 드러나지 않지만 대강 기철 일당이 제거된 직후가 아닌가 싶다.

그런데 여기서 중요한 사실은 이런 대기근 문제에 기황후가 직접 나섰다는 점이다. 이는 기아 문제가 그만큼 급박하여 정치적 위기였다는 점을 보여주지만, 그보다는 원 조정에서 모든 권력이 기황후 한 사람에게 쏠려 있었다는 증거이기도 하다. 실제 당시 황제인 토곤 테무르(순제)는 정치에 태만하였다고 하니까 기황후가 황제를 대리하고 있었다는 것을 짐작할 수 있다.

원 조정에서 기황후가 권력을 장악하기 시작한 것은 장사성 토벌에 나선 톡토를 숙청한 1355년(공민왕 4) 이후였다. 이후 점차 권력을 확대한 기황후는 황제 토곤 테무르를 대신하여 통치권을 행사하면서 고려인 출신 환관 박불화를 자정원사로 기용하여 자신의 심복으로 삼았던 것 같다. 대기근이라는 정치 사회적 혼란에 기황후 자신이 이렇게 전면에 나선 것은 정권의 위기라고 판단한 때문이었다.

황제를 대신하여 권력을 행사하던 기황후는 결국 본색을 드러낸다. 그녀는 황제인 토곤 테무르를 양위시키고 자신의 소생인 태자 아유시리다라를 황제에 앉히려는 모의를 한 것이다. 아유시리다라는 이미 황태자로 책봉된 바 있었고 이때 20세의 성년이었기 때문에 황제위에 오르지 못할 이유는 없었다. 이 문제에 발 벗고 나서 기황후를 거든 인물이 또한 심복 박불화였다.

기황후는 박불화를 시켜 당시 좌승상으로 있던 태평太平(타이핑)을 설득하여 황제의 선위에 대해 물었다. 대답이 없자 기황후는 승상을 불러 술까지 내리면서 다시 협조를 요청했지만 완곡히 거절당한다. 이를 보면 기황후의 권력이 황제를 능가하고 있었는지는 모르겠지만 원 조정의 정책 처결이 완전히 마비된 상태는 아니었던 것 같다. 황제의 선위를 받으려다 승상 타이핑의 반대 벽에 부딪힌 기황후나 태자는 당연히 그를 못마땅하게 여겼다. 문제는 황제도 이런 사실을 알게 되면서 기황후와 소원하게 되었다는 사실이다. 이 일로 두 달 동안이나 황제가 기황후의 얼굴을 보지도 않았다고 하니까 그 충격이 상당히 컸던 모양이다.

또한 기황후의 심복 박불화는 탄핵을 받는다. 기황후의 무모한 권력욕으로 인해 총애를 받던 그에게 불똥이 튄 것이다. 기황후는 박불화의 탄핵을 멈추기 위해 어사대부 불가노不家奴에게 변호를 부탁하지만 그 역시 기황후의 요청을 들어주지 않았다. 이에 기황후는 어사대의 관리를 동원하여 그 불가노를 탄핵시키고 남방으로 유배시켜 버렸다. 기황후는 1360년(공민왕 9) 결국 태자의 황제 계승을 반대한 좌승상 타이핑까지 파면시켰다. 그리고 우승상 삭사감搠思監(조치겐)을 기용하여 박불화와 함께 힘을 실어 주면서 권력을 계속 장악한다. 바야흐로 원 조정은 기황후가 권력을 독점하면서 그녀의 세상이 되었던 것이다.

반란 세력이 기세등등 치고 올라오는 위협 속에서도 기황후의 권력욕은 끝이 없었다. 홍건적이 상도를 함락시키고 대도에 대기근이 발생하는 정치 사회적 위기를 맞고서도 기황후의 권력 독점을 위한 농단은 계속되었던 것이다. 비록 자신 소생의 태자를 황제위에 앉히는 데 실패하긴 했지만 반대 세력을 축출하여 자신의 권력을 흔들림 없이 지키고 있는 모습도 그녀답다.

마침내 기황후의 권력욕은 공민왕을 폐위시키려는 음모로까지 이어진다. 기철 일당을 제거한 것에 대한 보복인데 어떻게 참고 있었는지 이제야 시도한 것이 이상하게 느껴질 정도다. 이 문제는 홍건적의 고려 침입을 얘기한 후 자세히 언급하겠다.

홍건적은 왜 고려로 향했을까?

앞서 상도를 함락시킨 관선생의 홍건적은 다음 해인 1359년(공민왕 8) 1

월 요양행성을 함락시킨다. 요양을 넘어서면 바로 고려와 접경인데 정말 거침없는 질주였다. 아마 원 조정에서는 개봉에 본진을 두고 있는 유복통의 세력을 방어하는 데 급급하여 관선생의 홍건적은 방치했던 것 같다.

마침내 1359년(공민왕 8) 2월, 홍건적은 고려 정부에 서첩을 보내와 자신들이 중원을 장악했다고 통보한다. 요양을 함락시킨 지 한 달 남짓 후의 일이었는데, 관선생의 홍건적 무리가 압록강에 도달하여 보낸 서첩 내용은 이런 것이었다.

'우리 백성들이 오랫동안 오랑캐의 압제하에 있던 것을 개탄스럽게 생각하고 의병을 일으켜 중원을 회복하였다. 동쪽으로는 산동성에 이르고, 서쪽으로는 섬서성에 나아갔으며, 남으로는 복건성을 지나고, 북으로는 하북성에 도달했다. 이에 백성들이 몰려들기를 배고픈 자가 음식을 얻은 듯하고 병든 자가 약을 얻은 듯했다. 여러 장수들에게 군사를 엄격히 다스리게 하여 백성들을 소란치 못하게 하였으니 귀화해 오는 자는 구휼하고 반항하는 자는 엄벌할 것이다.'

원문에 언급된 지명을 현재의 지명으로 바꿔 인용했는데 남쪽으로 복건성에까지 도달했다는 사실이 놀랍다. 이는 과장이겠지만 당시 홍건적이 제국의 어느 반란 세력보다 규모가 크고 강성했다는 것은 분명한 것 같다. 그러니 자신들이 중원을 모두 장악한 것처럼 고려 정부에 대해 위세를 부리고 있는 것이다.

그런데 여기서 궁금한 것은, 상도를 함락시킨 홍건적이 왜 제국의 수도인 대도를 향하지 않고 고려로 방향을 정했을까 하는 점이다. 제국을 전복시키는 것이 목표라면 처음 북상할 때부터 대도를 목표로 해야 하는데, 대도를 우회하여 그 북쪽의 상도를 먼저 함락시킨 점도 좀 이상하다. 대도의 방비가 너무 견고하여 세력을 더 키운 다음 후일로 미루고 있는 것인지, 아니면 관선생이 이끄는 홍건적은 처음부터 대도를 목표로 한 것이 아니었는지 모르겠다.

아마 후자 쪽으로 보는 것이 옳을 듯하다. 제국의 수도인 대도의 함락은 개봉의 유복통 세력이 맡고 관선생의 홍건적은 처음부터 고려를 목표로 했던 것으로 보인다. 그해 8월 개봉의 유복통 세력이 중앙의 진압군에 격파당하고 다시 한림아를 받들어 애초 근거지인 안풍(안휘성)으로 퇴각하는데, 이는 유복통의 홍건적이 대도를 목표로 북상하려다 격파당한 것으로 판단할 수 있다. 그러니까 처음부터 관선생의 홍건적과 유복통의 본진은 목표를 달리하여 북상했다는 뜻이다.

그렇다면 관선생의 홍건적은 왜 고려를 목표로 했을까? 이는 고려를 원 조정의 배후 세력으로 판단하여 양국의 연대를 차단하기 위한 전략으로 보인다. 만약 고려 정부가 위기에 직면한 원 조정에 군사 지원을 한다면 이는 제국의 전복을 노리는 반란 세력으로서는 문제에 봉착하기 때문이다. 앞서 장사성의 반란 세력을 진압하는 데 고려의 군사 지원을 받아 연합 작전을 펼친 전례도 있었다.

관선생의 홍건적이 압록강에 도달하여 고려에 보낸 앞서 통첩에 의하면 은연중에 고려 정부를 압박하고 있음을 엿볼 수 있다. 이는 방국진이나 장사성이 고려와 우호 관계를 유지하려는 교섭 내용과는 전혀 다른 것으로 고려를 적대적으로 보고 있다는 뜻이다. 하지만 원 조정에서 고려에 대한 군사 지원 요청은 없었고, 고려에서도 물론 군사 지원을 하지 않았다.

이 무렵 고려 정부는 원 조정의 군사 지원 요구가 있더라도 여기에 응할 처지가 아니었다. 공민왕은 기철 일당을 제거한 후 반원 정책을 내건 마당이었고, 게다가 왜구의 침략에 시달리고 있어 그럴 만한 여력도 없었기 때문이다. 그럼에도 불구하고 홍건적이 양국의 연합을 막기 위해 고려를 목표로 방향을 정했다는 것은 그만큼 고려에 대한 정확한 정보가 부족했던 탓이다. 다시 말해 홍건적은 공민왕이 기철 일파를 제거한 후 반원 정책을 추진하고 있다는 사실을 몰랐다고 할 수 있다.

이에 반해 앞서 방국진이나 장사성의 세력은 고려에 우호 관계를 맺으려 사신을 계속 파견했었다. 이것은 당시 공민왕이 기철 일당을 제거하고 반원 정책을 내세우고 있다는 사실을 파악했기 때문일 수 있다. 이들 세력은 무역을 통한 해로를 장악하고 있어 그런 정보에 빨랐을 것이다. 유복통의 홍건적 세력은 어느 반란 세력보다 규모는 크고 강성했는지 모르겠지만 정보에는 뒤지고 있었다. 이게 결국 홍건적이 중원의 새로운 주인공으로 등장하는 데 한계로 작용했다고 보인다.

한편, 1359년(공민왕 8) 그해 양자강 바로 아래에서는 진우량陳友諒을 중심으로 한 반란 세력이 등장한다. 그는 강주江州(강서성)를 수도로 삼고 서수휘를 받들어 한왕漢王으로 옹립했다. 서수휘는 앞서 기촌(호북성)에서 중앙의 진압군에 패한 후 세력이 크게 위축되었는데 진우량이 그를 영입하여 세력을 확장한 것으로 보인다. 진우량은 다음 해 서수휘를 죽이고 국호를 대한大漢, 연호를 대의大義라 하며 황제를 자칭한다. 이를 보면 서수휘는 진우량에게 이용만 당하고 버려진 것이었다. 하지만 그다음 해인 1361년 진우량은 주원장에게 수도인 강주를 함락당하고 무창으로 쫓겨난다. 홍건적이 고려를 향하는 동안 장강 유역에서는 주원장의 세력이 점차 확대되고 있었던 것이다.

중원의 반란 세력들은 이 무렵 너도나도 황제를 칭하는데 완전한 국가 체제를 구축하지는 못했다. 그러면서 합종연횡을 통해 세력 기반을 확대하기도 하고 병합되기도 하였다. 중원에서 반란을 일으킨 이들 영웅호걸 간의 쟁투도 흥미로운 문제인데 이 부분은 번거롭게 생각되어 생략하겠다.

홍건적의 고려 침입

중원의 반란 세력인 홍건적이 압록강에 이른 것은 1359년(공민왕 8) 2월이었다. 이때 앞서 언급했듯이 고려 정부에 첩장을 보낸 것이다. 첩장에 대한 답서를 가다리다 아무런 반응이 없자 그해 11월에 홍건적 3천여 명이 압록강을 건너와 노략질을 하고 돌아가는데 이는 대대적인 침략을 위한 정탐이었다.

공민왕은 경천흥을 서북면 원수, 안우를 부원수로 임명하여 이에 대비했다. 이 두 사람은 모두 기철 제거 공신에 포함된 자인데, 특히 경천흥은 공민왕과 매우 가까운 인물로 앞에서 여러 차례 언급했다. 방어를 위한 지휘부를 세웠지만 문제는 군사였다. 당시는 상비군 체제도 충분히 갖추지 못한 처지에다 왜구의 침략이 계속되는 터라 서북면으로 모든 군사를 집중할 수도 없는 형편이었다.

마침내 그해 12월 모거경毛居敬의 군사라 일컫는 홍건적 4만 명이 얼어붙은 압록강을 건너와 의주를 함락시킨다. 여기 모거경은 앞서 산동

반도 지역을 장악했던 홍건적의 두목 모귀와 동일 인물로 보인다. 만약 동일 인물이라면 모거경의 홍건적은 산동 반도를 장악한 후 발해만을 건너 요동 반도에 상륙한 후 압록강을 건넜을 가능성이 많다. 육로로 우회하는 것보다 그 길이 더 가깝기 때문이다.

의주를 함락시킨 홍건적은 의주 부사와 고을 백성 천여 명을 죽이고 바로 다음날 정주(평북)와 인주(평북)까지 함락시켜 버린다. 홍건적의 기세에 놀란 공민왕은 이암李嵒을 서북면도원수, 경천흥을 부원수, 김득배를 도지휘사로 발탁하여 다시 진용을 세웠다. 김득배는 공민왕의 신임을 받는 인물로 맨 앞에서 언급했었고, 이암은 과거에 급제하여 선대에 주로 활동했던 인물인데 공민왕이 즉위한 후에는 관직 없이 지내다가 다시 발탁된 인물이다.

계속 남하하는 홍건적을 맞아 철주(평북)에서 안우가 겨우 저지하고 있었지만, 경천흥은 안주(평남)에서 주둔하고 있으면서 나아가 싸울 엄두를 못 내고 있었다. 뒤늦게 도원수에 임명된 이암은 서경(평양)에 당도했지만 아직 군사도 제대로 갖추어지지 않은 상태였다. 북상하여 홍건적을 공격하기는커녕 서경도 지킬 수 있을지 알 수 없었다. 이암은 아예 서경을 포기하고 그 아래 황주(황해)에 주둔하면서 군사 지원을 기다렸다.

이때 개경에서는 부족한 군사를 메우기 위해 각 관청의 서리들을 차출하여 보충하였고, 3품 이상의 관리들에게는 말 한 필씩을 갹출하게 하였다. 이것으로도 부족하여 여러 사찰의 승려와 인마를 징발하여 군용으로 충당했다. 하지만 그해 12월 말 결국 서경이 함락되고 만다. 의주가 함락된 지 20여 일 만이었다.

서경 함락으로 도원수 이암은 책임을 지고 물러나고 이승경李承慶이 그를 대신한다. 여기 이승경은 충숙·충혜왕 대에 충절로 이름이 높았던 이조년의 조카인데, 그는 일찍이 원 조정에 입사하여 제국의 지방관으로서 많은 업적을 남긴 인물이었다. 그 이승경이 모친상을 당해 환국했다가 다시 돌아가지 않고 이때 고려의 문하시랑평장사(정2품)에 올라 있었다. 그를 발탁한 것은 원 조정과의 관계를 염두에 둔 것으로 보인다.

새로 이승경을 도원수로 발탁한 공민왕은 1360년(공민왕 9) 1월 초 정세운을 서북면 도순찰사로 임명한다. 정세운은 공민왕의 연저수종공신에도 들고 기철 제거 공신에도 들었던 공민왕이 총애하는 인물이었다. 그를 도순찰사로 임명한 것은 장수들의 전공을 따져 포상하려는 목적이었지만, 더 중요한 임무는 군대 지휘를 맡은 장수들에 대한 일종의 견제와 감독이었다. 외적의 침략에서는 그 외적에 맞서 싸우는 일도 중요하지만 군사를 거느리고 있는 장수들의 성향과 동향을 파악하는 것도 중요했기 때문이다.

한편, 개경에서는 문무백관들이 공민왕과 노국공주가 참여하는 가운데 구정에서 전투 연습을 했다. 모두 노복까지 데리고 나와 병장기와 안마를 갖추고 숙위에 들어갔다. 말 타는 것에 익숙지 않은 국왕과 공주도 후원에서 기마 연습을 할 정도였으니 전쟁에 대비한 비상 체제에 들어갔다고 할 수 있다.

문제는 서경을 함락당했으니 우선 당장 홍건적의 남하를 저지하는 일이 급했다. 하지만 후방에서 군대의 보충이 이루어지지 않아 싸울 군사가 부족했다. 서경 부근에서는 임시방편으로 현지 주민들을 끌어 모아 군대로 편성하고 선발대로 도착한 기병을 앞세워 홍건적을 향해 산발적인 공격을 시작했다. 이 과정에서 지엽적인 승리가 몇 차례 있었지만 서경 수복을 위한 공격이라기보다는 홍건적이 더 이상 남하하지 못하도록 저지하는 정도였다.

홍건적을 물리치다

마침내 1360년(공민왕 9) 1월 중순경 생양역(평남 중화군)에 2만의 군사가 집결하였다. 생양역은 서경으로 들어가는 바로 아래의 교통로이다. 때는 한겨울이라 추위가 심했는데 갑자기 징발된 군사들은 의복이 충분치 않아 손발이 얼어 터지고 쓰러지는 군사가 한둘이 아니었다. 그래도 다행히 그만한 군사가 집결했으니 바로 서경을 향한 공격에 들어간다.

이때 홍건적의 손에 떨어진 서경에서는 수많은 살상이 자행되었다. 홍건적이 의주 정주에서부터 포로로 잡아온 백성들을 고려의 공격을 예상하고 학살한 것이다. 역사 기록에는 이때 죽임을 당한 자가 만여 명이었고 시체가 산더미 같았다고 전한다.

생양역에 집결한 고려 군사들은 보병을 앞세워 공격하다가 밟혀 죽은 자가 천여 명이었다니 이 또한 놀라운 일이다. 농민으로 급조된 오합지졸이다 보니 그런 불상사가 나왔을 것인데, 어쩌면 전투력이 부족한 다수의 군사를 방패막이로 앞세운 결과가 아닐까 추측된다. 홍건적도 그 와중에 수천이 죽고 결국 서경에서 퇴각하여 용강(평남) 함종(평남 강서)에 주둔한다. 양쪽에서 희생자가 많았지만 의외로 쉽게 서경을 수복했는데 아마 홍건적도 대다수가 농민으로 구성된 오합지졸이긴 마찬가지였던 것 같다.

이후부터 홍건적은 고려 군사에 밀리기 시작했다. 고려 측은 몇 번 패배하기도 했고 중견급 장수가 여럿 죽었지만 그해 2월에 함종에서 홍건적 2만을 베고 적장까지 사로잡는 데 성공한다. 함종 전투에서 살아남은 잔여 홍건적 만여 명은 증산현(평남 강서)으로 물러나 주둔했지만 이미 전의를 상실하여 도주하기에 급급했다. 평안도 해안을 따라 달아나던 홍건적은 고려 군사의 추격을 받으면서 형세가 궁해진 탓에 한꺼번에 강을 건너다 얼음이 꺼져 수천 명이 죽기도 했다.

추격하는 과정에서 고려 군사가 오히려 궁지에 몰린 홍건적의 추격을 늦출 정도였는데, 특히 이방실李芳實은 기병으로 압록강 아래까지 추격하여 수백 명을 베었다. 압록강을 건너 달아난 홍건적은 3백여 명에 불과했다니 갑작스레 밀어닥친 외적이었지만 격퇴시키는 데 일단 성공한 것이다. 그해 3월 1일 안우와 김득배는 공민왕에게 승첩을 올린다.

새로 임명된 도원수 이승경은 전장에서 질병이 나서 중도에 귀환하고 말았다. 여러 장수들이 힘껏 싸우지 않아 분개해서 음식을 먹지 않은 탓에 병이 났다고 하는데, 아마 전공을 놓친 것에 대한 변명이 아닌가 한다. 그럼에도 공민왕이 이승경 경천흥 등 전쟁에 참여한 여러 장수들을 공신으로 책봉한 것은 다음을 기약하려는 포상이었다. 서경 수복에서 가장 큰 군공을 세운 자는 이승경 경천흥보다는 이방실, 김득배, 안우 3인이었다. 이들도 공신으로 책봉하면서 안우에게는 중서평장정사(정2품), 김득배에게 정당문학(종2품), 이방실에게는 추밀원부사(정3품)가 제수되었다. 이들 3인은 이후에도 전장을 누비며 몸을 아끼지 않는다.

그런데 홍건적은 1360년(공민왕 9) 3월 하순에 선박 70여 척으로 풍천(황해 송화)을 다시 침략했다. 이들 홍건적은 선박을 이용한 것으로 보아 산동 반도에서 출발하여 황해를 건너온 무리로 보인다. 바로 뒤이어 홍건적은 선박 백여 척으로 원당포(황해 안악)를 침략하여 세곡을 약탈하여 돌아가기도 했다. 황해를 통한 이런 침략은 이후에도 한 달여 동안 산발적으로 이루어지는데, 앞서 고려 침략 실패에 대한 보복과 군량미 확보를 위한 것이었다.

그해 3월 말 고려에서는 침략한 홍건적을 격퇴했다는 것을 원 조정에 보고하기 위해 사신을 파견하였다. 그러나 요양에서 길이 막혀 되돌아오고 만다. 압록강 너머는 여전히 홍건적이 장악하고 있었음을 알 수 있는데 이들은 언제라도 다시 침략할 태세였다. 원 조정에 보고하기 위한 사신 파견은 이후에도 있을지 모를 홍건적의 침략에 대응하기 위한 외교 전략이었다.

이 무렵 갈수록 심해지는 왜구의 침략에 대해서는 보고도 하지 않은 공민왕이 홍건적의 침략에는 이렇게 신속히 사신을 파견한 것은 눈여겨볼 대목이다. 이후 공민왕은 다시 사신을 원 조정에 파견했다. 이번에도 길이 막혀 되돌아오는데 공민왕은 격노하여 이들을 다시 돌려보냈다. 어쩔 수 없이 이 사신들은 심양까지 갔다가 머무른 지 수개월 만에 아무 소득 없이 돌아오고 만다. 그해 7월의 일이다.

공민왕의 이런 노력은 홍건적의 침략을 보고하면서 원 조정과 제휴하려는 목적도 있었지만, 어쩌면 제국의 정세를 정확히 알아보려는 의도도 있었다고 보인다. 홍건적이 고려를 침략할 정도면 원 조정에도 뭔가 위기가 닥쳤을 것이라는 판단에서 말이다.

홍건적 10만이 다시 쳐들어오다

압록강을 건너 물러났던 홍건적이 다시 강을 건너 고려에 쳐들어온 것은 1361년(공민왕 10) 10월 20일이었다. 자그마치 10만이 넘는 군사였는데 20만이라는 기록도 있다. 주로 농민으로 구성된 무리였지만 숫자로만 보면 몽골과의 전쟁 동안에도 이렇게 많은 군사가 한꺼번에 쳐들어온 경우는 없었다. 아마 고려 초기 거란족의 침략 이후 최대의 이민족 침략이 아닌가 한다.

이번에 침략한 홍건적의 장수는 반성, 사유沙劉, 관선생 등이었다. 앞서 서경을 점령했다가 패퇴당한 홍건적은 산동성 지역을 장악했던 모귀(모거경)의 홍건적이었다면, 이번 홍건적은 그 장수들의 면면으로 보아 제국의 상도와 요양을 함락시키면서 고려를 목표로 침략의 방향을 정한 바로 그 홍건적이었다. 그러니까 모귀 휘하의 홍건적이 물러난 후 반성과 관선생 휘하의 홍건적이 본래의 목표인 고려를 향해 대대적으로 쳐들어온 것이다.

홍건적은 쳐들어오자마자 삭주(평북)를 점령하였다. 이에 공민왕은 1차 홍건적 격퇴에 공로가 있었던 이방실을 서북면 도지휘사로 임명하고, 절령(자비령, 황해 서흥)에 성책을 쌓으면서 방어에 나선다. 또한 안우를 상원수, 김득배를 도병마사로 임명하여 방어 체제를 다시 강화했다. 하지만 문제는 싸울 군사였다. 이에 전국의 사찰에 사신을 파견하여 전마를 차출하고 거리에 방문을 붙여 군사를 모집하였다. 모병에 응한 자는, 선비나 향리에게는 벼슬을 주고 관청의 노비는 양민으로 삼는다는 내용이었다. 상비군이 충분히 갖추어지지 않은 판국이라 임시방편적인 군사 모집이었다.

그해 11월 2일 홍건적은 무주(평북 영변)를 침략하면서 일단 남하를 멈추고 그곳에 주둔하였다. 이전 모귀의 홍건적이 평안도 서해안을 따라 남하했다면 이번 홍건적은 평안도의 내륙을 따라 남하하는 진로였다. 아마 앞선 침략의 실패를 거울삼아 강을 건너야 하는 해안 쪽보다는 내륙 쪽이 유리하다고 판단하면서 잠시 전열을 재정비하려는 것 같았다. 하지만 홍건적의 남진은 시간 문제였다.

도지휘사에 임명된 이방실은 중과부적이라 북상하여 정면 공격을 감행하지 못하고 서경 동북방에 진을 쳤다. 그리고 서경 동북방에 산재한 여러 군현의 백성과 곡식을 절령으로 옮기는 계책을 세운다. 일종의 청야 전술인데 절령을 최후 방어선으로 정했다고 볼 수 있다. 그러면서 산발적으로 홍건적을 공격하여 몇 차례 자그마한 승리를 거두기도 했지만 수세에 몰린 전세를 바꿀 수는 없었다.

이런 전란의 와중에도 공민왕은 수상을 교체한다. 수상인 염제신을 물리치고 다시 홍언박을 문하시중에 앉힌다. 홍언박은 기철 일당을 제거할 무렵 수상을 맡았었는데, 거사가 끝난 후 면직되었다가 이번에 두 번째로 수상에 임명된 것이다. 기철 일당을 제거하기 직전부터 이 무렵까지 5년여 동안 수상을 맡은 인물을 순서대로 나열해 보면, 이제현 – 홍언박 – 이제현 – 염제신 – 홍언박 등이다.

공민왕의 이런 용인술은 주목되는 부분인데, 아마 수상의 장기 집권을 막고 시기에 따라 필요한 능력을 산 것으로 보인다. 특히 홍언박의 수상 발탁은 정치적 거사나 전란 등 중요한 시기에 맞춰져 있어 공민왕의 신임이 컸다는 것을 알 수 있다. 그러면서도 그를 장기간 수상에 두지 않았다는 점을 눈여겨볼 필요가 있다.

홍건적의 선발대가 남진하자 후방의 군사 지원을 받은 고려군은 11월 3일, 안우와 이방실이 지휘사 김경제金景磾와 함께 박천(평북) 개천(평남) 등 청천강의 남북에서 홍건적 3백여 수급을 베는 승첩을 올리고 안주(평남)에 일단 군진을 세웠다. 청천강을 1차 저지선으로 삼겠다는 것이었다. 하지만 다음날 홍건적은 바로 안주를 공격하여 함락시키는데, 고려군 장수가 여럿 죽고 지휘사 김경제는 사로잡히고 만다. 홍건적은 고려 조정에 통첩하여 백 만의 군사로 공격할 것이니 속히 항복하라는 엄포를 놓기도 했다.

이제 후퇴하여 최후 저지선인 절령을 사수하는 수밖에 없었다. 정세운을 서북면 군용체찰사로 삼아 군진 감찰을 맡기고, 중견 관리로 퇴직한 자들을 절령에 파견하여 성책을 세우도록 하였다. 퇴직 관리들에게 절령의 방어를 맡긴 것은 관직을 매개로 군사적 공로를 이끌어내겠다는 공민왕다운 발상이었다. 아울러 김용을 총병관으로 삼아 이번 전쟁에서 군사에 대한 총책임을 맡겼다.

하지만 홍건적은 공격을 계속하여 11월 16일 최후 저지선인 절령을 무너뜨리고 만다. 그날 밤 홍건적은 1만여 명의 선발대를 절령에 매복시켰다가 새벽에 기병 5천으로 책문을 공격하니 고려군은 크게 무너지고 절령의 방어선은 뚫리고 말았다. 안우와 김득배는 단기로 겨우 도망쳐 나와 김용과 함께 잔여 군사를 모아 다시 금교역에 임시 주둔했지만 이곳에서 전세를 역전시키기는 힘들었다.

금교역은 지금의 경기도와 황해도의 경계 부근으로 개경 북쪽 30리에 있어 개경에서 북방으로 통하는 교통로의 요지이자 관문과 같은 곳이었다. 이곳만 넘어서면 개경은 바로 코앞이니 이제 왕도 개경 방어도 자신할 수 없었다.

공민왕의 안동 몽진

홍건적이 황해도까지 내려오니 총병관 김용은 급히 왕도와 궁궐을 방어하는 경병京兵을 요청했다. 경병을 요청한 것으로 보아 얼마나 급박했는지 알 수 있는 일이지만 전투에 동원할 만한 경병이 충분히 있을리 없었다. 불안해진 공민왕은 사태의 위급함을 알아채고 피난을 생각한다. 여기서 피난이라는 것은 전란을 피해 국왕이 왕도를 떠난다는 의미의 몽진蒙塵이었다.

공민왕에게 몽진을 건의한 인물은 유숙이었다. 유숙은 앞에서 여러 차례 거론한 인물로, 정세운과 함께 공민왕의 연저수종공신이자 기철 제거 공신에도 들었던, 공민왕이 총애하는 몇 안 되는 인물 가운데 한 명이다. 유숙은 이런 말로 공민왕에게 몽진을 건의했다. "나라에서 믿는 바는 성곽과 군량인데, 지금 성은 완전치 못하고 창고에 저축된 미곡도 없으니 장차 무엇으로 수성하겠습니까?"

유숙의 몽진 건의는 참담하지만 현실을 직시한 것이었다. 국왕의 몽진이 거론되고 성 안 백성들을 밖으로 내보내자 민심이 들끓었다. 홍건적의 선봉대는 벌써 금교역 바로 위 우봉현(황해)까지 내려와 있었다. 다른 방법을 생각할 수 없었다. 마침내 공민왕은 왕비 노국공주와 함께 태후(명덕태후 홍 씨)를 모시고 남쪽으로 몽진을 결심한다. 하지만 국왕의 몽진에 반대하는 인물도 있었다. 김용 안우 이방실 등 전장의 장수들이 그들인데, 경성을 지키지 않을 수 없음을 강조했다. 특히 최영 장군은 강하게 공민왕의 몽진을 반대했다. "바라건대 주상께서 조금이라도 머무르셔야 장정들을 모집하여 종사를 지킬 수 있습니다."

이런 최영의 반대도 유숙의 몽진 주장만큼 현실적으로 중요한 문제였다. 최영의 주장은, 국왕이 왕도를 지키고 있어야 군사를 모집할 명분이 서고 그래야 종묘사직을 지켜 낼 수 있다는 것이었다. 하지만 공민왕은 그날 날이 밝자 성안의 민천사로 거둥하는데 결국 몽진을 떠나겠다는 결심을 굳힌 것이었다. 그러면서도 근신들을 성 밖으로 보내 의병을 모집하지만 이미 백성들은 대부분 흩어져 모집에 응한 자는 극소수에 불과했다. 결국 몽진에 반대한 장수들도, "신들이 여기 머물러 적을 막을 것이니 주상께서는 나아가소서"라고 하며 국왕의 앞길을 막지 못해 열어주고, 공민왕은 도성의 남쪽 문인 숭인문을 나선다. 1361년 (공민왕 10) 11월 19일이었다.

공민왕 일행이 숭인문을 나서자 성 밖은 한꺼번에 쏟아져 나온 백성들로 아수라장이었다. 늙은이나 어린이는 넘어져서 울고, 부모와 자식은 흩어져서 소리 지르며, 서로 짓밟혀 부둥켜안은 자가 거리에 가득하여 울부짖는 소리가 천지를 진동했다. 그런 혼란 속에서도 국왕 일행의 앞길을 가로막는 자가 없다는 것이 그나마 다행이었다.

그날 임진강에 다다른 국왕 일행은 홍건적이 가까이 왔음을 알리는 보고가 있자 지체 없이 강을 건넜다. 여기까지 국왕을 수행한 고위 관리는 수상인 홍언박을 비롯해 김용 경천흥 정세운 유숙 등 공민왕의 측근들이었는데 전체 숫자는 30명도 채 못 되었다. 이 속에 안우 이방실 김득배 등의 장수가 빠진 것은 왕도 수호를 위해 남은 것 같았다.

임진강을 건넌 공민왕 일행은 11월 20일 분수원(경기 파주)을 지나 영서역(경기 양주)에 도착했다. 이때 안렴사 충주목사 남경유수 청주목사 등의 지방관이 달려와 알현하였다. 다음날 21일 사평원(경기 광주)에 이르니 상주 판관이 군사 4천여 명을 이끌고 오고, 어느 지방관은 역마 1백여 필을 바치기도 한다. 공민왕 일행이 광주의 관아에 들어섰을 때는 수령과 백성들은 모두 산성으로 피신한 상태였고 주의 말단 관리가 국왕 일행을 맞았다.

공민왕은 광주(경기)에서 경상도 전라도 양광도 3도를 비롯한 각도의 도순문사와 병마사를 임명하여 늦게나마 전시동원 체제를 비로소 갖췄다. 이들이 우선 할 일은 각도의 군사를 동원하는 일이었다. 아울러 앞서 군사와 말을 바친 지방관에게는 품질을 올려주기도 했다. 공민왕은 이제야 조금 위기에서 벗어나 한숨 돌리는 듯했다.

하지만 그사이 개경은 홍건적에게 결국 함락되고 만다. 진눈깨비가 내려 어의가 젖는 피란길 속에서 국왕 일행이 이천현(경기)에 도착한 11월 24일의 일이었다. 홍건적이 압록강을 건넌 지 약 한 달 만이었는데, 몽진을 떠날 때 이미 예상한 바였지만 왕도 개경이 이민족의 수중에 완전히 떨어진 것은 충격적인 사건이 아닐 수 없었다. 홍건적에 함락된 개경에서는 온갖 잔학 행위가 벌어졌다. 소나 말을 죽여 그 가죽을 벗겨서 물을 부어 얼려 이로써 성을 쌓기도 했다. 사람을 잡아서 굽기도 하고, 임산부의 젖을 베어 구어 먹는다는 등 잔인하고 흉악한 소문으로 민심이 흉흉했다. 몽골족의 침략은 이에 비하면 양반이었다.

11월 25일, 공민왕 일행이 음죽현(충북 음성)에 이르니 현의 관리는 모두 도망하여 숨어 버렸고 뒤따라 온 관리가 쌀 두 말을 바치는 정도였다. 그 지역 안렴사나 안무사는 국왕을 맞이하지 못했다고 하여 목이 묶여 끌려왔지만 그게 무슨 소용이 있었겠는가. 11월 28일, 어가가 충주에 이르니 유격장군이 되겠다고 자청한 자가 있어 피란 중에 그나마 반가운 일이었다. 이런 자에게는 그 자리에서 만호라는 군사령관직이 주어졌다.

12월 15일, 공민왕 일행은 복주(경북 안동)에 도착하여 비로소 몽진을 멈춘다. 개경을 출발한 지 한 달이 조금 못 된 때였다. 공민왕이 안동을 처음부터 목적지로 정한 것 같지는 않고 몽진을 진행하면서 최종 피난처로 결정한 듯했다. 하지만 공민왕이 안동에서 몽진을 끝낸 것은 조금 생각해 볼 대목이 있다.

고려 왕조에서 안동, 하면 떠오르는 두 개의 뛰어난 명문이 있다. 바로 김방경金方慶의 안동 김 씨 가문과 권부權溥의 안동 권 씨 가문이다. 김방경과 권부, 본인과 그 아들 손자들은 원 간섭기 시작부터 지금 공민왕 대까지 수많은 위기 속에도 고려 왕조에 끝까지 충성을 바친 인물들이었다. 게다가 원의 정치적 간섭을 받던 이 시대는 고위 관리들도 배신을 밥 먹듯이 하고 재상들도 국왕에게 등을 돌리는 것이 다반사였다. 그런 시대에도 양대 가문의 인물들은 끝까지 국왕 편에 서서 충절을 지켰던 것이다. 공민왕이 안동을 최종 피난처로 결정한 것은 그런 명문의 본관이라는 생각을 분명 했을 것 같다. 홍건적이 왕도를 점령한 종묘사직의 위기 속에서 안동은 공민왕에게 분명 몽진에 지친 심신의 위안이 되었으리라.

왕도를 수복하다

안동에서 몽진을 끝낸 공민왕은 이제 왕도 수복을 고민해야 했다. 이때 정세운은 공민왕에게, "신속히 애통교서哀痛敎書를 내리시어 백성의 마음을 위로하시고 또 사신을 각도에 보내 징병을 독려하십시오"라고 건의한다. 애통교서는 국왕이 자신의 죄를 뉘우쳐 백성들에게 사죄하는 교서를 말하는데, 각도의 장정을 신속히 모집하려면 그 수밖에 없었다.

공민왕은 군비를 소홀히하다가 파천했음을 마음 아프게 생각한다는 교서를 내리고, 정세운을 총병관으로 세워 반격할 태세를 갖춘다. 총병관은 군령과 군정 등 전쟁 수행의 총책임을 지는 직책으로 앞서 김용을 총병관으로 삼았었는데 정세운으로 갈아치운 것이다. 공민왕이 김용보다는 정세운에 대해 더 큰 신뢰를 보낸 것으로, 이 일은 결국 김용이 왕명을 빙자하여 정세운을 제거하는 사건으로 나타나는데 조금 뒤에 자세히 언급하겠다.

정세운은 공민왕으로부터 부월斧鉞을 받아 총사령관으로서 지휘권을 행사한다. 우선 정세운은 도당의 재상들에게, 죽령 이남에 사는 자로서 국왕 일행을 따라온 자들은 모두 종군하라고 주문하였다. 이는 전쟁에서의 기강을 바로 세우고, 국왕을 따르면서 자신의 안일만을 좇아온 자들에 대한 경고이자 징발령이었다. 또한 유숙에게는 당장 출정할 것이니 속히 군사를 점검하도록 하고, 김용에게는 전쟁에 태만해서는 아니 된다는 질책을 한다. 두 사람이 공민왕의 근신으로서 지금까지 전쟁에 소극적이었음을 은연중 비난한 것이다. 아울러 정세운은 중서평장사(정2품)에 오르면서 재상 반열에도 들어 이번 전쟁에서 그의 정치적 위상은 한껏 높아졌다.

1361년(공민왕 10) 그해 연말에는 각도의 군사가 죽령에 집결하는 가운데, 총병관 정세운도 죽령으로 향했다. 또한 연안(황해) 원주(강원) 안변(함남) 강화(경기) 등지에서는 지방민들이 유격전을 통해 홍건적을 유인하여 자그마한 승전보가 여럿 전해지기도 했다. 군공을 세운 이들에게는 즉시 관직이 주어졌다.

전장으로 떠난 정세운에게 공민왕이 옷과 술을 하사하자 정세운은 이런 요청도 한다. 여러 장수들이 군공을 세웠다고 보고하더라도 먼저 보상을 거론하지 말고, 자신도 작은 승첩을 하나하나 보고하지 않고 크게 이긴 후 장계를 갖추어 올리겠다는 것이었다. 이는 군사지휘권을 자신으로 일원화 해 달라는 요청이면서 전쟁에 대한 자신감으로 읽힌다.

공민왕은 1362년(공민왕 11) 새해를 안동에서 맞는데, 그해 1월에는 20만의 군사가 죽령에 집결한다. 짧은 기간에 놀라운 성과였다. 또한 평양에서는 포로로 붙잡힌 1만의 군민이 홍건적으로부터 도망쳐 집결해 있다는 보고도 올라왔다. 정세운은 크게 기뻐하며 장수를 보내 이들을 구휼하게 하고 개경 근방으로 집결할 것을 명령했다. 이런 반격의 기세를 보면 당시 고려 지방민들의 호국 정신은 분명 높이 살 만한 것이었다.

1월 16일, 총병관 정세운의 지휘로 안우 이방실 황상 김득배 최영 등 여러 장수가 군사 20만을 거느리고 개경의 동교에 있는 천수사 앞에 일단 군진을 세웠다. 장수 속에는 조선 왕조를 창업한 이성계도 끼어 있었다. 이어서 개경을 사면에서 포위하는데 20만이라는 대군이 있었기에 가능했을 것이다. 정세운은 물러나 도솔원(경기 파주)에 주둔했다.

개경을 포위하는 데 성공했으니 이제 총공격의 시기를 잘 살펴야 했다. 남쪽 숭인문을 담당한 이여경李餘慶이, 적의 정예 군사는 모두 성안에 있으며 진눈깨비가 내리는 날씨로 적의 방비가 소홀하니 바로 급습하는 것이 좋겠다는 보고를 올렸다.

1월 17일, 동이 틀 무렵 개경의 사면에서 기병을 앞세워 북을 치면서 공격해 들어갔다. 홍건적은 급습에 당황하면서도 성을 굳게 지키며 방어에 나섰다. 하지만 고려군 20만 대군의 사면 총공격은 위력이 대단했다. 선봉에 선 이성계의 기병 2천의 활약이 큰 기여를 하면서, 수세에 몰린 홍건적은 시간이 흐를수록 옹색한 처지에 빠져들었다. 그날 정오 무렵에는 홍건적의 괴수 사유와 관선생을 베는 데 성공하자 홍건적의 세력은 급속히 무너져갔다. 전세는 한번 꺾이면 회복이 불가능한 것이다. 그날 저녁 무렵에는 차분하게 포위를 좁혀 가면서 성안으로 진군해 들어갔다. 여러 장수들이 곤경한 적을 모두 잡을 수 없다고 하여 숭인문과 탄현문을 열어 두는 여유까지 보였다. 이에 생존한 괴수 파두반이 패잔병을 이끌고 달아나기에 급급했다. 이들이 압록강을 건너 마치 물이 빠지듯이 도주하기까지는 채 며칠이 걸리지 않았다.

그렇게 왕도 개경을 다시 수복했다. 왕도가 홍건적의 수중에 떨어진 지 두 달이 채 안 된 때였다. 왕도가 외적에게 함락당한 것도 특별한 사건이지만 이렇게 하루 동안의 전투로 신속히 수복한 것도 조금 놀라운 일이었다. 아마 홍건적은 농민으로 구성된 오합지졸인데다가, 고려에 쳐들어온 것도 군사적 정복이 목적이 아니라 단순히 노략을 목적으로 한 침입이었기 때문에 쉽게 퇴각하지 않았나 싶다. 고려에서 도주하는 홍건적을 끝까지 추격하여 전멸시키지 않은 것도 희생을 감수하면서까지 그럴 필요를 느끼지 않았을 것이다.

수복한 왕도에서는 쓰러진 적의 시체가 가득하였다. 역사 기록에는 전투에서 죽임을 당한 적이 10여 만 명이었다니 놀랍다. 그리고 압록강을 건너 도주한 적이 또 10여 만 명이었다니, 홍건적은 애초에 침략한 10여 만 명보다 훨씬 많았던 모양이다. 홍건적이 물러난 자리에서 원의 황제 옥새 2개, 금보 1개, 금은동인과 많은 병장기를 노획하였다. 병장기를 제외한 이 노획한 물품들은 후에 원 조정에 반환된다. 홍건적의 수중에 원 황제의 옥새가 들어 있었다는 것은 이들이 제국의 제2 수도인 상도를 함락하고 고려에 침입했다는 것을 보여준다.

그리고 정세운은 안동의 행재소로 승첩을 띄운다. 그런데 그 승첩의 내용이 좀 장황했다. 왕도 수복의 승리 과정을 담담하게 사실적으로 보고만 하면 좋을 텐데 중국 고사의 인용을 남발하면서 조금 허황되고 미사여구로 가득했다. 게다가 승첩은 봉함된 서첩이 아니라 노포露布 형태였다. 노포는 전승을 보고하면서 문서를 봉하지 않고 간두에 매달아 누구나 볼 수 있도록 하는 문서 형태를 말한다.

정세운은 왜 그런 과장된 내용과 형식으로 승첩을 올렸을까? 여러 생각을 해 볼 수 있지만 간단히 말해서 왕도 수복에 대한 자신의 공로를 과시하려는 것이었다고 볼 수 있다. 승첩 내용은 국왕에게 공로를 돌리는 겸손을 보이는 듯했지만 정세운의 속마음은 그렇지 않았던 것이다. 정세운이 왕도 수복에 너무 자만했을까. 이는 그가 결국 죽임을 당하는 화근으로 작용하는데, 다음 장에서 살펴보겠다.

3. 위기의 공민왕

김용의 간계, 정세운을 제거하다

홍건적의 침략으로 왕도 개경이 함락되었다가 곧바로 다시 수복한 것
은 큰 다행이었다. 하지만 그 과정에서 뜻밖의 불상사가 일어난다. 그
왕도 수복에서 총사령관을 맡아 공을 세웠던 정세운이 이해할 수 없는
죽임을 당한 것이다. 왕도에서 홍건적을 몰아낸 직후로, 정세운의 승첩
보고가 올라갔는데 공민왕은 안동의 행재소에서 아직 그 승첩 보고를
받지 않은 때였다.

사건의 개요는 이렇다. 김용이 거짓으로 국왕의 명령이라 속여 왕도
수복 전쟁에 함께 참여한 안우 이방실 김득배를 부추겨서 정세운을 제
거하고, 후에 다시 이 사건을 빌미로 안우 등 3인에게 정세운을 죽인
죄를 뒤집어씌워 마침내 이들마저 제거해 버린 사건이다. 거의 군사적
변란에 준하는 사건임에도 그 과정에서 공민왕은 아무런 힘을 발휘하

지 못했다.

　김용에 대해서는 맨 앞 장에서 제2의 조일신 같은 인물이라고 설명한 적이 있다. 그것은 김용이 조일신과 같이 공민왕의 연저수종공신으로 처음에는 공민왕의 측근에서 활동한 때문이지만, 보다 중요한 이유는 바로 이 사건 때문이다. 또한 이 사건의 전개 과정이나 정치적 맥락이 조일신 난과 비슷한 점이 있기도 했다.

　이 사건으로 죽임을 당한 정세운과, 그 정세운을 죽였다는 죄로 다시 죽임을 당한 안우 이방실 김득배, 이들 4인은 모두 군사적 공로를 세워 공민왕의 총애가 깊다는 공통점이 있었다. 정세운은 홍건적에게 함락당한 왕도를 수복하는 데 결정적인 공로를 세웠고, 안우 등 3인은 이번 왕도 수복에도 참여하여 공을 세웠지만 그 이전 1차 홍건적 침입 때도 이를 물리쳐 이미 공신으로 책봉되었던 인물이다.

　이 사건은 한마디로 말하면, 김용이 정세운과 그리고 안우 이방실 김득배 3인을 이간질해 모조리 제거해 버린 사건이라고 할 수 있다. 국왕 측근 사이에서 일어나는 단순한 총애 다툼이라고 할 수도 있지만 저급한 권력 투쟁의 성격도 보인다. 하지만 상식적으로 받아들이기에는 너무나 어처구니없는 일로서 몇 가지 의문이 있다. 사건의 전개 과정을 따라가면서 하나하나 짚어보자.

　김용은 먼저 정세운을 죽이라는 왕명을 거짓으로 꾸며 안우에게 전달했다. 왕도에서 홍건적을 몰아낸 직후이니 정세운이나 안우 등은 개경 근교의 군진에 있었고 김용은 국왕의 행재소가 있는 안동에 있을 때였다. 김용의 그 거짓 왕명을 안우에게 전달한 인물은 김림金琳이라는 김용의 조카였는데 그는 기철 제거 공신에 들었던 인물이다.

김용은 거짓 왕명과 함께 조카 김림을 통해 안우에게 이런 서찰도 전했다. "정세운이 평소에 그대들을 시기하였으니 홍건적을 물리치고 나면 화를 면치 못할 것이다. 차라리 먼저 일을 도모하는 것이 좋지 않겠는가?" 거짓 왕명의 내용이 무엇인지 드러나 있지 않지만 김용은 그 왕명을 전하면서 정세운을 제거하는 것이 좋겠다는 자신의 속마음도 서찰로 보낸 것이다.

거짓 왕명과 김용의 서찰이 별도로 존재하는지, 아니면 김용이 자신의 서찰을 전하면서 그게 왕명이라고 속였는지는 불분명하다. 어쨌든 공민왕과 김용이 함께 정세운의 제거를 안우 등에게 사주한 꼴이었다. 공민왕은 그런 내막을 전혀 모른 상태에서 말이다.

김용과 정세운은 같은 무장 출신으로 두 사람 모두 연저수종공신 1등에 올라 공민왕의 측근으로 활동해 온 인물이다. 공민왕이 즉위한 직후 김용이 상장군(정3품), 정세운은 대장군(종3품)이었으니까 김용이 조금 앞서 나가긴 했다. 이들이 달라진 것은, 기철을 제거하는 거사에 유배 중이던 김용은 참여하지 못했지만 정세운은 그 거사에 적극 참여하여 또 1등 공신에 올랐다.

두 사람이 결정적으로 어긋난 것은 홍건적이 왕도 개경을 함락해 전쟁을 치를 때였다. 처음에 총병관을 맡아 전쟁 수행의 총감독을 맡은 자는 김용이었으나 왕도 수복 작전을 펴면서 공민왕은 총병관을 정세운으로 교체했다. 이때 정세운은 총병관으로서 왕도 수복을 성공적으로 수행했다. 김용이 안우에게 정세운을 죽이라고 사주한 것은 그의 이런 공로와 정치적 위상 강화를 시기한 때문이었다고 할 수 있다.

거짓 왕명을 받고 김용의 사주까지 받은 안우는 이방실과 함께 김득배의 군영으로 찾아가, "지금 정세운이 홍건적을 겁내어 뒤쫓지 않고, 김용의 글도 이와 같으니 어찌 따르지 않을 수 있겠는가?"라고 제안했다. 안우와 이방실은 왕도에서 퇴패한 홍건적이 압록강으로 달아나자 총병관 정세운이 이를 추격하지 않은 것에 불만을 갖고 있었다. 이를 들어 김용의 사주를 따라야 한다는 명분으로 김득배를 설득한 것이다. 여기서 안우와 이방실은 정세운과 군사적 공로를 다투는 관계였다고 추측할 수 있다.

그러니까 김득배는 정세운에 대한 제거 음모를 김용으로부터 직접 받은 것이 아니라 안우와 이방실로부터 간접적으로 전해들은 것이다. 이에 김득배는 "이제 겨우 홍건적을 물리쳤는데 어찌 우리들끼리 싸워 죽고 죽여야 하는가. 만약 정세운을 죽여야 한다면 그를 붙잡아 국왕의 처단을 기다리는 것이 좋지 않겠는가?"라고 하면서 반대하는 태도를 보였다. 이런 김득배의 문제 제기는 지극히 옳고 당연한 것이었다.

그렇다면 김용의 직접 사주를 받은 안우와 이방실은 왜 그런 생각을 하지 못했나 하는 의문이 들지 않을 수 없다. 정세운 제거를 사주한 김용과 이를 사주받은 안우 이방실은 애초부터 생각이 같았던 것이다. 이들에게 왕명은 별로 중요하지 않았다. 즉, 안우나 이방실은 김용의 사주를 따를 마음의 준비가 이미 갖추어져 있었던 탓인데, 이는 김용이 정세운 제거를 주도할 인물을 잘 선택했다고 볼 수 있다.

김득배의 주저하는 태도에 안우와 이방실은 난감했다. 안우와 이방실은 무장으로 성장한 자들이지만, 김득배는 과거에 급제하여 관직에 나온 인물이며 공민왕의 재원 숙위에도 참여했고 기철 제거 공신에도 들었던 인물이다. 김득배의 이런 출신과 성장 배경이 김용의 사주를 거절하고 안우와 이방실의 제안에 반대하는 태도로 나타났을 것으로 여겨진다. 물론 김득배는 정세운을 제거하라는 그 거짓 왕명을 직접 받지 않아서 그랬을 수도 있다.

안우와 이방실은 다시 김득배를 찾아가, "정세운을 죽이라고 한 것은 왕명인데 우리들이 군공을 세우고 왕명을 받들지 않으면 그 후환을 어찌할 것인가?"라면서 재차 독촉했다. 안우와 이방실은 그제야 왕명임을 강조하여 김득배를 압박한 것이다. 한 번 말을 냈으니 다시 주워 담을 수도 없었다. 하지만 김득배는 더욱 강경하게 그럴 수 없음을 주장했다. 이에 안우와 이방실은 물러서지 않고 계속 강요하면서 함께 행동할 것을 재촉한다. 하지만 끝내 김득배의 동의를 받지 못한 상태에서 안우와 이방실은 정세운의 제거에 나선다.

안우와 이방실은 군영의 장막에 주연을 베풀어 정세운을 초대하고, 그 주연에서 여러 장사들을 매복시켰다가 앉은 자리에서 정세운을 쳐 죽인다. 정세운이 안동에 있던 공민왕에게 승첩 보고를 올린 직후인 1362년(공민왕 11) 1월 22일의 일이었다. 전장의 최고 사령관이 이렇게 쉽사리 제거당한 것을 보면 정세운은 이번 왕도 수복 전쟁에서 여러 장수들로부터 고립된 처지가 아니었을까 하는 생각이 든다.

후에 홍언박은 정세운이 제거되었다는 소식을 듣고 이렇게 말한다. "정세운이 총병관으로 군사를 동원할 때 그 말과 태도가 심히 거만했으니 그런 화를 당한 것은 마땅하다." 이게 무슨 뜻이겠는가? 홍건적으로부터 왕도가 함락당하고 뒤이어 이를 탈환하는 전쟁에서 정세운의 권세가 높아진 것에 대한 불만의 표출이 아니었을까. 공민왕 주변에서 정세운의 위상 강화를 싫어한 인물이 김용뿐이 아니었다는 얘기다.

공민왕의 이상한 대응

정세운이 제거된 다음날, 1362년(공민왕 11) 1월 23일 정세운의 승첩 보고가 그제야 안동의 공민왕 행재소에 도착했다. 공민왕은 그 노고를 치하하기 위해 옷과 술을 하사하는 사신을 즉시 군진으로 보냈다. 정세운은 이미 제거되었지만 이때까지는 공민왕이 그 사실을 알 만한 시간적 여유가 없었을 것이다.

그런데 1월 24일, 전장에서 어느 무장이 달려와, "군진에서 여러 장수가 정세운을 비밀히 죽이고 이를 숨기고 있습니다"라고 알려온다. 안동의 행재소에서 이 소식을 들은 공민왕은 수상인 홍언박을 비롯하여 김용 경천흥 유탁 유숙 등 중신들과 이 문제를 의논한다. 모두 공민왕의 측근들인데, 이 자리에 김용이 끼어 있었지만 그가 이번 사건의 배후 조종자라는 사실을 공민왕은 까맣게 모르고 있었다.

이튿날 1월 25일, 군영으로 사신을 보내 정세운을 죽인 장수들을 용서한다는 유지를 내려 안심시키고 모든 장수들을 행재소로 오도록 독촉하였다. 이는 전날 중신들과 의논하여 내린 결정이었는데, 여기서 궁금한 것은 이들 중신들도 김용이 배후 조종자라는 사실을 공민왕처럼 몰랐을까 하는 점이다. 만약 알고도 그런 조치를 결정했다면 이들 중신들은 김용의 거사를 묵인한 것으로 간주할 수밖에 없다. 공민왕의 처신에도 의문이 들기는 마찬가지다. 전장의 총사령관이 의문의 죽임을 당했는데도 이를 주도한 자가 누구인지 묻지도 않는 등 진상 파악에 소극적으로 대처했다는 점이다. 왜 그랬을까?

우선 공민왕은 정세운을 제거한 장수들이 전장에서 쿠데타를 일으킬 것에 대한 염려를 했다고 볼 수 있다. 어느 시대에나 많은 군사를 거느리고 있는 전장의 장수들은 국왕에게 항상 경계의 대상이 된다. 그래서 조그만 모함만 있어도 전장의 장수들은 목이 날아가거나 최소한 소환당하는 경우가 다반사이다. 이런 일은 임진왜란 당시 의병장이나 이순신 장군에 대한 국왕 선조의 경계심에서 잘 알 수 있다. 그런 군사적 정변을 걱정하여 공민왕은 전장에 사신을 보내 모두 용서한다고 했고 속히 귀환할 것을 독촉했지만 심상치 않은 소문이 따라왔다. '정세운을 죽인 자는 이방실이고 안우는 이미 살해당했다' 거나 '이방실이 정세운 안우 등을 죽이려다 자신이 해를 입었다'는 등의 이상한 유언비어였다.

안동 행재소의 공민왕은 거사 주모자를 비롯하여 사건의 실체도 정확히 파악하지 못한 상태에서 떠도는 이런 유언비어에 더욱 불안했다. 앞서 전장에 파견한 사신을 급히 소환했지만 그 역시 정확한 진상을 보고하지 못했다. 불안한 공민왕은 만일의 사태에 대비하여 군사 동원 준비에 들어간다. 칼끝이 언제 공민왕 자신을 향할지 알 수 없기 때문이다.

이어서 1월 27일, 전장에서 몇몇 장수가 안동의 행재소로 달려와 정세운의 죄를 물어야 한다는 상서를 올렸다. 불안한 중에도 몇몇 장수가 찾아왔다는 사실에 공민왕은 기뻐하며 이들을 후하게 포상한다. 칼끝이 자신을 향한 쿠데타는 아니라고 일단 판단한 것이다. 아울러 유언비어를 퍼뜨리는 자들을 내치고 거사 주모자를 행재소로 불러들일 궁리를 했다. 공민왕은 이때쯤 안우나 이방실이 정세운을 죽였을 것이라는 사실을 막연히 느끼고 있었다고 보인다. 하지만 최종 배후자가 김용이라는 사실은 아직도 모르고 있었다.

다음날 1월 28일, 공민왕은 전장의 장수들을 무마하기 위해 옷과 술을 갖춰 다시 근신 원송수元松壽를 전장으로 보냈다. 아울러 이방실을 중서평장사로 임명하여 죽은 정세운을 대신하게 했다. 이 조치는 사건의 핵심 장수들을 행재소로 불러들이기 위한 수단이었다.

정세운을 주살한 안우는 그 무렵 공민왕을 대면하기 위해 안동의 행재소를 향해 오는 중이었다. 자신이 사건의 주동 인물로 부각되면서 언제까지나 전장에 머물러 있을 수는 없었기 때문이다. 안우가 정세운을 죽인 것은 정권을 잡으려는 쿠데타가 목적이 아니었지만 공민왕의 처지에서는 주동자로 의심받는 그를 안심하고 대면할 수 없었다. 이에 유탁을 보내 만일의 사태에 대비하면서 정중히 맞아들일 것을 주문했는데, 함창현(경북 상주)에서 안우와 유탁이 대면한다. 함창현은 문경 바로 아래의 지명으로 조령을 넘어 안동으로 들어오는 길목에 있다.

함창에서 안우를 맞이한 유탁은 무릎을 꿇고 안우에게 술잔을 올리면서 이렇게 말한다. "이제 공은 삼한을 회복하였으니 내가 감히 작위를 가지고 말하겠는가. 이 술 한 잔만 올릴 것이니 그대는 서서 받으시라." 안우가 선 채로 술잔 받는 것을 사양하자 유탁이 전한 말이다. 유탁은 안우에 의한 쿠데타를 예상하고 일단 그를 안심시키려는 것이었다.

이때쯤 안우는 의지와 상관없이 자신이 이번 거사의 핵심 인물로 부상했다는 것을 알아챘을 것이다. 그래서 자신의 행동이 쿠데타로 오해받을 수 있다는 것도 뒤늦게 알았다. 그렇다면 공민왕을 직접 대면하여 자신의 행동은 순전히 왕명을 따른 것임을 주장할 필요가 있었다. 안우의 처지에서는 공민왕을 직접 대면하는 것이 무엇보다도 시급하고 중요했던 것이다.

안우는 공민왕을 알현하기 위해 곧바로 안동의 행재소로 향했다. 하지만 그를 기다리는 것은 공민왕이 아니라 김용이 미리 대기시킨 목인길이라는 무장이었다. 여기 목인길은 앞서 몇 차례 언급했는데, 연저수종공신에도 들고 기철 제거 공신에도 든 인물이었다. 목인길이 안우를 인도하여 행궁에 들이는데 중문에 이르자 대기한 장사가 안우의 머리를 내리쳤다. 빗맞았는지 안우는 죽지 않고 이렇게 소리쳤다. "조금만 늦추어라. 주상 앞에 나아가 이 서찰을 보이고 죽음을 받겠다."

안우가 말한 그 서찰은 바로 김용이 안우를 사주하여 정세운을 죽이라는 내용의 바로 그 서찰이었다. 그러니까 안우는 공민왕을 대면하고 자신의 거사가 쿠데타가 아니라 김용이 전한 왕명을 따른 것에 불과하다는 주장을 피력하려던 것이었다. 배후 조종자인 김용이 이를 허용할 수 없었을 것이다. 안우는 다시 머리를 강타당해 중문 앞에서 주살되고 만다. 그렇게 정세운을 죽인 안우도 김용이 고용한 장사에게 제거되었다.

김용은 처음부터 그런 계획 세우고 이번 사건을 배후에서 주도한 것이었다. 어쩌면 '정세운을 죽인 자는 이방실이고 안우는 이미 살해당했다'는 식의 유언비어는 김용이 퍼뜨렸을 가능성이 많다. 김용은 정세운을 죽이라고 안우와 이방실을 사주할 때부터 이미 두 사람도 함께 제거할 계획을 세워 두고 있었던 것이다.

그런데 공민왕은 안우가 행궁에 들어오려다 죽임을 당한 것도 모르고 이런 전지를 내린다. "너의 무리가 함부로 정세운을 죽였으니 너도 죽임을 당해 마땅하지만 이미 공로가 있어 죽이지는 않겠다." 정세운이 안우에게 죽었고, 그 정세운을 죽인 안우가 또 죽임을 당했는데도 공민왕은 사태의 진상을 진정 모르고 있었을까? 공민왕이 사태의 진상을 몰랐다면 안동의 행재소에서 김용의 작란에 그대로 휘둘린 것이라 할 수 있다. 공민왕이 알고도 그렇게 대처했다면 김용의 간계를 묵인한 것이리라. 전자로 보는 것이 타당하고 합리적이겠지만 의문이 쉽게 가시지는 않는다.

이방실과 김득배도 제거당하다

한편, 김용은 자신이 이번 사건의 배후 인물로 드러나는 것이 두려웠다. 안우는 이미 제거되어 문제가 없었지만 정세운을 제거하라는 서찰을 안우에게 전한 조카 김림을 우선 그냥 둘 수 없었다. 안우가 제거된 직후 김용에 의해 김림 역시 죽임을 당하고 만다.

그리고 김용은 공민왕에게, "안우 등이 함부로 장수를 죽였으니 이는 전하를 업신여긴 것입니다. 그 죄를 용서할 수 없습니다"라면서, 안우의 죄를 물어 죽여야 한다는 주장을 폈다. 이미 자신이 죽여 놓고 공민왕을 앞세워 자신의 행동을 정당화하려는 것이다. 이때쯤이면 공민왕도 이번 거사의 배후에 김용이 있다는 사실을 어느 정도 감지하지 않았을까?

이어서 김용은 홍언박 유탁 염제신 이암 등 중신들과 함께 공민왕에게 이번 사태를 정리할 것도 주문했다. 그리하여 국왕의 명령으로 다음과 같은 방문이 붙는다. '안우 등이 불충하여 함부로 정세운을 죽였는데, 그 안우는 이미 죄를 당했으나 이방실과 김득배가 아직 살아 있으니 이들을 잡는 자에게는 3등급을 올려 서용할 것이다.'

김용과 함께 사태를 진정시킬 것을 주문한 이들 중신들은 모두 수상을 지낸 바 있는 대신들로서 공민왕도 그 결정을 따르지 않을 수 없었다. 이번 사태의 배후 주모자가 김용이라는 사실을 알았다고 해도 마찬가지다. 대세는 이미 그쪽으로 흐르고 있었기 때문이다. 다만 그 대신들이 김용과 행동을 같이했다는 사실이 조금은 뜻밖이다. 그 대신들도 이때쯤에는 사태의 배후 조종자가 김용이라는 사실을 감지했을 것 같은데 말이다. 그렇다면 홍언박을 비롯한 그 대신들도 김용과 마찬가지로 정세운이나 안우 이방실 김득배 3인의 군사적 공로를 시기했던 것이 아닐까? 그래서 이번 사태는 김용 혼자서 주도했다기보다는 사후에 이들 대신들의 암묵적 동의하에 마무리되었다고 추측해도 무리가 없을 듯하다. 그런 판국이라면 공민왕으로서는 더욱더 이런 대세를 거스를 수 없었을 것이다.

　1362년(공민왕 11) 2월 하순, 공민왕은 안동을 출발하여 상주(경북)에 머물고 있었다. 왕도가 이미 수복되어 환도할 수도 있었지만 이번 사태가 마무리되지 않아 개경보다는 상주로 일단 옮겼다고 보인다. 여기서 진짜 왕명으로 이방실과 김득배를 잡아들이라는 명령이 떨어지고, 여러 무장들을 사방으로 보내어 두 장수를 추포하는 작전에 들어간다. 김용의 뜻대로 일이 순조롭게 진행되었던 것이다.

　먼저 이방실이 잡혀 죽임을 당했다. 이방실은 공민왕을 대면하기 위해 행재소를 향해 오다가 용궁현(경북 예천)에서 살해당한다. 이방실은 용궁현에서 국왕의 교지를 받자마자 무릎 꿇고 일단 굴복했지만 추포사로 나선 무장들의 급습을 받고 도망치다 결국 살해되고 만다. 이방실이 교지를 받고 바로 굴복한 것은 공민왕을 대면하여 사태의 진상을 밝히기 위함이었다. 하지만 김용은 그의 입을 살아있게 놔둘 수 없었다.

한편, 김득배는 기주(경북 풍기)에서 이방실이 살해되었다는 소식을 듣는다. 그 역시 공민왕을 대면하기 위해 행재소로 향하고 있었다. 어쩌면 그는 이방실보다 더욱 억울한 처지에 놓인 꼴이었다. 그는 안우 이방실처럼 죽음에 이르지는 않을 것이라는 기대를 했는지도 모른다. 안우 이방실의 거사에 처음부터 반대했고 그래서 정세운을 죽이는 데 참여하지도 않았기 때문이다.

김득배는 안우가 살해당한 것은 그럴 만하다고 생각했을 수 있다. 정세운을 살해한 죄가 작지 않다고 생각했기 때문이다. 하지만 이방실마저 죽임을 당했다는 소식을 듣고는 자신에게도 죽음의 그림자가 따라오고 있다는 것을 느꼈을 것이다. 안우 이방실과 함께 한물에 휩싸여 죽음으로 몰린 것인데, 애초에 김용의 살생부 시나리오에 김득배도 포함되어 있으니 피할 수 없는 일이었다.

기주에서 이방실의 살해 소식을 접한 김득배는 공민왕을 대면할 생각도 버렸다. 그래 봐야 이미 소용없음을 알았기 때문이다. 기주에서 김득배는 자신의 선영이 있는 산양현(경북 상주)으로 숨었다. 공민왕을 대면하여 진상을 밝힐 수도 없고, 그렇다고 아무 죄도 없는데 자복할 수도 없는 노릇이었으니 그런 옹색한 길을 택한 것이다. 이에 그의 가족들이 붙잡혀 아우는 귀양당하고 처와 사위 식솔들은 심한 고초를 받았다. 결국 김득배가 숨은 곳이 알려지고 추포사들에 의해 붙잡혀 상주 거리에서 효수당했다. 1362년(공민왕 11) 2월 말이었다. 후에 김득배의 문생인 정몽주鄭夢周는 스승의 억울한 죽음에 대해 다음과 같은 제문을 바쳤다.

'아아! 하늘이여 그의 죄가 무엇입니까? 선인에게 복을 내리고 악인에게 화를 내리는 것은 하늘이오, 선인을 상주고 악인을 벌주는 것은 사람이라 하였습니다. 하늘과 사람이 다르다 해도 그 이치는 하나입니다. 옛 사람이 말하기를 하늘이 결정하면 사람을 이기고 사람이 많으면 하늘을 이긴다 하였는데 이게 무슨 이치이겠습니까? (중략) 태산 같은 공로가 마침내 칼날의 피로 돌아왔으니 이것이 그의 피눈물로써 하늘에 묻는 바입니다. 그 충성스런 혼백이 천추만세로 구천 아래에서 울고 있을 것을 생각합니다. 아, 그 왕명을 어찌 하리오, 어찌 하리오!'

약간 윤색을 가하여 옮긴 것인데, 김득배의 죽음이 얼마나 억울한 죽음이었는지 알 만한 내용이다. 김득배만 억울한 것이 아니라 안우와 이방실도 억울했을 것이다. 이 두 사람은 약간의 판단 착오가 있긴 했지만 이들의 죽음에 대해서도 당시 슬퍼하는 사람이 많았다고 하니까 짐작할 수 있다. 하지만 가장 억울한 사람은 왕도 수복에 결정적 공을 세우고 영문도 모른 채 죽임을 당한 정세운이 아니었을까. 그의 죽음은 마른 하늘에 날벼락 같았을 것이다. 정세운은 나중에야 복권되어 첨의정승에 추증되었지만 그게 무슨 소용 있었겠는가.

그런데 정작 중요한 문제는 왜 이런 어차구니 없는 일이 벌어졌을까 하는 점이다. 또한 국왕인 공민왕은 과연 사건의 배후에 김용이 있었다는 사실을 전혀 몰랐을까 궁금할 따름이다.

공민왕의 용인술

그래서 이번 사태를 통해서 좀 생각해 볼 대목이 몇 가지 있다. 먼저 김용의 그런 사악한 간계가 어떻게 그리 쉽게 일사불란하게 통할 수 있었을까 하는 점이다. 이는 당시 중신들 대부분이 김용의 간계를 묵인한 결과로 보인다. 사전에 김용과 함께 공모하지는 않았을지라도 사태의 전개 과정에서 암묵적으로 따랐을 것이다. 여기에는 당시 군공을 세워 위상이 높아진 정세운 안우 이방실 김득배 등에 대한 조정 대신들의 강력한 견제 심리가 함께 작용했다고 할 수 있다.

국왕인 공민왕도 이들 장수들을 견제하고픈 심리에서 예외가 아니었다. 결정적으로 군공을 세운 4인에 대한 경계심은 누구보다도 공민왕이 가장 컸다고 보인다. 대규모 군사를 거느린 실력자의 등장은 국왕에게 달갑지 않은 일이었기 때문이다. 게다가 이 무렵 공민왕은 반원 정책을 내세우면서 위급할 경우 원 조정에 의지할 처지도 아니었다. 국왕 스스로 왕권을 확립해야 했으니 그게 공민왕 특유의 용인술이었다.

공민왕의 처지에서는 특정 신하에게 총애를 집중해서도 안 되었고 멀리해서도 안 되었다. 공민왕의 용인술에서 보이는 특징은 왕권에 위협적인 인물을 아예 키우지 않는 것이었다. 이런 공민왕의 심리를 잘 아는 측근에서는 이를 역이용하여 정적이나 라이벌을 모함에 빠뜨리고 죽음으로 몰았던 것이다. 공민왕은 자신에게 위태로운 짓만 아니라면 대세를 따르면서 이를 모른 채 묵인하고.

또한 공민왕의 측근들 사이에서는 국왕의 총애나 신임이 아니면 권력의 중심에 들어설 방법이 없었다. 공민왕 이전에는 원 조정에 줄을 대거나 제국에 정치적 기반을 가지고 권력의 중심에 오를 수 있었지만, 반원 정책을 내세운 이후에는 국왕만 바라볼 수밖에 없었다. 따라서 국왕의 총애나 신임을 놓고 측근들 사이에서 치열한 다툼이나 저급한 권력 투쟁이 더욱 심하게 벌어지게 된 것이다.

이런 권력 다툼의 양상은 제국의 쇠퇴와도 무관치 않았다. 고려에 강력한 영향력을 행사하던 세계 제국이 쇠퇴하면서 지금까지 득세했던 부원배 역시 쇠퇴할 수밖에 없었다. 이제는 제국에 의존했던 부원배와 같은 권력 추구 방식에서 벗어나 새로운 권력 추구 방식이 필요했던 것이다. 국왕의 총애를 활용하는 공민왕의 용인술은 이를 더욱 부추겼으니, 맨 앞의 조일신의 난이나 여기 김용의 변란은 그래서 일어났다고 보인다.

그런데 공민왕의 그런 용인술은 왕권을 강화하는 데 한계도 분명했다. 조일신이나 김용과 같은 음험하고 신뢰하기 힘든 인물들이 계속 작란을 칠 가능성이 많기 때문이다. 다음에 살펴보겠지만, 김용은 이후에도 또 한 번 변란을 일으켜 여러 신하를 죽음으로 몰고 공민왕을 위기에 빠뜨린 것에서 알 수 있다.

사실 공민왕은 김용이라는 인간의 성향을 누구보다도 잘 알고 있었다. 공민왕이 즉위하기 이전 청소년 시절부터 원의 숙위 활동에 함께 참여한 인물이기 때문이다. 김용은 공민왕이 즉위한 후에도 여러 자잘한 모함과 음해 사건으로 두 차례나 관직을 빼앗기고 유배를 당한 적도 있었다. 그런데도 공민왕은 김용을 다시 중용하곤 했으니 이를 어떻게 설명해야 할지 모르겠다.

1362년(공민왕 11) 3월, 김용에 의한 그 사태가 마무리되고 공민왕은 특별 교서를 내린다. 안우 등 3인은 국왕을 기만하고 업신여겼다는 죄목으로 법대로 처단했음을 공표한 것이다. 공민왕을 정작 기만하고 업신여긴 자는 김용인데 말이다. 어쩌면 공민왕은 위협적인 인물을 제거하는 데 김용의 그런 성향을 역이용하여 방관했을지도 모른다. 공민왕의 가슴속은 착잡했을지라도 머릿속은 개운했을 것이라고 생각하면 너무 무리한 판단일까?

지체되는 환궁, 불안한 공민왕

공민왕이 피란지 안동을 떠난 것은 1362년(공민왕 11) 2월 25일이었다. 안동에 들어온 지 두 달 남짓 지난 때였다. 이틀 후 상주(경북)에 도착하는데, 아직 김용에 의한 그 변란이 마무리되지 않고 있었다. 공민왕은 이후 개경으로 바로 환궁하지 않고 1년 이상을 지방을 돌며 지체한다. 개경으로 환도하는 것을 꺼리는 것 같기도 했다.

공민왕이 그렇게 지체한 이유를 생각해 볼 필요가 있다. 먼저, 김용에 의한 그 사태가 아직 끝나지 않아 그랬을 수 있다. 전장에 나갔던 장수들의 동태가 불안했을 테니 그럴 수도 있겠지만 이는 중요한 이유가 아니었던 것 같다. 그 사건은 공민왕이 상주에 들어선 후 3월 초 국왕 교서를 발표하고 왕도 수복에 출전한 장수들을 불러 위로하면서 마무리되는데, 환도는 그러고도 1년을 더 지체했기 때문이다.

그게 아니면, 개경이 홍건적에 함락되어 파괴된 후 미처 환도 준비가 안 되었다는 점도 생각할 수 있다. 홍건적에 함락되었던 개경은 강안전이 불에 타고 온전한 전각이 별로 없어 즉시 환궁할 수 없는 상태였다. 백성들은 흩어져 거리가 텅텅 빌 정도였고, 포골暴骨이 사방에 널려 있었으며, 남아 있는 백성들도 개경을 등지는 자가 많았다고 하니까 환궁하기에는 주저되었을 것이다. 그런 개경의 상황을 감안하여 그해 3월에 백관을 나누어 개경에 분사分司시켰다. 개경의 분사란 국왕이 왕도를 비운 관계로 여러 관청을 나누어 개경에 임시 관사를 설치하는 것을 말한다. 이를 위해 필요한 관제를 고치고, 평장정사 이공수, 참지정사 황상 등을 개경에 먼저 파견하였다. 이공수는 기황후와 내외종 간의 형제이며, 황상은 기철 제거 공신 1등에도 들고 왕도 수복 작전에도 참여했던 인물이다.

환도를 위한 준비에는 개경 근방의 백성들을 안정시키는 일도 중요했다. 이를 위해 그해 4월 용문창의 세곡 1만 석을 내어 경기 지방의 주린 백성들을 구제하는 조치를 내리기도 했다. 이런 조치들은 개경을 하루속히 복구하고 환도하려는 준비였다고 할 수 있다. 하지만 환도를 지체한 이유는 이런 준비 과정이 필요해서만은 아니었다.

당시 국경의 불안도 환도를 지체하는 이유로 작용하고 있었다. 국경의 불안은 앞서 압록강을 넘어 달아난 홍건적 때문이었다. 요양행성을 지키고 있던 원의 장수 고가노高家奴가 달아난 홍건적을 공격하여 4천여 명을 베고 적장 파두반을 사로잡았음을 그해 4월 고려에 알려 왔다. 이후 홍건적은 점차 쇠퇴한 것으로 보이지만 그런 다음에도 고가노가 고려에 다시 병력을 요청해 온 것을 감안하면 홍건적의 잔여 세력은 계속 남아 있었다고 보인다. 그해 6월 고려에서는 원 조정에 사신을 파견하여 홍건적 평정을 알리고 노획한 옥쇄 등을 보내주기도 했다. 하지만 홍건적이 다시 움직인다는 소문은 그 뒤에도 이어졌고 군사를 내어 협공하라는 원 조정의 요청도 있었다. 그럴 때마다 고려에서는 홍건적을 정탐하는 등 그에 대비를 하지 않을 수 없었으니, 공민왕이 환궁을 지체한 데는 홍건적의 재침에 대한 걱정도 분명 작용했다고 보인다.

이 무렵 변경의 불안은 함경도 방면에서도 일어나고 있었다. 여기에는 5년 전 고려 정부에 저항하다가 여진 지역으로 도망쳤던 고려인 조소생과 탁도경이 다시 움직이고 있었기 때문이다. 함경도 방면은 원과 연결된 이 지역 토착 세력이 지배하고 있었는데, 이들 토착 세력인 조소생과 탁도경이 고려 정부에 저항했다는 얘기는 앞서 雙城摠管府의 수복 과정에서 언급했다.

그 조소생과 탁도경이 다시 동북면을 침략한 것이다. 이들은 나합출納哈出(나가추)이라는 원의 장수를 끌어들여 함경남도의 북청과 홍원 지역을 침범한다. 홍건적을 물리친 직후인 1362년(공민왕 11) 2월 말의 일이었다. 이때 동북면을 지키던 고려 장수는 패배하여 함경도 지역을 내주고 말았다. 나가추는 원 조정이 불안한 틈을 타서 독립한 제국의 지방 군벌쯤 되는 인물인데, 그는 나중에 심양 지역을 점령하고 스스로 요양행성 승상을 칭하기도 했다.

그런데 그해 7월에 나가추는 조소생 탁도경 등과 함께 군사 수만을 이끌고 아예 함경도 지역을 장악하였다. 이에 고려에서는 이성계를 동북면병마사로 삼아 공격에 나서도록 했는데 다행히 이들을 물리쳐 평정한다. 관찬 사서는 이성계의 이 전투에 대해 장황하게 기술하고 있는데, 이를 계기로 이성계는 그의 아버지 이자춘에 이어서 공민왕의 큰 신임을 받게 되었다. 그 직후 조소생과 탁도경은 여진족 다루가치에 의해 그

식솔들과 함께 살해되어 종말을 맞았다. 그리고 제국의 군벌 나가추는 그 후에도 고려 정부와 형식적으로 교류하면서 만주를 지배하다가 원말 명초까지 끈질기게 세력을 유지하였다. 나가추 세력은 그때 함경도에서 물러난 이후 고려에 크게 위협적인 세력은 아니었다.

하지만 공민왕의 개경 환도는 계속 지체되고 있었다. 환도보다는 아예 천도를 생각하는 것 같았다. 1362년(공민왕 11) 6월, 공민왕은 상주에 있으면서 수원(경기)에 궁궐을 조영할 생각을 하였다. 왕도인 개경 외에 다시 새로운 궁궐을 조영한다는 것은 천도에 버금가는 일이었다.

이에 감찰사에서는 수원의 새로운 궁궐 조영을 반대한다. 수원은 바다와 가까워 왜구의 위협이 크고, 홍건적의 침입 때 항복을 하여 민심을 보증할 수 없다는 이유였다. 그러면서 청주(충북)로 잠시 어가를 옮겼다가 농번기를 지나 개경의 가까운 곳으로 이어할 것을 권했다. 공민왕의 새로운 궁궐 조영에 반대한 것이다.

공민왕은 그해 8월 상주를 출발하여 1주일 뒤 청주에 도착한다. 상주에서 무려 반년을 지체한 것인데 이는 안동에 2개월 정도 머문 것에 비하면 뜻밖에 오래 머문 것이다. 게다가 상주에서 청주까지는 하루 이틀이면 갈 수 있는 거리였지만 그 사이 속리산, 옥주(충북 옥천), 보령(충북 보은)을 거쳐 돌고 돌아 청주에 들어선 것이다. 공민왕의 이런 지체는 개경 환도를 늦추려는 행동이 분명했다.

이뿐이 아니었다. 그해 9월에 공민왕은 청주에 있으면서 강화도의 용장사龍藏寺를 수리하도록 했다. 개경이 아닌 그곳으로 이어하려는 것이었다. 그리고 곧 이어 이인복에게 개태사開泰寺의 태조 진전眞殿에 나아가 강화 천도를 점치도록 한다. 진전은 국왕의 초상화를 모신 건물을 말하는데, 용장사를 수리하라고 한 것은 역시 천도를 염두에 둔 일이었다.

공민왕의 이런 천도에 대한 생각은 개경 환도를 지체하는 중요한 동기였던 것으로 보인다. 안동 몽진 후 돌아오는 과정에서 계속 천도를 염두에 두고 환궁을 지체한 것이다. 하지만 공민왕의 그런 의도에 대부분의 신하들이 반대하였다. 모후인 명덕태후마저 이를 반대하는데, 태후는 자신의 조카이자 수상인 홍언박이 이를 간언하여 중지시키지 않은 것에 대해 면박을 줄 정도였다. 강화 천도에 대한 점괘는 불길하다고 나와 이를 결국 중지한다.

공민왕이 천도를 생각한 것은 이번이 처음이 아니었는데, 천도에 대한 미련을 버리지 못한 것은 정말 궁금한 부분이다. 물론 홍건적이 함락한 왕도 개경으로 다시 환궁한다는 것은 매우 주저되는 일이었을 것이다. 게다가 대부분의 궁궐이 파괴되고 민심마저 흉흉한 왕도는 들어가고 싶지 않았을 것이다. 여기에는 근본적으로 공민왕의 불안 심리가 작용했다고 보인다.

실제 공민왕은 즉위한 직후부터 편안한 날이 없었다. 밖으로는 왜구의 침략이 거의 매달 계속되는 속에서 홍건적이 쳐들어와 왕도까지 함락당하고, 여기에 동북면의 여진과 연결된 고려의 반민들도 공민왕을 괴롭혔다. 안으로는 기황후 친족들의 횡포와 이를 빌미삼아 일어난 조일신의 난으로 정국이 불안했으며, 이후 기철 일당을 제거하고 내세운 반원 정책은 원과의 관계를 소원하게 만들어 국가의 위기에도 구원 요청을 할 수 없었다. 여기에 김용의 간계로 인한 사태는 진짜 믿을 만한 신하가 누구인지 분간할 수 없게 만들었다. 어쩌면 이런 내우외환은 어려운 시대의 국왕으로서 공민왕의 피할 수 없는 숙명이었는지도 모른다.

그런데 공민왕을 불안하게 하는 것은 여기서 그치지 않는다. 1362년 (공민왕 11) 12월, 정말 공민왕을 위기에 몰아넣는 불길한 보고가 들어온다. 원 조정에서 공민왕을 폐위시키고 다른 사람을 고려 국왕으로 세우려 한다는 소문이었다. 공민왕은 아직 환궁하지 않고 청주에 머무를 때였다. 기황후의 책동인데, 기어이 올 것이 오고야 만 것이다.

공민왕 폐위 문제는 조금 뒤에 자세히 언급하기로 하고, 측근에서 또 한 번의 큰 변란이 일어나는데 우선 이 사건부터 살피고 가자.

김용과 공민왕 그리고 친위군

공민왕은 해가 바뀐 1363년(공민왕 12) 정월 초하루에 청주에 머물고 있으면서 이인복을 다시 개태사의 태조 진전에 보내 환도에 대한 점을 치게 했다. 환도하기를 얼마나 주저했는지 알 수 있는 일이다. 공민왕이 환도 문제를 놓고 이렇게 자주 점을 쳤던 것도 불안한 심리의 소산일 것이다.

그 점괘가 좋은 것으로 나오자 공민왕은 이제현 염제신 윤환 이암 등 수상을 지낸 원로대신들을 불러 환도 문제를 정식으로 논의하게 하였다. 당연히 원로대신들은 국가의 근본인 송도松都로 환도할 것을 주장했다. 다만 천문이 좋지 않으니 강안전의 수리를 기다려 일단 흥왕사興王寺로 이어할 것을 권유한다.

그리하여 공민왕은 청주를 출발하여 여드레 만인 그해 2월 12일 흥왕사(경기 개풍군)에 들어섰다. 흥왕사는 개경의 바로 남서쪽에 있는 고려 왕조 최대의 사찰인데 몽골과의 전쟁 기간에 불탄 적이 있었지만 어느 땐가 다시 중건한 것으로 보인다. 여기서 바로 흥왕사의 변란이 일어난다. 변란의 주모자는 또 그 김용이었다.

흥왕사의 변란을 살피기 전에 우선 김용에 대해서 자세히 알아볼 필요가 있다. 왜냐하면 앞서 김용은 간계를 꾸며 정세운 등 네 명의 장수를 죽게 했는데 그가 또 변란을 일으킨 장본인으로 등장하기 때문이다. 김용이 1년 사이에 연거푸 그런 무모한 변란을 일으킨 데는 그럴 만한 배경이 있었을 것이다.

김용은 공민왕이 즉위하기 이전 원 조정에서의 숙위 활동에 참여하여 연저수종공신 1등에 올랐다는 얘기는 앞서 했다. 그는 그 공으로 공민왕이 즉위하자마자 응양군鷹揚軍의 상장군을 제수받는다. 응양군은 고려 전통의 군사 체제에서 국왕의 신변을 호위하는 친위부대이고 상장군은 그 사령관을 말한다.

고려의 전통적인 중앙군 체제는 본래 궁궐과 왕도 수비를 담당하는 2군 6위 체제로 구성되었다. 국왕의 신변을 호위하는 응양군과 용호군龍虎軍을 2군, 왕도를 방어하는 여섯 개의 군대를 6위라고 불렀다. 2군 6위는 지방군에 대비되는 중앙군으로 직업적 상비군 체제의 중심이었고, 그중에서도 응양군은 2군 6위의 최상위 선두 군대였다. 즉, 응양군은 친위군의 핵심으로 그 사령관인 상장군은 무반 서열 1위였다.

그런데 원의 정치적 간섭을 받아 고려에 대한 군사적 견제가 이루어지면서 그런 2군 6위라는 중앙군 체제를 유지할 수 없게 된다. 그래서 원 간섭기에 등장한 새로운 군대가 순군巡軍이었고 그 최고 사령관이 순군 만호였다. 그러니까 순군은 원에서 상비군 체제를 허용하지 않자 최소한의 왕도 치안을 담당하는 군대로 원의 승인을 받아 등장한 것이었다. 쉽게 말해서 고려 전통의 응양군 상장군이나 원의 영향으로 등장한 순군 만호는 그 기능이나 위상이 비슷한 것으로 봐도 무방하다. 이는 공민왕이 처음에 김용을 응양군 상장군에 제수했다가 나중에 순군 만호를 맡긴 것을 봐도 알 수 있다.

김용이 차지한 그 응양군의 상장군은 공민왕의 신변 호위 문제를 책임지는 자리로 신임이 매우 컸다는 뜻이다. 지금으로 알기 쉽게 말하자면 청와대 경호실장 정도에 해당된다. 또한 공민왕이 처음에 김용을 응양군 상장군에 제수한 것은 고려 전통적인 중앙군 체제의 복원을 염두에 둔 것이기도 했다. 하지만 원의 눈치를 보느라 그게 쉽지 않자 다시 순군 만호에 임명했던 것이다.

순군 만호에 임명된 김용은 주로 무뢰배를 끌어 모아 공민왕의 친위 부대를 양성했다. 무뢰배를 끌어 모아 친위군을 만들었다는 것은 비공식적으로 군대를 양성했다는 것을 의미한다. 군대 양성은 원에서 민감하게 주시하는 문제로 은밀하게 추진할 수밖에 없었기 때문이다. 그래서 김용의 주도로 이렇게 은밀하게 양성된 군대는 김용과 사적 유대 관계가 깊은, 즉 어느 정도 사병적 성향을 띨 수밖에 없었다.

간단히 말해서 김용은 공민왕의 신변 호위를 책임지는 순군 만호를 맡으면서 사적으로 긴밀한 친위군을 양성한 것이다. 이는 말할 필요도 없이 즉위 초 신변 호위가 중요했던 공민왕의 묵인 아래 추진된 일이었다. 김용이 양성한 이런 사병적 성격의 친위군은 그가 상장군이나 만호의 직책을 그만두고 문반 고위직에 오른 후에도 사적인 관계가 유지되면서 김용의 중요한 정치적 기반이 되었다.

김용이 양성한 그런 군사가 한때 1천 가까이 되었다고 하니까 상당히 규모가 컸던 모양이다. 김용이 두 차례나 유배를 당했다가 다시 중용된 것은 그의 그런 정치적 위상을 공민왕도 무시할 수 없었기 때문이다. 김용과 사적인 유대 관계가 깊은 친위군은 그 자체로 무력적 기반일 뿐만 아니라 정치적 기반이기도 했던 것이다.

하지만 홍건적이 쳐들어와 왕도가 함락되고 공민왕이 피난을 떠나면서 김용이 양성한 그런 친위군은 그대로 유지되기 힘들었다. 군사 하나가 아쉬운 상황이었으니 대부분 홍건적과의 전투에 동원되었을 테고 일부는 공민왕의 피난길을 호위하며 함께했을 것이다. 그래서 김용은 안동의 행재소 등 피난길에서도 공민왕의 신변 안전을 책임지는 위치에 있었다. 공민왕이 처음에 김용을 총병관으로 삼아 홍건적과의 전쟁에서 총책임을 지웠던 것은 그런 관계가 작용한 것이었다.

하지만 나중에 공민왕은 총병관을 김용에서 정세운으로 교체하고 만다. 김용에게 너무 많은 권력이 집중되는 것을 막으려는 의도였다. 총병관을 빼앗긴 김용이 거짓 왕명을 꾸며 정세운을 제거한 것은 그 때문이었다. 김용이 총병관인 정세운을 제거할 수 있었던 것도 자신이 양성하여 전쟁에 참여시켰던 과거 친위군을 이용했기 때문에 가능했을 것이다. 마침내 호국의 장수가 네 명이나 김용의 간계에 의해 비명횡사했지만 김용이 무사했던 것은 역시 공민왕과 김용의 그런 관계 때문이었다.

그런데 공민왕은 청주를 출발하여 흥왕사에 입어한 직후 그 김용을 다시 순군의 제조관提調官으로 임명했다. 여기 순군 역시 개경과 궁궐을 수비하는 군대를 말하고, 제조관은 그 책임자나 그 우두머리를 말하는 것이니 이전에 김용이 지녔던 순군 만호와 별반 다를 것이 없다. 차이가 있다면 제조관은 군사적인 통솔과 함께 순군에 대한 행정적 책임을 지는 자리가 아니었을까 생각한다.

공민왕이 김용에게 순군의 제조관을 맡긴 것은 환궁을 위한 사전 준비였다. 환도를 꺼려했던 공민왕이 다시 환궁하려면 1년 이상 비워둔 왕도와 궁궐의 방어와 치안 체제를 다시 갖추는 것이 무엇보다도 시급한 문제였기 때문이다. 그래서 김용이 우선 할 일은 수복한 왕도의 순군을 다시 재정비하는 것이었다. 여기에 개경의 민심도 가늠할 수 없는 상황에서 국왕의 신변 안전을 지키기 위한 친위군을 구축하는 것은 최우선으로 해야 할 일이었다. 게다가 그 무렵 원 조정에서는 공민왕을 폐위시키려 한다는 불길한 소문도 나돌고 있었으니 그 일이 얼마나 중요했겠는가. 순군의 제조관이 해야 할 일이 바로 그 일이었다.

그런 중대한 책무를 맡길 인물은 이전에 친위군을 양성한 적이 있었던, 그리고 그들과 유대 관계를 맺고 있는 김용밖에 없었다. 김용은 이 직책을 이용하여 흥왕사에서 또 변란을 일으킨 것이다.

흥왕사의 변란

김용이 주도하였던 흥왕사 변란은 1363년(공민왕 12) 윤3월 1일에 일어난 일로 공민왕이 흥왕사에 입어한 지 한 달 남짓 지난 때였다. 김용의 명령을 따르는 군사 50여 명이 그날 새벽 국왕의 행재소가 있는 흥왕사의 침전을 침범한 것이다. 국왕의 거처인 행재소를 침범했던 이들 군사는 김용의 명령에 따라 움직이는 사병과 같은 존재들이었다.

이들이 행재소를 침범했다는 것은 공민왕에게 위해를 가하려는 행동이 분명했다. 김용의 사병들은 행재소의 숙위병을 죽이고 바로 국왕의 침전으로 향하면서, "우리는 황제의 명령을 받들고 왔다"라고 소리쳤다. 행재소를 침범하는 과정에서 숙직하던 국왕의 근신 7, 8명이 죽임을 당하니 숙위하던 군사들은 모두 놀라 도망쳐 버렸다. 깜짝 놀란 환관 이강달李剛達이 잠을 자던 공민왕을 다급하게 등에 업고 태후의 밀실로 들어가 담요로 덮어 숨겼다. 문 앞에는 노국공주가 가로막고 지켰다.

그리고 환관 안도적安都赤은 공민왕과 용모가 비슷하여 대신 침대에 누웠다. 침전으로 밀어닥친 적들은 침대에 누워 있는 환관 안도적을 공민왕인 줄로 알고 그 자리에서 이를 죽이니 안도적은 그렇게 왕을 대신하여 희생되었다. 공민왕의 시해를 목적으로 했다는 것이 분명한 짓이었다.

공민왕을 시해했다고 생각한 적들은 안심하고 개경에 있는 홍언박의 집으로 향했다. 그 역시 공민왕과 함께 제거하려는 것이었다. 홍언박의 집 앞에서 적들은 "나와서 황제의 명령을 받으라"고 소리쳤다. 홍언박의 부인과 자식들이 이상한 낌새를 알아채고 피하라고 했지만 홍언박은 "어찌 수상으로서 도망갈 수 있겠는가"라고 하며 의관을 정제하고 문밖으로 나섰다. 홍언박은 적들에게 그 자리에서 죽임을 당하고 만다. 이때 그는 55세의 나이로 공민왕을 위해 한참 일할 나이에 변을 당한 것이다.

날이 밝아오면서 적들은 공민왕을 시해하는 데 실패했음을 알아차리게 된다. 하지만 행재소 주변에서는 이미 변란이 일어났다는 소문으로 뒤숭숭했다. 적들은 궁중의 여러 직책을 나누어 차지하고 국왕의 식사를 담당하는 자를 협박하여 음식을 올리게 하면서 공민왕을 안심시켜 나오도록 하였다. 하지만 공민왕은 밀실에 숨어 변란이 끝날 때까지 나오지 않는다. 적들은 행재소를 통제하고 있었지만 다시 공민왕을 찾아 시해를 기도한다는 것은 어렵다고 판단했는지 더 이상의 살상은 감행하지 못하고 수비에 나선다. 변란 소식에 곧 군사들이 밀어닥칠 것이기 때문이다.

그 무렵 환궁을 목전에 둔 시기라서 대부분의 관리들은 개경에 들어가 있었고, 사건의 주모자인 김용 역시 개경의 순군만호부에 있었다. 적들은 행재소를 통제하던 군사를 나누어 개경에 거주하고 있는 재상들을 죽이겠다고 달려갔다. 이제는 행재소의 국왕보다는 개경의 반격을 막는 것이 다급했기 때문이다. 개경에서는 아직 흥왕사의 변란 소식이 전해지기 전이었다.

그때 개경에 있던 재상과 고위 관리들은 묘련사妙蓮寺에서 매달 초하루마다 국가를 위하여 복을 비는 행사에 참여하고 있었다. 적들의 군사가 갑자기 묘련사에 밀어닥치니 당장 변란의 낌새를 알아채게 되는데, 제일 먼저 반격에 나선 인물이 좌정승 유탁이었다. 유탁은 묘련사의 입구를 막고 있는 적들을 피해 지름길로 말을 달려 순군만호부로 향했다. 순군의 군사를 동원해야 했기 때문이다.

그런데 순군만호부는 주모자 김용이 지키고 있었다. 김용은 다른 재상들과 달리 묘련사의 행사에 참여하지 않고 순군부에서 변란의 추이를 주시하고 있었던 것이다. 유탁이 달려와 변란 소식을 말하고 행재소로 군사를 보내야 한다고 주장하니, 김용은 이를 허락하면서도 자신은 순군부에 남아 있다가 뒤를 따를 것이니 앞서 가라고 주문하였다. 유탁은 김용의 행동이 이상하다고 판단했는지 순군부에 남아 지켜보기로 했다. 그리고 최영 안우경安遇慶 김장수金長壽 등의 무장들이 순군의 일부 군사를 이끌고 공민왕이 있는 흥왕사의 행재소로 달려갔다. 여기 안우경과 김장수는 홍건적을 물리치는 데 공을 세운 장수들이었다. 행재소에는 적들이 정문을 굳게 지키고 있었고 공민왕은 어디에 있는지 알 수 없어 쉽사리 쳐들어갈 수 없었다.

김장수가 죽음을 무릅쓰고 앞장서 공격하여 서너 명을 죽이니 길이 트였다. 이에 최영 등이 군사를 이끌고 쳐들어가 적들을 진압하는데 그 과정에서 김장수는 적의 칼을 맞아 죽고 말았다. 결국 행재소를 장악했던 적들은 대부분 죽고 사로잡힌 적들은 개경의 순군부로 보내졌다. 그리고 공민왕은 밀실에서 나와 그날 바로 흥왕사를 떠나 개경으로 입어하고 문무관리들을 총동원하여 자신을 숙위케 한다.

한편, 개경에서 순군부를 지키고 있던 김용은 흥왕사에서 사로잡혀 온 적들을 심문도 하지 않고 모두 주살하였다. 이들이 무슨 말을 할지 몰라 미리 입을 막아 버린 것이다. 변란이 진정 된 후 가담한 자 90여 명을 체포하는데 이들 역시 제대로 심문이 이루어지지 않고 일부만 유배하는 데 그쳤다. 모두 순군의 제조관으로 있던 김용이 힘을 쓴 때문이었다. 이로부터 김용은 여러 사람들로부터 변란의 배후 주모자로 의심을 사게 된다.

마침내 김용은 사건이 일어난 지 20여 일 만에 배후 인물로 지목되어 밀성(경남 밀양)으로 유배를 당했다. 공민왕이 그의 공로를 생각하여 유배에 그쳤다고 하니까 마지막까지 김용을 믿었던 모양이다. 그 한 달 뒤 4월에 김용은 계림(경남 경주)으로 옮겨져 그곳에서 국문을 받고 목이 잘리어 머리는 개경으로 보내졌으며 재산은 적몰되었다. 아울러 적극 가담자 10여 명도 각자의 유배지에서 처형된다.

그런데 이번 변란에서 진짜 궁금한 것은, 김용은 왜 공민왕을 시해하려고 했을까 하는 점이다. 공민왕의 총애도 받고 그래서 권력의 중심에도 있었던 그가 왜 그런 무모한 짓을 감행했는지 의문인 것이다. 공민왕을 시해하려고 했다는 것은 분명 반역이고 정권 장악을 목표로 한 짓으로 볼 수밖에 없는데 그러기에는 너무 어설픈 변란이기도 했다.

혹시 공민왕은 겉과는 달리 김용을 진정으로 신뢰하거나 총애하지 않았던 것이 아닐까? 그럴 만한 일들은 앞에서 여러 차례 있었다. 전쟁 중에 총병관을 김용에서 정세운으로 교체한 일이나, 그 일 때문에 김용이 거짓 왕명으로 정세운을 제거한 일 등은 공민왕과 김용 사이에 불신의 계기로 충분할 것이다. 그래서 김용은 공민왕이 자신을 진정으로 신뢰하지 않는다는 그런 속마음을 눈치채고 먼저 선수를 치지 않았을까?

공민왕은 김용의 성향을 너무나도 잘 알고 있었다. 그가 간계를 써서 정세운을 비롯한 네 명의 장수를 죽였다는 사실을 모를 리가 없었다. 하지만 공민왕의 처지에서는 김용을 함부로 내칠 수가 없었다. 게다가 그 무렵 환궁을 해야 하는 중대한 시기에 그럴 틈도 없었다. 공민왕은 적당한 시기에 김용을 제거할 생각을 충분히 했을 법하다. 김용도 공민왕의 성품을 잘 알고 있었으니 이를 불길하게 여기고 먼저 선수를 치지 않았나 하는 생각이다.

김용의 잘린 목을 본 공민왕은 "이제 누구를 믿을 것인가?"라고 한탄했다고 한다. 이 말은 공민왕이 끝까지 김용을 신뢰했다는 뜻으로 읽히기 보다는 자신의 속마음을 꿰뚫어 보고 선수를 친 김용에 대한 섬뜩함을 드러낸 말이 아닐까? 공민왕은 정세운과 안우 이방실 김득배를 죽인 김용의 죄를 눈감아 주고 다시 중용했는데 그가 칼끝을 자신에게 겨누었으니 얼마나 섬뜩했겠는가.

그런데 김용이 흥왕사에서 공민왕을 시해하려 했던 것은 당시 원 조정에서 기황후가 공민왕을 폐위시키려는 움직임과도 관련 있었다. 흥왕사 변란은 김용이 기황후 측과 사전에 내통한 결과든지, 아니면 자신이 시해를 감행하더라도 기황후의 비호를 받을 수 있다는 판단을 한 결과로 보인다. 그러니까 흥왕사의 변란은 공민왕 폐위 공작 속에서 벌어진 일이니, 이제 이 문제를 짚어 봐야 한다.

폐위 공작의 시작

기황후가 공민왕을 폐위시키고 새로운 국왕을 세우겠다고 생각한 것은 1356년(공민왕 5) 공민왕이 기철 일당을 제거한 바로 그 사건 때문이었다. 그 사건은 기황후에게 큰 배신감을 안겼을 테니 공민왕을 그냥 놔둘 수 없다고 생각했을 것이다. 그때 기황후는 자신의 소생인 태자 아유시리다라에게 어미를 위해 원수를 갚지 않는다고 불만을 드러내기도 했다. 하지만 그 일을 하려면 기획자가 필요했다.

여기서 등장하는 인물이 바로 고려인 최유였다. 그는 맨 앞에서 언급했듯이 충정왕 때 고려를 배반하고 원으로 도망쳤던 자인데, 공민왕이 즉위한 후에도 고려의 군대를 동원하여 제국의 반란을 진압하자고 하면서 고려를 괴롭혔던 인물이다. 그 최유가 다시 공민왕을 궁지로 모는 일에 앞장선 것이다. 원에서 계속 거주했던 최유는 우승상 조치겐撤思監과 고려인 환관 박불화에게 아첨하여 원 조정에서 동지추밀원사에까지 올랐다. 우승상 조치겐은 기황후가 세운 수상이었고 박불화는 기황후의 최측근 인물이니 최유가 기황후에게 줄을 댔다고 볼 수 있다. 이러한 인연으로 기황후의 의도를 알아챈 최유가 공민왕 폐위 공작에 나선 것이다.

공민왕을 폐위시키고 새로운 고려 국왕을 세우자는 계획이 선 것은 홍건적이 쳐들어와 왕도 개경이 함락된 무렵이었다. 그때 김용이 정세운을 비롯하여 안우 등의 장수를 제거한 상황이라 일을 벌이면 고려에서 불만 있는 장수들이 내응할 것으로 믿은 것이다. 기철 일당이 제거되고 몇 년이 지난 이제야 계획이 선 것은 그동안 제국 내의 반란 때문에 그럴 여력이 없었던 탓도 있었다.

최유는 기황후를 부추겨 당장 공민왕을 폐위시키라고 주장하면서 "고려가 홍건적의 침입으로 국새를 잃어버리고 새 국새를 마음대로 만들어 사용합니다"라고 모함하였다. 기황후보다는 최유가 공민왕 폐위에 더 적극적으로 나섰던 것인데, 기황후는 전면에 나서는 것을 조심스러워했던 것 같다. 아마 기황후는 과거 충혜왕을 폐위시켜 유배 보냈다가 야기된 자신에 대한 고려 사회의 반감을 염려했을 것이다.

기황후 측에서 공민왕을 폐위시키고 새로운 국왕을 세우려 한다는 소문은 1362년(공민왕 11) 12월에 처음으로 공민왕에게 보고되었다. 김용이 정세운과 안우 등의 장수를 주살한 지 10개월 후였고, 또 흥왕사에서 변란을 도모하기 3, 4개월 전이었으며, 공민왕은 아직 환궁하지 않고 청주에 머무를 때였다. 그러니까 앞서 김용이 흥왕사의 변란을 도모한 때는 이미 공민왕에 대한 폐위 소문이 나돈 한참 후였다.

그런데 그 보고는 원에서 들어온 사신을 통한 정식 보고가 아니라 변방에서 떠도는 단순한 첩보를 전달한 것이었다. 당시 서북면을 방어하고 있던 어떤 무장이 원 조정에서 덕흥군德興君 탑사첩목아塔思帖木兒(타사테무르)를 새로운 국왕으로 세우려 한다고 공민왕에게 보고한 것이다. 아직 실행 단계가 아니고 단순한 소문일 뿐이었지만 공민왕은 당황했다. 이에 공민왕은 즉시 이부상서(정3품) 홍사범洪師範을 개경과 변경지방에 파견하여 진위를 정탐케 하고 민심을 살피게 하였다. 민심의 이반을 염려한 것이다. 여기 홍사범은 수상인 홍언박의 아들로 원에 사신으로 파견된 적이 있었던 인물인데 이후에도 자주 중국을 왕래한다.

새로운 국왕으로 거론된 덕흥군 타사테무르는 충선왕과 몽골 여성 의비懿妃 사이에 태어난 셋째 아들로 알려져 있는데 모계는 불확실하다. 일설에 의하면 충선왕의 후궁으로 있던 여성이 다른 사람에게 시집가서 낳은 아들이라는 얘기도 있으니 부계도 명확치 않다. 덕흥군이 충선왕의 아들이 분명하다면 그는 공민왕에게 숙부에 해당한다.

이렇게 종실로서 계보도 명확치 않은 덕흥군을 새로운 고려 국왕으로 생각한 것은 그럴 만한 배경이 있었다. 덕흥군은 일찍이 출가하여 승려가 되었는데 그 이후 행적이 심상치 않다. 그는 원 조정에서 유주 충정왕을 내치고 공민왕이 고려 국왕으로 즉위한 직후 원으로 망명했던 인물이었다. 고려 국왕으로 공민왕이 확정된 그때 덕흥군은 왜 원으로 도망쳐야 했을까? 이 부분이 좀 심상치 않은 것이다.

맨 앞 장에서 살펴보았지만, 당시 기황후 측에서 공민왕을 고려 국왕으로 세운 것은 선택의 여지가 없는 불가피한 일이었다. 다시 말해 공민왕이 썩 내키지 않았지만 대세를 따를 수밖에 없었다는 뜻이다. 그때 기황후 측에서 덕흥군 타사테무르를 잠시 공민왕의 대안으로 생각하지 않았을까 하는 의심이 든다.

즉위한 공민왕이 덕흥군을 꺼려했을 것은 당연한 이치다. 어쩌면 덕흥군의 처지에서는 신변의 위협도 느꼈을 것이다. 공민왕이 즉위하고 폐위된 유주 충정왕이 강화도에서 시해되었다는 사실을 감안하면 그럴 개연성은 충분하다. 그래서 공민왕이 고려 국왕으로 확정되자마자 덕흥군은 자신의 안전을 위해 바로 원으로 망명했던 것으로 보인다. 공민왕은 기철 일당을 제거한 후에 그 덕흥군을 송환해 줄 것을 원 조정에 요구한 적도 있었는데, 역시 덕흥군의 존재가 민감한 문제였기 때문이다.

원으로 망명했던 그런 덕흥군이 기황후에 의해 이제 또다시 공민왕의 대안으로 등장한 것이다. 덕흥군을 새로운 고려 국왕으로 세우겠다는 기황후 측의 계획을 보면 공민왕에 대한 폐위 공작이 단순한 첩보가 아니라 반드시 실행을 위한 것이었다는 것도 충분히 짐작할 수 있다.

다만 황제의 조서를 통한 정식 폐위 절차를 거치지 않고 있다는 점이 이전 충혜왕이나 충정왕의 폐위 과정과 다른 점이다. 그리고 또 하나 중요한 차이점은 기황후가 직접 나서지 않고 고려인 최유를 전면에 내세웠다는 점이다. 이는 달리 말하면 원 조정에서나 황제는 공민왕 폐위 문제에 소극적이거나 부정적이었다고 판단할 수 있다. 그래서 이번 공민왕 폐위 공작은 순전히 기황후의 사감에 의해 추진되고 있었는데, 기황후 자신은 뒤로 빠지고 최유를 앞세운 것이었다.

폐위 공작에 반대한 이공수

자신에 대한 폐위 소문을 접한 공민왕은 1363년(공민왕 12) 3월 찬성사 이공수를 원 조정에 보내 진정표를 올린다. 이공수는 기황후와 내외종간의 인물이니 이 문제를 대처하는 데 가장 적격의 인물이었다. 아직 공민왕은 환궁하지 않고 흥왕사에 머무를 때였고, 김용의 흥왕사 변란이 일어나기 한 달 전이었다.

진정표의 내용은, 홍건적의 침입으로 왕도가 함락되어 그동안 원 조정과 어쩔 수 없이 격절했음을 설명하고 앞으로는 조빙朝聘의 의례를 다하여 황제 폐하를 받들겠다는 것이었다. 기철 일당을 제거한 후 원 조정과 소원해졌다는 것은 분명하지만 완전히 외교 관계가 단절된 상태는 아니었다. 그 사건 이후에도 의례적인 사행은 계속되었기 때문이다.

진정표에서는 공민왕 자신에 대한 폐위 문제를 전혀 언급하지 않고 있다. 하지만 황제를 받들어 원과의 관계를 예전처럼 돈독히 하겠다는 것은 폐위 문제를 염두에 두고 표현한 것이 분명했다. 공민왕을 폐위시킨다는 정식 통보도 아직 받은 바 없었으니 그렇게 대응하는 수밖에 없었을 것이다. 이공수를 사신으로 보내 우선 진상을 정확히 파악하고 대처하는 것이 주목적이었다고 보인다.

원으로 들어간 이공수는 황제와 기황후를 대면하는데, 기황후는 이공수를 친오라버니처럼 융숭히 대접하며 기뻐했다. 이런 후대는 고려에 홀로 남아 있던 기황후의 어미 영안왕대부인 이 씨를 극진히 모신 것에 대한 고마움이었지만 또 다른 의도도 있었다. 이공수는 기황후와 인척 관계에 있었는데도 기 씨 친족과 거리를 두고 올바른 처신을 하여

기철 일당이 제거되는 변란 속에서도 안전할 수 있었던 인물이다. 영안
왕대부인 이 씨는 이공수에게 고모가 되니까 기황후로서는 덕흥군을
새로운 고려 국왕으로 세우는 일에 이공수를 앞세우고 싶었던 것이다.

하지만 이공수는 기황후에게 공민왕 폐위의 부당성을 호소했다. 병
신년(1356)의 화는 기 씨 집안의 권세가 너무 큰데도 분수를 몰라서 불
러온 일이었지 공민왕의 잘못이 아니라는 것이었다. 또한 그런 일로 사
사로운 감정을 풀면 천하의 웃음거리가 될 것이라는 말도 덧붙였다. 기
황후는 이공수의 말을 듣고서 수긍하면서도 공민왕이 자신의 친족을
제거한 것에 대한 노여움을 감추지 않았다. 이는 공민왕 폐위를 계획대
로 추진하겠다는 의지를 그대로 드러낸 것이다. 이공수는 기황후를 직
접 대면하고 이를 분명히 확인했다고 볼 수 있다.

이공수가 기황후의 의지를 꺾을 수는 없었을 것이다. 기황후는 이공
수에게 덕흥군을 받들어 고려로 들어가라고 명한다. 이런 명령은 덕흥
군을 새로운 고려 국왕으로 세우는 일에 이공수에게 적극 나서라고 주
문한 것이지만 이공수의 처지에서는 이를 도저히 따를 수 없었다. 공민
왕의 명령을 받고 온 사신의 처지에서도 그랬지만 지금까지 자신이 살
아온 역정을 통해서도 도저히 용납할 수 없는 일이었다.

이 무렵 기황후 측에서는 원에 체류하고 있던 고려인들에게 고려 관
직을 제수하여 덕흥군을 새로운 국왕으로 모시도록 포섭하고 있었다.
덕흥군이 고려 국왕 행세를 하도록 판을 만들어 준 것인데, 이들을 동
원하여 공민왕 폐위 공작을 진행하려는 것이었다. 이들 중에는 고려에
서 사신으로 들어왔다가 환국하지 못하고 억압된 자들도 있었지만 더
러는 자발적으로 수용하여 관직을 받아들이고 덕흥군을 새로운 국왕으

로 여기는 자들도 있었다. 기황후는 이공수를 그런 일에 앞장세우려는 것이었다.

기황후는 이공수에게 대상례의원사大常禮儀院使라는 원 조정의 벼슬까지 내리고 회유하였다. 이 관직은 궁중의 의례를 관장하는 벼슬인데 이공수는 중국말을 알지 못한다고 핑계대고 이마저 사양했다. 황제가 이를 허락하지 않아 잠시 이 직무를 맡기도 했지만, 이공수는 덕흥군을 고려 국왕으로 세우는 공작에 완강하게 저항한 것이다.

이에 태자인 아유시리다라까지 이공수 포섭에 나서기도 했다. 이공수와 함께 여러 궁전까지 둘러보며 공을 들이지만 그의 마음을 움직이지 못했다. 한번은 태자가 거문고를 타다가 곡조를 이어가지 못하고 이공수에게 묻자, "백성을 걱정하는 마음을 잊지 않을 것이오, 거문고의 한두 곡조를 잊어버린다고 무엇이 해가 되겠습니까?"라고 응수하며 빈틈을 보이지 않았다. 이공수의 이런 태도를 알아본 황제도 태자에게 이렇게 말했다고 한다. "내가 이 노인의 바른 성품을 잘 알고 있다. 너의 외가에는 오직 이 한 사람뿐이다."

황제도 이공수의 굳은 의지를 인정한 셈이니 기황후나 그 측근에 있던 박불화는 더 이상 이공수를 만나지 않고 외면하였다. 이공수는 삭발을 하고 승려가 될지언정 덕흥군이나 최유 같은 무리를 결코 따르지 않겠다는 결연한 의지를 보였다. 또한 함께 입원했던 서장관에게 자신은 부모 자식도 없으니 고려에 돌아가지 않아도 좋다는 각오를 밝히기도 한다. 이공수가 덕흥군을 새 국왕으로 모시는 데 협조를 거부하자 덕흥군은 이공수를 놔두고 최유와 함께 고려를 향하여 대도를 출발했다.

이공수의 처지에서는 언제까지나 원에 체류할 수도 없었지만 덕흥군을 따라 환국할 수도 없었다. 이공수는 기황후에게 병을 핑계로 대도에 조금 더 머물러 있기를 요청했다. 덕흥군을 좇아 환국하는 것을 일단 회피하기 위한 것이었다. 최유는 덕흥군에게 반드시 그를 데리고 가야 한다고 요청하면서 황제의 재가를 받으면 좋겠다고 주문한다. 황제의 재가를 받으라는 것은 공민왕의 폐위에 황제의 동의만 얻으면 된다는 뜻이었다.

이에 이공수의 의지를 무시하고 기황후의 측근인 박불화가 황제의 재가를 받기 위해 나섰다. 하지만 황제 토곤 테무르는 이공수가 덕흥군을 받들고 환국하는 문제를 허락하지 않았다. 이는 공민왕을 폐위시키고 덕흥군을 새로운 고려 국왕으로 세우는 문제에 황제가 적극적이지 않았다는 것을 말해 준다. 이로써 공민왕 폐위 공작은 시작 단계에서 벽에 부딪혔다.

이 무렵 고려에서는 김용에 의한 앞서의 흥왕사 변란이 일어난다. 김용은 기황후 측에서 공민왕을 폐위시키려는 공작이 진행되고 있다는 것을 알아채고 변란을 도모한 것이다. 여기서 김용이 기황후 측과 선이 닿아 변란을 도모했다고 단정할 수는 없지만 그럴 개연성은 농후하다. 그렇지 않고서는 공민왕을 시해하려는 그 무모한 변란을 설명할 길이 없기 때문이다.

한편, 공민왕은 흥왕사의 변란을 진압한 직후 대대적인 공신 책정을 단행했다. 전체 여섯 가지 명목의 공신이었는데, ① 흥왕사의 변란에서 적을 토벌한 공신 28명, ② 변란에서 국왕을 숨겨준 공신 11명, ③ 군사를 모아 변란을 평정한 공신 1명, ④ 홍건적의 침입 때 안동까지 호종한 공신 127명, ⑤ 군사를 징발하여 보좌한 공신 9명, ⑥ 개경 수복의 공신 107명 등이었다.

중복된 인물까지 포함해서 전체 3백 명 가까이 되는 그야말로 고려 왕조 역사상 전무후무한 거국적인 공신 책정이었다. 전체 공신 수도 엄청났지만 여섯 가지로 세분하여 공신을 책정한 점도 매우 이채롭다. ① ② ③의 공신은 홍왕사 변란과 관련 있는 것이고, ④ ⑤ ⑥의 공신은 홍건적의 침입과 관련 있는 공신이다. 특이한 점은 이미 죽은 정세운이나 홍언박 등도 포함되었지만 안우 이방실 김득배 3인은 빠진 점이다.

공민왕의 이런 대대적인 공신 책정은 기황후 측에서 벌이고 있는 자신에 대한 폐위 공작에 대응하는 차원이었다고 보인다. 덕흥군을 새로운 국왕으로 여기는 자들도 생겨나는 마당이라 그를 추종하는 관료 집단의 이탈을 막기 위해서 말이다.

사대 복속 관계로 회귀하다

대대적인 공신을 책정한 공민왕은 염제신을 우정승으로, 유탁을 좌정승, 최영을 판밀직사사로 임명하는 등 최고위직 인사를 단행했다. 염제신의 수상 발탁은 벌써 서너 번째인 것 같다. 그런데 그는 한 달도 못되어 면직되고 대신 유탁이 우정승, 이공수가 좌정승으로 발탁된다.

공민왕이 염제신을 수상 임명 후 바로 면직시킨 것은 무슨 이유인지 궁금하다. 자신에 대한 폐위 공작이 진행되고 있어 원과 친연성이 강한 그가 수상으로 조심스러웠는지 모르겠다. 그게 아니면 혹시 이공수를 좌정승으로 발탁하기 위한 것이었는지도 모른다. 이 무렵 이공수는 원 조정에 체류하면서 기황후의 유혹을 완강히 거절하고 있었으니까 중대한 사명을 지닌 그를 우대할 필요는 충분했기 때문이다.

그런데 이런 공민왕의 인사에서 눈여겨볼 대목은 수상직을 문하시중에서 좌우정승으로 명칭 변경했다는 점이다. 문하시중은 고려 전통적인 수상직이었고 좌우정승은 원의 간섭을 받아 격하된 수상직이었는데, 공민왕이 반원의 기치를 들면서 문하시중으로 복원했다가 이때 다시 좌우정승으로 되돌린 것이다. 이는 공민왕이 원 조정의 눈치를 보며 반원의 기치를 계속 내세울 수 없었던 곤혹스런 처지를 말해 준다.

기철 일당을 제거하고 내세웠던 반원 정책이 수정되고 있다는 것은 홍건적의 개경 함락 때부터 이미 드러나고 있었다. 그 이전에도 원 조정과 의례적인 사신 왕래는 있었지만 홍건적의 침략이라는 국가적 위기는 반원 정책을 더 이상 고수할 수 없게 만들었다. 홍건적이 고려에 쳐들어온 이유는 여원 양국의 사대 관계에 의한 군사적 지원이나 연합을 막기 위한 것이었지만 역설적이게도 그게 사대 복속 관계의 회귀로 나타난 것이다.

하지만 공민왕이 원 제국과 다시 사대 복속 관계로 회귀할 것을 생각한 결정적 계기는 지금 진행되고 있는 자신에 대한 폐위 공작이었다. 원 조정의 비위를 거스르고서는 자신에 대한 폐위 공작에 대처할 수 없었기 때문이다. 어쩌면 당연한 일이었는데 다음의 외교 문서에서 잘 드러난다.

1363년(공민왕 12) 4월, 고려에서는 문무백관과 원로대신들의 이름으로 원 조정에 장문의 글을 올린다. 특이하게도 원 황제에게 올리는 것이 아니라 어사대, 중서성, 첨사원詹事院등 원 조정의 중앙 관부에 각각 보낸 것이었다. 어사대에 보내는 상서에는 공민왕을 모함하는 불령不逞 고려인들을 경계하고 또한 색출하여 처벌할 것을 진정했다. 공민왕 폐위 공작에 앞장선 최유 같은 무리를 지칭한 것으로 보인다. 이는 관리 감찰과 탄핵을 관장하는 어사대의 소관 업무를 고려하여 요청한 것이었다.

중서성에 보내는 상서에는 그동안 고려가 번국으로서 예를 다했다는 것을 강조하고 홍건적을 두 차례나 물리친 공로를 언급하였다. 불령 고려인들의 농간으로 파견된 사신이 돌아오지 못한 경우가 많다는 호소도 하였다. 국왕이 있는데 다시 국왕을 세우는 것은 정당하지도 않고 불령 고려인들의 장난일 뿐이라는 주장도 하였다. 이런 내용 역시 제국의 대외 문제를 관장하는 중서성의 소관 업무를 고려한 것이었다.

그리고 첨사원에 보낸 상서에는 공민왕이 재원 숙위 시절 단본당에 참여했음을 특별히 강조했다. 첨사원은 태자와 관련된 업무를 처결하는 곳이니 이는 바로 태자에게 호소하기 위한 것이었다. 이는 말할 필요도 없이 공민왕과 태자의 옛 시절을 상기시켜 폐위 공작에 대처하려는 것이었다.

중요한 사실은, 위의 여러 상서에서 공통으로 언급한 내용이 정삭定 朔 반포를 다시 요청한 점이다. 정삭 반포라는 것은 황제국에서 제후국에 책력을 내려주는 것으로 황제가 결정한 시간 질서를 따르라는 의미였다. 정삭 반포에서 가장 중요한 일이 황제가 제정한 연호를 따르는 것이다. 이를 거부하면 사대 복속 관계는 단절이다. 그래서 이때 정삭 반포를 요청한 것은 고려에서 사대 복속 관계로의 복귀를 희망하고 있다는 것을 정확히 보여준다.

그런데 한 가지 미심쩍은 것은, 이런 중대한 외교 문서를 왜 국왕인 공민왕의 이름으로 올리지 않고 문무백관의 연명으로 보냈을까 하는 점이다. 두 가지로 해석된다. 하나는 지금 공민왕에 대한 폐위가 거론되는 상황이라 국왕의 이름으로 요청하기에 적절하지 않았을 것이라는 점, 또 하나는 정삭 반포 요청이 이전에 공민왕이 선언했던 연호 정지와 상반되어 그럴 수 없었을 것이라는 점이다. 어느 쪽이 온당한 해석일지 얼른 판단이 서지 않지만 양쪽 모두 관계된 것으로 보인다. 전자는 당시 공민왕이 원 조정의 눈치를 볼 수밖에 없는 곤혹스런 처지를 말해 주는 것이다. 후자로 해석하는 것은 공민왕이 어려운 처지 속에서도 운신의 폭을 넓게 가져보려는 것이라 볼 수 있다.

후자 쪽의 해석은 이런 뜻이다. 공민왕이 순제 토곤 테무르의 연호를 정지하겠다고 이미 수년 전에 선포했는데, 이제 다시 공민왕의 요청으로 그 연호를 따르겠다고 하는 것은 아무래도 옹색한 처지를 드러낼 것이 분명하다. 하지만 그런 옹색한 처지보다 더 중요한 이유는 혹시 정삭 반포를 다시 요청한 것, 즉 제국의 연호를 따르겠다는 뜻이 임시방편적인 것이 아니었을까 하는 점이다. 후일 기회를 보아 또다시 연호를 정지시키기 위해서는 공민왕이 나서지 않는 게 유리하기 때문이다.

고려에서 제국의 연호를 다시 따르겠다고 자청한 것은 지금 진행되고 있는 공민왕에 대한 폐위 공작에 대처하기 위한 방편이었다. 그래서 폐위 공작이 무산되면 언제라도 제국의 연호는 또다시 정지시킬 수 있다는 의지를 감추고 있는 것이다. 원 제국이 쇠퇴하고 있다는 것은 천하가 모두 알고 있었던 사실이니까 언제까지 원 제국과 사대 복속 관계를 지속할지는 누구도 장담할 수 없는 일이었다.

어쨌든 공민왕은 자신에 대한 폐위 공작이 진행되는 속에서 제국과 다시 사대 복속 관계로 회귀할 것을 희망했다. 그것이 지속될 것인지 아니면 다시 또 관계 단절로 나타날 것인지는 좀 두고 볼 일이다. 우선 지금 진행 중인 공민왕에 대한 폐위 공작이 어떻게 마무리되느냐에 달려 있을 것이다.

새 국왕 덕흥군, 원자 기삼보노

이공수는 원 조정에 남아있고 덕흥군은 최유와 함께 고려에 입국하려고 요양에 머무르고 있을 때, 원의 사신 이가노李家奴가 왕위 교체를 위한 조서를 가지고 곧 들어온다는 소문이 돌았다. 조서는 황제가 내리는 문서를 말하는 것이니 황제도 결국 공민왕의 폐위를 승인했다는 뜻이다. 당시는 기황후가 원 조정에서 전권을 휘두를 때라 마지못해 승인한 것이 아닌가 싶다.

공민왕이 이 조서를 접수하면 폐위는 공식적으로 결정되는 것이니 어떻게든 이를 막아야 했다. 공민왕은 비서관을 접반사로 국경으로 보내 사신의 입국을 저지하기 위해 나선다. 요즘 거짓 사신이 많이 들어오니 공민왕 자신이 입원하여 직접 조서를 받겠다는 구실을 댔다. 하지만 이 사신은 두 달 뒤 결국 개경에 들어오고야 만다.

황제의 조서가 내려진다는 소문 속에서 이전에 통역관으로 입원했던 이득춘李得春이 1363년(공민왕 12) 5월 환국하여 치명적인 말을 전했다. 황제가 덕흥군으로 새로운 국왕을 삼고 기삼보노奇三寶奴로 원자를 삼았다는 것이다. 원자로 거론된 기삼보노는 기황후의 친족으로 보이는데 어떤 관계인지는 정확히 드러나 있지 않다. 덕흥군을 새 국왕으로 삼고 그 후계자인 원자까지 내정했다는 것은 기황후 측에서 공민왕을 결코 용인할 수 없다는 뜻이었다.

아울러 이득춘은 원 조정에서 이공수를 우정승, 최유를 좌정승, 김용을 판삼사사로 임명하여 곧 요양의 군대를 출동시킨다는 말도 전했다. 기황후 측에서는 덕흥군을 새 고려 국왕으로 삼고 마음대로 고려의 관직을 수여한 것이다. 김용은 이미 처형되었는데 그가 여기에 든 것은 흥왕사 변란이 공민왕 폐위 공작과 무관치 않다는 것을 다시 보여준다. 그리고 이공수를 우정승에 앉힌 것은 그의 의지와 무관하게 취해진 조치였다.

여기 이득춘은 1년 전 9월 신정 축하 사절을 따라 입원했던 통역관이었다. 입원한 이득춘은 원 조정에서 공민왕 폐위 공작에 동조하고 덕흥군을 따른 인물이었다. 이에 대한 보답으로 그는 덕흥군으로부터 장군 벼슬을 받고 환국했는데 공민왕은 그를 대장군으로 다시 진급시켜 이제는 자신을 따르도록 회유하였다.

진짜 중요한 문제는 무력으로라도 공민왕을 폐위시키기 위해 요양의 군대를 출동시킨다는 사실이다. 공민왕은 당장 군사적 대비를 하지 않을 수 없었다. 이에 경천흥을 서북면도원수로 삼고 안우경을 도지휘사로 삼아 압록강 방면의 여러 지역에 군사를 파견하여 주둔하게 하였다. 아울러 이인임에게는 평양을 지키게 하면서 후방에서 지원을 맡도록 했다. 모두 믿을 만한 장수들을 선발했지만 공민왕은 그래도 안심할 수 없었던지 서북면에 파견된 장수들은 모두 도원수 경천흥의 지휘를 받도록 했다. 또한 여러 군영을 오가며 군대의 동정을 살피는 장수까지 따로 파견했다. 사태가 사태인지라 새 국왕 덕흥군에 붙거나 영합하는 장수가 나오는 것을 막겠다는 것이었다.

요양의 군대가 출동한다면 문제는 방어할 군사였으니 이에 전국 각 지방에 병마사를 파견하여 군사를 징집케 하였다. 여기에 반발하여 평택(경기)에서는 주현민의 반란이 일어나기도 했다. 공민왕에게는 불안의 연속이었다. 이 무렵 공민왕은 김용이 일으킨 흥왕사의 변란에 경미하게 연루되었던 자들도 모두 유배지에서 처형해 버렸다. 또한 공민왕은 원에 체류하고 있던 이공수를 좌정승에서 파면한다. 통역관으로 들어왔던 이득춘의 말을 듣고 그가 덕흥군에 붙었다고 의심하여 내린 조치였다. 공민왕의 처지에서 누구도 믿을 수 없는 불안한 심리를 보여주는 것이다. 덕흥군에 붙었다고 모함을 받은 괜한 사람이 처형되는 경우도 여럿 생겨났다.

1363년(공민왕 12) 6월에는 마침내 황제의 조서를 지닌 이가노가 국경을 넘어 들어온다. 서북면의 군영에서 이가노의 종자를 붙잡아 공민왕 폐위의 연유를 물었지만 그해 7월에 이가노는 결국 개경에 들어섰다. 황제의 사신을 무턱대고 막을 수 없었던 것이다. 공민왕은 문무백관에게 출영하도록 하고 군사를 선의문 밖에 도열시켜 이가노를 영접했다. 이어서 정동행성에서 향연을 베풀고 사신 일행에게 후한 선물도 나누어주었다. 그리고 이 사신은 공민왕에 대한 폐위 사실을 통보하고 개경에 들어온 지 나흘 만에 곧 바로 돌아가는데 환송에도 군사를 동원하여 열병시켰다. 사신의 환영과 환송에 군사를 동원한 것은 원의 사신을 압박하려는 무력시위가 분명했다.

돌아가는 사신 이가노에게는 문무백관의 연명으로 중서성에 올리는 글을 부쳤다. 글의 내용은 이런 것이다. 덕흥군은 충선왕이 버린 궁녀의 소생인데 이런 자를 최유가 받들고 공민왕을 무고하여 왕위를 빼앗으려는 것이니, 덕흥군과 최유를 체포하여 압송해 달라는 것이었다. 황제의 조서로써 공민왕의 폐위를 통보했지만 고려에서는 이를 수용하지 않겠다는 뜻이다. 공민왕의 곤혹스런 처지에 비춰서 상당히 강경한 대응이었다. 이런 강경한 대응은 공민왕 폐위 공작이 기황후의 사감에 의한 것으로 정당성이 부족하고, 그래서 황제를 비롯한 원 조정에서는 소극적이라는 것을 알아챈 결과로 보인다. 제국에서는 반란도 계속되고 있었으니 공민왕 폐위를 끝까지 밀어붙이기에는 어려울 것이라는 판단도 작용했을 것이다.

이 무렵 전국에서 소집된 군사들이 평안도 지역의 여러 군영에 진을 치고 있었다. 덕흥군과 최유의 군사적 침략에 대비하려는 것인데, 한편으로 공민왕은 1363년(공민왕 12) 8월 남방으로 다시 피난을 생각하기도 했다. 덕흥군의 군사는 홍건적에 비해 보잘것없으니 그럴 필요 없다는 오인택吳仁澤의 건의를 받고 그만두기는 했지만 공민왕은 불안했던 것이다.

여기 오인택은 홍건적 침입 때 군사적 공로와 흥왕사의 변란을 진압한 공로를 인정받아 두 차례나 공신으로 책정된 인물이다. 그는 갑자기 공민왕의 총애를 받으면서 상장군에서 판밀직사사(종2품)에 올라 인사권에도 깊게 영향력을 행사했다. 그가 인사권을 행사하면서 관원의 정원을 늘려 관직을 남발하고 계급을 뛰어 승진한 자들이 부지기수였다고 한다. 공민왕이 자신에 대한 폐위 공작의 국면에서 관료 집단을 회유하려는 시책이었을 것이다.

그런 회유 정책의 차원이었는지 공민왕은 그해 11월 느닷없이 또 공신을 책정한다. 1359년(공민왕 8)의 홍건적 1차 침략 때 이를 물리친 공신을 이제야 책정하는 것이었다. 1, 2등 공신을 합해 모두 70명에 달하는 적지 않은 공신 책정이었다.

이런 뒤늦은 공신 책정은 앞서 홍왕사 변란을 진압한 직후 단행한 대대적인 공신 책정에서 제외된 자들을 다시 챙기려는 것이었다. 이 역시 덕흥군과 최유의 군사적 침략을 앞두고 문무 관료 집단의 이탈을 막으려는 회유책으로 볼 수밖에 없다. 공민왕은 가능한 모든 수단을 동원하여 자신의 폐위 공작에 대응하고 있었던 것이다.

폐위, 군사력으로 맞서다

1363년(공민왕 12) 12월, 덕흥군과 최유는 요동에 군사를 주둔시키고 척후병을 압록강에 파견하면서 국경을 넘보고 있었다. 물론 고려에서도 평안북도 여러 지방에 군영을 세우고 대비하고 있었다. 공민왕의 폐위를 관철시키려는 기황후 측과 이에 맞서는 공민왕 측이 압록강을 경계로 군사적 대치 상황을 계속하고 있었는데 고려 측에 한 가지 중요한 문제가 있었다.

그 문제는 군진에 출전한 장수에게 전시 작전권을 부여하지 않고 이를 개경에서 통제하면서 현장 대응을 적절히 할 수 없었다는 점이다. 전장의 장수에게 작전권을 부여하지 않은 것은 공민왕의 불안 때문이었다. 군진의 장수가 혹시 변란을 일으킬까 두려워한 것이다. 이는 앞서 왕도 수복 과정에서 안우 등이 정세운을 제거한 그 사건 때문만은 아니었다. 공민왕의 진짜 불안은 군진의 장수들이 자신을 배반하고 덕흥군에 귀부하는 것을 두려워한 것이었다. 그래서 총사령관 격인 도원수 경천흥도 군대 지휘에 대한 전결 권한이 없어 개경의 명령을 받아 군대를 움직였다. 개경의 명령을 받아 군대를 움직인다는 것은 공민왕의 지휘 감독을 받아 작전을 전개하라는 뜻이니 문제가 생겨도 즉각적인 대응이 어려웠던 것이다.

그러면서 공민왕은 경천흥에게 압록강을 넘어 덕흥군의 군사를 선제공격하라고 명령했다. 이때 서북면에 주둔한 군사들은 여름에 징집된 후 이제 한겨울을 맞아 추위와 배고픔에 시달리면서 피폐한 상태였다. 압록강을 넘어 선제공격하라는 개경의 명령은 후방으로 도망치거나 도강하여 요동 지방의 백성들을 약탈하는 모습으로 나타났다. 군사들이 추위와 배고픔을 해결하고 전쟁을 기피하는 수단이었다.

도원수 경천흥은 이런 상황을 알고 있었으나 선제공격의 명령을 중단시킬 수 없었다. 그에게는 그런 전시 작전에 대한 재량권이 없었고 개경으로부터 명령이 떨어져야만 했기 때문이다. 시간이 흐를수록 군대를 이탈하여 약탈을 일삼는 군사가 늘어나면서 더 이상 방치할 수 없는 상황이 되었다. 공민왕의 공격 중지 명령만 기다릴 게 아니라 뭔가 긴급 조치가 필요했던 것이다.

이에 평양에서 후방 지원을 담당하고 있던 이인임이 비상수단을 동원한다. 공민왕에게 급히 전령을 보내 군사들의 배반과 이탈 상황을 알리면서 압록강을 넘어 선제공격하는 것보다는 압록강을 굳게 방어하는 쪽이 유리하다고 보고한 것이다. 이는 도원수 경천흥의 사전 승인을 거치지 않은 이인임의 월권이었다. 이인임이 총사령관 경천흥의 승인을 받지 않고 공민왕에게 먼저 보고한 것은 문제를 해결하는 데 그 방법이 더 빠르다고 판단했기 때문이다.

공민왕에게 전령을 보낸 이인임은 나중에 경천흥에게도 압록강을 넘어 선제공격하는 것은 바람직한 계책이 아니라고 건의했다. 경천흥은 아직 국왕으로부터 중단 명령이 없어 망설이는데, 그사이 이인임으로부터 보고를 받은 공민왕의 중지 명령이 도달한다. 이에 압록강을 넘었던 여러 장수와 군사들을 군진으로 복귀시키고 공격이 아닌 방어 체제로 돌아섰던 것이다.

방어 체제로 바뀐 속에서 1364년(공민왕 13) 1월, 마침내 덕흥군과 최유는 1만의 군사를 이끌고 의주(평북)로 쳐들어온다. 의주를 점령한 최유의 군사는 이어 선주(평북 선천)까지 점령하고 정주(평북)까지 내려오면서 고려 군사는 안주(평남)로 밀려났다. 상황이 위급하여 함경도에 파견된 이성계의 정예 기병이 합세하고 진용을 다시 세우면서 전세가 조금 나아지지만 함경도 지역이 여진에게 침략당하는 허점을 드러내기도 했다.

덕흥군을 새 국왕으로 모시고 침략을 감행한 최유는 이때 선무 공작을 펴기도 했다. 항복한 고려 군사들과 자신의 군사들에게 고려의 고관대작의 벼슬과 가산을 모두 나누어주겠다고 호언하였다. 하지만 막상 공격을 하는데도 고려 군사들이 완강하게 저항하는 것을 본 최유의 군사들은 꼬임에 빠진 줄 알아채면서 사기가 떨어지기 시작했다. 전투에 패하고 달아나는 최유의 군사들이 늘어나면서 전세는 마침내 역전되었다. 이후 최유의 군사는 압록강을 넘어 달아나기에 급급하여 결국 패퇴하고 마는데, 대도까지 돌아간 자는 소수에 불과했다니 완전한 참패였다. 살아 돌아간 자가 적었던 것은 모두 전장에서 죽은 게 아니라 그들도 강제 징집으로 인해 중간에 도망친 자가 많았기 때문이었다.

그렇게 덕흥군과 최유의 침략을 물리치긴 했지만 고려 군사도 피해가 컸다. 전쟁 중에 덕흥군에 붙었다고 의심받아 처형된 장수들도 있었다. 전투가 끝난 뒤 길가에 죽은 자가 즐비했으며 전장에서 도망친 군사가 걸식을 하며 길에 가득했다고 하니까 참담한 승리였다. 살아서 고향에 돌아간 자가 백 명에 한둘이었다니 승전이라고 할 것도 없을 정도였다. 겨우 덕흥군과 최유의 군사를 물리치는 데 그친 것이다.

도원수 경천흥은 공민왕에게 승첩을 올렸다. 덕흥군과 최유의 군사가 압록강을 넘어 쳐들어온 지 20일 만이었다. 그리고 1364년(공민왕 13) 2월 초 경천흥 최영 안우경 이순李珣 우제禹磾 지용수池龍壽 박춘朴椿 등 이번 전쟁에서 공로를 세운 장수들이 개선한다. 공민왕은 어가를 맞이하는 의례와 동일하게 이들 장수를 환영하고 그날 밤 국청사에서는 문무백관이 모여 잔치를 벌였다. 공민왕은 일단 안도했을 것이다.

기황후의 폐위 공작에 정면으로 맞섰던 공민왕은 일단 그렇게 성공했다. 이는 고려에서 강력한 군사력으로 맞서 성공했다기보다는 기황후의 폐위 공작이 처음부터 워낙 무리한 일이었기 때문에 실패한 것이었다. 당시 원 제국의 처지가 그런 무모한 일을 벌일 만한 상황이 아닌데도 기황후의 사적인 감정으로 무리하게 밀어붙인 것이니 성공할 리가 없었다. 하지만 이번 사건은 고려가 원 제국에 무력으로 맞서 이겨낸 최초의 일이라는 점에서 그 의미가 컸다.

그런데 덕흥군과 최유의 군사를 물리치긴 했지만 공민왕 폐위 공작이 완전히 물 건너간 것은 아니었다. 기황후가 그 뜻을 굽히지 않는 한 언제라도 폐위 공작은 재개될 수 있었기 때문이다. 게다가 기황후보다 최유가 적극적으로 다시 폐위 공작을 재개하려고 움직이고 있었다. 그 무렵 원에 머무르고 있던 이공수로부터 중요한 보고가 들어왔다.

1364년(공민왕 13) 6월, 이공수는 원에 체류하면서 덕흥군을 따르지 않은 고려 관리들과 연명으로 공민왕에게 비밀 서신을 올렸다. 서신의 내용은 덕흥군이나 최유가 황제를 설득하여 폐위 공작을 재개하려고 모의하니 방비를 더욱 철저히 하라는 것이었다. 덕흥군은 아직 요동에 있고 최유가 원 조정에 들어와 권세가와 결탁하여 다시 군사를 모으고 있다는 말도 덧붙였다.

이공수가 올린 보고는 그 내용도 중요하지만 고려인들이 뜻을 함께 모아 이런 보고를 올린다는 것 자체가 공민왕에게는 큰 힘이 되었다. 원에 체류하던 고려인들이 덕흥군과 최유의 공민왕 폐위 공작을 따르지 않았다는 것을 말해 주기 때문이다. 이는 또한 그들이 원 조정에서 권력의 중심에 있던 기황후에게도 가까이 하지 않았다는 뜻이니 공민왕으로서는 고무적인 일이 아닐 수 없었다.

이 일로 이공수는 다시 공민왕의 신임을 회복했다. 앞서 통역관 이득춘이 원에서 환국하여 이공수를 우정승에 발탁했다고 말한 것은 이공수의 의지와 상관없는 일이었다고 판단한 것이다. 공민왕의 신뢰를 회복한 이공수는 공신에 책정되고 영도첨의사사에 발탁된 후 1364년(공민왕 13) 10월, 입원한 지 1년 반 만에 환국하였다.

공민왕의 장인, 위왕 보루 테무르

이 무렵 원 조정의 정치 판도에서 공민왕에게 조금 유리한 국면이 조성
된다. 기황후 주변에서 중요한 권력 변화가 일어난 것이다. 보루 테무
르孛羅帖木兒(패라첩목아)라는 인물이 군사를 일으켜 기황후의 측근들을
제거한 것이었다. 여기 보루 테무르는 홍건적을 진압하는 과정에서 성
장한 군벌이었는데 그 힘을 배경으로 일으킨 쿠데타였다

그런데 쿠데타를 일으킨 보루 테무르는 바로 공민왕의 왕비 노국공
주의 아버지였다. 즉, 공민왕의 장인이었던 것이다. 이 책 맨 앞에서 공
민왕은 위왕魏王의 딸인 부다시리와 결혼했고 그녀가 사후에 노국대장
공주로 추증되었다는 얘기를 했었다. 노국공주의 아버지인 그 위왕이
바로 보루 테무르였던 것이다.

《원사》〈제왕표〉에 의하면 그 위왕의 왕위는 아무케阿木哥에서 시작
하여 아들 보루 테무르로 세습된 것으로 나타난다. 보루 테무르의 아버
지인 위왕 아무케는 무종과 인종 황제의 이복형제로 세조 쿠빌라이의
증손에 해당하며(맨 앞의 〈몽골 황실 세계〉 참조) 여러 제왕 중에서 위상
이 높은 편이었다. 더구나 1자 왕이니 2자 왕보다 분명 위상도 높았을
것이다.

또한 그 위왕 아무케의 딸은 충숙왕의 왕비로 들어온 금동공주(조국
장공주)였는데, 충숙왕이 맞아들인 두 번째 원 공주 출신 왕비였다. 그
후 위왕 아무케가 죽고 그 왕위는 아들 보루 테무르에게 세습되었다.
그러니까 보루 테무르가 위왕을 세습하고 그 딸이 다시 충숙왕의 아들
인 공민왕의 왕비로 들어온 것이었다.

여기서 원 황실의 아무케와 보루 테무르 부자가 연거푸 자신의 딸들을 충숙왕과 공민왕이라는 국왕 부자에게 들인 점이 특별하게 보인다. 이는 위왕 아무케가 충숙왕 때 고려에 유배를 온 적이 있었던 인물이라는 사실과 관련이 있을지도 모르겠다. 위왕 가문은 고려 왕실과 친연성이 매우 강한 황실의 종친이 아니었나 하는 생각이다. 부마국 체제가 깊어지면서 나타난 자연스런 현상으로 볼 수 있다.

　　그래서 그런지는 모르겠지만 충숙왕이나 공민왕에게 시집온 위왕의 딸들은 이전과 다르게 고려 국왕과의 사이가 좋은 편이었다. 충숙왕과 조국장공주 사이에 용산 원자가 생산되었다는 점에서 그런 생각이 들고, 또한 공민왕과 노국공주는 원 간섭기 어느 국왕 부부보다 좋은 관계였던 것이다. 더구나 노국공주는 흥왕사에서 변란이 일어났을 때 공민왕을 보호하기 위해 죽음을 무릅쓰고 몸소 나서기도 했으니 사랑을 넘어 정치적 동반자나 후원자가 아니었을까 하는 생각마저 든다.

　　그런데 아무케나 그 아들 보루 테무르 두 인물은 고려 측 기록에도 여러 차례 등장하고 있다. 아무케의 경우 그 이름이《고려사》에 등장할 때마다 그 이름 앞에는 위왕이라는 사실이 반드시 언급되어 있다. 하지만 그 아들 보루 테무르의 경우는 좀 다르다.《원사》〈제왕표〉에는 아버지 위왕의 왕위를 세습한 게 분명하게 나타나지만 〈제왕표〉 이외에는 그 이름 앞에는 위왕이라는 수식어가 없다. 고려 측 기록에도 그 이름이 여러 차례 등장하지만 아무케와는 달리 위왕이라는 표시 없이 보루 테무르라는 이름만 언급되어 있다.

　　게다가 공민왕과 노국공주와의 결혼 기사에도 위왕의 딸과 결혼했다고만 기록했지 그 위왕이 바로 보루 테무르라는 사실은 나타나 있지 않다. 즉 보루 테무르가 바로 위왕이고, 위왕이 바로 보루 테무르였는데, 이런 사실은 《원사》〈제왕표〉를 통해서만 알 수 있지 그밖의 원이나 고려 측 기록 어디에도 드러나 있지 않다는 뜻이다. 이것은 무엇을 의미하는 것일까?

이는 아무케에서 아들 보루 테무르로 위왕의 왕위가 세습되면서 그 위상이 형편없이 낮아진 탓으로 보인다. 그게 아니라면 기황후가 권력을 독점하고 원이 쇠퇴하면서 제왕 체계가 무력해졌다고 볼 수도 있다. 어쩌면 기황후는 세조 쿠빌라이 때 확립된 제왕 체계를 무시하거나 아예 폐지했는지도 모른다. 기황후가 권력을 장악하면서 종실이나 공신으로서 책봉된 제왕들은 기황후의 권력 장악에 반발했을 가능성이 크기 때문이다.

기황후의 처지에서는 여러 제왕 중에서도 특히 위왕 보루 테무르가 눈엣가시였을 것이다. 위왕의 가문은 대대로 고려 왕실과 각별한 인연이 있었고, 여기에 그 부마인 공민왕은 바로 기철 등 자신의 친족을 제거했던 인물이기 때문이다. 위왕 보루 테무르는 공민왕이나 고려 왕실의 후원 세력으로 작용할 가능성이 컸다고 볼 수 있다. 이 한 가지만 보더라도 위왕 보루 테무르는 기황후와 결코 좋은 관계일 수 없었던 것이다. 요컨대 공민왕의 장인인 위왕 보루 테무르는 어느 모로 보더라도 기황후와 적대적일 수밖에 없었다고 할 수 있다. 기황후가 꾸미는 공민왕 폐위 공작에 보루 테무르가 반발하리라는 것은 너무나 당연한 일이었던 것이다. 기황후에 대한 보루 테무르의 쿠데타는 이것과 무관치 않았다.

실패로 돌아간 폐위 공작

보루 테무르가 쿠데타를 일으킨 경위는 이랬다. 앞서 고려 개경을 함락
시켰다가 물러난 홍건적이 압록강을 건너 달아났다고 했는데, 그들은
우두머리 반성(파두반)을 중심으로 다시 세력을 결집하여 상도를 침략
하였다. 상도는 홍건적이 고려에 쳐들어오기 전에 점령했던 곳으로 이
곳을 다시 세력의 근거지로 삼기 위해 침략한 것이다. 보루 테무르는
이때 진압군 총사령관으로서 상도의 홍건적을 공략하여 진압한 인물이
었다.

홍건적을 궤멸시키고 제국의 제2의 수도인 상도를 지켰으니 보루 테
무르의 공로는 크고 정치적 위상도 높아졌다. 이때가 1363년(공민왕 12)
봄으로, 공민왕 폐위 공작이 고려에 알려지면서 이 문제에 대처하기 위
해 이공수가 막 입원한 무렵이다. 그러니까 기황후 측의 공민왕 폐위
공작이 진행되는 속에서 기황후에게 강력한 견제 세력이 원 조정에 만
들어진 것이다.

기황후는 정치적으로 급부상한 보루 테무르를 그냥 놔둘 수 없었다.
그는 군사를 거느리고 있기도 했으니 기황후에게 가장 위협적인 인물
이기도 했다. 기황후는 황태자 아유시리다라와 측근 박불화를 동원하
여 보루 테무르가 반역을 도모한다고 무고했다. 보루 테무르를 제거하
기 위한 음모였지만 그런 음모가 먹혀들 만한 상황도 있었다고 보인다.

이 무렵 기황후의 측근에 있던 자정원사 박불화나 선정원사 토곤脫
歡(탈환) 등이 불법을 저질러 어사대로부터 자주 탄핵을 받았다. 하지만
기황후와 황태자의 비호로 오히려 어사대의 관리가 좌천당한다. 이 과

정에서 황태자에게 밉보여 축출되는 고위 관리들도 있었다. 이는 원 조정에서 기황후가 어떻게든 권력을 장악하긴 했지만 그녀에 대한 비난이나 불만이 쌓여 가고 있었다는 것을 말해 준다.

반격의 기회를 엿보던 보루 테무르는 기황후 정권에 대한 이런 불만을 등에 업고 1364년(공민왕 13) 4월 군사를 일으켜 대도의 궁궐을 향하여 진격해 들어갔다. 이때가 공민왕 폐위 공작을 밀어붙이기 위해 덕흥군과 최유의 군사가 고려를 침략했다가 패퇴당한 직후이다. 원 조정에서는 쿠데타가 일어났고, 고려 쪽에서는 공민왕 폐위 공작이 벽에 부딪히면서 기황후 정권은 양면으로부터 위기를 맞은 것이다.

궁정을 접수한 보루 테무르는 황제에게 우승상 조치겐과 자정원사 박불화를 넘겨줄 것을 요구했다. 이 두 사람은 기황후의 측근 인물이면서 자신이 역모를 꾸몄다고 모함했던 사람이었다. 황태자 아유시리다라는 이미 지방으로 도주한 뒤였다. 두 사람은 붙잡혀 조치겐은 영북으로, 박불화는 감숙으로 유배 조치를 받았는데 나중에 결국 보루 테무르에 의해 주살된다. 기황후의 최측근에 있던 두 사람이 제거된 것이다.

이것이 보루 테무르에 의한 쿠데타였다. 황제의 비호를 받은 기황후에 대해서는 당장 어쩌지 못했지만 그녀에게는 권력의 실추가 분명했다. 1364년(공민왕 13) 5월, 원에서는 고려에 사신까지 파견하여 이런 사실을 통보한다. 원 조정에서 기황후가 실각하고 보루 테무르가 정권을 잡았음을 알리는 것이었다. 공민왕에게는 기쁜 소식이었을 것이다.

그런데 기황후의 권력이 실추된 이때 덕흥군과 함께 고려를 침략했다가 패퇴하고 원 조정으로 돌아온 최유가 다시 공민왕 폐위 공작을 밀어붙이기 위해 나선다. 앞에서 언급한 그해 6월 원에 체류하고 있던 이공수가 공민왕에게 최유의 움직임을 보고한 내용이 바로 그것이다. 최유는 기황후의 건재를 믿고 공민왕 폐위 공작을 다시 재개하려 했던 것이었다. 하지만 최유는 오히려 자신이 궁지에 몰리고 만다. 원 조정에서는 홍건적을 물리친 공로를 인정하여 공민왕을 폐위가 아니라 복위시켜야 한다고 주장하면서, 오히려 공민왕을 모함한 최유를 체포하여 고려에 송환해야 한다고 하였다. 기황후가 실각하고 보루 테무르가 집권한 것에 따른 당연한 결과였다. 최유는 기황후만 믿고 폐위 공작을 다시 밀어붙이려다 자신이 위기에 몰린 것이다.

그 소식은 원에서 환국하는 어느 무장에 의해 바로 고려에 전달되었다. 보루 테무르가 황제께 건의하여 공민왕을 복위케 하고 최유를 곧 고려에 압송할 것이라는 전언이었다. 1364년(공민왕 13) 9월의 일이다. 한 달 뒤인 그해 10월에는 원의 한림학사 승지로 있던 기전룡奇田龍이란 정식 사신이 고려에 들어와 공민왕에 대한 복위 조서를 전달한다.

여기 기전룡은 그 성씨로 보아 기황후 친족이 분명한데 어떤 관계인지는 드러나 있지 않다. 중요한 사실은 왜 하필 기황후 친족인 기전룡을 보내어 공민왕의 복위 조서를 전달했을까 하는 점이다. 공민왕 폐위 공작이 실패로 돌아가자 기황후 측에서 이제 다시 공민왕을 회유하려는 뜻이 아니었을까. 지금까지 밀어붙였던 공민왕 폐위 공작의 책임은 최유에게 덮어씌우면서 말이다.

그런데 황제의 복위 조서를 전하는 사신을 대하는 공민왕의 반응이 흥미로웠다. 공민왕은 교외로 출영하여 복위 조서를 가지고 온 원의 사신을 맞이해야 했는데, 문무백관들을 앞세우고 자신은 이를 사양했다. 자신의 복위 조서를 가지고 온 사신이니 반가운 일이었겠지만 일단 사신 영접을 거부한 것이다.

공민왕이 사신 영접을 거부하며 문무백관들에게 전하는 말이 재미있었다. "과인이 상국으로부터 죄를 입어 폐위되었는데 이제 비록 복위되었다고 하지만 황제의 명령을 받기 전이니 사신을 영접할 수 없다." 자신의 복위 소식은 이미 들었지만 그에 대한 황제의 명령은 아직 받지 않았으니 공민왕 자신은 정식 국왕이 아니고, 따라서 황제의 사신을 영접할 수 없다는 뜻이었다. 그래서 문무백관들에게 황제의 사신을 대신 영접하라고 한 것이다.

공민왕은 왜 이런 태도를 취했을까? 논리상 맞는 말이긴 하지만 구태여 그렇게까지 억지를 부려 사신 영접을 거부한 이유가 궁금한 것이다. 이에 대해, 원 조정에서 폐위와 복위를 마음대로 한 것에 대한 공민왕의 반발이라고 생각한다면 지나친 해석일지 모르겠다. 공민왕 자신은 폐위되었다고 생각하지도 않았는데 '복위는 무슨 놈의 복위?', 혹시 이런 생각이 아니었을까.

원 조정에서 복위 조치가 없더라도 공민왕은 고려 국왕으로서 힘을 발휘할 수 있었다. 이미 군사력으로 완강히 맞서 이겨냈기 때문이다. 다시 말해서 공민왕에 대한 원 조정의 폐위 조치는 실질적인 힘을 발휘하지 못한 요식 행위에 불과했다고 볼 수 있다. 하지만 공민왕은 그렇게 다시 복위 절차를 거쳐야만 했으니 이 또한 마음이 편치 못했을 것이다.

공민왕은 내키지 않았지만 복위 절차를 따를 수밖에 없었다. 쇠망해가는 제국이었고 내리막길로 치닫는 원 조정이었지만 아직도 고려의 국왕에게는 쉽사리 무시할 수 없는 산처럼 느껴졌을 것이다. 그래서 비

록 실패한 폐위 공작이라 하더라도 그것이 공민왕의 내면에 남긴 상처
는 작지 않았다.

유폐당한 기황후, 다시 재기하다

공민왕에 대한 복위 조치가 내려지자, 입원하여 폐위 공작에 맞섰던 이
공수를 비롯한 여러 인물들이 환국하였다. 이때 덕흥군을 따랐던 몇몇
인물들도 함께 환국하였는데 이 중에는 목화씨 전래로 유명한 문익점
文益漸도 끼어 있었다. 원에서 덕흥군을 따랐던 대부분의 사람들처럼
문익점도 압력에 마지못해 그랬던 것으로 보인다. 환국해서 별다른 처
벌을 받지 않은 것으로 봐서 그런 생각이 든다.

　공민왕은 1364년(공민왕 13) 10월, 복위 조서를 받은 지 10여 일 만
에 찬성사 이인복을 즉시 원에 파견하여 복위에 감사하다는 표문을 올
렸다. 앞으로 형식적이나마 원 조정과 사대 복속 관계를 유지하겠다는
뜻이었다. 이때 이인복이 원 조정에서 따로 보루 테무르를 대면한 것
을 보면 복위에 대한 진짜 감사는 그를 향한 것이었다고 보인다. 이어
서 공민왕은 천추절 축하사절단을 파견하여 황태자의 생일도 축하하였
다. 천추절 사절단은 이게 처음이 아니었지만 복위한 공민왕으로서는
새삼 챙겨야 할 일이었다. 앞으로 기황후 측과도 원만한 관계를 유지할
필요가 있었기 때문이다. 폐위라는 홍역을 치른 뒤끝이라 싫지만 불가
피한 일이었던 것이다.

　그리고 최유는 고려에 압송되어 그해 11월 처형된다. 기황후는 뒤로

빠지고 공민왕 폐위 공작에 대한 모든 책임을 그가 진 것이다. 이어서 이듬해 1365년(공민왕 14) 1월 고려에서는 원에 사신을 보내 덕흥군도 고려에 압송해 줄 것을 요구했지만 이것은 이루어지지 않았다. 덕흥군의 이후 행적은 정확히 알려져 있지 않지만 원에서 생애를 마친 것 같다. 그렇게 공민왕의 군사적 맞대응과 원 조정에서 보루 테무르가 집권하면서 공민왕에 대한 폐위 공작은 무산되었다.

그런데 보루 테무르의 쿠데타에도 건재했던 기황후한테도 결국 위기가 닥친다. 여기서는 이 문제를 좀 살펴보려는데, 이를 위해 보루 테무르의 쿠데타 과정을 다시 되짚어 봐야 한다. 보루 테무르가 쿠데타를 일으키기 전에 또 한 사람의 실력자가 먼저 등장했는데 쾌쾌 테무르廓擴帖木兒(곽확첩목아)라는 인물이었다. 쾌쾌 테무르는 군벌인 차간 테무르察罕帖木兒(찰한첩목아)가 죽자 그 양자로서 1362년 6월에 총병관과 하남행성 좌승상에 올라 이미 군권을 장악하고 있었다. 이후 그는 황하 유역의 반란 세력을 진압하면서 확실한 군벌로 성장했다.

여기에 1363년 봄에는 앞서 언급했듯이 보루 테무르가 상도의 홍건적을 진압하면서 군사력을 키우고 있었다. 그 역시 점차 정치적 위상을 높여 가면서 군벌로 성장하였고 이후 두 군벌 사이에 세력 다툼이 시작된다. 양 군벌은 반란 세력을 진압하면서 한편으로는 서로 힘겨루기를 하는데, 황하 유역의 섬서성 일대를 놓고 주로 다투었다. 양 군벌의 싸움은 1363년 봄부터 그해 말까지 계속된다. 이때 기황후는 먼저 군벌로 등장한 쾌쾌 테무르와 우호적인 관계를 맺고 있었다. 새로 등장한 보루 테무르에 대해 기황후 측이 적대적이었다는 것은 말할 필요도 없다. 이에 쾌쾌 테무르와 보루 테무르 양 군벌 사이에 전선이 만들어진다.

그러는 사이 황태자 아유시리다라에게 핍박받던 고위 관료들이 도망쳐서 보루 테무르의 군진으로 합류해 들어왔다. 보루 테무르를 경계하던 기황후는 이를 모반으로 간주하였다. 실제 보루 테무르 진영에서 반역을 모의했을 수도 있지만 당시는 기황후나 황태자의 권력 독점에 불만을 갖는 자가 많은 때라 괜한 적대감의 표출이라고도 볼 수 있다.

반역자로 낙인 찍힌 보루 테무르가 취할 수 있는 길은 결국 진짜 반역을 하는 길밖에 없었다. 그래서 앞에서 설명했듯이 1364년(공민왕 13) 4월 군사를 일으켜 대도의 궁궐을 향하여 진격해 들어간 것이다. 이 쿠데타가 일단 성공하여 박불화 등 기황후의 측근들은 제거했지만 기황후는 황제의 비호로 건드리지 못했다. 이를 보면 보루 테무르의 쿠데타가 황제를 넘지 못하는 한계가 있었음을 알 수 있다.

그러나 보루 테무르의 쿠데타에도 건재하던 기황후는 1365년(공민왕 14) 3월 결국 관아에 유폐당하고 만다. 황제의 반대에도 불구하고 보루 테무르가 기황후를 유폐했으니 쿠데타가 이제 겨우 성공한 셈이었다. 하지만 또 다른 군벌 쾌쾌 테무르의 존재가 문제였다. 보루 테무르가 궁궐을 장악하기는 했지만 그의 존재는 앞으로 쿠데타의 성패를 가를 수 있었다. 여기에 지방으로 도주한 황태자 아유시리다라의 존재도 문제였다. 보루 테무르는 유폐된 기황후를 핍박하여 거짓 조서로써 황태자를 소환하려 했으나 실패했다. 이제 보루 테무르에 맞서기 위해 황태자와 쾌쾌 테무르가 연결되는 것은 시간 문제였다.

그해 6월 유폐당했던 기황후가 결국 풀려나 환궁하였다. 유폐된 기황후가 불과 몇 개월 만에 풀려나올 수 있었던 이유가 궁금한데 보루 테무르의 쿠데타가 미수에 그쳤음을 보여주는 것이다. 기황후의 환궁

과정에 대한 자세한 기록이 없지만 여기에는 쾌쾌 테무르의 힘이 작용한 것이 분명했다. 기황후와 연결된 또 다른 군벌인 쾌쾌 테무르가 건재한 상태에서 보루 테무르의 쿠데타가 성공할 수가 없었던 것이다.

마침내 그해 1365년(공민왕 14) 7월 보루 테무르는 결국 주살당하고 만다. 지방으로 쫓겨났던 황태자가 쾌쾌 테무르와 함께 주도한 일이었다. 이 사실은 그해 10월 사신을 통해 역적 보루 테무르를 토벌했다고 고려에도 통보되었다. 그렇게 보루 테무르에 의한 쿠데타는 1년여 만에 완전 실패로 돌아가고 기황후는 다시 온전히 재기한 것이다. 이를 보면 기황후의 권모술수나 권력에 대한 의지는 남다른 데가 있었던 것 같다.

보루 테무르가 제거당하고 기황후가 다시 재기한 것은 공민왕에게 큰 실망을 안겼을 것이다. 기황후나 원 조정의 힘을 다시 의식하지 않을 수 없었을 테고, 후원자 역할을 했던 장인 보루 테무르도 사라졌기 때문이다. 다음 장에서 자세히 살펴볼 문제인데, 공민왕이 실의에 빠지고 승려인 신돈에게 권력을 위임한 것은 이런 배경도 작용하고 있었다.

그런데 기황후에게는 행운도 따랐다. 그해 8월 제1 황후인 바얀 쿠툭伯顔忽都(백안홀도) 황후가 죽음으로써 정황후가 공석이 된 것이다. 이 자리를 기황후가 차지할 것은 당연했다. 1365년(공민왕 14) 12월 제2 황후 기 씨를 정황후로 책봉하고 성씨를 기 씨에서 숙량합肅良合 씨로 개칭하는 조치가 내려진다. 기황후가 몽골 전통의 황족 반열에 오른 것이다. 이때가 기황후 권력의 절정이었다. 제국은 돌이킬 수 없는 내리막길로 치닫고 있는데 기황후의 권력은 반대로 최고조에 이른 것이다. 절정에 오르면 추락할 일만 남았을 뿐이다.

제 5장

신돈의 집권,
배후의 공민왕

흥왕사의 변란과 기황후에 의한 폐위 공작이 실패로 돌아간 후
공민왕은 무엇 때문이었는지 신돈에게 국정을 위임하고 정치 일선에서 물러선다.
신돈이 집권하자마자 경천흥 최영 등 무장들과
기존의 관리들을 대거 축출하면서 관료 집단의 세대교체가 일어났다.
공민왕은 마치 그 일을 하려고 신돈을 발탁하여 권력을 위임한 듯했다.
신돈이 집권하면서 전민변정도감을 다시 설치하여 개혁을 추진하고
성균관의 중영을 통해 유학 교육의 진흥이 이루어지기도 하면서
신진 사대부라는 새로운 정치 세력이 성장하는 계기도 되었다.
결국 신돈은 집권 6년여 만에 공민왕에게 제거되는데,
그와 연루되어 죽임을 당한 자들 중에는 특이하게도
기황후의 친족이나 부원배가 많았다는 사실이 눈에 띈다.

1. 신돈의 집권

신돈과 영산 신 씨

신돈辛旽은 영산현(경남 창녕) 출신으로 그 어미는 계성현(경남 창녕)에 있는 옥천사玉川寺의 노비였다. 그 어미가 사원 노비였으니 신돈 역시 볼 것 없는 노비였다. 《고려사》 신돈 열전에는 모계만 그렇게 언급되어 있고 부계는 밝혀져 있지 않다. 태어난 연대도 나타나 있지 않다. 노비의 자식으로 태어났으니 어쩌면 당연한 노릇일 것이다.

신돈은 어려서 중이 되었다고 하니까, 아마 영산현에서 태어나 자라면서 바로 어미가 속한 옥천사에 들어가 중 노릇을 했다고 보인다. 중이 된 후에 이름을 편조遍照, 자를 요공耀空이라고 했다. 신돈이라는 이름은 공민왕을 만나 나중에 붙여진 것이었다. 편조는 출가하면서 얻은 법명쯤으로 보인다.

신돈이 어려서 중이 된 것은 다른 선택의 여지가 별로 없는 자연스런 인생 행로였을 것이다. 아비는 누군지도 모르고 어미는 사원 노비였으니 어미의 옥천사에 소속되어 중이 되는 것은 특별할 것 없는 평범한 일이었다. 《신증동국여지승람》에 의하면 이 옥천사는 玉泉寺로 표기되어 《고려사》 신돈 열전의 玉川寺와 달리 표기되었는데 동일한 사찰로 보인다. 이 옥천사는 나중에 신돈이 죽임을 당하면서 폐쇄되었다고 한다. 이를 보면 옥천사는 신돈이 집권한 동안에는 사세가 번창하여 상당한 힘을 발휘했을 것으로 짐작할 수 있다.

어려서 중이 된 신돈은 승려 부류에 끼지 못하고 겉돌았다. 어미가 비천한데다 출가라고 할 것도 없이 중이 되었으니 이 또한 자연스런 일로 제대로 된 승려 구실도 못했던 모양이다. 승려들과 어울리지 못한 신돈은 쉽게 말해서 왕따여서 항상 산방에만 머물러 있었다. 공민왕을 만난 후에도 문자를 알지 못했다는 그의 열전 기록을 참고하면 누구로부터도 제대로 가르침을 받을 기회가 없었다고 보인다.

그런데 여기서 신돈이라는 이름과 관련해서 조금 생각해 볼 대목이 있다. 신돈이라는 이름은 공민왕을 만난 후 붙여진 것인데 이게 출가자에게 붙여지는 법명은 분명 아닌 것 같다. 오히려 출가하면서 붙여진 편조 혹은 변조遍照('편'이 아니라 '변'으로 읽는 것은 불교식 발음이라고 함)가 법명에 가깝고, 신돈은 '성씨+이름'으로 구성된 일반적인 성명으로 보인다.

신돈은 법명이 아닌 일반적인 성명이 분명하다면 몇 가지 궁금한 점이 있다. 신돈의 출신지인 영산현의 인물 중에는 신 씨가 대단히 많기 때문이다. 바로 영산을 본관으로 한 신 씨들인데, 공민왕 재위 무렵에 눈에 띄게 활동한 신 씨만도 여러 명이다. 신천辛蔵과 신예辛裔라는 두 인물은 《신증동국여지승람》〈영산현〉의 대표적인 인물로 올라 있다.

신천은 유명한 안향安珦의 문생으로 과거에 급제하여 충선왕의 재원 시절에는 한때 인사권을 맡을 정도로 신임을 받았고, 안향을 문묘에 종사케 하는 데 중요한 역할을 한 인물이기도 했다. 그는 충숙왕 때 주로 활동하다가 판밀직사(종2품)로 죽는데, 안향과의 여러 관계로 보아 정통 유학자임이 분명한 것 같다. 그래서 그는 영산 신 씨 가문의 현조 격이 아닐까 생각된다.

신예 역시 영산 신 씨의 대표적인 인물인데 위의 신천과 혈연 관계는 불분명하다. 신예는 고려와 원의 과거에 모두 급제하고 충정왕 때 '신왕辛王'이라 부릴 정도로 정권의 핵심에서 대단한 활약을 하다가 1355년(공민왕 4)에 죽은 인물이다. 그는 기황후와도 잘 통하고 있었는데 기황후의 심복이었던 고용보가 그의 매부였기 때문이다. 이런 인연으로 신예는 충혜왕을 원으로 납치하는 과정에서 고용보를 도와 큰 역할을 했다. 한마디로 그는 부원배의 핵심 인물이었다.

이밖에 영산 신 씨 인물로는 신부辛富 신귀辛貴 신순辛珣 신순辛純 신맹辛孟 등이 관찬 사서에 등장한다. 이 중 앞의 신부 신귀 신순 세 인물은 신예의 형과 동생으로 나타나는데, 뒤의 두 명 신순 신맹은 서로의 혈연 관계가 정확히 드러나지 않는다. 이들은 모두 공민왕 대 활동했던 같은 가문의 인물들이면서 이상하게도 정치적 성향은 엇갈렸다. 앞서 언급한 신예와 여기 신귀가 대표적인 부원배였다면, 신순辛珣은 공민왕과 함께 기철 일파에 대항하면서 반원적인 성향을 보이고, 신부는 홍건적에 맞서 싸우다 죽음을 당했다. 더욱 중요한 사실은 신귀와 신순辛純은 1371년(공민왕 20)에 신돈이 죽임을 당할 때 신돈의 당에 연루되어 함께 주살된다는 사실이다.

그렇다면 신돈은 이들 영산 신 씨 가문의 인물들과 어떤 관계였을까 하는 점이 궁금해진다. 우선 혈연적 관계가 호기심을 불러일으킨다. 신돈의 어미는 옥천사의 사원 노비로 언급되어 있지만 아비에 대해서는 아무런 언급이 없었다. 그래서 혹시 신돈의 부계는 여기 영산 신 씨 가문의 인물이 아니었을까 생각된다. 또한 신돈과 영산 신 씨 가문과의 정치적 관계도 궁금한 문제이다. 영산 신 씨 가문의 인물이 두 사람이나 신돈의 당으로 몰려 죽임을 당했다는 것은 앞의 혈연적 관계와 더불어 분명 주목해 볼 대목이다. 혈연적인 관계가 정치적 관계로 발전하여 그렇게 만들었다고 볼 수 있기 때문이다. 신돈의 부계가 영산 신 씨 가문이 분명하다면 충분히 그럴 가능성이 있다.

하지만 이렇게 생각해 볼 수도 있다. 신돈과 영산 신 씨와는 혈연적으로 전혀 무관하지만 신돈의 고향이 영산임을 들어 속성을 신 씨로 삼고 영산 신 씨 행세를 했을 수도 있다. 신돈이라는 이름은 공민왕의 총애를 받으며 붙여진 이름이니 충분히 그럴 가능성도 있다고 본다. 이후 신돈이 권력을 장악하면서 출세지향적인 몇몇 영산 신 씨 인물들이 신돈에 붙었다가 신돈과 함께 화를 입었다고 볼 수 있다. 어느 쪽으로 보더라도 신돈과 영산 신 씨 가문은 무관치 않은 것이다.

신돈이 문자를 알지 못했다는 기록도 다시 생각해 볼 필요가 있다. 문자를 몰랐다는 역사 기록이 사실인지 아니면 그를 폄훼하려는 왜곡인지 분간이 잘 안 가지만, 이상한 점은 그럼에도 신돈은 총명하고 언변이 뛰어났다고 한다. 신돈의 열전 기사에 그의 성품을 그렇게 묘사하고 있는데, 문자를 모르는 자가 총명하고 언변이 뛰어났다고 하면

앞뒤가 좀 안 맞는 느낌이다. 어쩌면 문자를 몰랐다는 것은 신돈을 비하하려는 의도적인 왜곡으로 보는 것이 맞을 듯하다. 총명하고 언변이 뛰어나다는 것은 능력 있는 인물로 비치기보다는 위험한 인물로 그려진다. 그런 신돈이 공민왕을 만난 것이다. 그 첫 만남은 공민왕의 꿈속에서였다.

공민왕의 이상한 꿈

어느 날 공민왕은 잠을 자다가 꿈속에서 자객의 칼을 맞았는데, 어떤 중이 자신을 구해 주어서 죽음을 면하게 되는 꿈을 꾸었다. 꿈이지만 너무 괴이하여 공민왕은 모후인 명덕태후에게 그 꿈 이야기를 전했다. 모후에게까지 그 꿈 이야기를 한 것은 비록 꿈이었지만 신변의 위협이 절실해서 그랬을 것이다.

　공민왕은 그 꿈을 꾸고 얼마 후 측근의 소개로 신돈을 보게 되었다. 신돈을 보자마자 꿈속에서 자신을 구해 준 그 중과 너무나 닮아서 깜짝 놀랐고, 이상하게 여겨 그 자리에서 몇 마디 대화를 나눠 보고 바로 뜻이 통했다고 한다. 총명하고 달변인데다 득도했다고 큰 소리 치는 신돈의 모습에 공민왕이 매력을 느낀 것 같다. 이게 신돈과 공민왕의 첫 만남인데, 이후 공민왕은 신돈을 자주 궁궐로 불러들여 대면했다고 한다.

　그때 신돈을 공민왕에게 처음 소개시켜 준 사람이 김원명金元命이었다. 김원명은 기철 일당을 제거할 때 참여하여 2등 공신으로 책봉되었지만 그동안 크게 두각을 나타내지 못한 무장이었다. 또한 그는 명덕태후 홍 씨의 외가(광산 김 씨)에 해당된 사람이니 공민왕과도 먼 인척 관계에 있었다. 그러하니 김원명은 공민왕에게 승려 하나쯤 소개시켜 줄 위치에 있었을 것이다.

김원명이 신돈을 공민왕에게 소개한 배경이나 계기에 대해서는 알려진 바가 없다. 또한 그 시기도 언제쯤인지 정확하게 드러나지 않지만, 여러 정황상 공민왕 8년 경(1359)으로 짐작할 수 있다. 이 해의 중요한 사건으로는 홍건적의 1차 침략이 있었고, 이어서 그해 12월에는 서경이 함락되었다. 홍건적의 침입은 공민왕과 신돈이 만나는 배경을 설명하는 데 직접 관련은 없어 보이지만, 이 무렵 공민왕에게 위기가 닥치고 있었다는 것은 생각해 볼 필요가 있다.

공민왕과 신돈이 첫 대면한 이후 바로 신돈이 공민왕의 총애를 받아 권력의 핵심에 들어선 것 같지는 않다. 아마 수년 동안 권력과 무관하게 만남이 이루어졌던 것으로 보인다. 하지만 그로부터 신돈이 점차 공민왕에게 접근하고 있다는 것은 드러나고 있다. 공민왕이 신돈을 불러들여 점차 가까이했다고 해도 상관없다.

신돈은 공민왕을 만난 이후 불법을 설파하며 불교에 신심이 깊은 공민왕의 관심을 끌어내기도 하고, 왕도 부근에 머물면서 공민왕의 주변을 맴돌았다. 가끔 부녀자들을 상대로 불법으로 현혹하며 과부를 꾀어 간음을 저지르기도 했다. 그런 중에도 공민왕을 대면할 때는 엄동설한을 가리지 않고 헤어진 장삼으로 몸을 가려 청결한 고승 흉내를 내기도 했다. 공민왕은 그런 신돈을 중히 여기고 의복과 음식을 보내기도 하고 때로는 버선을 만들어 보내기도 했다.

이때쯤에는 공민왕과 신돈의 가까워진 관계가 측근의 신하들에게 알려진 모양이다. 이 무렵 이승경은 신돈을 가리켜 장차 국가를 어지럽힐 자로 특별히 지목하였고, 정세운은 신돈을 요승이라고 비판하며 심지어 그를 죽이려고까지 했다. 이승경은 홍건적이 점령한 서경을 수복하는 전쟁에서 도원수로 참여한 인물이고, 정세운은 앞에서 여러 차례 거론했듯이 공민왕의 신임이 두터운 무장이었다. 이승경과 정세운이 신돈을 그렇게 적극적으로 견제한 그때가 바로 이들에게도 권력이 쏠리고 있을 때였다. 시기로 말하자면 홍건적의 2차 침략을 전후로 한 무렵이 아닐까 한다. 이 무렵 특히 급성장한 인물이 바로 정세운이었다. 그는 홍건적의 2차 침략 때 총병관으로서 왕도 개경 수복 작전의 총사령관을 맡았기 때문이다.

1361년(공민왕 10) 홍건적의 2차 침략은 그해 겨울 왕도 개경까지 함락시키면서 공민왕은 몽진을 떠나야 했으니 신돈이 직접 권력에 개입할 여지는 없었다고 보인다. 공민왕의 처지에서도 특별히 신돈에게 힘을 실어 줄 만한 여유가 없었다. 왕도 수복 작전이 우선 급한 문제였으니 무장이 득세할 수밖에 없는 상황이었다. 그런 무장 출신인 이승경 정세운이 공민왕과 신돈이 가까워지는 것을 알아채고 견제했던 것이다.

이승경 정세운의 견제를 받은 신돈은 잠시 공민왕 주변을 떠나 있었다. 그 후 왕도 개경을 수복하고 이승경도 죽고 정세운도 죽었다. 정세운이 김용의 간계로 억울하게 죽었다는 것은 앞서 장황하게 설명했는데, 정세운의 죽음은 신돈에게 재기의 기회였던 것으로 보인다. 떠돌이 중노릇을 하던 신돈이 다시 공민왕을 대면하기 시작했기 때문이다. 이때부터 신돈은 머리를 기르고 거사를 칭하며 내전에까지 출입했다고 한다.

이 무렵 공민왕의 신변에 중요한 사건이 터진다. 공민왕을 시해하려고 했던 바로 홍왕사의 변란이다. 홍왕사의 변란이 일어난 것은 1363년(공민왕 12) 3월의 일로 수복한 개경으로 환도하기 직전이었다. 그 변란에서 공민왕은 겨우 목숨만 부지할 수 있었으니 안도감과 함께 누구도 믿을 수 없다는 불안감이 밀려 왔을 것이다. 이 사건은 공민왕과 신돈이 더욱 가까워지는 계기가 되었다.

그런데 홍왕사의 변란은 공민왕이 수년 전에 신돈이 등장하는 그 꿈속에서 겪었던 일이었다. 꿈에서 있었던 일이 현실로 나타난 것이다. 홍왕사의 변란은 공민왕에게 예전의 그 꿈을 바로 연상시켰다. 아니, 연상 정도가 아니라 바로 홍왕사의 변란을 사전에 암시했던 꿈이라고 볼 수 있다. 게다가 그 꿈에서 자신을 구해 준 중이 현실에서도 모습을 드러내어 대면하고 있으니 얼마나 이상했겠는가. 공민왕은 신돈과의 관계를 회피할 수 없는 숙명 같은 것으로 느끼지 않았을까?

그래서 공민왕과 신돈의 관계를 설명하는 데 첫 번째 중요한 사건은 바로 홍왕사의 변란이다. 그 사건은 꿈이 현실에서 일어난 것으로 공민왕에게 신돈을 더욱 신뢰하고 의지하게 만든 것이었다. 누구도 믿을 수 없었던 공민왕의 불안한 처지에서는 자신의 목숨을 구해 준 자만큼 중요한 사람이 누가 있겠는가? 비록 그게 꿈에 있었던 일이었을지라도 말이다.

노국대장공주의 죽음

공민왕과 신돈의 관계가 정치적으로 발전하는 계기의 첫 번째 사건이 흥왕사의 변란이었다면, 그 두 번째 사건은 노국공주의 죽음이다. 노국공주의 죽음 직후부터 신돈은 공민왕의 지원을 받으며 정치에 발을 들여놓기 때문이다.

노국공주와 공민왕의 관계는 매우 특별했다. 이 공주는 위왕 보루 테무르의 딸이었으니 보루 테무르는 공민왕의 장인이었다. 앞에서 언급했지만 그 위왕 가문은 고려 왕실과 친연성이 매우 강한 황족 가문이었다. 노국공주와 공민왕의 특별한 관계는 여기서부터 시작되었다고 할 수 있다.

그런 인연 때문이었는지 보루 테무르는 공민왕 폐위 공작을 저지하기 위해 쿠데타를 일으켜 기황후에 맞서 싸웠다. 이는 기황후의 권력 농단에 대해 정면으로 반기를 든 것인데, 그 결과 공민왕 폐위 공작이 실패로 돌아갔다. 보루 테무르가 폐위 공작을 주도한 최유를 잡아 고려에 압송케 하고 공민왕의 복위를 주장했다는 것은 고려 측 기록에도 분명하게 나타나 있다. 이게 1364년(공민왕 13) 9월의 일이었다.

기황후의 공민왕 폐위 공작은 공민왕에게 미래에 대한 불안과 작지 않은 상처를 남겼다. 비록 쇠퇴해 가는 제국이었지만 변방의 국왕 하나쯤 언제라도 목을 날릴 수 있다는 것을 보여주었기 때문이다. 또한 홍건적의 침략 이후 중단된 반원 개혁 정치는 다시 한번 멀어질 수밖에 없었으니 이에 대한 무력감도 컸을 것이다. 그래서 이러 저러한 대외 상황도 공민왕이 신돈을 정치에 끌어들인 배경으로 작용하지 않았을까 생각된다. 마치 부왕 충숙왕이 심왕 옹립 책동으로 큰 상처를 입어 자신감을 잃고 아들인 충혜왕에게 양위했듯이 말이다. 혹시 공민왕도 그와 비슷한 심정으로 신돈에게 권력을 위임하지 않았을까? 신돈을 전면에 앞세우고 자신은 배후에서 그를 통제하겠다는 생각으로 말이다.

폐위 공작이 실패로 끝나고 자신이 복위가 이루어지자 안도한 공민왕은 장인인 보루 테무르를 자신의 후원자나 멘토쯤으로 생각했을 것이다. 원 조정에 이 정도의 기댈 만한 구석이 있다는 것은 그나마 다행이었다. 또한 그 딸인 노국공주에 대해서도 남다른 신뢰를 가졌을 법하다. 보루 테무르와 노국공주는 곤경에 처한 공민왕이 정치적 안정을 찾아 가는 데 정말 든든한 후원자였던 것이다.

그런데 이 장인과 딸이 거의 비슷한 시기에 죽고 만다. 장인 보루 테무르는 1365년(공민왕 14) 7월에 황태자와 쾌쾌 테무르의 반격으로 쿠데타가 평정되면서 죽임을 당했고, 노국공주는 그보다 조금 앞서 그해 2월에 출산 중에 죽게 된다. 공민왕의 상실감은 이루 말로 다할 수 없었을 것이다.

노국공주는 공민왕이 대도에서 숙위하던 시절부터 이미 알고 있었다. 즉 어느 날 갑자기 공민왕의 배필로 정해져 결혼한 게 아니라 결혼 이전에도 교류가 있었다는 뜻이다. 이는 위왕 보루 테무르 가문이 선대 충숙왕 때부터 고려 왕실과 혼인을 통해 정치적으로 가까웠던 배경이 있었기 때문이다. 노국공주는 공민왕과 결혼하여 고려에 들어온 이후 중요 사건 때마다 공민왕을 따르고 함께했었다. 공민왕의 즉위 초 개혁 과정이나 반원 정책을 추진하는 과정에서도 노국공주와는 어떤 갈등이나 마찰도 없었다. 이는 좋게 말해서 그녀가 완전히 고려 왕실에 동화된 것이라고 볼 수 있지만, 원 조정에서 기황후가 권력을 장악하면서 공민왕을 압박한 것과 무관치 않다고 본다.

노국공주는 홍건적의 침략으로 공민왕이 안동으로 몽진을 떠날 때도 함께했고, 왕도를 수복하여 환도할 때도 물론 함께했다. 공민왕과 동고 동락을 함께한 것이다. 하지만 무엇보다도 공민왕이 노국공주를 결정적으로 신뢰한 계기가 따로 있었다. 그게 바로 흥왕사의 변란이었다. 흥왕사의 변란에서 공민왕은 괴한들에게 쫓기면서 환관의 등에 업혀 태후의 밀실에 숨었었다. 그때 노국공주는 그 밀실을 가로막고 지켰다. 자신도 죽을 수 있는 처지에서 목숨을 걸고 공민왕과 함께한 것이다. 이 사건은 공민왕이 노국공주를 운명적인 동반자로 생각한 계기가 되었다고 본다.

공주를 장사 지낸 후 공민왕은 여러 신하들 앞에서 자신과 노국공주의 운명적인 만남을 표현한 적이 있었다. 그때 공민왕은 세 가지를 들어 노국공주의 공로를 기렸다. 하나는 재원 숙위 시절부터 고락을 함께했고, 둘은 홍건적의 침략 때 피난을 함께하며 극복했으며, 셋은 흥왕사의 변란에 괴한이 눈앞에 있었는데 몸으로 막아 냈다는 것이었다. 공민왕의 처지에서 노국공주가 얼마나 의지가 되었겠는가. 공민왕은 노국공주의 공로를 열거하고 이어서 그녀의 죽음에 대해 자신의 심정을 이렇게 토로했다.

"그 공로는 군사에 비교하여도 부족함이 없도다. 온공溫恭하고 세심하여 부도婦道를 잘 따랐으며, 자상하고 자애하여 능히 모의母儀를 드러냈도다. 조심하여 이루고 구한 바가 많았으니 이는 마땅히 끝까지 종사를 함께 지킬 것이거늘 출산의 날에 안타깝게도 그 몸을 버리고 말았다. 말을 하면 가슴이 아프고 뜻이 미치면 쓰라림이 더욱 깊도다."

노국공주를 잃은 공민왕의 마음을 알 만하겠다. 그 상실감은 무엇으로도 보상받기 어려웠을 것이다. 그래서 공민왕이 신돈을 끌어들여 전폭적으로 권력을 위임한 것은 노국공주의 죽음이라는 상실감이 중요한 계기가 되었다고 보는 것이다. 여기에 노국공주의 죽음 직후에 있었던 장인 보루 테무르의 죽음은 설상가상으로 그 상실감을 더욱 키웠다.

1365년(공민왕 14) 4월 노국공주를 정릉正陵에 장사 지낸 후, 그해 5월 공민왕은 신돈에게 청한거사淸閑居士의 칭호를 주고 사부師傅로 부르면서 국정을 자문하게 하였다. 이제 신돈은 공민왕의 지원을 받으며 공식적으로 정치 권력에 발을 들여 놓은 것이다. 물론 공민왕이 절실히 필요해서 끌어들인 것이었다.

그해 7월에 있었던 장인 보루 테무르의 죽음은 노국공주의 죽음과는 다른 또 다른 위기를 공민왕에게 안겼다. 보루 테무르의 죽음은 후원자의 상실일 뿐만 아니라 즉각 기황후와 그 황태자의 복귀를 의미했으니 공민왕에게는 정치적 압박으로 다가왔기 때문이다. 공민왕으로서는 다시 기황후를 의식하지 않을 수 없었고, 폐위 공작에 대한 악령이 되살아났을 것이 분명하다. 이런 위기를 타개하기 위해서라도 공민왕 자신은 더욱 정치 일선에서 물러서 있는 것이 유리했을 것이다.

최영을 축출하다

신돈이 공민왕으로부터 권력을 위임받아 제일 먼저 한 일은 최영을 모함하여 좌천시킨 일이었다. 1365년(공민왕 14) 5월, 신돈이 청한거사의 칭호를 받고 공민왕의 사부로서 국정을 자문하기 시작한 직후이다. 그 일의 내막은 이러했다.

신돈은 공민왕을 자주 대면하고 궁궐을 출입하면서 개경의 김란金蘭이란 자의 집에서 한때 유숙하고 있었다. 이에 김란은 신돈의 잠자리와 시중을 들 처녀 둘을 들여보냈다. 김란은 이 덕에 밀직부사(정3품)에까지 올랐으니 신돈에게 권력이 쏠리자 그가 먼저 신돈을 자신의 집으로 끌어들였다고 볼 수도 있다. 최영이 이런 김란의 행태를 보고 꾸짖었는데, 이를 눈치챈 신돈이 최영을 못마땅하게 여겼다. 최영이 김란을 꾸짖은 것은 신돈을 비판한 것이나 다름없기 때문이다.

그런데 마침 최영은 신돈에게 꼬투리를 잡히고 만다. 최영이 경천흥과 함께 개경의 동쪽 교외에서 사병을 거느리고 성대하게 사냥 행사를 연 것이다. 신돈이 이를 듣고 바로 최영을 공민왕에게 모함했는데, 가뭄 속에서 재상으로서 백성을 돌보지 않고 사냥이나 일삼는다는 것이었다. 공민왕은 최영의 사냥을 비난하면서 지금까지 있었던 사소한 잘못까지 거론하여 계림윤(경주 지방관)으로 좌천시켜 버렸다. 좌천의 이유야 만들려면 백 가지도 붙일 수 있지만 사건의 본질은 그게 아니었다. 이 무렵 최영의 권력이 너무 커지고 있었기 때문이다. 이 점은 함께 사냥한 경천흥도 마찬가지였다. 사병을 거느리고 사냥을 할 정도면 짐작할 수 있을 것이다.

사병을 거느린 무장은 공민왕에게 가장 위협적인 존재였다. 김용이 이끈 흥왕사의 변란은 그 위험을 여실하게 보여준 사건이었다. 김용은 공민왕 즉위 초부터 오랫동안 군사권을 장악한 인물로 그가 거느린 사병은 필요악처럼 따라온 것이다. 최영이나 경천흥이 그런 사병 양성의 조짐을 보인 것이다. 여기에 최영이나 경천흥은 김용에게는 없던 전쟁에서 승리한 군사적 공로까지 누리고 있었다.

홍건적이 두 차례나 침략하여 한때 왕도 개경이 함락당하고, 이어서 공민왕을 폐위시키려는 덕흥군의 군사적 침략까지 계속되는 속에서 가장 득세하는 부류는 전쟁을 수행하는 무장들이었다. 종묘사직의 안위가 달린 외적의 침략에서 피할 수 없는 현상이었고, 군사적 공로는 이들의 정치적 영향력까지 높여 주었다. 게다가 이들 무장들은 합법적으로 군사까지 거느리고 있으니 공민왕에게는 항상 경계의 대상일 수밖에 없었다. 여기에 한 달이 멀다고 반복되는 왜구의 침략이 계속되면서 군사 동원이나 전투는 국가의 상시적인 업무가 되었다. 국가는 위난에 몰렸지만 무장들이 득세할 수밖에 없는 더없이 좋은 환경이었다. 이들 무장들은 국방 문제에 있어서는 꼭 필요한 존재들이었으나 공민왕이 왕권을 강화하는 과정에서는 얼마든지 걸림돌로 작용할 수 있었던 것이다.

그런데 그렇게 성장한 무장들 중에서 선두주자라고 할 수 있는 정세운 안우 이방실 김득배 등은 김용의 간계로 이미 제거되었다. 김용은 제 스스로 변란을 꾸미다가 죽임을 당했다. 이들이 사라지고 그 뒤를 이어 성장한 무장들이 경천흥과 최영 등이었다. 이들 무장들에게 권력이 다시 쏠리는 것을 공민왕은 방치할 수 없었던 것이다. 힘을 키운 무장들이야 이들 외에도 많지만 누구를 먼저 손보고 누구를 봐줄 것인가는 공민왕과 그 복심인 신돈에게 달린 문제였다. 최영은 그렇게 재상에서 경주의 지방관으로 좌천되었다. 경천흥도 최영이 좌천당한 직후 정사에 참여하지 못하고 있다가 결국 면직되고 만다. 이때의 수상은 유탁으로 그 역시 무장으로 성장한 인물인데, 그는 다행히 수상직을 유지하지만 결국 공민왕의 비위를 거스르다가 신돈이 제거된 후 그에게 붙었다고 죽임을 당한다.

최영을 좌천시킨 신돈은 김보 이춘부李春富 등을 재상으로 기용하고 김란 등 자신이 좋아하는 인물들을 새롭게 발탁했다. 김보는 연저수종 공신에 들었지만 기철 일당에 연루되어 퇴출되었다가 이제 다시 등용된 것이고, 이춘부는 무장으로 성장하여 기철 일당 제거 직후 재상이 되었지만 큰 빛을 못 보다가 이제 다시 기용된 것이다. 신돈은 또한 이귀수李龜壽 등 고위 관리 다섯 명의 가산을 몰수하여 귀양 보냈다. 이귀수는 최영과 함께 개경 수복 작전에서, 그리고 최유와 덕흥군의 침략군에 맞서 공을 세운 무장이었다. 이밖에도 신돈에 의해 하옥 면직되거나 가산 몰수 혹은 유배당한 인물들은 부지기수였다. 물론 새롭게 발탁된 인물도 많았지만 이들 역시 언제 퇴출될지 몰라 불안하기는 마찬가지였다.

신돈의 하는 일이 바로 그런 일이었다. 공민왕의 심기를 살펴서 밉보이거나, 경계의 대상이거나, 거슬리는 관리들을 퇴출하고 배척하고, 때로는 죽임도 불사하는 일이었다. 이는 공민왕이 인정상 하기 힘든 일, 손에 피를 묻히는 일을 대신하는 것이었다. 공민왕이 신돈을 발탁하여 권력을 위임한 이유가 바로 그 점에 있었다고 할 정도로 신속하고 철저하고 광범위하게 추진되었다. 그렇게 최영과 경천흥은 공민왕의 표적이 되어 시범 케이스로 맨 먼저 걸려든 꼴이었다. 최영은 자신이 왜 퇴출되는지를 알고 있었던지 이런 말을 남기고 경주로 향했다.

"요즈음 국왕에게 밉보이고 죄를 입어 몸을 보전하는 자가 드문 일인데 나는 계림윤으로 가게 되니 이 또한 국왕의 은혜가 아니겠는가."

최영 자신이 왜 퇴출되는지를 알았다면, 살아남는 방법 또한 알았으리라.

복불복, 퇴출과 발탁

신돈이 집권을 시작한 1365년(공민왕 14) 5월부터 그해 말까지 반년 남짓 동안 퇴출되고 발탁된 인물들을 양편으로 나누어 알기 쉽게 표로 작성하면 다음과 같다(382쪽 표).

무의미하게 개성도 없는 수십 명의 관리를 나열한 것은 이들을 한 명씩 모두 살펴보려는 것이 아니다. 퇴출과 발탁이 인사발령과 무관하게 무시로 이루어졌음을 보여주기 위해서다. 이것이 퇴출되고 발탁된 모든 관리를 망라한 것도 아니지만 신돈이 권력을 위임받은 불과 몇 개월 동안에 단행된 일이었다.

신돈은 1365년(공민왕 14)부터 1371년(공민왕 20) 무렵까지 약 6년 정도 집권하는데 이런 관리들에 대한 퇴출은 집권 기간 내내 계속된다. 하지만 이런 광범위한 퇴출과 발탁은 그 집권 한 달여 동안에 집중적으로 이루어졌다. 이 가운데 몇 가지 특징이나 추세를 살펴보겠다.

다음 표의 인물들 중에서 김보는 찬성사에서 수시중으로 발탁 승진했다가(⑨) 불과 몇 개월 만에 면직된 것이다(④). 이밖에도 그런 사람이 많은데, 박희朴曦(⑫, ①) 임군보林君輔(⑩, ⑥) 목인길(⑬, ⑤) 이인복(⑭,

		퇴출			발탁
	최영	찬성사 → 계림윤	⑨	김보	도첨의찬성사 → 수도첨의시중
	이귀수	찬성사 → 유배, 가산몰수		이춘부	도첨의찬성사
	양백익	첨의평리 → 유배, 가산몰수	⑩	임군보	밀직부사 → 판밀직사사
	박 춘	판밀직사사 → 유배, 가산몰수	⑪	김란	밀직부사
	석문성	예성군 → 유배, 가산몰수	⑫	박희	밀직부사
	김수만	진원부원군 → 유배, 가산몰수		권적	첨의평리 → 첨의찬성사
	이녕	부원군 → 유배, 가산몰수		이인임	도당 참여 → 첨의찬성사
	허유	양천군 → 유배	⑬	목인길	첨의평리
	변광수	전공판서 → 유배	⑭	이인복	찬성사 → 판삼사사
	홍인계	판사 → 유배		전보문	판삼사사
	허서	전리판서 → 유배		지용수	지도첨의
	김귀	첨의평리 → 유배	⑮	김원명	삼사좌사 → 응양군 상장군 겸
	양재	상장군 → 유배		김한귀	개성윤 → 밀직부사
	이인수	대장군 → 유배		이색	첨서밀직사사
	이공수	영도첨의사사 → 면직	⑯	김속명	첨의평리
	경천흥	수시중 → 면직	⑰	허소유	감찰장령
	이수산	판삼사사 → 면직	⑱	홍영통	감찰대부
	원송수	정당문학 → 면직	⑲	최원우	감찰집의
	왕중귀	동지밀직사사 → 면직	⑳	김귀수	감찰지평
①	박희	밀직부사 → 유배	㉑	유원	감찰지평
②	허소유	감찰장령 → 전라도 수졸	㉒	오승비	감찰장령
③	유숙	서녕군 → 낙향	㉓	한홍도	감찰지평
④	김보	수도첨의시중 → 면직	㉔	임현	우사의대부
⑤	목인길	첨의평리 → 유배	㉕	박중미	좌사의대부
⑥	임군보	판밀직사사 → 유배	㉖	이득천	우정언
⑦	전록생	감찰대부 → 계림윤	㉗	이존오	좌정언
⑧	이인복	판삼사사 → 면직	㉘	성대용	우대언

⑧ 등이다. 이들이 발탁되었다가 불과 몇 개월 만에 퇴출된 특별한 이유는 없었다. 그냥 공민왕이나 신돈의 눈 밖에 나면 퇴출되거나 유배당하는 것이다. 관직에 들고 나는 것이 복불복이었다고 하면 너무 심한 표현일지 모르겠다.

목인길은 연저수종공신과 기철 제거 공신에 모두 들었던 인물로, 그는 순전히 복불복으로 신돈에게 밉보여 유배당한 것인데 나중에 신돈 제거 모의에 참여한다. 임군보는 기철의 당에 연루되어 곤장을 맞고 축출되었다가 이번에 신돈에게 발탁된 것인데, 결국 또 유배당한 것이다. 이유는 목인길의 퇴출을 비판했다는 것이었다. 이인복은 무장이 아닌 원의 과거에도 합격하여 원에서 관직 생활을 했던 인물이다. 그는 조일신을 제거해야 한다고 공민왕에게 조언하여 변란을 평정하는 데 크게 기여했는데 과거의 그런 공로도 공민왕에게나 신돈에게는 별 의미가 없었다.

김란⑪은 신돈을 불러 자신의 집에서 유숙하도록 한 인물이니 그의 발탁 이유는 더 말할 필요가 없겠다. 그는 임군보 목인길과 함께 궁중에서 서무를 처결하는 특권을 부여받기도 했다. 이는 권력 구조를 개편하여 왕권을 강화하려는 조치였다. 이런 특권을 부여받았던 임군보와 목인길도 공민왕의 눈 밖에 나서 다시 유배당했으니 인물에 대한 발탁과 퇴출이 얼마나 변화무쌍했는지 알만한 일이다.

김원명⑮은 바로 신돈을 공민왕에게 최초로 소개시켜 준 인물이다. 삼사좌사에 발탁되었다가 무반 서열 1위인 응양군 상장군까지 겸직했다. 군사권을 심하게 경계한 공민왕에게 이는 대단한 신임이 없으면 내어줄 수 없는 자리였다. 김속명金續命⑯은 김원명의 친동생이니 그의 발탁은 형의 덕을 본 것 같다.

유숙(③)의 경우는 좀 특별했다. 그는 과거에 합격한 문신으로 연저수 종공신과 기철 제거 공신에 모두 포함되어 공민왕 즉위 초기에는 왕의 총애가 깊었던 인물이다. 하지만 그는 자신을 시기하는 사람들을 피해 관직을 마다하고 어느 땐가부터 조정에서 멀어지고 있었다. 하루는 공민왕이 그를 불러 고굉지신股肱之臣이 되기를 바란다면서 원하는 바가 무엇인지를 물었다. 이때 유숙은 공민왕에게 낙향을 바랄 뿐이라며 모든 것을 마다하고 조정을 떠난다.

유숙이 낙향을 희망한 것은 두 가지 이유였다. 하나는 공민왕의 성품이 의심과 시기가 많아서 공신들 중에서 목숨을 부지한 자가 적다는 두려움과, 다른 하나는 신돈이 집권하여 자신을 모함하는데 자신은 그를 억제할 수 없다는 것이었다. 명철한 판단이었다. 유숙은 공민왕의 성향을 누구보다도 잘 알고 있었고, 그래서 자신의 거취도 분명했던 것이다.

그런데 위의 표 〈발탁〉 부분에서 한 가지 눈여겨볼 대목이 있다. 관리의 감찰과 탄핵을 담당하는 감찰사의 관리와(⑰~㉓) 간쟁을 담당하는 낭사의 관리(㉔~㉘)가 새로운 인물로 대거 기용된다는 사실이다. 이들은 거의 지금까지 드러나지 않은 인물들인데 관품은 낮지만 대간으로서 막중한 책임이 있었다. 공민왕으로서는 이런 신진 인물들을 기용하여 활용하고 싶었던 것이다.

이들 감찰사의 관리들은 공민왕의 명을 반드시 따르지는 않았다. 허소유許少遊가 발탁되었다가(⑰) 전라도의 수졸로 축출된 것은(②) 그 때문이었다. 전록생田祿生이 감찰사의 차관인 감찰대부를 맡았다가 퇴출된(⑦) 것도 같은 맥락으로 보인다. 위 표에서는 언급하지 않았지만 이밖에도 대간의 관리에 대한 퇴출이나 발탁은 수시로 이루어졌다. 공민왕은 그런 식으로 대간의 관리들을 장악하고 길들이려는 것이었다.

신돈이 집권하면서 발탁과 퇴출을 반복한 이런 관리 임용 방식은 관리 집단을 두려움에 떨게 만들었다. 재원 숙위 공신도, 군사적 공로도, 국왕의 측근이라는 것도 별 의미가 없었다. 신돈은 승려 출신으로 이들의 과거 활동이나 공로를 무시하고 냉혹하게 상대할 수 있는 적격의 인물이었다. 공로도 많고 공민왕과 가까웠던 관리들이 사소한 이유로 하루아침에 나가떨어지는 일이 다반사로 일어났던 것이다.

그래도 신돈의 집권에 대해 한 가지 긍정적인 점을 든다면, 새로운 인물들이 진출할 기회가 많아졌다는 점이다. 그동안 원 간섭기 내내 여러 경로로 진출한 관료 집단은 이제 포화 상태였다. 신돈이 집권하여 이들을 퇴출시키면서 숨구멍이 트이고 지금까지는 별로 알려지지 않은 새로운 인물들이 진출하기 시작한 것이다.

이들을 학계에서는 '신진 사대부'라고 부른다. 이것이 신돈의 공일지, 아니면 공민왕의 공일지, 그것도 아니면 시대의 흐름일지 잘 모르겠지만.

신돈과 불신의 공민왕

공민왕은 1365년(공민왕 14) 7월 신돈을 진평후眞平侯로 책봉하고, 그해 12월에는 무려 49자에 달하는 공신호를 주었다. 그 공신호 끝에 부여한 직함이 또한 다섯 가지나 된다. 영도첨의사사, 판감찰사사, 취성부원군, 제조승록사사, 판서운관사를 겸한 것이었다.

어느 날 공민왕은 여러 신하들 앞에서 이런 말을 한 적이 있었다.

세신 대족은 친한 당을 만들어 나무 뿌리처럼 연달아 얽혀서 서로 허물을 가리고 숨겨 주며, 초야의 신진들은 속마음을 감추고 겉으로 꾸며 명망만을 탐하다가, 귀하게 되면 한미함을 부끄럽게 여겨 대족과 혼인을 맺어 처음의 뜻을 버린다. 유생들은 유약하여 강직하지 못하고 문생門生이나 좌주座主 동년同年으로 당을 만들어 사사로운 정을 따르니, 이들 세 부류는 모두 발탁해 쓸 수가 없다(《고려사》 132, 신돈 열전).

공민왕은 여기서 관료 집단을 세신 대족, 초야의 신진, 유생 등 세 부류로 나누고, 이들 모두에 대해 강한 불신을 드러내고 있다. 신돈에게 권력을 위임하고 관리들을 대규모로 퇴출한 직후에 나온 말이니, 신돈을 등용한 이유를 설명하기 위한 것으로 보인다. 그럴 필요가 있었던 모양이다. 신돈은 미천하니 세신 대족처럼 친당도 없고, 욕심이 없으니 초야의 신진들처럼 출세나 명망을 탐하지도 않으며, 승려였으니 유생들처럼 문생이니 좌주니 하는 당을 만들지도 않을 것으로 본 것이다. 그래서 신돈을 등용했다는 뜻일 게다.

여기 문생과 좌주는 과거 급제와 관련된 용어로, 과거 시험을 주관하는 사람을 좌주, 그 좌주 밑에서 과거에 합격한 사람을 문생, 그리고 같은 해에 과거에 급제한 사람들을 동년이라고 한다. 또한 같은 좌주 밑에서 합격한 사람들을 동문同門이라고 한다. 좌주와 문생의 이런 끈끈한 관계는 무인 집권기 때 이미 사회적 병폐로 드러나고 있었다.

그런데 공민왕은 왜 그토록 관료 집단을 불신했을까? 관료 집단을 불신한 국왕은 공민왕뿐만 아니라 원 간섭기의 모든 국왕이 보여주는 보편적인 현상이었다. 국왕이 권력의 정점에 서지 못하고 옥상옥으로 원 조정과 황제가 존재하고 있어 왕권이 불안했으니 어쩌면 당연한 노릇이었다. 충렬왕부터 선대의 왕들이 모두 그래서 측근들을 양성해서 정치를 운용한 것이다.

하지만 공민왕은 관료 집단뿐만 아니라 자신의 측근들마저 온전히 신뢰하지 않았다. 공민왕 자신을 가장 가까이 보필했던 연저수종공신과 공민왕의 뜻을 가장 잘 받든 기철 제거 공신들 중에서 줄곧 자리를 지켜온 인물은 별로 없다. 이들은 공민왕에게 최측근이라고 볼 수 있지만, 잘해야 발탁과 퇴출을 반복하다가 조정에서 멀어졌고, 심하면 죽음도 피하지 못했다. 조일신은 일찌감치 제거되었고, 정세운 안우 이방실 김득배는 김용의 간계로 죽임을 당했으며, 홍언박 또한 김용에게 죽임을 당했다. 그리고 김용은 변란을 일으켰다가 제풀에 죽었고, 앞서 언급한 유숙은 낙향했지만 곧 죽임을 당할 것이다. 그때까지 그나마 자리를 보전한 사람은 목인길과 경천흥이었지만 이들 역시 퇴출을 면치 못했다. 이들은 모두 연저수종공신에 들거나 기철 제거 공신에 든 인물들이다. 이 중 정세운 유숙 목인길 3은 양쪽 공신에 모두 포함되었는데도 그랬다.

이쯤 되면 공민왕이 이들을 신뢰하지 않은 게 아니라 신뢰하지 못했다고 보는 게 옳을 듯하다. 그렇다면 다시 '왜?'라는 의문이 따른다. 여기에는 공민왕의 개인적인 성향이 가장 크게 작용했다고 생각한다. 유숙이 낙향하면서 내린 판단, 즉 공민왕은 의심과 시기가 많다고 본 것은 정확했다고 할 수 있다. 물론 공민왕의 그런 개인적인 성향은 원 간섭기라는 시대 상황 속에서 좀 더 강화되었겠지만, 문제의 본질은 공민왕 개인에게 있었던 것이다.

사실, 공민왕은 신돈이 등장하기 이전부터 관료 집단이나 자신의 측근들을 신뢰하지 못하고 발탁과 퇴출을 반복해 왔다. 그게 공민왕의 통치 방식이었다. 하지만 자신의 측근들마저 신뢰하지 못했다는 것은 역으로 공민왕 자신도 불신을 받을 소지가 많았다. 그렇다면 국왕이 신하를 불신하니 신하는 국왕을 불신하지 않을 수 없는 그런 상황으로 치닫는 것을 막아야 했다. 어쩌면 공민왕 자신에 대한 불신을 차단하는 역할도 신돈에게 주어졌을지 모른다.

그런데 재미있는 사실은, 신돈도 공민왕과 신하들의 이런 불신 관계를 잘 알고 있었다는 점이다. 공민왕이 신돈에게 승려의 신분을 버리고 세상에 나와 정치 참여를 요청했을 때, 신돈은 못 이기는 척 사양하며 공민왕에게 이렇게 묻는다.

"소승이 듣기로 전하와 대신들이 참소하고 이간하는 말을 많이 믿는다고 하는데 절대로 이런 일이 없어야만 제가 세상에 복과 이익을 줄 수 있습니다."

이게 무슨 말일까? 신돈 자신과 공민왕을 이간질시키는 어떤 모함도 믿어서는 안 된다는 뜻이다. 다른 사람은 다 못 믿어도 신돈 자신만큼은 믿어 줘야 세상에 나올 수 있다는, 그래서 공민왕의 뜻에 따라 국정에 참여할 수 있다는 뜻 아니겠는가. 신하를 불신하는 공민왕의 성향에 대해서는 신돈도 이미 파악하고 있었다는 얘기다. 이에 공민왕은 신돈에게 맹세하는 글을 써 준다. 내용은 이런 것이었다.

"사부가 나를 구하고 내가 사부를 구할 것이다. 죽고 사는 것을 같이 하며 다른 사람의 말에 현혹되는 것이 없을 것이니 하늘과 부처께서 이를 증명할 것이다."

죽고 사는 것을 같이한다? 하늘과 부처가 증명한다? 공민왕이 신돈을 철저히 믿어 주겠다는 약속이겠지만, 군신 관계에서 이런 과장된 약속은 역설적으로 서로를 진정 믿지 못했다는 뜻이다. 두 사람의 신뢰에는 처음부터 분명 한계가 있었던 것이다. 누가 먼저 신뢰를 깰지, 두 사람의 마지막이 어떻게 전개될지 그 귀추가 궁금하지 않을 수 없다.

공민왕으로부터 확실한 신뢰와 후원을 약속받은 신돈은 거칠 것이 없었다. 재상의 임면이 모두 그의 입에서 결정되었다고 하니까 그 이하의 관리들은 말할 필요도 없다. 그를 비방하는 자는 살아남기 힘들었고 사람들은 두려움에 떨었다. 또한 신돈은 진사년에 성인이 나온다는 참언을 믿고 자신이 바로 그 성인임을 호언하기도 했다. 바야흐로 신돈의 세상이었다.

원 간섭기의 사회와 개인으로서 공민왕

앞에서 공민왕은 의심이 많은 성향 때문에 측근들을 신뢰하지 못했다고 언급하면서, 이런 개인적 성향이 신돈을 발탁하게 된 배경의 하나였을 것으로 설명했다. 이는 공민왕 대의 정치가 공민왕 개인의 성향에 따라 전개되었다는 것으로 사회보다 개인을 강조한 것이다. 그런 식으로 역사를 인식해도 괜찮을까?

역사에서 '개인과 사회' 문제는 조금 복잡하다. 즉 개인이 먼저냐, 사회가 먼저냐 하는 문제다. 다시 말해서 개인이 사회를 만드느냐 아니면 사회 속에서 개인이 만들어지느냐의 문제다. 이것은 마치 닭이 먼저냐 계란이 먼저냐의 문제처럼 아리송할 수 있다. 한 사람 한 사람 개개인이 모여 사회를 형성한다. 서로 다른 개인의 생각이나 사상 가치관 등이 모여 그 사회의 문화를 형성하는 것이다. 따라서 그렇게 형성된 사회는 그 구성원인 각 개인의 생각이나 사상의 총합이라고 할 수 있다. 민주적인 사고방식을 가진 개인들이 모인 사회라면 당연히 민주적인 문화나 가치관이 주류를 이룰 것이다.

한편, 개인은 그가 나고 자란 사회 속에서 영향을 받지 않을 수 없다. 어떤 개인도 그 사회로부터 자유로울 수 없는 것이다. 이럴 경우 그 사회의 가치관이나 문화가 그 개인의 생각이나 성향에 영향을 미친다. 민주적인 사회 속에서 태어나고 자란 사람은 민주적인 사고방식을 갖게 되는 것이다.

그래서 개인이 먼저냐 사회가 먼저냐 하는 질문은 우문일 수 있다. 사회는 그 구성원인 개인에게 영향을 미치고, 개인은 또 그 사회에 영향을 주는 것이다. 즉, 개인과 사회는 서로 영향을 주고받는 것이다. 어느 것이 먼저가 아니라 상호 보완적인 관계이고 연쇄적인 상호 작용이라고 할 수 있다.

하지만 그 개인이 막강한 힘을 가진 한 국가의 통치자라면 그 개인의 생각이나 성향은 그 사회에 미치는 영향이 남다르지 않을까? 물론 그 통치자도 한 개인으로서 그가 속한 시대로부터 영향을 받지 않을 수 없다. 이 점을 인정하더라도 한 국가의 통치자로서 그 개인은 분명 그 사회에 가장 큰 영향을 미칠 수 있는 것이다. 그래서 특정인의 개인적인 성향이나 사상을 강조하여 그 시대나 사회를 설명할 수 있다.

역사 연구에서 사회보다 개인이 우선한다고 보고 그 개인에게 관심을 집중하는 경우는 아주 흔하다. 예를 들면 로마 공화정에서 제정으로의 전환에 대한 연구에서 율리우스 카이사르 개인에 집중한다거나, 프랑스 혁명의 실패와 제정의 부활을 나폴레옹 한 사람에 초점을 맞추는 것이다. 히틀러의 호전성을 가지고 2차 세계대전의 배경을 연구하는 것도 마찬가지다. 이럴 경우 역사 연구가 개인 전기나 영웅사관으로 전락할 수 있다.

그런데 카이사르, 나폴레옹, 히틀러 모두 그들이 태어나고 자라서 활동했던 그 시대 그 사회의 산물이다. 그들이 아무리 뛰어난 인물이라 해도 마찬가지다. 그들은 그 사회의 흐름을 가장 철저히 대변했고 그 시대의 요구를 가장 정확히 반영했을 뿐이다. 그들이 그 시대의 특별한 개인 혹은 영웅이었다고 해도 그 시대 그 사회 속에서 형성되었다는 뜻이다.

하지만 말이다. 그 위인들의 개인적인 성향이나 사상이 그 시대의 성취와 실패에 결코 적게 영향을 주었다고 말할 수는 없다. 그 위인들은 그 사회의 흐름을 읽고 그 시대의 요구를 정확히 관철한 인물이기도 하지만, 자신의 성향이나 사상을 그 시대에 정확히 반영시킨 인물이라고도 할 수 있는 것이다. 그 위인들이 그 사회 그 시대의 산물이었다면 그들 개인 또한 그 사회 그 시대에 영향을 미친다는 것은 너무나 당연한 것이다.

원 간섭기의 사회와 개인으로서 공민왕, 어느 것이 먼저이고 중요한 가도 마찬가지다. 공민왕의 개인적 성향에 의해 그 시대의 정치가 이루어졌느냐, 아니면 그 시대 속에서 공민왕의 개인적 성향이 형성되었느냐의 문제인 것이다. 공민왕 개인과 그가 살았던 원 간섭기 사회, 양자는 서로 영향을 주고받는 상호 작용의 관계였다는 뜻이다.

요컨대, 원이 쇠퇴해 가는 시기에 왕위에 오른 공민왕은 그 시대 상황 속에서 관료 집단에 대한 불신의 감정을 키웠을 것이다. 원 간섭기 내내 관료 집단에 대한 불신을 가졌던 선대 국왕들의 성향이 공민왕 대에 와서 가장 심화되었다고 보인다. 그렇게 형성된 공민왕의 개인적 성향은 누구도 온전히 신뢰하지 못하고 일개 승려였던 신돈을 등용하여 전권을 위임하는 그런 정치 운용을 했다고 할 수 있다.

2. 개혁과 신진 사대부

이존오의 비판 상소

공민왕으로부터 권력을 위임받은 후, 신돈은 대궐에서 나와 기현奇顯의 집에서 유숙하고 있었다. 여기 기현은 그 성씨로 보아 기황후 친족이 아닐까 하는 생각이 드는데 분명치 않다. 이 때문에 기현의 집은 한때 문무백관이 들락거리며 국사를 의논하는 장소가 되었고 뇌물이 몰려들었다.

그런데 그 기현의 후처는 과부 시절에 신돈과 간통한 여성이었다. 나중에 그녀가 기현의 후처로 들어오고 신돈이 그의 집에 머물면서 식사 수발을 맡았다. 그러면서 신돈이 식탐과 여색을 밝힌다는 사실이 드러났다. 신돈은 탐욕스럽고 음탕하며 술과 고기를 좋아했고 음악과 여색을 마음껏 즐겼으나, 공민왕을 대할 때에는 채소와 과일만 먹고 차를 마셨다고 한다.

이 소문을 듣고 어느 날 밀직제학(정3품) 이달충李達衷이 공석에서 신돈에게, "많은 사람이 공은 주색을 너무 밝힌다고 말한다"고 핀잔을 주었다. 기분이 상한 신돈은 이달충을 파면하고 말았다. 신돈을 공개적으로 그렇게 비판할 정도의 기개라면 파면은 각오했을 것이다. 이달충은 과거에 급제하여 관직에 나와 감찰대부를 맡기도 했는데, 선배인 이제현과 쌍벽을 이룰 정도로 시문에 능한 유학자였다.

1366년(공민왕 15) 4월, 마침내 신돈을 비판하는 상소가 공식적으로 올라왔다. 상소를 올린 주인공은 좌사의(정4품) 정추鄭樞와 우정언(종6품) 이존오李存吾였다. 이들은 비록 관품은 낮지만 국왕에게 직언을 의무로 하는 언관들이었다. 정추는 이보다 10년 전에도 전록생과 함께 언관으로서 공민왕에게 직언을 했던 인물인데, 여태까지 같은 관품에 머무르며 신돈을 비판한 것이다. 이존오는 공민왕 9년(1360)에 과거에 급제하여 이때 26세의 그야말로 신진 인물이었다. 이존오가 과거에 급제했을 때의 시험관이 김득배였고, 같은 해 급제자로는 네 살 연상의 유명한 정몽주가 있다. 이 경우 김득배는 좌주가 되고, 이존오와 정몽주는 김득배의 문생이면서 서로를 동년이라고 부른다.

신돈을 비판한 상소문은 이존오가 작성하였다. 이존오는 상소문의 초고를 동료 언관들에게 보이며 함께 서명해 줄 것을 요청했지만 모두 회피하고 정추만 여기에 동참한다. 정추는 이존오보다 7년 앞서 이제현을 좌주로 과거에 급제한 사람인데 이존오에게 인척이기도 했다. 그렇게 신돈 비판 상소문은 이존오와 정추의 이름으로 공민왕에게 올라갔다.

상소문의 내용은 이런 것이었다. 상당히 장문이지만 간단히 말해서 신돈이 상하의 예나 군신의 예를 다하지 않고 국왕과 맞먹는다는 것이었다. 국왕과 평상에 나란히 앉는다거나 내전에 들어올 때 신하로서 예의를 갖추지 않는다는 것이었다. 실제로 그랬는데 이는 물론 공민왕이 허용한 일이었다. 상소문 내용에서 조금 이상한 점은 관리들을 대거 퇴출한 것에 대해서는 일언반구도 없었다는 사실이다. 관리에 대한 임면권은 국왕에게 있으니 그 일은 신돈의 잘못이 아니라고 판단했든지, 아니면 신돈만을 표적으로 삼기 위해 공민왕에 대해 비판하는 것은 삼간 것이라고 볼 수 있다.

상소문은 국왕 비서관이 공민왕 앞에서 낭독하였다. 하지만 반도 못 읽어 격노한 공민왕의 명령으로 상소문은 그 자리에서 불에 태워지고 만다. 그리고 바로 정추와 이존오는 소환되어 공민왕 앞으로 불려왔다. 그때 신돈도 평상시와 같이 공민왕 곁에서 이들을 지켜보고 있었다.

이존오가, "늙은 중이 어찌 이리 무례한가?"라고 소리치자 신돈은 깜짝 놀라 당황하면서 자신도 모르게 국왕의 평상에서 황급히 내려왔다. 이를 본 공민왕은 다시 대노하여 두 사람을 즉시 순군옥에 하옥시켜 버린다. 그리고 이춘부 김란 이색 등에 명하여 국문하게 하였다. 모두 신돈과 가까운 인물들이었다.

국문 책임자인 이춘부는 이들의 배후가 있을 것으로 짐작하고 이 부분을 집중 추궁하였다. 물론 이는 신돈이 자신을 비판하는 자들을 이 기회에 함께 엮기 위해 그렇게 사주한 것이었다. 특히 이존오는 나이가 어리다는 이유로 반드시 배후가 있을 것으로 여겨 심하게 추궁당하였다. 배후가 따로 있을 턱이 없었다. 신돈 측근의 어떤 사람은 두 사람을 유혹하기도 했다. 원송수와 경천흥이 뒤에서 사주했다고 하면 죽음은 면할 수 있을 것이라고 귀띔한 것이다. 원송수는 과거에 급제한 유학자로서 정당문학(종2품)에 있던 중에, 그리고 경천흥은 수시중(부수상)에 있던 중에 모두 신돈에게 축출당한 사람이었다. 하지만 정추와 이존오는 그런 유혹에 결코 넘어가지 않았다.

　신돈은 두 사람이 옥중에 있는 동안에도 죽일 생각을 포기하지 않았다. 그가 마음먹으면 못할 것이 없었으니 이들을 살리기 위해 이색이 나선다. 이색은 국문 책임자인 이춘부에게, 태조 왕건 이래 5백 년 동안 간관(언관)을 죽인 일은 한 번도 없는데 이 두 사람을 죽이면 오히려 영공(신돈)께 누가 될 것이라고 하였다. 이 말이 신돈에게 먹혀들었는지 정추와 이존오는 다행히 죽음을 면하고 지방으로 퇴출되는 것으로 그쳤다. 이존오를 살린 이색은 신돈 정권에서 전혀 피해를 보지 않고 잘나가던 고위 문신 중의 한 명이다. 그가 유학자임을 감안하면 이는 좀 특별한 일이기도 하다. 신돈에게 아부를 잘하거나 처세를 잘해서 그런 것인지, 아니면 운이 좋아서 그런 것인지 잘 모르겠다.

　그런데 이 사건의 여파는 애먼 다른 사람에게 튀었다. 앞서 언급했던 목인길과 임군보가 유배를 당한 것이다. 목인길이 신돈에게 모함을 받자 이를 임군보가 구원하려다 신돈에게 찍혔는데, 그 임군보는 또한 정추와 이존오가 지방으로 쫓겨날 때 힘써 구원했다는 이유로 또 찍혔다. 이에 이존오 사건에 목인길까지 얽어 같은 날 두 사람을 함께 유배를 보낸 것이었다.

　이존오는 그 뒤 분노를 삭이다가 병이 나서 자리에 눕고 만다. 그런 중에도 신돈이 죽은 다음에야 자신이 죽을 것이라고 말했는데 1371년(공민왕 20)에 자신이 먼저 죽고 만다. 하지만 그가 죽고 4개월 만에 신돈도 죽임을 당했으니 이존오는 죽어서나마 자신의 할 일을 다한 셈이다.

신돈이 제거당한 직후 이존오에게는 그 충성을 기려 성균관 대사성이라는 벼슬이 추증되었고 어린 아들에게도 벼슬이 주어졌다. 물론 공민왕에 의해서다. 공민왕은 이존오에게 벼슬을 추증하면서 좀 민망하지 않았을까?

국가의 근본, 토지와 백성

공민왕은 1366년(공민왕 15) 5월, 전민추정도감田民推整都監을 설치했다. 《고려사절요》에는 '전민추정도감'이라고 했지만 신돈 열전에는 '전민변정도감'으로 되어 있어 명칭이 서로 다르게 표기되어 있다. 전민변정도감은 공민왕 즉위 초에 설치했던 개혁 기구였는데 여기 전민추정도감은 그 전민변정도감과 같은 것으로 보인다. 여기서는 전민변정도감으로 통일하여 표기하겠다.

원 간섭기 동안 가장 큰 정치 사회 문제가 토지와 백성 문제였다. 권세가들이 불법적으로 남의 토지를 겸병하거나 탈점하고, 힘없는 백성들을 억압하여 강제로 노비를 만드는 것이었다. 신돈이 집권하고 이때 설치한 전민변정도감은 이런 토지와 백성 문제를 바로 잡기 위한 개혁 기구였다. 토지와 백성 문제는 원 간섭기 내내 뿌리 깊고 광범위한 정치 사회적 폐단을 일으키며 고려 사회의 안전을 위협할 정도였다. 그래서 원 간섭기 각 왕대마다 이에 대한 개혁안을 제시하곤 했지만 근본적인 해결을 보지 못했다. 예를 들면 충숙왕 대의 찰리변위도감이나 충목왕 대의 정치도감 등 여러 도감이 모두 그런 것이었다. 도감은 임시로 설치한 특별 관청을 가리키는 말이다.

원 간섭기에 토지와 백성 문제가 발생한 원인은, 권세가의 불법 행위에 있었지만 보다 근본적으로는 사회의 저변에서부터 변화가 일어나고 있었기 때문이다. 즉, 이 시기 황무지에 대한 개간이 활발해져 새로운 경지가 늘어나고, 여기에 인구가 급속히 증가했던 것과 관련이 깊다. 이는 크게 보면 국가 발전의 동력이 커지는 문제로 역동적인 사회 변화라고 볼 수 있다. 지금으로 말하자면 국가의 경제 규모가 확대되는 것이고 국민총생산액이 증가하는 것이라고 할 수 있다. 즉, 국가 경제가 성장하는 것인데, 그 과정에서 여러 가지 불법 행위가 만연한 것이다.

권세가에 의한 불법적인 토지 겸병이나 탈점은 대부분 새로 개간한 경지를 대상으로 자행되었다. 그런 토지는 소유권이 명확하게 확립되지 않아서 탈점하기에 안성맞춤이기도 했다. 이에 토지가 늘어난 권세가는 자연스레 노동력의 수요도 많아지니까 일반 백성들을 억압하여 강제로 노비를 만드는 것이다. 백성들을 억압하여 노비로 만들 수 있었던 것은 인구가 증가하면서 유민이 발생하여 그만큼 노비의 공급원이 생겼기 때문이다.

이 시기 역사 기록에 의하면 권세가의 대토지 소유에 대해 산과 강을 경계로 할 정도였다고 한다. 그 정도 광활한 토지를 소유했다는 뜻인데, 이는 경작지뿐만 아니라 비경작지(황무지)까지 포함한 것으로 보인다. 이런 비경작지는 개간 가능한, 혹은 개간 중인 토지를 말하는데 권세가들이 불법 합법을 동원하여 겸병 탈점한 토지가 그런 종류였다. 또한 토지 하나에 그 주인이 3, 4명인 경우가 많았다는 역사 기록도 있다. 이런 토지들은 그 소유권이 명확히 확립되지 않은 토지라고 볼 수 있다. 그래서 주인이 여럿인 것이다. 그런 토지는 역시 개간 중인 토지이거나 이제 막 개간한 토지였다. 이런 토지도 권세가의 겸병과 탈점의 대상이 되었던 것이다.

이 문제를 더 진전시키려면 토지와 인구에 대한 정확한 통계 자료를 제시해야 겠지만 고려시대에는 이에 대한 충분한 자료가 없어 안타깝다. 그래도 이 시기 토지와 노비 문제는 사회 저변의 변화와 함께 서로 맞물려 일어나고 있었다는 것은 분명히 말할 수 있다.

권세가의 불법적인 행위는 그 자체로 사회 문제였지만 이들이 그런 불법을 지속적으로 자행한 것은 그럴 만한 환경이나 배경이 있었던 것이다. 즉 권세가의 불법 행위만을 엄단해서는 이 문제를 근본적으로 해결할 수 없었다는 뜻이다. 요즘 식으로 말하자면 경제 활성화에 따라 필연적으로 나타나는 부정부패 문제였다고 할 수 있다. 그래서 원 간섭기의 토지와 노비 문제를 근본적으로 바로 잡으려면 토지제도의 전반적인 개혁을 통한 국가 운영 체제를 다시 짜야만 가능했다. 이는 혁명에서나 가능했고 새로운 왕조를 개창하는 수준의 변화가 필요한 사업이었다. 원 간섭기 역대 왕들이 이 토지와 백성 문제를 한 번쯤 건드리지 않은 왕이 없었지만 제대로 성공을 거두지 못한 것은 그 때문이었다.

공민왕 즉위 초의 전민변정도감도 권세가들이 탈점한 토지와, 백성들을 강제로 억압하여 만든 노비 문제를 바로 잡기 위한 개혁 기구로 설치되었었다. 이게 기득권층의 비협조와 방해로 큰 성과 없이 흐지부지 되었던 것이다. 여기에다 그 직후에 터진 조일신의 변란으로 개혁을 추진할 만한 여유도 없었는데, 역시 근본적인 해결 방안은 아니었다.

그런데 공민왕은 즉위 초에 성과를 내지 못한 이런 개혁 사업을 10여 년이 지나 지금 다시 착수하려는 것이다. 그것도 같은 명칭의 기구를 만들어서 같은 방법으로 말이다. 이제는 성공할 수 있다고 판단한 것일까? 아니면 다른 숨겨진 의도가 있었을까?

전민변정도감

우선, 왜 이때에 와서 전민변정도감을 다시 설치했는가를 생각할 필요가 있다. 물론 예전의 목적대로 토지와 노비 문제를 바로 잡기 위한 것이겠지만, 공민왕 즉위 초의 설치와 무엇이 같고 무엇이 다른지 하는 문제이다.

어느 시대에나 개혁은 기득권층의 이익이나 권리를 침해하고 통제하기 때문에 이들의 반발을 불러온다. 이를 거꾸로 말하면 기득권층을 압박하고 통제하기 위해서는 개혁을 기치로 내세우는 것이 가장 좋다는 뜻이다. 이 시기 기득권층을 학계에서는 '권문세족' 혹은 '권문세가'라고 부른다. 이들은 원 간섭기 동안 불법을 자행한 개혁의 대상이기도 했지만 공민왕에게는 왕권 강화를 저해하는 세력이기도 했다.

그래서 공민왕은 이들 권문세족을 대상으로 한 개혁에서 승산이 있으려면 명분과 실리를 모두 확보해야 했다. 명분은 정치 사회적 폐단을 바로잡는 일이고, 실리는 권문세족을 약화시키는 것이다. 토지와 백성 문제에 대한 근본적인 해결, 즉 토지제도의 개혁이나 새로운 국가 운영 체제를 마련하는 것은 못하더라도, 개혁을 통해 그 명분과 실리를 얻을 수 있다면 이는 성공인 것이다. 하지만 개혁은 기득권층, 권문세족의 반발을 불러 오히려 왕권 약화를 가져올 수 있는 위험도 있었다. 그래서 개혁이 어려운 것이고 성공하기도 힘든 것이다. 이를 두려워하면 통치자는 개혁을 못한다. 그래도 개혁을 하려면 개혁에 대한 반발을 막아 왕권을 보호해 줄 방파제를 내세워야 했다. 공민왕은 그 방파제로써 신돈을 앞세웠던 것이다.

공민왕은 1366년(공민왕 15) 5월, 전민변정도감을 설치하고 그 장관인 판사判事에 신돈을 앉혔다. 지금까지 신돈이 국정을 위임받아 공민왕의 대리인 같은 역할을 한 것은 개혁의 방파제로써 충분히 활용할 만한 가치를 보여준 것이었다. 신돈 열전에 의하면 신돈 스스로 판사가 되었다고 하니까 신돈에 의한 신돈을 위한 개혁 기구였다고 할 수 있다. 신돈 스스로도 그에 대해 충분한 자부심을 갖고 개혁을 추진할 의지가 있었던 것이다.

신돈은 판사가 되어 개경과 지방에 방문을 붙였다. 권세가들이 토지를 탈점하고 노비를 억압하여 백성을 병들게 하면서 나라를 허약하게 한다고 지적하고, 이에 도감을 두어 이를 바로잡을 것을 천명하였다. 이어서 다음과 같은 내용으로 유시했다.

"개경에서는 15일 이내에, 지방에서는 40일 이내에 그 잘못을 알고 스스로 고치는 자는 죄를 묻지 않을 것이다. 기한을 넘겨 일이 발각되는 자는 규찰하여 엄히 다스릴 것이다. 그리고 거짓으로 고소하는 자는 도리어 죄를 받을 것이다."

이런 방문이 나붙자 남의 전민을 빼앗은 권세가들은 자진하여 본래의 주인에게 돌려주었고, 개경과 지방의 백성들은 쌍수를 들고 환영하였다. 또한 노비로서 호소하는 자가 있으면 모두 양인으로 신분 해방을 시켜 주니 주인을 배반한 노비들이 모두 일어나 성인이 출현했다고 환영했다. 이를 보면 토지와 백성 문제를 바로잡는 효과는 분명 있었던 것 같다.

도감의 장관인 판사를 맡은 신돈은 도감에 하루 걸러 출근하고, 이춘부 이인임 임박林樸 등 판사 이하 관원이 상근하며 송사를 처결하였다. 전민변정도감은 최고 책임자인 신돈을 우두머리로 최소한의 체제를 갖추고 억울한 사정이나 고소를 접수하여 처결했던 것이다. 이춘부와 이인임은 신돈 정권의 중요 인물이고, 임박은 여기서 처음 등장한다.

임박은 앞서 이존오와 같은 해에 과거에 급제한 동년이었는데, 그때 이미 34세로 늦은 나이였지만 이제 막 관직에 나온 신진 인물이었다. 그는 홍건적이 함락한 왕도 개경을 수복하는 과정에서 좌주인 김득배 휘하에서 활동하였고, 공민왕 폐위 공작에서는 이공수와 함께 입원하여 덕흥군의 모든 유혹을 뿌리치고 충절을 지킨 것으로 유명하다. 이일로 공민왕의 큰 신임을 받았으며 신돈 정권에도 발탁되어 특이하게도 신돈을 끝까지 따른 신진 사대부였다.

전민변정도감을 설치한 것도 임박의 건의를 받아들인 신돈이 공민왕에게 주청하여 이루어진 것이었다. 이를 감안하면 전민변정도감의 추진 인물은 임박이었고 볼 수 있다. 또한 신돈에 대한 평가도 국정을 농단한 요승으로만 볼 게 아니라 분명 개혁가의 면모도 있었다고 판단할 수 있다. 아무튼 임박은 신돈 정권의 핵심 인물로 전민변정 사업을 주도하고 있었던 것이다.

신돈에 의한 전민변정 사업은 부작용도 좀 있었다. 송사를 처결하는 과정에서 신돈의 사감이 작용하는 경우가 있었고, 여성으로서 송사하는 경우에는 해당 여성을 유혹하여 간음을 저지르는 경우도 있었다. 어쩌면 이런 일들은 신돈을 폄훼하려는 과장된 이야기일 수도 있지만, 사실을 인정해도 개혁 활동에 결정적인 결함은 아니라고 본다.

중요한 사실은 개혁 사업을 정치적으로 이용했다는 점이다. 신돈이 백성들의 환심을 사는 데 주력했기 때문이다. 주인을 배반한 노비들이 신돈을 성인의 출현으로 여겼다는 것은 이를 말해 준다. 그래서 개혁 사업이 본질에서 벗어난 측면이 분명 있었고 진짜 권세가의 불법은 제대로 다스리지 못했던 것이다. 이춘부 이인임 같은 경우가 이에 해당한다. 이들은 어느 누구보다도 우선 개혁의 대상이었지만 개혁의 주체로 나선 것이다. 이 두 사람 같은 경우는 신돈에 붙어 그랬다 치더라도 다른 수많은 권세가의 불법에 대해서는 전민변정도감도 눈감았던 것이다.

그래서 신돈에 의한 전민변정도감의 개혁 사업은 처음부터 한계가 있었다고 본다. 전민변정도감의 애초 목적을 좇아 개혁의 본질을 추구하기보다는 개혁을 수단으로 삼고 왕권 강화를 목표로 하여 전민변정도감을 이용하려 했던 것이다. 하지만 일반 백성이나 천민 계층의 환영을 받은 것만은 분명한 것 같다.

신돈과 문수회, 그리고 모니노

1366년(공민왕 15) 8월, 궁중에서 문수회文殊會를 7일 동안 열었다. 문수회는 문수보살을 찬양하는 법회이다. 고려는 불교 국가이고 공민왕 또한 불교에 심취했으니 이런 법회가 특별할 것은 없지만 이 문수회는 좀 특별했다.

공민왕에게는 후사가 없었다. 문수회는 공민왕이 후사를 얻기 위한 법회로 이는 물론 신돈의 주문을 받아들인 것이었다. 문수회를 개설하면 원자가 탄생할 것이라는 신돈의 말에 공민왕이 솔깃했던 것이다. 당연히 이 문수회를 주관한 것도 신돈이었다.

1367년(공민왕 16) 3월에는 연복사에 행차하여 더욱 성대하게 문수회를 열었다. 법회라기보다는 화려한 축제 같았다. 채색 비단으로 수미산須彌山을 만들고 키가 10척이 넘는 기둥만한 촛불을 빙 둘러 켜니 대낮같이 환했다. 범패 소리가 하늘을 울렸으며 동원된 인원이 8천 명이나 되었다. 이런 자리에 문무 고관들도 빠질 수가 없었다. 법회 준비가 끝나자 신돈이 공민왕에게 이렇게 요청한다.

"선남선녀가 왕을 따라 문수의 좋은 인연을 맺기를 원하니 여러 부녀들에게 불전에 올라와 설법을 듣도록 허락해 주십시오."

신돈 자신의 설법을 들을 수 있도록 여러 부녀자들을 가까이 오게 허락해 달라는 얘기다. 말이 떨어지기가 무섭게 남녀가 앞다투어 몰려드니 그야말로 야단법석이었다. 그런 중에도 과부나 부녀자들은 신돈에게 잘 보이려고 옷단장을 하고 화장까지 하고 나섰다. 마치 선남선녀들을 위한 축제 같았다. 설법이 끝나면 신돈이 떡과 과일을 부녀자들에게 나누어 주고 공민왕은 손수 향로를 받쳐 들고 향을 피웠다. 문수보살이 남녀의 인연을 맺어 주는 부처님인지는 모르겠지만 신돈의 행동에 뭔가 좀 이상한 점이 있었다. 왜 하필 부녀자들을 가까이 불러들이려 하는지 모르겠다. 마치 남녀상열지사를 부추기는 행동 같다. 후사가 없는 공민왕을 위해 남녀 음양의 조화를 이루려는 깊은 뜻이 있는지는 알 수 없지만 이날의 주인공은 공민왕이 아니라 신돈이라는 생각이 들 정도였다.

설법이 끝나면 여러 사람들이 신돈 앞으로 모여들어 "문수보살의 후신이 바로 이 분이다"라고 소리쳤으니 신돈을 위한 문수회가 틀림없었다. 공민왕은 그런 신돈을 위해 친위병을 동원해 그의 신변을 문수회가 끝나는 7일 동안 호위하도록 했다. 그런 신돈을 위한 문수법회가 공민왕에게 원자를 보게 한다는 목적으로 여러 차례 열렸던 것이다.

공민왕은 노국공주와의 사이에 후사가 없어 이제현의 딸을 왕비로 맞은 적이 있었다. 이 왕비가 혜비惠妃인데 노국공주가 죽기 몇 년 전인 1359년(공민왕 8)의 일이었다. 공민왕이 후사를 얻기 위한 노력이었는데, 그 후 노국공주가 출산 중에 죽었으니 후사를 얻기 위한 공민왕의 소망은 간절했을 것이다. 문수회는 공민왕의 그런 간절한 소망을 신돈이 정치적으로 이용한 것이다. 공민왕을 문수회로 끌어들여 신돈 자신의 권위를 높이고 권력을 강화하는 기회로 삼은 것이었다. 신돈이 공민왕의 소망을 정치적으로 이용한 것은 이뿐이 아니었다.

낙산사洛山寺(강원 양양)는 신돈의 원찰이었는데 공민왕은 가끔 이 신돈의 사찰에 행차하곤 했다. 이 역시 공민왕의 후사 문제와 관련해서 신돈의 요청에 따른 것이었다. 이 낙산사에는 소원을 빌면 효험이 뛰어나다고 소문난 관음보살이 있었다. 1366년(공민왕 15) 9월, 신돈은 공민왕을 대동하고 낙산사를 찾았다.

신돈은 낙산사에 오면 그 관음보살 앞에 축원문을 쓰는데 이런 내용이었다. "원컨대 제자(신돈 자신을 가리킴)의 분신 모니奴牟尼奴로 하여금 복을 받고 장수하여 나라에 자리 잡게 하소서." 이 축원문에서 뒷부분

'나라에 자리 잡게[住國]' 하라는 표현이 의미심장하다. 그 '주국'이 뭘 의미하는 것일까?

모니노는 신돈과 그의 비첩 반야般若 사이에 태어난 아들이다. 이 모니노가 공민왕이 죽은 후 그 뒤를 이은 우왕禑王인데, 언제 태어났는지 그 아비가 누구인지 출생이 명확치 않다. 신돈과 반야 사이에 태어난 아들이라는 설이 보통 받아들여지고 있지만 다른 얘기도 있기 때문이다. 다음과 같은 특별한 야사도 관찬 사서에 전하고 있다.

처음에 신돈이 사노비인 반야와 인연을 맺어 임신하게 되자 능우能祐라는 승려에게 부탁하여 그 어미 집에서 애를 낳게 하고 반야는 이레만에 신돈에게 돌아왔다. 그 후 능우의 어미가 그 아이를 기르던 중 1년이 못 되어 죽고 말았다. 능우의 어미는 신돈의 추궁이 두려워 그 아이가 죽었다는 말을 못하고 다른 아이를 훔쳐서 길렀다. 그리고는 아이한테 병이 있으니 성 밖으로 옮겨서 기르는 것이 좋겠다고 신돈에게 요청하여 허락을 받았다. 다시 1년이 흘러 신돈은 그 아이를 데려다가 자신이 길렀지만 반야는 그 아이가 자신이 낳은 아이가 아니라는 것을 전혀 몰랐다. 그 무렵 공민왕은 후사가 없어 대를 이을 양자를 생각하고 있었다. 어느 날 공민왕이 신돈의 집에 가니, 신돈이 그 아이를 가리키며 양자로 삼아 뒤를 잇게 하면 어떻겠느냐고 넌지시 제안을 한다. 이때 공민왕은 아무 반응을 보이지 않았는데 마음속으로는 이 문제를 깊게 생각하고 있었다고 한다.

그러니까 이 야사에 따르면, 신돈이 출생도 불확실한 모니노라는 아이를 공민왕의 후계자로 만들기 위해 사전에 준비하고 있는 모습을 보여준다. 낙산사 행차도 그런 목적이었다. 낙산사 행차는 공민왕이 그때까지 후사가 없다는 약점을 이용하여 모니노를 그 후계자로 만들기 위한 치밀한 계획을 보여준 것이다.

앞서의 문수회는 공민왕이 직접 낳은 아들을 만들어 보겠다는 염원이라면, 여기 낙산사 행차는 그게 가망이 없자 모니노를 공민왕의 후계자로 상정하고 일에 착수한 것이다. 관음보살 앞의 신돈 축원문은 불교의 힘을 빌려 모니노를 공민왕의 후계자로 만들기 위한 것이었다. 그 축원문 끝의 '주국', 즉 나라에 자리 잡게 하라는 표현은 모니노를 공민왕의 후계자로 만들겠다는 신돈의 야망을 은밀하게 드러낸 것이었다.

공민왕이 신돈과 함께 낙산사를 다녀온 한 달 뒤인 1366년(공민왕 15) 10월, 종실인 덕풍군 왕의王義의 딸을 맞아 익비益妃로 삼고 안극인安克人의 딸을 맞아 정비定妃로 삼았다. 두 왕비를 동시에 맞은 것인데 이런 경우도 흔하지 않은 일이다. 두 왕비를 동시에 맞은 것은 공민왕이 모니노를 자신의 후계자로 삼지 않고 어떻게든 자신 소생의 후사를 보겠다는 간절한 마음이었다.

그런데 그해 11월 수상인 유탁이 공민왕을 위해 잔치를 베푸는 연회에 새로 맞이한 두 왕비가 참석하면서 이 자리에서 신돈이 좀 이상한 언행을 보인다. 유탁은 수상이었지만 이 무렵 신돈 정권에서 소외되고 있었는데 그가 수상을 유지하고 있다는 것이 신통했다. 그가 연회 자리를 마련한 것은 그런 소외감을 벗어나 보려는 행동으로 볼 수 있다. 신돈이 그 자리에 함께 있었던 것이다.

새로 맞이한 두 왕비는 동쪽에 앉고 신돈은 서쪽에 앉았으며 공민왕은 북쪽에 앉았는데, 신돈과 공민왕의 대화를 그대로 옮겨 보겠다.

신돈: 두 왕비는 아직 나이가 어려 어리석습니다.

공민왕: 어리석지 않소.

신돈: 옥체가 너무 피로하지 않습니까?

공민왕: 피로하네요.

이 대화가 무슨 의미일까? 신돈은 새로 맞이한 두 왕비를 못마땅하게 생각한 것이다. 더 정확히 표현하면, 신돈은 공민왕과 두 왕비 사이에서 이제라도 후사가 생길까 염려하고 있는 것이다. 이때는 이미 모니노를 공민왕의 후계자로 상정하고 작업을 준비하고 있었기 때문이다.

이 대목에서 생각해 보니, 공민왕이 애초에 신돈에게 권력을 위임했던 것은 자신에게 후사가 없다는 문제와도 관련이 있을 것 같다. 노국공주가 출산 중 죽은 직후에 신돈에게 권력을 위임했다는 사실도 그런 생각을 들게 한다. 후계자가 없는 통치자가 가장 염려하는 것은 자신의 자리(왕위)를 다른 사람이 위협하는 일이다. 이를 사전에 방어하는 방법은 가장 욕심 없는 인물을 앞세워 권력을 위임하고, 자신의 자리를 넘보거나 위험하다고 판단되는 인물은 누구라도 가차 없이 제거하는 것이다.

공민왕이 판단할 때 신돈은 그것에 적격의 인물로 보였다. 하지만 공민왕은 그 신돈이 바로 자신에게 가장 위협적인 존재로 성장하리라는 것을 몰랐을 것이다. 그것까지 알고 신돈을 선택한 후 제거를 계획했다면 공민왕은 정말 대단한 책략가라고 할 수 있다.

성균관과 신진 사대부

공민왕이 신돈을 등용해서 한 일 중에서 괄목할 만한 것이 있는데 바로 성균관成均館의 중영이다. 성균관의 중영은 1367년(공민왕 16) 5월 임박의 건의를 받아 이루어졌다. 성균관은 숭문관의 옛 터에 최고 교육기관으로 지은 것인데, 관리들에게 관품에 따라 포를 징수하여 그 비용으로 충당했다.

공민왕의 유학 진흥에 대한 관심은 즉위하자마자 교서 반포를 통해 드러났다. 학교를 중수하고 경전에 능통한 사람을 발탁하도록 하였으며, 이색의 건의를 수용하여 서울의 학당과 지방의 향교에서부터 인재를 선발하도록 하였다. 이색은 공민왕이 즉위하자마자 장문의 건의문을 올려 유학 교육과 국학의 진흥을 강조한 바 있었다. 공민왕의 유학 교육에 대한 관심은 신돈의 등용과 무관하게 그 이전부터 갖고 있었던 것이다.

성균관의 중영은 그런 교육 개혁의 결실로 보인다. 고려 중기 이후 사학이 융성하면서 국학(국자감)이 쇠퇴하자 여러 진흥책이 나왔지만 크게 성과를 보지 못했었다. 그러던 것을 이제야 중앙의 유일한 최고 교육기관으로서 성균관을 완성한 것이다. 이때 완성된 성균관은 왕조가 바뀐 조선시대에도 최고 학부로서 계속 존속했으니 그 의미는 더욱 컸다.

그런데 성균관의 중영을 임박이 건의했고, 이게 완성되자 이색을 성균관의 장관인 대사성에 임명했다는 사실을 주목할 필요가 있다. 임박은 앞서 살폈듯이 신진 사대부로서 신돈 정권의 핵심 인물이었다. 신돈은 성균관을 지을 때 이색과 함께 숭문관의 옛 터를 살피고 공사를 주관하기도 했다. 그러니까 성균관 중영은 신돈과 임박 이색 등이 주도한 일이었다. 임박은 이색보다 늦게 과거에 급제했지만 나이는 비슷했다.

이 무렵 신진 사대부의 중심에 있는 인물이 이색이었다. 그는 1353년(공민왕 2)에 이제현의 문생으로 과거에 급제하였고, 신돈 정권에 발탁되어 이제 처음 만들어진 성균관의 대사성이라는 자리에 오른 것이다. 성균관 대사성이면 유학자로서는 최고의 자리였는데 이때 이색의 나이 40세로 굉장히 빠른 성취였다.

이색은 이어서 정몽주 김구용金九容 박상충朴尙衷 박의중朴宜中 정도전鄭道傳 이숭인李崇仁 등 젊은 인재를 성균관의 학관(교수)으로 발탁했다. 또한 성균관의 학칙을 새로 정하여 학생 수를 대폭 확대하고 교육 과정도 새로 마련하여 경학 교육을 강화하였다. 성균관이 완성된 후 학사 운영에 참여한 인물들이 이색과 그 후배 신진 사대부였던 것이다. 이는 말할 필요도 없지만 신돈 정권을 후원한 공민왕의 적극적인 의지가 반영된 것이었다. 그래서 성균관 중영을 건의한 임박, 그 장관을 맡은 이색, 그리고 성균관의 교수진으로 발탁된 신진 사대부들은 모두 신돈 정권에서 성장한 인물이라고 할 수 있다. 달리 말해서 신돈 정권은 이들 신진 사대부가 성장할 수 있는 좋은 토대였다고 할 수 있다. 아마 공민왕은 교육 개혁을 통해 새로운 인물들을 양성하면서 자신의 지지 세력을 확보하려는 목적이었던 것 같다.

그런데 앞서 공민왕이 초야의 신진이나 유생들을 믿을 수 없어 신돈을 등용했다는 말을 상기할 때 이는 좀 이상하다. 공민왕이 믿을 수 없다고 천명한 초야의 신진이나 유생들이 신진 사대부와 전혀 별개의 존재라는 생각이 들지 않기 때문이다. 그런 신진 사대부가 어떻게 공민왕과 신돈 정권에서 성장할 수 있었을까? 게다가 이들 신진 사대부의 할아버지 격인 이제현은 신돈과 매우 관계가 좋지 않았다. 이제현은 언젠가 공민왕에게 신돈을 이렇게 비판한 적이 있었다. "신이 신돈의 관상을 보았는데 그 골상이 흉한 상이니 가까이하지 않는 것이 좋겠습니다." 이에 신돈이 그 이제현을 온갖 방법으로 헐뜯었으나 나이가 많아 차마 해치지는 못했다.

그 일을 계기로 신돈은 유학자를 비난하면서 기피하였다. 특히 이제현과 그 제자들을 도적이라고 비난할 정도였는데, 신돈이 공민왕한테 한 말을 직접 인용해 보겠다.

유자儒者들은 좌주니 문생이니 하면서 서울과 지방에 포열하여 서로 청탁하여 하고 싶은 대로 행합니다. 이제현은 그 문생의 문하에서 대를 이어 다시 문생을 보면서 온 나라에 가득 찬 도적이 되었습니다(《고려사절요》 28, 공민왕 17년 4월).

신돈이 유학자, 특히 이제현을 직접 거명하여 공민왕에게 비난했던 말이다. 이제현과 그 제자(문생)를 얼마나 싫어했는지 알려 주는 글이다. 그런데 새로이 등장한 신진 사대부들은 그 이제현의 제자가 많았는데, 신돈 정권에서 왜 그런 현상이 나왔을까 궁금한 것이다. 이색이 바로 이제현의 제자였다.

이제현은 과거의 시험관(좌주)을 두 번이나 역임했다. 첫 번째가 34세 때인 충숙왕 7년(1320)이고 두 번째가 67세 때인 공민왕 2년(1353)이었다. 이제현이 첫 번째 시험관을 맡은 때는 굉장히 이른 나이였고 두 번째 시험관을 맡은 때와는 시간차도 매우 크다는 점이 좀 특별하다.

첫 번째 시험관 때의 합격자(문생)가 이곡李穀 백문보白文寶 윤택 등이었다. 이곡은 바로 이색의 아버지였고, 백문보는 이곡과 함께 개혁가로 유명한 유학자이다. 윤택은 맨 앞에서 언급한 인물이다. 이들은 이제현의 제자와 같은 존재로 문생이라 부른다. 그리고 이제현의 문생인 이곡은 본인이 1347년(충목왕 3)에 다시 과거 시험관(좌주)이 된다. 이를 이제현의 문생이 다시 문생을 본다고 말한다.

이제현이 두 번째 시험관을 맡았을 때의 합격자가 이색 박상충 정추 등인데, 이들 역시 이제현의 문생이다. 이색은 그 아버지 이곡과 함께 부자가 연차를 두고 이제현의 문생이 되는 셈인데 이를 동문이라 부른다. 또한 그 이색은 1365년(공민왕 14) 자신이 또 과거 시험관이 되어 문생을 배출하니까 역시 이제현의 문생이 다시 문생을 배출한 것이다.

위 신돈의 말은 그런 이제현을 거론하면서 그 제자(문생)들까지 맹비난한 것이다. 그러면 이제현의 문생인 이색이 신돈 정권에서 크게 득세한 것은 어떻게 봐야 할지 모르겠다. 이색뿐만 아니라 신진 사대부들 대부분이 과거를 통해 입사했으니까 그들에게는 모두 좌주와 문생의 관계가 형성되어 있었다. 신돈은 신진 사대부들의 그런 관계를 통한 입사를 비난한 것인데, 바로 그 신돈 정권에서 신진 사대부가 성장했다는 것이니 좀 의아하지 않을 수 없다.

공민왕이 신진 사대부를 특별히 양성하여 자신의 지지 기반으로 삼으려 했던 것은 아니었다. 공민왕은 기존의 정치 세력으로부터 벗어나 새로운 인물들을 발탁하여 지지 기반으로 삼고자 했을 뿐이다. 신돈을 앞세워 그 역할을 수행케 한 것이다. 신진 사대부는 그 덕택에 대거 등장한 것이지만 신진 사대부라고 모두 발탁 등용된 것은 아니었다. 신진 사대부라도 공민왕의 뜻에 맞지 않으면 퇴출을 피할 수 없었다. 앞서 이달충이나 정추, 이존오 등이 그들이다. 이외에도 신진 사대부로서 언관직에 있다가 공민왕의 뜻에 거슬러 퇴출당한 인물은 수없이 많다. 공민왕이 신진 사대부만을 특별히 우호적인 세력으로 여기지 않았다는 뜻이다. 신돈은 더욱 그랬다. 이는 달리 말하면 공민왕이 자기 입맛에 맞는 사람만 챙기는 인재 등용의 한계를 보여준 것이었다. 신돈에게 권력을 위임한 것은 이를 더욱 부채질한 꼴이었다.

말하고 싶은 바는, 이 무렵 신진 사대부라는 새로운 정치 세력이 성장한 것은 공민왕이나 신돈에 의한 인재 등용 덕이 아니었다는 뜻이다. 그것은 필연적인 일로 거스를 수 없는 시대의 흐름이었다고 본다. 다만 공민왕 대의 개혁 활동이 신진 사대부가 성장할 수 있는 좋은 토양을 마련한 것은 분명해 보인다. 이는 개혁 활동이 지속되는 한 신진 사대부의 성장도 계속된다는 뜻이다.

권문세족과 신진 사대부

이 시기 신진 사대부는 지방의 향리층에서 올라온 사람들이었다. 이런 신진 사대부가 등장하기 이전에 기득권을 유지하고 있던 세력을 권문세족이라고 한다. 권문세족과 신진 사대부에 대해 학계에서 일반적으로 통용되는 견해는 이렇다.

신진 사대부는 지방의 중소 지주 출신으로서 과거를 통해 관직에 나왔으며, 개혁 성향이 강한 성리학을 수용한 유학자라고 보통 설명하고 있다. 이는 권문세족이 개경에 기반을 둔 대토지 소유자이고 과거보다는 음서를 통해 관직에 나왔으며, 기득권을 유지하려는 개혁 대상인 사람들이라는 것에 대응하는 설명이다. 그리고 권문세족이 원의 정치적 간섭을 받기 시작하는 충렬왕 대부터 성장하여 원 간섭기 동안 득세한 정치 세력이라면, 신진 사대부는 원이 쇠퇴해 가는 공민왕 대에 대거 중앙 정계에 진출한 새로운 개혁 세력으로 본다. 이는 권문세족과 신진 사대부를 정반대 성향의 정치 세력으로 보고 양분하여 대비시킨 것이다. 이런 설명에 의하면 권문세족은 역사적으로 구태의연한 나쁜 정치 세력이고, 신진 사대부는 역사적 정당성을 지닌 올바른 정치 세력이 된다.

또한 신진 사대부들은 대외 관계에서 친명적인 성향이었고 권문세족은 친원적인 성향이었다고 하면서 양자를 대비시키기도 한다. 권문세족과 신진 사대부를 쇠퇴하는 원과 흥기하는 명을 연결시키면서 고려 말의 역사를 설명하는 것이다. 그래서 신진 사대부들이 공민왕 이후 권문세족을 누르고 이성계와 같은 신흥 무인 세력과 연대하여 조선 왕조를 개창했다는 것이다.

이러한 설명은 공민왕 이후부터 고려 말까지의 정치사를 간단명료하게 이해하는 데는 도움이 된다. 또한 복잡 미묘한 여러 인간 군상의 성향을 그렇게 범주화하여 설명하는 것이 어느 정도 필요하기도 하다. 그래야 역사, 특히 정치사의 흐름을 큰 국면에서 이해할 수 있고 맥락을 짚어 낼 수 있기 때문이다. 역사에서 정치 세력을 그렇게 범주화하는 것은 정치사 연구의 기본이라고 할 수 있는 것이다.

그런데 그런 식의 정치사 연구에서 오는 한계도 분명히 있다. 권문세족과 신진 사대부, 어느 쪽에 넣기도 곤란한 인물이 수없이 많기 때문이다. 또한 권문세족이었지만 그 자식은 신진 사대부로 보이는 인물도 많다. 따라서 신돈 정권에서 개혁에 참여한 인물 중에는 권문세족도 있고 신진 사대부도 있었다. 이 같은 사례가 나타나는 것은 어쩌면 당연한 일이다. 수많은 인간 군상을 일도양단 식으로 선명하게 구분할 수 없다는 것은 상식이기 때문이다. 여기서 필요한 것이 특정한 개인에 대한 연구, 즉 인물사이다. 개인 인물에 대한 연구는 정치 세력에 대한 연구로 이어지고, 비슷한 성향의 정치 세력을 집단화 혹은 범주화하여 정치사를 연구하는 것이 기본인 것이다.

　요컨대, 공민왕시대를 권문세족과 신진 사대부로 정치 세력을 나누어 살펴보는 것은 가장 좋은 방법은 아닐지라도 역사 연구에서 불가피하다는 뜻이다. 다만 권문세족과 신진 사대부란 용어를 어떻게 규정하여 사용할 것인지, 이런 용어들이 적절한 것인지, 혹은 이보다 더 적절한 이론은 없는지 등에 대한 논의는 열린 자세로 얼마든지 가능하다. 또한 특정한 개인이나 정치 세력에 대한 연구가 더욱 확대 심화된다면 새로운 이론도 얼마든지 등장할 수 있다고 본다. 그것이 바람직한 연구 풍토일 것이다.

　그런데 어느 한 시대를 지배했던 정치 세력은 다음 시대에는 완전히 사라지는 것일까? 가령 원 간섭기를 지배했던 권문세족이 다음 시대, 즉 원이 쇠퇴하는 공민왕 이후의 시기에는 어떻게 될까 하는 문제이다. 이 문제는 다가오는 다음 시대가 얼마나 변화된 새로운 시대인가에 따라 다를 것이다. 권문세족이 공민왕 이후 고려 말까지 계속 정치 세력으로 득세한다면 그 시대는 변화된 시대라고 말할 수 없다. 반대로 권문세족이 계속 힘을 쓸 수 없고 사라지는 시대가 온다면 그 시대는 분명 새로운 변화된 시대라고 말할 수 있다. 거꾸로 말하면 다가오는 시대가 진정 변화된 시대라면 구시대의 정치 세력은 힘을 쓸 수 없고 새로운 정치 세력이 등장해야만 한다는 뜻이다.

구시대의 정치 세력은 그가 득세했던 시대의 생각이나 이념 가치관에 깊게 젖어 있기 때문에 변화된 새로운 시대에는 적응하여 살아남기 힘들다. 새로운 시대에는 구시대의 가치관에서 멀리 떨어져 있는, 혹은 덜 물든 사람들이 주인공이 될 수밖에 없는 것이다. 그것이 역사의 보편성이 아닐까.

관료제도의 정비

공민왕시대 신진 사대부에 대한 설명을 하려다 얘기가 옆길로 잠깐 샜다. 이 시기 신진 사대부는 지방 향리층에서 성장한 정치 세력이라고 설명했다.

그런데 이 시기 향리층의 성장과 신진 사대부의 진출은 예비 관료 집단 혹은 잠재적 관료 집단의 확대를 가져왔다. 여기에는 향리뿐만 아니라 일반 양인층도 신분 상승의 기회를 얻어 편승하고 있었다. 아무리 폐쇄적인 신분제 사회라고 해도 신분 상승의 기회는 미미하지만 열려 있었는데, 특히 원 간섭기는 그런 기회가 폭넓게 전개된 시기였다. 이를 나쁘게 말하면 신분제의 문란이고 좋게 말하면 역동적인 사회인 것이다.

잠재적 관료 집단, 혹은 예비관료 집단이 확대되었다는 것은 관직에 나아갈 사람은 많은데 관직이 적다는 뜻이다. 관직에 나아갈 사람보다 관직이 적은 현상은 공민왕시대만의 문제가 아니었다. 새 왕조가 출범하여 일정한 시간이 지나 안정을 찾게 되면 그런 문제는 언제든지 나타날 수 있었다. 이게 자연스런 일이다. 그래서 이 문제를 해결하기 위해 고려시대는 왕조 초기부터 직임이 없는 산직散職을 두고 있었다. 예비관료 집단을 지배층의 말단으로 보고 이들을 배려하려는 것이었다. 이런 산직을 검교직檢校職이나 동정직同正職이라고 불렀다. 직함의 앞이나 뒤에 '검교' 혹은 '동정'이라는 용어를 붙였기 때문이다.

그런데 1354년(공민왕 3)에 여기에 첨설직添設職이라는 산직을 또 두었다. 공민왕 대에 들어와 관직 수요자가 많아졌기 때문이다. 전란이나 왜구의 침략이 계속되면서 군공을 세운 사람들, 정치적 격변에서 공로를 세운 사람들에게 관직으로 상을 주기 위한 것이었다. 심지어는 뇌물 등 매관매직으로 관직을 사려는 사람들까지 끼어들었다. 하지만 이때는 공민왕의 즉위 초니까 반드시 공민왕 대에 들어와서 관직 수요가 많아진 탓만은 아니었다. 원 간섭기 동안에 누적되어 많아진 관직 수요자를 대상으로 한 것이었다. 그만큼 원 간섭기가 신분 상승이나 계층 이동이 활발하게 일어나 사회적 유동성이 강한 시기였다는 것을 말해 준다. 이런 사회적 유동성의 확대가 관직 수요자를 증가시키고 이게 첨설직의 설치로 나타난 것이다.

이때 새로 설치한 첨설직은 중요한 요직을 제외하고 3품 이하의 관직에만 허용했다. 하지만 이런 첨설직이 남발되면서 여러 정치 사회적인 문제를 다시 일으켰다. 첨설직이 남발되었다는 것은 이것으로도 관직 수요자를 모두 감당하기 어려웠다는 뜻이다. 첨설직의 남발은 필연적으로 관료제도의 문란을 초래했고 관료 집단의 확대를 심화시켰던 것이다. 이 또한 방치할 수 없는 문제였다.

1364년(공민왕 13)에 이 문제를 해결하기 위한 조치가 내려진다. 양광도 경상도 전라도 교주도 등 각도의 양가자제良家子弟들을 선발하여 중앙군에 소속시켜 개경에서 숙위케 한 것이다. 이들 선발된 양가자제들은 평민 이상의 신분으로서 총 2만 7천 명이었는데 일종의 직업군인이었다. 이는 고려 초 중앙군 체제의 복원을 노리면서 예비관료 집단, 즉 양가자제를 통제하기 위한 조치로 풀이된다. 이런 조치는 양가자제들의 관직에 대한 열망도 어느 정도 충족시킬 수 있었다. 고려시대 중앙군은 직업군인으로서 관료층의 말단으로 인식했기 때문이다. 아울러 유동적인 양가자제를 군대에 편입함으로써 이들에 대한 국가의 통제도 용이하게 만드는 효과가 있었을 것이다.

또한 1367년(공민왕 16) 8월에는 지방 각 도의 산관들을 개경으로 불러들여 숙위케 하였다. 이들 산관이 검교직이나 동정직 혹은 첨설직으로 들어온 산관이라고 볼 수 있는데, 이 역시 위의 조치와 맥락이 같은 것으로 산관에 대한 통제를 겸한 것이었다. 여기 산관은 위의 양가자제와 사회적 존재가 같은 계층으로 이들에게 숙위를 맡긴 것이다. 이는 산관에게 현직으로 나아갈 기회를 주기보다는 숙위와 같은 직업군인의 기회를 부여하여 관료 집단의 확대를 막기 위한 조치였다. 그만큼 검교·동정·첨설직 등을 남발하여 산관이 많아졌다는 뜻이다. 이들을 숙위에 편입한 것은 앞서 양가자제들의 경우와 마찬가지로 산관이라는 예비관료 집단에 대한 통제도 겸하고 있었다고 보인다.

진짜 중요한 관료제도에 대한 정비는 그다음 해인 1368년(공민왕 17)에 있었다. 이름하여 순자격제循資格制라고 한다. 순자격제는 관료들의 능력을 인정하지 않고 근무 연한에 의거하여 승진시키는 제도를 말한다. 쉽게 말해서 순자격제는 능력에 따른 성과급제 승진이 아니라 근무 연한에 따른 호봉제 승진이라고 할 수 있다. 공민왕은 왜 이런 제도를 마련했을까?

관료를 승진시킬 때 그 기준에서 능력을 제외시키면 자칫 근무태만이나 복지부동 등 부작용을 초래할 소지도 있었다. 그럼에도 공민왕이 이런 제도를 마련한 이유는 공로 중심의 능력 평가에 문제가 많은 탓으로 보았기 때문이다. 즉 전란이나 정치적 격변에서의 공로를 앞세워 관직을 얻거나 승진하는 것은 주관적 판단이 개입할 수 있다고 본 것이다.

순자격제는 관료 집단의 확대에 따른 불가피한 조치였다. 쉽게 말해서 관료 사회가 포화 상태에 이르러 승진에서 경쟁이 치열해진 것이다. 치열한 경쟁에서는 살아남기 위해서 부정이 일어나기 쉽다. 그 부정을 막는 방법은 객관적인 기준을 마련하는 방법밖에 없는 것이다. 가령 개인의 능력이나 근무 성과 등은 그 측정이 주관적이어서 부정의 소지가 많았다고 할 수 있다.

그래서 누구나 알 수 있는 객관적인 근무 연한으로 승진 기준을 삼았다고 보인다. 그게 순자격제였다.

죽을 뻔한 이색과 유탁

앞서, 신진 사대부였던 이색은 이제현의 제자이면서도 신돈 정권에서 중용되었다는 얘기를 했다. 그런 이색에게도 한때 위기가 있었다. 공민왕의 비위를 거스르고 신돈의 견제를 받으면서 자칫 죽을 뻔했던 것이다. 그 경위는 이랬다.

공민왕은 죽은 노국공주의 영전影殿을 왕륜사의 동남쪽에 성대하게 건축하려고 했다. 영전은 노국공주의 초상화를 모시는 건물을 말하는데 공주의 초상은 공민왕이 직접 그린 것이었다. 공사는 1366년(공민왕 15) 5월에 시작했다. 인부 수백 명을 동원하여 목재와 돌과 수목을 실어 나르니 천지를 진동하는 소리가 끊이지 않았고 운반을 하던 소들이 죽는 경우도 생겨났다.

그런 와중에도 공민왕은 천도를 생각했다. 1367년(공민왕 16) 4월에 신돈을 평양에 보내 그 터를 살피게 한 것이다. 신돈이 《도선밀기道詵密記》를 근거로 송도(개경)의 기운이 쇠진했다는 말을 하자 공민왕이 이를 수용한 것이다. 공민왕은 즉위 초부터 천도에 대한 미련을 버리지 못하고 있었는데 신돈이 공민왕의 그런 마음을 이용하여 다시 일을 꾸민 것이었다. 신돈 자신의 정치적 위상을 높이기 위한 계산도 작용했을 것이다.

하지만 신돈은 천도 작업을 계속 추진하지 못했다. 공민왕이 왕륜사에 공사 중인 노국공주의 영전 때문에 정신이 팔려 더 이상 천도에 대한 이야기를 진척시키지 못했기 때문이다. 그나마 다행이었다. 그 무렵 왕륜사의 영전 공사에 대한 문무 관리들과 백성들의 불만이 높아 가고 있었기 때문이다.

그런데 공민왕은 1368년(공민왕 17) 6월, 거의 완성되어 가는 왕륜사의 이 영전을 헐고 마암馬巖이라는 곳에 영전을 다시 옮겨 짓게 한다. 이유는 영전과 불전이 좁아 승려 3천 명을 한꺼번에 수용할 수 없다는 것이었다. 왕비 노국공주에 대한 애틋한 정 때문이기도 했지만 공민왕의 변덕스러운 성벽을 엿볼 수 있는 대목이다.

당연히 이에 대한 불만이 쏟아졌다. 비판의 선두에 섰던 인물이 당시 수상이었던 유탁이었다. 유탁은 안극인 등과 함께 글을 올려 마암 공사의 불가함을 극력 주장하였다. 이 무렵 유탁은 신돈 정권에서 소외되고 있었는데 그에 대한 불만의 표출이었는지도 모른다. 이에 대노한 공민왕은 유탁을 하옥시켰으며 안극인은 왕비(정비 안씨)의 아버지라서 대궐 출입을 금지시키는 것으로 그치고 정비는 친정으로 쫓아 보냈다. 모후인 명덕태후까지 나서서 유탁의 하옥을 말렸으나 공민왕은 듣지 않았다.

그리고 공민왕은 이춘부를 도첨의시중으로 임명하여 유탁 대신에 수상으로 삼았다. 이춘부는 신돈에게 아부를 잘하여 드디어 수상까지 오른 것이다. 그 덕에 그의 동생 두 명도 요직을 차지하게 되었는데, 이춘부는 신돈 정권에서 큰 굴절 없이 자리를 보전하고 승진한 몇 안 되는 인물 중 하나다.

공민왕은 이춘부를 수상으로 삼고 이어서 이색에게 명하여 유탁을 국문하게 했다. 유탁에게는 노국공주가 세상을 떠난 후 3일이나 제사를 빠뜨렸다는 죄까지 추가되었다. 죄는 얼마든지 만들 수 있었다. 유탁은 국문을 담당한 이색을 통해 여러 가지로 변명했지만 이를 전해 들은 공민왕은 더욱 격노했다. 그때 신돈은 남의 일처럼 이런 상황을 유심히 지켜보고 있었다.

그런데 왜 하필 이색에게 유탁의 국문을 맡겼는지 모르겠다. 유탁은 권문세족의 대표적인 인물이고 이색은 신진 사대부의 중심에 있는 인물이었다. 공민왕은 유탁을 죽이려고 결심하고 이색에게 백성들에게 내릴 교서를 작성하도록 했다. 이에 이색이 죄목을 무엇으로 할 것인가를 묻자 공민왕이 네 가지 죄를 거론하는데, 이색은 무슨 배짱이었는지 그것으로는 유탁을 죽일 수 없다고 반대했다.

그러면서 이색은 노국공주 영전의 토목 공사를 반대한 것은 신돈도 같은 생각이었다는 사실을 공민왕 앞에서 밝힌다. 노국공주의 영전 공사는 유탁뿐만 아니라 신돈을 비롯하여 이색 자신까지 모두가 반대하는 일이었다는 뜻이다. 국왕 곁에 있던 신돈은 하는 수 없이 자신도 공사에 대한 비판 여론을 알고 있었지만 공민왕의 분노가 심하여 입을 열지 못했다고 실토했다.

이에 공민왕은 수상인 이춘부에게 명하여 국인國印을 봉하게 하였다. 국인은 왕권을 상징하는 옥새로 이를 봉인한다는 것은 스스로 왕권을 정지시키는 것이다. 왕위를 내려놓고 적당한 인물에게 양보하겠다는 뜻이었다. 물론 진심으로 그런 것은 아니었다. 그런 중대한 의미의 옥새 봉인을 이춘부가 그 자리에서 순순히 따를 수 없었다.

이때 신돈이 꾀를 내어 국인 봉인은 이색에게 맡기는 것이 좋겠다고 공민왕에게 주문한다. 이색을 견제하기 위한 수작임이 분명했다. 공민왕의 명을 받은 이색은 마지못해 국인을 봉인한다는 문구를 작성하였다. 이에 공민왕은, 사람들이 자기를 덕이 없다고 수군거리니 봉인한 국인을 가지고 가서 덕이 있는 다른 사람을 찾으라고 말한다. 왕위를 덕이 있는 다른 사람에게 넘기겠다는 엄포였다.

이후 공민왕은 정비의 궁으로 옮겨 수라상까지 물리쳤고, 측근에 있던 임박이 국인을 받들어 다시 올리니 이를 밀쳐내 버렸다. 공민왕의 이런 행동은 뭘 의미하는 것일까. 아마 신돈 이색까지 노국공주의 영전 공사를 반대했다는 사실을 알고 서운했던 모양이다. 그게 무슨 중대한 일이라고 왕위까지 내놓겠단 말인지, 뭔가 충격 요법을 쓰려는 것으로 보인다. 여기서 공민왕의 또 다른 모습을 엿볼 수 있다.

이때 공민왕의 노여움을 풀어 주기 위해 신돈이 나서는데, 이색을 하옥시키고 이인임이 국문을 맡도록 요청하였다. 이색을 곤경에 빠뜨리기 위한 것이 분명했다. 유탁의 국문을 담당했던 이색이 이제는 자신이 국문을 당하게 된 것이다. 이색은 국문을 받으면서, 공민왕의 마음을 움직여 깨닫게 하려는 것이었다고 말하고 진심으로 눈물을 흘렸다. 공민왕이 후세에 비난을 받을까 두려울 뿐이지 죽음이 두려운 것은 아니라고 했다.

국문을 담당한 이인임으로부터 이색의 이런 마음을 전해 들은 공민왕은 그제야 마음이 조금 풀렸다고 한다. 그리고 바로 유탁과 이색을 모두 석방하도록 했다. 이튿날 유탁과 이색이 공민왕 앞에 나아가 사은하니, 공민왕은 자신의 노여움을 마음에 두지 말고 앞으로도 성심을 다하라고 당부하였다. 그리고 노국공주의 영전 공사는 계속되었다.

그 사건 후 이색과 유탁은 공민왕에 대해 어떤 생각을 했을까? 공민왕은 신돈 정권에서 버티고 있던 유탁과 이색의 충성심을 시험한 것이 아니었을까. 그리고 신돈은 공민왕이 주도한 그런 시험 무대에서 바람잡이 역할을 했다는 생각이다. 공민왕의 또 다른 용인술을 엿볼 수 있는 재미있는 에피소드가 아닐 수 없다.

신진 사대부 임박과 신돈

앞에서 임박이라는 인물을 몇 차례 언급했는데 그를 좀 더 자세히 살펴볼 필요가 있다. 그는 신진 사대부로서 신돈과 매우 밀착된 인물이었기 때문이다.

임박은 안동부(경북)의 길안현 출신이다. 길안현은 지금의 안동 임하댐 상류 지역으로 본래는 부곡이었는데 충혜왕 때 일반 군현으로 승격된 곳이었다. 부곡은 고려 사회에서 차별받던 특별행정구역을 말한다. 임박이 그 부곡 출신이라면 천민은 아닐지라도 지방 향리에서 출발했다는 신진 사대부와는 거리가 좀 있다. 임박의 선대에 현달한 자가 전혀 없었던 것은 당연한 일이었다.

임박은 1360년(공민왕 9) 34세의 늦은 나이에 김득배를 좌주로 과거에 급제하였다. 이보다 2년 뒤에는 정도전 이숭인 등이 과거에 급제한다. 임박과 과거 급제 동년으로는 유명한 정몽주가 있고 앞에서 언급했던 이존오도 임박과 동년이었다. 정몽주와 이존오는 임박과 동년이기는 했지만 나이로는 임박이 10년 이상의 연상이었다. 임박과 비슷한 나이로는 이색이 있었지만 이색은 1353년(공민왕 2)에 일찍 과거에 장원 급제하여 관직 출발에서 한참 앞서 있었다.

여기서 언급한 인물들이 모두 신진 사대부들이다. 그중 신돈 정권을 정면으로 비판한 이존오만 제외하고 모두 신돈 정권에서 발탁되었거나 발을 붙이고 있었다. 특히 임박과 이색 두 사람은 신돈 정권의 중심에 있었다고 말할 수 있다. 하지만 이색이, 앞에서 살펴보았듯이 한때 곤경에 처하거나 신돈의 견제를 받은 것에 반해 임박은 전혀 그러지 않았다. 신돈 정권 처음부터 끝까지 임박은 신돈과 밀착되어 있었다.

그런데 주목할 점은 임박이 막판에 공민왕의 명을 받아 신돈을 제거하는 주역이 되었다는 점이다. 신돈이 반역죄로 수원에 유배당해 있을 때 공민왕은 임박을 파견하여 그 신돈을 유배지에서 주살했던 것이다. 임박의 특이한 점은 이뿐이 아니다. 신돈이 제거된 이후 신돈 정권에 참여한 많은 인물들이 신돈과의 관계 때문에 죽임을 당하지만 임박은 털끝도 다치지 않는다.

신돈 정권에 참여한 정도로 말하면 임박보다 더한 사람이 없었다. 임박은 신돈 정권의 핵심으로 볼 수 있는데도 그는 치죄 대상에서 거론조차 안 되었다. 왜 그랬을까? 혹시 임박은 신돈 정권에 밀착된 사람이 아니라 공민왕과 밀착된 사람이 아니었을까 하는 생각이 스친다. 여기서 이 부분을 좀 살펴보려는 것이다.

임박이 공민왕의 신뢰를 받은 계기는 공민왕 폐위 공작에서였다. 당시 이공수와 함께 입원하여 대도에 머물고 있던 임박은 덕흥군을 고려 국왕으로 세우려는 유혹을 끝까지 뿌리쳤다. 폐위라는 위기에 처한 공민왕에게 이 일은 큰 위안이 되었고 임박이 당장 눈에 들어왔을 것이다. 그 몇 년 후 신돈이 집권하면서 임박은 바로 권력의 중심에 진입했다.

신돈 정권에서 임박은 전민변정도감의 설치와 성균관의 중건에 핵심으로 참여한 인물이었다. 전민변정도감의 설치는 임박의 건의로 이루어졌으니 신돈과 임박이 핵심 주체였다는 것은 분명하다. 여기에 이춘부 이인임이 함께 참여했지만 이들은 큰 의미가 없는 존재였다. 또한 성균관의 중건은 신돈의 후원을 받아 임박과 이색이 주도한 일이었다. 여기에 임박이 또 참여한 것이다.

무엇보다도 임박의 이력에서 가장 특이한 점은 제주도 선무사宣撫使로 파견되었다는 사실이다. 1367년(공민왕 16) 4월의 일이었다. 제주도에 선무사가 특별히 파견된 것은 이 무렵 제주가 원 황제의 피난지로 주목받으면서 공민왕의 중대한 현안 문제로 등장했기 때문이다. 당시 제주는 고려에 복속되어 있었지만 목마장을 관리하는 목호牧胡 등에 의해 고려 정부에 저항하는 반란이 자주 일어나고 있었다.

임박의 임무는 고려 정부에서 파견된 관리들의 백성 착취를 막고 제주를 안정시키는 것이었다. 목호 세력이 제주 백성을 선동하여 반란을 일으키지 못하게 하려는 목적이다. 임박은 원 조정의 중요 관심 지역으로 등장한 제주도의 선무사로서 이 문제를 잘 해결했던 것이다. 공민왕의 중요한 현안 문제를 해결한 임박은 공민왕의 최측근이었다는 뜻이다.

임박은 1367년(공민왕 16) 12월 차자방箚子房의 책임자로 임명되기도 했다. 여기 차자방은 인사권을 장악한 정방의 다른 이름쯤으로 보면 된다. 그러니까 임박이 신돈 정권의 인사권을 책임진 것이다. 이는 임박이 신돈 정권에서 핵심이었고 공민왕의 총애가 깊었다는 것을 다시 보여준다. 그런데 처음 이 차자방을 책임진 사람은 성석린成石璘이란 자였다. 성석린은 임박보다 연하였지만 1357년(공민왕 6)에 먼저 과거에 급제한 인물로 그 역시 신진 사대부에 속한 사람이다. 그를 차자방에서 퇴출하고 임박으로 대체한 이유는 성석린이 신돈에게 아부하지 않았기 때문이었다. 이를 달리 말하면 임박은 신돈과 매우 가까운 인물이었다는 뜻이다.

임박은 이후 신돈과 더욱 밀착되어 갔다. 신돈을 성덕盛德이라고 칭찬하며 아부했고, 신돈은 임박을 더욱 가까이했다. 그리고 임박은 공민왕의 뜻을 미리 살피고 이를 신돈에게 전달하는 일도 자연스레 수행한다. 이를 보면 임박은 공민왕과 신돈 사이의 창구 역할을 하지 않았나 생각할 수 있다.

임박이 신돈 정권에서 그런 역할을 했다면 그는 신돈보다는 공민왕에 더 가까운 사람이라고 보는 게 옳다. 임박은 그 창구 역할을 위해 신돈에게 아부하고 그를 성덕이라 칭찬했던 것이다. 이를 고려하면 공민왕은 신돈에게 애초부터 전권을 위임할 생각이 별로 없었다고 말할 수 있다.

3. 신돈과 공민왕

신돈 제거를 모의하다

1367년(공민왕 16) 10월, 신돈을 제거하려는 모의가 처음으로 있었다. 여기에 가담한 자는 오인택 경천흥 목인길 안우경 김원명 등 10여 명이었다. 모두 앞에서 한 번쯤 거론되었고 권력의 중심에도 있어 본 적이 있는 인물들이었다. 하지만 신돈 정권에서는 처음부터 소외되었거나, 혹은 발탁되었다가 다시 퇴출당한 인물들이니 모의에 가담할 충분한 이유도 있었다.

　단, 김원명이 모의에 가담한 것에 대해서는 설명이 좀 필요할 것 같다. 김원명은 앞에서 살폈듯이 신돈을 최초로 공민왕에게 소개시켜 준 인물이었다. 그 덕에 무반 서열 1위인 응양군 상장군에까지 올랐었다. 하지만 이 자리는 군사권과 관련이 있어 어느 한 사람에게 독점적으로 오래 맡길 자리가 아니었다. 김원명도 얼마 안 있어 그 자리에서 물러난 것인데, 그가 신돈 제거 모의에 가담한 것은 이와 관련 있어 보인다.

그런데 이들의 신돈 제거 모의는 자신들이 직접 나서서 신돈을 제거하려는 것이 아니었고, 신돈의 죄를 공민왕에게 알려서 신돈을 제거하도록 하자는 정도였다. 그러니까 군사를 동원할 필요도 없고 무력행사도 고려하지 않은 아주 온건한 모의였다. 이들이 거론한 신돈의 죄는 이런 것이다.

신돈은 사특하고 헐뜯기를 좋아하여 죄 없는 사람들을 많이 죽였고, 교활하고 음험하여 당파를 만들었다는 것이었다. 《도선밀기》에 의하면, 승려도 아니고 속인도 아닌 자가 나타나 나라를 망친다는 말이 있는데 바로 신돈을 두고 한 말이라고 주장했다. 오인택을 비롯해 모의에 가담한 자들은 이런 사실을 공민왕에게 알려 신속히 제거하도록 의견 일치를 본 것이다.

하지만 이들의 생각이 공민왕에게 알려지기 전에 신돈의 귀에 먼저 들어간다. 신돈에게 이를 고자질한 자는 앞서 영산 신 씨 인물로 언급했던 신귀였다. 이에 신돈이 선수를 친다. 공민왕에게 이런 모의 사실을 알리고, 자신은 승려로서 아무 욕심도 없이 벼슬을 받았을 뿐이라고 하였다. 그리고 현량한 사람을 선발하여 백성들의 삶을 편안하게 한 후 다시 산림으로 돌아갈 생각이었는데 여러 사람들이 자신을 죽이려 한다는 것이었다.

공민왕은 신돈의 이런 변명을 듣고 다음 조치를 내리는데 이게 조금 이상했다. 진상을 정확히 파악하려면 오인택 등 모의에 가담한 자들을 먼저 잡아들여 경위를 알아보는 것이 순서였지만 이들의 진술을 듣지 않은 것이다. 그러니까 공민왕은 주모자들을 부르지 않고 신돈한테만 얘기를 들은 것이다. 그래서 이 사건은 오인택 등이 신돈을 제거해야 한다는 모의를 진짜 했는지도 알 수 없는 일이다. 신돈이 이들을 제거하기 위해 꾸민 이야기일 수도 있다는 뜻이다.

공민왕은 오인택 경천흥 등 가담자라고 지목된 사람들을 모두 하옥시켜 당장 국문하도록 했다. 신돈이 비록 꾸민 이야기라 해도 이들은 그 일에 가담할 만한 충분한 이유가 있었기 때문에 피할 수 없었다. 하지만 국문은 하는 둥 마는 둥 이루어지고 바로 이들은 가산을 적몰당한 후 지방으로 쫓겨났다. 그리고 관청의 노비로 만들어 버렸다.

그런데 신돈은 이들 중에서 특별히 오인택을 지목하여 죽이려고 했다. 오인택은 홍건적을 물리치고 흥왕사의 변란을 진압하는 데 공을 세운 인물이었다. 이 공으로 한때 공민왕의 총애를 받아 인사권을 행사하다가 뇌물과 청탁으로 말썽을 일으키기도 했었다. 오인택은 그 문제로 유배를 당했는데 신돈이 집권한 후 다시 발탁되었었다. 그런 그가 무슨 이유에선지 이번 모의의 중심에 섰다가 신돈의 표적이 된 것이다.

오인택은 신돈이 자신을 죽이려 한다는 소문을 듣고 유배지 상주(경북)에서 도망쳤다. 이에 신돈은 그 처자까지 하옥시키고 오인택과 가까운 인물을 잡아들여 심한 국문을 가했다. 오인택은 신돈이 전국에 파견한 체포조에 의해 결국 붙잡혀 봉졸로 만들어져서 다시 유배를 당하게 된다.

그런데 신돈을 제거하려는 모의는 이것 말고 또 있었다. 그 사건 1년 뒤인 1368년(공민왕 17) 10월의 일이었다. 이번 모의는 중하급 관리들 사이에서 있었다. 앞서의 모의가 한때 권력의 중심에 있던 자들이 주동이었다면, 이번 모의는 그것과는 거리가 좀 있었다. 그렇지만 자신들이 직접 신돈을 제거하려고 모의했다는 점에서 앞의 사건보다 적극적이고 과감했다.

하지만 이 모의도 사전에 발각되어 수상인 이춘부에게 알려지고 만다. 이춘부가 이를 공민왕에게 알리자 공민왕이 이들을 하옥시킨 후 바로 유배를 보낸 것으로 마무리되었다. 이춘부가 이를 신돈에게 알리지 않고 공민왕에게 먼저 알린 이유가 궁금한데, 아마 신돈의 과격한 처단을 염려한 때문이 아닌가 싶다. 나중에야 이 사실을 안 신돈은 자객을 보내 유배 중인 이들의 뒤를 쫓아 모두 살해하고 말았다. 자신을 제거하려는 모의에 대해서는 용서치 않겠다는 의지를 드러낸 것이다. 내친 김에 신돈은 앞서 모의 사건에 가담했다가 유배당한 자들도 모두 죽이려고 들었다. 그 가운데 김원명은 1368년(공민왕 17) 11월에 신돈이 보낸 자객에 의해 유배지에서 살해당한다. 나머지 가담자도 모두 죽이려고 했지만 주변에서 만류하여 그 정도에서 그쳤다.

신돈은 자신에 대한 비판 세력을 조금도 용납하지 않았다. 이렇게 단호한 의지를 보이고 실천한 것은 물론 공민왕이 뒷받침을 해 주었기 때문이다. 이런 과격한 사건의 뒤처리는 공민왕이 신돈을 여전히 신뢰하고 있다는 증거였고, 또한 신돈에게는 공민왕의 신뢰를 직접 확인하는 방법이었을 것이다. 공민왕과 신돈, 서로의 신뢰를 확인하기 위해서라도 그런 사건은 계속 필요했을지 모른다. 그리고 필요하다면 없는 사건도 만들어질 것이다.

억울하게 죽은 유숙

앞서 언급했던 유숙도 결국 신돈에게 죽임을 당한다. 연저수종공신과 기철 제거 공신에 모두 들었고 한때 공민왕의 최측근에 있었던 유숙도 죽음을 피해 가지 못한 것이다. 1368년(공민왕 17) 6월의 일인데, 그가 신돈에게 죽음의 빌미를 잡힌 것은 하찮은 시 한 수 때문이었다.

유숙은 신돈이 집권하자 조정에 남아있기 힘들다고 판단하였다. 게다가 공민왕의 심리가 변화무쌍하여 자신에게도 언제 화가 미칠지 예측할 수 없었다. 결국 공민왕에게 낙향하겠다는 의사를 밝히고 고향인 서주(충남 서산)로 출발하면서 전송 나온 지인들을 향해 시를 한 수 남겼다. 이런 시였다.

충성이 쇠하여 정성이 얇아진 것이 아니고,	不是忠衰誠意薄
큰 명성 밑에는 오래 머물기 어려운 것이다.	大名之下久居難

유숙은 공민왕에 대한 충성심에는 변함없으나 신돈 밑에 있기는 싫었던 모양이다. '큰 명성'은 신돈을 말하는 것이 분명하다. 신돈이 이런 예민한 표현을 놓칠 리가 없었으니 공민왕에게 유숙을 모함한 것이다.

하지만 공민왕은 이런 시를 남기고 훌쩍 떠난 유숙을 아쉬워하면서 칭찬을 아끼지 않았다. 한때는 가장 가까운 측근에 있었다는 점에서 아쉽고, 신돈과의 원만하지 못한 관계 속에서 홀연히 낙향해 주니 칭찬도 해 주고 싶었을 것이다. 그러니까 공민왕과 유숙, 두 사람의 관계로만 보면 그가 전혀 죽임을 당할 이유가 없었다. 그러나 신돈은 공민왕에게 유숙의 그 전별시를 꼬투리 잡아 걸고넘어진다. 두 사람의 대화를 그대로 옮겨보겠다.

신　돈: 유숙이 관직에서 물러나기를 원한 것은 깊은 뜻이 있는데 전하께서는 알고 계십니까?

공민왕: 무슨 뜻이 있는가?

신　돈: 유숙이 오나라의 월왕越王을 전하께 비유하고 범려范蠡를 자신에게 비유하여 관직에서 물러나기를 간절하게 원했던 것입니다. 범려가 장수가 되어 오나라를 쳐서 이기고 월왕의 비 서시西施를 취하여 배에 싣고 떠나면서 시를 지었는데 이런 것입니다. '새의 부리와 물고기 아가미 같은 얼굴은 사람을 잡아먹는 상이다(鳥嘴魚腮食人之相). 큰 이름 밑에서는 오래 있기 어렵다(大名之下難以久居)'라고 했습니다. 월왕이 식인상이어서 그렇게 말한 것인데 유숙은 전하를 그 월왕에 비유한 것이고, 전하와 함께 있는 것을 기피한 것이니 죄가 이보다 큰 것이 없습니다.

공민왕: 그대가 어떻게 이런 뜻을 알았는가.

신　돈: 유숙이 낙향하면서 시를 한 수 지었는데 그 시에 그렇게 나타나 있습니다. 그것이 증거입니다. 지금 유숙은 바다가 가까운 서주에 있으니 만약 범려를 본받아 배를 타고 연경으로 간다면 새로운 왕을 세우려고 할 것이니 후환을 없애는 것이 좋습니다.

　신돈은 유숙의 시를 오나라의 고사에 나오는 시에 비유하여 옭아맨 것이다. 공민왕은 유숙이 진정 그런 시를 지었는지를 의심하여 주변의 신하들에게 다시 물었다. 유숙이 그런 시를 지은 것은 사실이라고 밝혀져 신돈의 이야기는 순전히 거짓만은 아니었다. 의심 많은 공민왕이 그런 시를 지은 유숙을 그냥 둘 수 없었던 것이다. 그래도 공민왕은 유숙을 죽일 생각까지는 하지 않았다. 신돈의 뜻을 누르기가 어려워 관적에서 제명하고 곤장을 쳐서 가산을 적몰하고 유배하는 것으로 일을 끝내려고 하였다. 하지만 신돈은 유숙이 다시 공민왕의 부름을 받을까 두려워하여 끝내 유숙을 죽이고 만다. 신돈은 자객을 보내 영광(전남)으로 귀양 떠난 유숙을 목 졸라 죽인 것이다.

공민왕은 신돈의 그런 과도한 행동을 문제 삼지 않았다. 한때 가까운 측근이 죽임을 당했음에도 별로 애석해하지도 않았다. 이미 죽임을 당한 유숙을 비호해 봐야 의미가 없었고 신돈을 내칠 수가 없었기 때문이다. 공민왕과 신돈, 두 사람의 관계가 아직은 변함없이 계속된다는 뜻일 것이다. 하지만 이 사건은 신돈의 입지가 점차 좁아져 뭔가에 쫓기고 있다는 느낌도 던져 주고 있었다.

신돈의 무산된 야망

1368년(공민왕 17) 12월 이춘부를 우시중, 이인임을 좌시중으로 하여 2인 수상 체제를 갖춘다. 이춘부는 김란과 함께 신돈에게 아부하여 현달한 인물로 유명하다. 김란은 신돈이 공민왕과 관계를 맺기 시작할 때 개경에 숙소를 제공한 인물이었다. 이인임은 앞서 언급했던 임박 이춘부와 함께 신돈 정권에서 제일 잘 나가는 3인이었다.

그러한 이춘부와 이인임을 내세워 2인 수상 체제의 수상으로 삼았다는 것은 신돈 정권이 절정에 올랐다는 뜻이다. 양인 모두 신돈의 입맛에 맞고 신돈 정권과 줄곧 밀착되었던 인물이기 때문이다. 그에 힘입은 탓이었을까, 신돈이 정치적 욕심을 드러낸다.

1369년(공민왕 18) 2월, 신돈은 5도의 도사심관都事審官이 되고자 하였다. 사심관제도는 이미 폐지된 제도였는데 신돈이 이를 부활시켜 자신이 그 직책을 맡으려는 것이다. 이 문제는 공민왕이 반대하여 결국 실패로 돌아갔지만 신돈 스스로 정치적 야망을 처음으로 드러낸 주목할 만한 사건이다.

애초에 사심관제도는 태조 왕건이 후삼국을 통일하는 과정에서 만들어졌다. 태조 왕건은 935년(태조 18) 신라의 마지막 왕인 김부金傅(경순왕)가 항복해 오자 그를 사심관으로 삼아 경주 지방의 사무를 맡겼는데 이게 사심관제도의 시작이었다. 그 후 다른 공신이나 호족들에게도 출신 지방의 사심관을 맡기면서 이 제도가 널리 시행되었다. 이런 사심관제도를 실시한 목적은 중앙에서 지방의 호족 세력을 회유, 무마하고 통제하기 위한 것이었다.

그렇게 만들어진 사심관제도는 점차 정비되어 고려 중기에는 전국 각 주현에 2명씩 배치하면서 고려의 관료체계에 편입되었다. 아울러 자신의 출신지인 내향뿐만 아니라 모계 출신지인 외향, 처계 출신지인 처향에도 사심관이 파견되면서 중앙 집권 체제를 보완하는 제도로 확대 보편화된다. 그 기능도 다양해져 하급 향리의 임명뿐만 아니라 부역을 공평하게 하고 풍속을 바르게 하는 등의 일까지 맡아 지방 사회에서 매우 강력한 영향력을 행사했다.

그런 사심관이 무인 집권기 이후 토지를 불법으로 탈점하는 주역으로 등장하여 지방민의 원성을 산다. 지방민에 대한 영향력을 강화하면서 나타난 필연적인 결과로 보인다. 이에 충렬왕 때에 사심관제도를 일시 폐지하였고 충숙왕 때에는 이를 완전히 혁파해 버린다. 이런 조치는 사심관이 일으킨 폐단 때문이었지만, 달리 보면 이제는 사심관이 없어도 지방에 대한 중앙 통제가 충분히 가능해졌기 때문이기도 했다.

그런데 신돈은 충숙왕 때 폐지된 그 사심관제도를 부활시켜 자신이 그 일을 맡겠다는 것이었다. 그것도 그냥 사심관이 아니라 5도의 도사심관이니 아마 전국 주현에 파견되는 모든 사심관을 일괄 통제하는 사심관의 우두머리였다. 신돈이 이런 자리를 노린 것은 범상치 않은 일이었다. 게다가 이미 폐지된 제도였으니 이를 부활시키는 것부터 정치적 부담이 적지 않은 일이었다.

신돈은 우선 삼사三司를 시켜 글을 올려 폐지된 사심관제도의 부활을 공민왕에게 요청하였다. 공민왕은 부왕 충숙왕이 어려운 결단 끝에 폐지했음을 들어 삼사에서 올린 그 요청서를 불태워 버린다. 강력한 거절이었다. 공민왕이 신돈의 요청을 정면으로 거절한 것도 이게 처음이 아닌가 싶다.

이에 신돈은 포기하지 않고 다시 요청한다. 5도 주현의 사심주목事審註目을 만들어 공민왕에게 직접 보이고 사심관의 부활을 다시 요청한 것이다. 사심주목은 사심관이 국왕에게 보고해야 할 내용을 항목으로 만들어 하나하나 적시한 것이었다. 공민왕의 승낙을 얻어 내기 위한 방편으로 신돈이 급조해 만든 것이었다고 보인다. 이 사심주목을 받아 본 공민왕은 신돈 스스로 이미 도사심관이 되었다고 비웃었다. 신돈이 혼자서 너무 앞서나가는 거슬린 행동을 비난한 것이다. 이어서 주현의 사심관은 모두 큰 도둑들과 다름없다고 말하면서 공민왕은 다시 분명한 거절의 뜻을 밝힌다. 결국 사심관 부활 논의는 정지되었고 신돈의 의지도 끝내 관철되지 못했다.

신돈은 왜 사심관을 부활시켜 자신이 그 일을 맡으려고 했을까? 공민왕으로부터 권력을 위임받은 이래 지금까지 신돈은 정치적 욕망을 크게 드러내지 않았다. 특별히 자신의 세력을 양성하지도 않았다. 공민왕의 철저한 후원 속에서 권력의 횡포를 자행했을지언정 독자적인 세력 기반을 마련할 생각을 하지 않은 것이다. 무엇보다도 공민왕이 그것을 가장 경계한다는 것을 잘 알고 있었기 때문이다. 하지만 자신을 제거하려는 계획이 연달아 터지면서 위기감을 느꼈다. 자신을 제거하려는 계획에 가담한 자들은 공민왕에 의해 모두 유배를 당했다. 신돈은 여기서 그치지 않고 유배지로 사람까지 보내 그들을 반드시 죽였는데, 이런 행동은 그런 위기감의 발로였다. 유숙은 자신을 제거하려는 의사도 없었지만 결국 죽이고 말았다. 신돈의 그런 과격한 대응은 모두 공민왕의 승낙을 받은 것도 아니었다. 신돈이 너무 앞서가고 있었던 것인데 위기감 때문이었다고 보인다.

이에 신돈은 자신을 방어할 최소한의 장치가 필요하다고 판단했다. 공민왕만을 믿고 권력을 행사하기에는 불안하다고 생각한 것이다. 자신을 지키고 보다 안정적인 권력 행사를 위해서는 자신만의 세력 기반이 필요했다. 신돈은 이미 폐지된 사심관제도에서 그 힌트를 얻은 것이다.

그런데 신돈은 왜 하필 폐지된 사심관제도의 부활을 통해 그런 의지를 드러냈을까? 그에 대한 정치적 부담이 컸을 텐데 말이다. 사심관제도의 부활을 기도한 것은 기존의 권력 장치에 의존하지 않겠다는 의도로 보인다. 기존의 권력 장치를 이용하는 것은 기득권 세력과의 마찰이나 갈등을 필연적으로 불러올 수밖에 없기 때문이다. 신돈은 또한 전민변정도감의 개혁을 통해 지방민들로부터 어느 정도 환영과 신뢰를 받고 있다는 판단도 했을 수 있다. 전민변정도감에 의한 개혁 당시의 인기를 사심관제도의 부활에 이용해 보려는 속셈도 작용했다는 뜻이다. 또한 사심관이 지방 사회와 관련된 직책이라서 중앙의 정치 세력과 이해관계가 크게 어긋나지 않을 것이라는 생각도 했을 법하다.

아무튼 신돈이 의도한 바는 공민왕의 강력한 반대로 실패했다. 신돈의 요구가 강렬했던 것만큼 그 반대로 인한 정치적 타격도 컸다. 이 일은 공민왕과 신돈의 관계에 금이 가는 계기였다고 보인다. 이후 신돈의 권력은 예전 같지 않았고 탄력을 잃어간다. 신돈의 권력이 절정을 넘어서고 있었던 것이다.

배반을 꿈꾸는 신돈

신돈 정권이 절정에 이른 무렵, 대륙의 중원에서는 결국 주인공이 바뀌고 만다. 1368년(공민왕 17) 9월, 원 제국의 수도인 대도가 주원장의 군대에 의해 함락당했다는 소식이 고려에 전해졌다. 이어서 1369년(공민왕 18) 4월에는 주원장의 사신이 고려에 들어와 대명大明, 홍무洪武라는 새로운 제국의 국호와 연호를 통보해 온다.

대륙의 정세 변화에 대해서는 장을 달리하여 자세히 살피겠지만, 이러한 원 제국의 쇠망도 신돈 정권에 결코 유리한 일이 아니었다. 왜냐하면 신돈의 집권 자체가 공민왕에 대한 기황후의 견제 속에서 원 제국의 동의 아래 추진되었다고 보기 때문이다. 신돈이 집권한 후 원 조정에서 고려에 사신을 파견하여 신돈을 집현전 대학사로 삼고 의복과 술을 하사하였다는 사실은 이를 말해 준다.

또한 공민왕이 신돈에게 권력을 위임한 때가 공민왕에 대한 폐위 공작이 실패로 돌아간 직후였다는 사실을 주목할 필요가 있다. 비록 폐위 공작이 실패로 끝나긴 했지만 공민왕의 처지에서는 기황후나 쇠퇴하는 원 조정을 결코 무시할 수 없다는 것을 충분히 인식했다. 신돈에게 권력을 위임하고 공민왕 자신이 일선에서 물러선 것은 그런 배경도 작용했던 것이다.

그런데 원 제국의 쇠망은 기황후의 영향력이 이제는 더 이상 고려에 미칠 수 없다는 뜻이었다. 공민왕의 처지에서도 굳이 신돈을 앞세우고 정치 일선에서 물러나 있을 필요가 없었다. 즉, 신돈의 집권을 더 이상 지속시킬 필요가 없어진 것이다. 이후 신돈 정권은 확실히 탄력을 잃고 있었다.

1369년(공민왕 18) 8월, 공민왕은 이전부터 신돈이 주장한 천도 문제에 대해 확실하게 반대 의사를 표명한다. 다시 또 천도 문제가 일어난 경위는 이랬다. 신돈은 수상인 이춘부를 시켜 수도를 충주로 옮길 것을 주장했다. 자신이 직접 나서지 않고 이춘부를 시킨 것은 천도에 대한 공민왕의 의사를 확실히 장담할 수 없었기 때문이다. 왜 이런 천도 주장이 갑자기 다시 나왔는지도 잘 모르겠지만, 신돈이 자신의 정치적 입지나 영향력을 제고하기 위한 정치적 목적이었다고 볼 수밖에 없다. 앞서, 사심관제도를 부활시켜 자신이 그 자리를 차지하려는 의도가 실패하면서 이를 만회하고자 무리수를 두었는지도 모를 일이다.

신돈은 공민왕이 천도를 반대하자, 개경은 바다와 가까워 왜구 침략이 용이하니 내륙인 충주로 옮겨야 한다는 구실을 댔다. 전혀 근거 없는 이야기는 아니었지만 새삼스런 이야기도 아니었다. 이전에도 천도논의가 일어날 때마다 개경은 바다와 가깝다는 말은 줄곧 언급되었기 때문이다. 신돈이 왜구의 침략을 구실로 대자 공민왕은 이를 정면으로 반대하지 않는다. 다만 당장 천도는 곤란하니 우선 국왕이 순주巡駐하는 형식으로 하겠다고 결정한다. 순주는 국왕이 여러 곳을 돌면서 임시 궁궐에 거처하는 것을 말하는데 신돈의 의사를 일부 수용하는 자세를 취한 것이다. 공민왕이 그래도 신돈의 위상을 조금은 고려한 결과였다.

그런데 국왕의 순주가 결정되자 예기치 않게 백성들의 반발이 일어났다. 국왕의 순주는 충주에 임시 궁궐을 짓고 새로운 길을 닦기 위한 백성의 징발을 피할 수 없었기 때문이다. 하지만 신돈이 무서워 아무도 이의를 제기하지 못했다. 다만 사천대司天臺의 장관으로 있던 진영서陳永緖가 하늘의 변화를 근거로 '머무르면 길하고 움직이면 흉할 것'이라는 주장을 편다. 여기 진영서는 기철 제거 공신에 들었던 인물이다. 공민왕은 진영서의 주장이 이제야 나온 것을 탓하면서 대신들과 함께 신돈을 불러 그의 주장을 듣게 했다. 신돈이 뒷말을 못하도록 천도에 대한 논의를 당장 중단시키려는 것이었다. 공민왕은 신돈의 천도 주장을 처음부터 못마땅해 했다는 뜻이다. 신돈에 대한 공민왕의 신뢰가 예전 같지 않았던 것이다.

신돈이 공민왕에 대한 배반을 생각한 것은 아마 이 무렵이었을 것이다. 자신이 요청한 사심관제도의 부활이 받아들여지지 않고 이어서 천도 주장도 수용되지 않은 그 직후였다. 1369년(공민왕 18) 11월, 신돈은 자신의 측근 승려 하나를 금강산으로 추방하는데 배반의 꿈이 처음으로 드러난 사건이었다. 이런 내용이다.

신돈의 측근 승려로 석온釋瘟이라는 자가 있었다. 그는 본래 승려였으나 신돈에게 아부하고 붙어서 고인기高仁器라는 이름으로 환속하고 소부감의 판사(정3품) 직을 얻었다. 이 무렵 그 고인기가 신돈의 역모를 누설한 것이다. 아마 고의가 아니고 실수였던 것 같다. 깜짝 놀란 신돈은 공민왕에게 이를 해명하고 그 고인기를 다시 삭발시켜 금강산으로 추방해 버렸다. 그의 입을 막으려는 것이기도 했지만 비호하려는 뜻도 있었던 것 같다.

그러니까 공민왕에 대한 신돈의 배반은 실행으로 옮겨진 것이 아니었다. 신돈이 역모를 꾸민다는 말이 나온 것뿐이었다. 그 사실 여부도 분간하기 힘든 단순한 유언비어일 수도 있었다. 하지만 신돈은 공민왕에게 이를 해명하지 않을 수 없는 난처한 일에 직면했던 것이다. 신돈이 실제 역모를 꾸몄는지의 사실 여부는 그리 중요하지 않았다. 그런 말이 나왔다는 사실 자체가 중요했던 것이다.

정치 권력 관계에서 한 번 깨진 신뢰 관계는 다시 회복하기 어렵고, 한 번 생각한 배반의 꿈은 결국 실현될 수밖에 없다. 신돈과 공민왕의 관계는 이미 그 길로 들어서고 있는 것이다. 다만 겉으로는 서로를 신뢰하는 척 하면서 말이다.

이 무렵 공민왕이 신돈의 사저를 자주 찾은 것도 조금 특별했다. 신돈은 자신의 역모 사실이 누설된 이후 국정에 별로 힘을 쓰지 못하고 있었다. 이런 데는 물론 공민왕이 보내는 신뢰의 정도나 후원이 예전 같지 않았기 때문이다. 여기에 대륙의 새로운 주인공으로 등장한 대명 제국의 주원장이 고려에 접근해 오면서 대외 관계에도 중대한 전기를 맞고 있었는데, 이런 변화도 신돈의 집권에 영향을 미쳤다.

신돈, 결국 제거당하다

신돈을 제거하는 일은 1371년(공민왕 20) 7월, 선부의랑(정4품)으로 있던 이인李韌이란 자의 익명 고발로부터 시작되었다. 선부選部는 문무 관리의 인사를 담당하는 이부와 병부를 합친 관부로 공민왕의 반원 정책이 후퇴하면서 다시 격하되어 만들어진 것이다. 이인은 장사성에게 사신으로 파견된 적이 두세 차례 있었는데 중국의 사정에 밝은 사람이었다.

이인은 한림거사라는 익명으로 신돈의 반역을 글로 써서 김속명의 집에 던지고 도망쳐 버렸다. 김속명이 그 익명서를 공민왕에게 보이면서 사건이 터진 것이다. 여기 김속명은 신돈을 공민왕에게 처음 소개했던 김원명의 친동생인데, 그 김원명이 이보다 3년 전에 신돈을 제거하려는 모의에 가담했다가 신돈에게 죽임을 당했었다. 이런 연유인지는 모르겠지만 김속명도 신돈과의 관계가 좋지 않아 반역 사건을 알리는 데 동원된 것이 아닌가 한다.

신돈이 모반을 생각한 것은 결국 자신도 공민왕에게 버림받을 것이라는 불안감 때문이었다. 지금까지 공민왕의 용인술을 정확히 간파했다면 신돈 자신도 버림받을 것이라는 점을 충분히 인식했을 것이다. 이를 모면하는 유일한 방법은 신돈이 먼저 배반하는 것이다. 그 배반의 꿈은 이보다 2년 전부터 이미 싹트고 있었고, 그것을 실행에 옮기려는 계획은 이미 그해 3월에 한 차례 있었다. 신돈이 먼저 공민왕을 시해하려는 것이었다.

1371년(공민왕 20) 3월 공민왕이 장단(경기)에 있는 헌릉(광종의 묘)과 경릉(문종의 묘)을 배알했을 때였다. 이때 신돈은 군사를 중간에 매복시켜 큰 일을 실행하기로 했었다. 하지만 공민왕 주변의 경계가 심하여 매복한 군사들은 미처 행동에 옮기지를 못하고 기회를 놓치고 말았다. 아마 준비가 철저하지 못했던 것 같다. 그 이후 다시 날을 잡아 거사를 계획하고 있었는데 미처 실행에 옮겨지기도 전에 이번에는 이인에 의해 고발된 것이다.

신돈의 모반을 고발한 이인은 신돈의 문객으로 시해 계획을 자세히 알고 미리 문서를 만들어 기록해 두었다. 신돈과 가까이 있으면서 치밀하게 준비해 두었던 것이다. 일이 다급해진 것을 알고 이인은 신돈을 고발한 후 도망쳐 숨어 버렸다. 공민왕은 고변이 들어오자 처음에는 근거 없는 무고가 아닌지 의심하였다. 고변자 이인이 익명으로 고발하고 숨어 버렸기 때문이다.

공민왕은 즉시 신돈의 당으로 지목된 기현 고인기 등 일곱 명을 잡아 들여 국문하였다. 국문 결과 이인의 고변이 사실로 드러나자 이들을 즉시 주살했다. 기현은 신돈에게 개경의 주거를 제공했던 장본인이니 최측근이라 할 수 있는 인물이고, 고인기는 앞서도 신돈의 모반에 연루되었던 인물이다.

신돈에 대한 고발이 들어온 지 사흘 후 공민왕은 신돈을 붙잡아 수원으로 유배 보냈다. 공민왕은 신돈을 유배 보내고 모니노를 잘 보호하라고 측근에게 주문하였다. 그 모니노는 자신이 신돈의 집에 가서 그 시비 반야와 관계하여 낳은 아들이라고 특별히 당부하기도 했다. 공민왕이 모니노를 자신의 아들이라고 단정지어 언급한 것인데, 아직 후사가 없어 이 모니노를 통해 훗날을 대비한 것으로 보인다. 공민왕은 이보다 몇 년 전에 모니노의 어미 반야에게 매월 쌀 30석을 지급하라는 조치도 내린 바 있었다. 모니노는 신돈이 주살된 후 소환되어 명덕태후와 함께 살게 하면서 특별 보호를 받는다.

모니노의 출생 문제는 신돈이 죽게 되는 한 단서였다고 보인다. 신돈은 그 모니노의 생부가 누구였는지를 아는 거의 유일한 사람이었기 때문이다. 아직 후사가 없어 그 모니노를 자신의 아들이라고 간주하고 싶은 공민왕은 그런 신돈이 꺼려졌을 것이다. 물론 신돈이 죽임을 당한 것은 이 때문만은 아니었지만 결코 무관치 않다는 뜻이다.

신돈을 수원으로 유배 보낸 다음날, 공민왕은 경천흥 최영 등 신돈에 의해 유배당했던 사람들을 소환하여 불러들였다. 그리고 그다음 날 신돈을 유배지 수원에서 주살했다. 신돈은 유배에 그칠 수 없는 대역 죄인이니 극형에 처해야 마땅하다는 문무 관리들의 빗발치는 상소를 바로 수용한 것이었다. 신돈이 모반했다는 고발이 들어온 지 정확히 닷새만의 일로 아주 신속한 조치였다.

재미있는 사실은, 신돈을 극형에 처해야 한다는 문무 관리들의 상소를 공민왕이 여러 관청에 강력하게 주문하여 이루어졌다는 점이다. 그러니 모든 관청이 이구동성으로 신돈의 극형을 주장하였고 신돈을 그렇게 신속하게 주살할 수 있었던 것이다. 아마 공민왕으로서는 그렇게 해야만 뒤끝 없이 신돈을 깨끗이 제거할 수 있다고 판단했던 것 같다.

신돈을 제거하기 위한 확실한 명분을 얻기 위해서 말이다.

그런데 공민왕의 명령을 받고 신돈을 죽이기 위해 수원으로 내려간 인물이 바로 임박이었다. 임박은 신돈 정권에서 핵심을 차지했을 뿐만 아니라 한때 신돈을 극진히 모신 인물이기도 했다. 신돈은 자신과 가까운 임박이 내려왔다는 소식을 듣고 살길이 생겼다고 반색했지만 임박은 공민왕의 특별한 명령을 받고 내려간 것이었다. 임박은 공민왕의 지시를 받아 신돈과 공민왕이 처음 맹세한 문서를 가지고 수원으로 내려갔다. 이를 근거로 신돈의 죄를 하나하나 거론하여 애초에 맹세한 내용을 어겼다는 것을 확인받은 후 신돈을 주살했다. 그리고 두 사람이 처음 맹세한 그 문서는 불태워 버렸다. 임박이 공민왕으로부터 받은 특명이 바로 그런 절차를 거치라는 것이었다.

공민왕은 왜 이런 번잡한 절차를 치르고 신돈을 주살했을까? 분명 반역을 모의했다면 그냥 죽여도 아무 문제가 없었을 텐데 말이다. 또한 공민왕은 신돈을 죽이기 위해 왜 하필 임박을 선택했을까? 신돈의 죽음에 몇 가지 의문이 드는데, 어쩌면 신돈이 반역을 모의했다는 것이 사실이 아닐지도 모른다. 신돈은 수원에서 참수당한 후 그 사지는 잘리어 각 지방에 돌려졌고, 머리는 개경으로 보내져 동문에 효수되었다. 신돈이 참수당할 때 수원 부사가 그 자리에서 울면서 호소하여 돈독한 정을 보였다는 신돈 열전의 기록이 남아있다. 이는 신돈의 죽음에 모종의 억울함이 있었다는 뜻일지도 모른다.

신돈과 관련되어 죽은 자들

신돈 제거 후, 신돈과 관련되었다는 죄목으로 죽은 사람들은 대단히 많다. 주살된 자가 30명에 이르고 유배당한 자가 또 20명 가까이 된다. 피해자 수로만 보면 기철 일파의 제거에 못지않은 큰 정치적 사건이라 할 수 있다. 이들을 대강 신돈의 당이라고 볼 수 있는데 그중 특별한 몇 사람만 살펴보겠다.

유탁은 신돈 정권 초기에 수상을 맡은 인물이었는데 신돈이 주살된 지 일주일도 못 되어 죽임을 당했다. 명덕태후가 그를 구원하려 했지만 허사였다. 그는 노국공주의 영전 공사를 반대하면서 공민왕에게 일찌감치 찍혔다가 신돈 정권과 깊은 관련도 없이 죽임을 당한 것이었다.

유탁의 뒤를 이어 수상을 맡은 자가 이춘부였다. 그는 신돈 정권에 심하게 아부한 인물이었으니 죽임을 당할 충분한 이유가 있었다. 이춘부는 김란과 함께 관청에 출근할 때마다 신돈에게 인사를 드린 것으로 유명했는데, 신돈이 주살된 지 보름 후에 김란과 함께 죽임을 당했다. 이때 신돈의 두 살 난 아들도 죽음을 면치 못했다.

그런데 신돈의 당으로 연루되어 죽임을 당한 인물들 중에는 특이하게도 기 씨들이 대단히 많다는 사실을 눈여겨볼 필요가 있다. 이들은 기황후와 같은 행주 기 씨가 분명한데 정확한 인척 관계는 드러나지 않는다. 먼저, 신돈의 반역이 고발된 직후 바로 붙잡혀 제일 먼저 죽임을 당한 기현이 있다. 그는 앞에서도 여러 차례 언급한 인물로, 신돈에게 사저를 제공하고 그의 후처는 신돈의 식사 수발을 들었으니 정확히 신돈의 당이라고 볼 수 있다. 또한 기현이 죽임을 당할 때 기중수奇仲脩도 함께 주살되었고, 기현의 아들 기중평奇仲平은 이춘부와 김란이 죽임을 당할 때 함께 참수된다. 이들 기 씨들은 어떻게든 신돈과 관련이 있어 죽었던 것으로 보인다.

기 씨로서 신돈의 당에 연루되어 죽임을 당한 자는 이뿐이 아니다. 신돈이 제거되고 한 달 뒤에는 기숙륜奇叔倫 기중제奇仲齊가 동시에 주살된다. 이들이 주살된 게 신돈 제거 후 한 달 뒤라는 것은 상당히 오랫동안 신돈과 관계되었던 자들을 조사했다는 뜻이다. 아마 이들은 뒤늦게 드러났던 것 같다.

신돈과 연루되어 주살된 자들 중에는 왜 하필 이렇게 기 씨가 많았을까? 그리고 이는 무엇을 의미할까? 이들이 신돈 정권에서 했던 구체적인 역할이나 성향은 잘 드러나지 않아 이들을 모두 기황후와 연결시키는 것은 무리일 수 있다. 하지만 기황후와 결코 무관하다고만 할 수도 없는 일이다.

공민왕이 신돈에게 권력을 위임한 것은 자신에 대한 폐위 공작이 있었던 직후로서 기황후를 의식한 측면이 다분히 있었다. 그 때문만은 아니었지만 신돈 정권은 기황후와 친연성을 띠었고 친원적인 성향도 있었다고 본다. 기철 일파를 제거하고 반원 정책을 펼치던 공민왕이 정치 일선에서 물러나고 신돈에게 권력을 위임했다는 사실 자체가 기황후를 안심시키고 반원 정책을 후퇴시키는 일이었기 때문이다. 신돈 정권에 기 씨가 많이 연루되어 죽임을 당했던 것은 그 문제와 관련 있지 않을까?

그게 아니라면, 신돈 정권에 연루되어 기 씨가 많이 주살된 이유를 이렇게 볼 수도 있다. 공민왕은 이전에 기철 일파를 제거할 때 미처 손보지 못했던 나머지 기황후 친족을 이번 기회에 신돈과 연루시켜 다시 제거한 것이 아닌가 하는 것이다. 주원장에 의해 대도가 함락되고 원조정이 궁지에 몰렸으니 더 이상 기황후를 의식할 필요가 없는 좋은 기회이기도 했다. 신돈을 주살한 지 한 달 후에 따로 제거된 기숙륜이나 기중제는 그렇게 죽임을 당했을 가능성이 크다.

특히 기숙륜은 공민왕을 폐위시키고 덕흥군을 옹립하려는 기황후의 공작에서 덕흥군 편에 섰던 인물이라는 사실을 주목할 필요가 있다. 그런 그가 주살된 것은 꼭 신돈과 연루되어서만이 아니었을 것이다. 과거의 그런 전력 때문에 공민왕의 표적이 되었다가 신돈의 당으로 엮여 제거된 것으로 보인다. 기중제도 그와 비슷한 경우가 아니었을까 생각된다.

그런데 기숙륜 기중제가 죽임을 당할 때 신순幸純과 신귀라는 두 인물도 함께 주살된다는 사실 또한 중요하게 볼 필요가 있다. 이 두 사람은 앞서 신돈과 영산 신 씨 가문의 인물을 관련시켜 이야기할 때 언급했다. 신순은 정확히 모르겠지만, 신귀는 기황후와 밀착되어 충목·충정왕 때 권력의 핵심에 있었던 신예의 친동생이었다. 신귀는 특히 신예의 지시를 충실히 따르는 인물로 나오는 것으로 보아 기황후와의 관련을 피할 수 없다. 또한 그는 부원배의 핵심이었던 채하중 사건에 연루되어 유배당한 적이 있었으니 부원배 혐의를 벗어나기 어렵다. 더 중요한 점은 그 신귀가 오인택을 중심으로 한 신돈 제거 모의 사건을 사전에 신돈에게 밀고했던 자라는 사실이다. 그래서 신순과 신귀는 정확히 신돈의 당으로 몰려 죽임을 당한 것이 확실하다.

기씨 일족들과 연관되어 빼놓을 수 없는 사람이 또 하나 있다. 바로 기철의 아들 기사인테무르라는 인물이다. 그는 기철 일파를 제거할 때 원에 체류하고 있어 죽음을 피할 수 있었고, 신돈과 연루되어 죽임을 당하지도 않았다. 그런 그가 다시 움직이기 시작했는데, 주원장이 대도를 함락시킨 직후였다. 기사인테무르는 원 조정이 대도를 떠나 북으로 쫓겨 갈 때 황제를 따르지 않고 요동 지역에 남아 공민왕을 예민하게 만들었다. 기철 일파의 제거에 대한 과거 악감정으로 공민왕을 위협하며 사단을 일으킬 가능성이 많았기 때문이다. 이에 고려 정부에서는 군대를 파견하여 그를 제거하려고 했지만 실패했다. 공민왕으로서는 골치 아픈 존재가 아닐 수 없었다.

1370년(공민왕 19) 12월, 고려 정부에서 요동에 있던 동녕부東寧府에 문서를 이첩하여 그 기사인테무르를 감시하고 주변 백성들이 동요하지 않도록 주의를 촉구했다. 그 기사인테무르가 고려의 북방에 머무르면서 움직이는 것을 예의주시했던 것이다. 바로 그 직후 신돈이 제거되었고, 이때 기 씨 일족의 여러 사람이 연루되어 함께 주살된 것이다.

요컨대, 신돈 제거 후에 그와 연루되어 주살된 자들의 면면은 기황후와 가깝거나 부원배 성향의 인물들이 많았다. 이들이 신돈 정권의 성향 때문에 자연스레 연루된 것인지, 아니면 공민왕이 신돈과 억지로 연결시켜 표적으로 삼은 것인지는 분간하기 어렵다. 어느 쪽으로 보더라도 이 문제는 신돈 정권과 공민왕의 관계를 이해하는 데 중요한 단서를 주는 것 같다.

신돈 정권과 공민왕

신돈은 1365년(공민왕 14) 무렵부터 1371년(공민왕 20)까지 약 6년 동안 집권했다. 이는 공민왕이 자발적으로 허용하여 이루어진 것이니 온전히 신돈 정권의 성립이라고는 할 수 없다. 공민왕이 신돈에게 국정을 위임하긴 했지만 실제로 권력이 이양된 정권 교체와 같은 성격으로는 볼 수 없다는 뜻이다. 처음부터 공민왕은 언제라도 신돈으로부터 다시 권력을 회수할 수 있는 위치에 있었던 것이다.

그렇다면 공민왕은 왜 신돈에게 잠시 국정을 위임하는 이런 변칙적인 모습을 보였을까? 신돈에게 완전히 권력을 이양할 의사가 추호도 없으면서 말이다. 정확히 표현하자면 공민왕이 신돈을 정치적으로 활용했던 것인데, 어떤 필요에서 그랬는가 하는 점이다.

공민왕이 즉위한 후 가장 큰 과제는 왕권을 확립하는 것이었다. 왕권의 확립은 우선 원 조정과 기황후의 영향에서 벗어나야 가능했으니 이는 곧 고려의 자주성을 회복하는 일과 다르지 않았다. 당시 제국은 이미 쇠퇴의 길로 접어들면서 왕권 확립에 절호의 기회이기도 했고, 어느 정도 성과가 있었다고 할 수도 있다. 기철 일파의 제거와 이어진 자주성 회복을 위한 반원 정책이 그것이었다.

하지만 홍건적의 침략과 이어진 공민왕 자신에 대한 폐위 공작은 원 조정과 기황후의 영향력을 다시 키워 반원 정책을 접을 수밖에 없었고 왕권의 확립도 여의치 않게 되었다. 여기에 홍건적의 침략을 물리치는 과정에서 급성장한 무장 세력은 왕권 확립의 새로운 방해 세력으로 부상하면서 공민왕을 예민하게 만들었다. 홍건적을 물리친 이후 왕권 확립에 가장 큰 걸림돌이, 대외적으로는 원 조정과 기황후였지만 대내적으로는 급성장한 무장을 비롯한 공신 세력이었던 것이다.

공민왕이 신돈에게 권력을 위임한 것은 이 양쪽의 걸림돌에 대처하기 위한 것이었다. 즉, 신돈의 집권은 원 조정이나 기황후를 의식한 조치이면서, 다른 한편으로는 급성장한 무신이나 공신 세력을 견제하기 위한 수단이었던 것이다. 나라 안팎의 사정을 두루 고려한 조치였지만 아무래도 대내적 사정에 더 무게를 뒀다고 볼 수 있다.

공민왕은 신돈을 앞세워 무장이나 공신 세력을 대거 축출하고 제거했다. 이들을 제거하는 과정에서 공민왕 자신은 잠시 비껴나 있을 수 있었다. 공민왕과 가까운 과거의 측근이나 공신들을 피도 눈물도 없이 제거하고 축출하는 데 신돈 정권은 최적격이었던 것이다. 공민왕이 신돈에게 권력을 위임한 진정한 이유가 거기에 있었는지도 모른다. 또한 공민왕은 정치 일선에서 잠시 물러나 신돈을 전면에 앞세움으로써 원 조정과 기황후를 안심시킬 수 있었다. 공민왕이 의도한 것은 아니었지만 이는 신돈 정권이 친원적인 성격을 띠게 만들었고, 기황후와 가까운 성향도 알게 모르게 드러날 수밖에 없었다. 이로 인해 공민왕의 반원 정책은 더욱 멀어질 수밖에 없었지만, 원 조정이나 기황후는 신돈의 집권에 어쩌면 만족했을지도 모른다.

공민왕이 신돈을 선택하여 권력을 위임한 것은 역설적이지만 왕권을 계속 유지하면서 왕권을 강화하기 위한 임시방편이었다고 할 수 있다. 신돈을 제거한 것은 그 역할을 더 이상 지속시킬 필요가 없어졌음을 의미했다. 무장 세력이나 공신들은 크게 위축되었고 원 조정은 대도가 함락되면서 이미 쇠망의 길로 치닫고 있었기 때문이다. 신돈의 역할은 이제 끝난 것이었다.

공민왕이 정국을 주도하는 능력은 정말 탁월하다는 느낌이 든다. 우리 역사상 여러 국왕들 중에서 이렇게 정치 감각이 뛰어난 국왕은 보기 힘들다. 그리고 즉흥적이면서 냉혹하고 잔인했다. 다만 그런 동물적인 정치 감각만으로 그 시대를 헤쳐 가기에는 시대적 과제가 너무 많았는데, 이를 해결하기에는 역부족이었다는 점이 공민왕의 한계였다. 어쩌면 그런 역사적 과제까지 공민왕에게 해결을 요구하는 것은 무리일지도 모른다.

그 시대는 원 제국과 명 제국이 교체되는 외교의 전환기였고 이는 세계관의 변화를 동반할 수밖에 없었다. 이런 대외 상황에 부응하여 대내적으로는 정치 세력의 교체가 불가피한 격동의 시기였다. 아마 이런 복잡 미묘한 나라 안팎의 변화에 대처하기에도 공민왕 정권은 어렵고 버거웠을 것이다. 공민왕이니까 그 정도의 통치권이나마 유지했을지도 모른다.

신돈을 제거한 직후 수상은 윤환에게 떨어졌다. 윤환은 충혜왕과 밀착되었던 인물인데, 기철 일파를 제거한 후 홍언박과 함께 잠시 수상을 맡은 적이 있었다. 그리고 이색을 정당문학, 이성계를 지문하성사로 삼았으며, 그 한 달 뒤에는 황상 안우경 최영 등이 재상으로 복귀했다. 이색을 제외하고 모두 신돈 정권에서 소외되었거나 핍박받은 인물들이었다.

이듬해 1372년(공민왕 21)에는 경천흥이 윤환을 대신하여 다시 수상으로 복귀한다. 그는 이름을 경복흥慶復興으로 개명하였다. 경복흥을 비롯한 이런 무장 출신들의 복귀는 신돈 집권 이전의 상태로 다시 회귀한 것을 의미했다. 공민왕은 돌고 돌아 다시 옛 사람을 찾은 것이다.

제 6장

뜨는 해와 지는 해
사이에서

대륙에서는 주원장에 의해 원 제국의 수도 대도(북경)가 함락되고,
원 조정은 상도(현 내몽골자치구)로 밀려났다가
다시 유목 제국 시절의 수도인 화림(캐라코룸)으로 쫓겨 갔다.
주원장에 의한 명 제국이 뜨는 해로 등장하면서,
원 제국은 지는 해가 되어 돌이킬 수 없는 쇠퇴의 길로 접어든다.
공민왕은 즉각 지는 해를 버리고 뜨는 해를 선택하여
새로운 명과 적극적으로 사대 외교 관계를 맺었다.
처음에는 명과의 관계가 순탄했지만 공민왕 말년에는
점차 문제가 생기면서 갈등이 커지고 위기가 닥친다.
내정에서도 어려움이 겹치는데, 공민왕은 죽은 노국공주의 그림자에서
전혀 벗어나지 못했고, 여기에 후사도 없어 정치마저 불안했다.
그런 와중에 공민왕은 재위 23년 만에 갑자기 시해당했던 것이다.

1. 뜨는 해와 지는 해

반란 세력의 추이

이야기를 다시 신돈이 집권하기 이전으로 잠시 되돌려 중국에서 반란
세력의 추이를 살펴보겠다.

주원장은 1355년(공민왕 4) 6월 화주에서 거병하여 태평로를 장악하
고, 이듬해 7월 금릉(남경)에서 여러 장수의 추대를 받아 오국공에 올랐
다는 얘기를 앞 장에서 했었다. 이때까지만 해도 주원장은 중원의 여러
반란 세력 중 하나에 불과했다. 하지만 이후 세력을 확대하면서 반란
세력의 중심으로 점차 부상한다.

1360년(공민왕 9)에는 진우량이 서수휘를 죽이고 국호를 대한大漢,
연호를 대의大義라 하며 황제를 자칭했다. 이어서 주원장이 그 진우량
의 수도 강주(강서성)를 함락하고 무창(호북성)으로 축출하였는데 이게
1361년 8월이었다. 주원장은 계속해서 건창 요주 등을 장악하여 더욱

세력을 확장했다.

그런데 1361년에는 사천성에서 새로운 반란 세력으로 명옥진明玉珍이 등장한다. 이듬해 그는 세력을 키워 운남성의 중심까지 장악하고 성도(사천성)를 근거로 농촉왕隴蜀王이라 칭했다. 명옥진은 1363년 황제를 칭하고 국호를 대하大夏, 연호를 천통天統이라 하였다. 명옥진은 중원의 서남부에서 별다른 견제 세력 없이 무난하게 세력을 확장해 나간 것으로 보인다.

한편, 1361년(공민왕 10) 10월 고려를 침략했던 홍건적은 이듬해 압록강을 넘어 패주했다. 이들 홍건적은 1363년(공민왕 12) 봄에 반성(파두반)을 우두머리로 세력을 다시 규합하여 상도를 침략했다. 하지만 이때 홍건적은 상도 함락에 실패하고 재기의 기회도 잃고 만다. 이후 홍건적은 사서에 특별한 기록이 나타나지 않는다. 아마 패주하여 궤멸했든지, 아니면 흩어져 다른 반란 세력에 흡수된 것으로 보인다. 한때 가장 세력이 강성했던 홍건적이 이렇게 급전직하로 쇠퇴한 것은 무리하게 고려 침략을 단행했다가 실패한 것이 중요한 원인이었을 것이다.

이 무렵 고려와 활발히 교류하고 있던 장사성은 1360년부터 1363년까지 매년 대도에 십여 만 석의 양곡을 보내고 있었다. 아마 원 조정과 계속 관계를 유지하면서 지방 정권으로서 세력을 온존하여 활로를 찾고 있었던 것으로 보인다. 그 장사성이 1363년 9월에는 오왕吳王을 자칭하는데 옛 오나라의 영역은 자신이 주인이라는 선언이었을 것이다. 장사성은 오왕을 자칭한 이후에도 고려와 계속 교류하고 있었다.

그리고 방국진은 이 무렵 별다른 활동이 없다가 1365(공민왕 14)에야 회남행성 좌승상에 임명받는다는 기록이 나온다. 그 역시 원 조정과 관련을 맺고 세력을 유지했던 것 같지만 장사성에 비하면 세력 규모가 크지 않았던 것 같다. 이때 방국진도 고려와 교류를 계속하고 있었지만 장사성보다는 사절 파견 횟수가 떨어졌는데 이 역시 상대적인 세력의 열세와 관련 있어 보인다.

이렇게 고려에서 신돈이 집권하기 이전까지 대륙의 반란 세력들은 주원장, 장사성, 방국진, 진우량, 명옥진 등이 힘을 키우고 있었다. 이 가운데 장사성과 방국진은 원 조정의 지방 정권으로 만족했던 것으로 보이고, 주원장 진우량 명옥진이 독립 정부를 표방하고 있었다. 하지만 명옥진은 변방에 치우쳐 반란 세력의 중심으로 부상하지 못했고, 세력 판도는 결국 주원장과 진우량의 대결로 압축되었다.

주원장의 부상

1363년(공민왕 12) 8월, 주원장은 진우량과 일생일대의 중요한 대전을 치르는데, 이를 파양호鄱陽湖 대전이라고 부른다. 파양호는 장강 바로 아래 강서성에 있는 호수로, 이 파양호 대전은 강남의 패권을 겨루는 중요한 전투였다. 여기서 주원장은 승리를 거두고 진우량의 세력을 궤멸시켰다. 이 전투에서 주원장은 고전을 겪으면서도 화공을 통해 결국 승리를 거두었다. 아울러 강남 지주층의 지원을 받기도 하면서 주원장의 정치적 수완도 발휘되어 승리에 기여했다고 볼 수 있다. 이때 진우량의 아들 진리陳理가 겨우 탈출하여 무창을 근거로 다시 재기를 노리지만 이미 대세는 바꿀 수 없었다.

파양호 전투가 있었던 그해에 원 조정에서는 공민왕을 폐위시키고 덕흥군을 새로운 고려 국왕으로 삼으려는 책동이 시작되었다. 이때 주원장은 강남에서 패권을 차지하여 반란 세력의 중심으로 자리 잡은 것이다. 원 조정에서는 이런 주원장의 부상을 알았는지 몰랐는지 기황후를 중심으로 공민왕 폐위 공작을 벌이고 있었던 것이다.

1364년(공민왕 13) 1월에 주원장은 오왕吳王에 즉위하고 이어서 무창의 진리를 사로잡아 완전히 궤멸시켰다. 이로써 주원장은 장강의 남북, 위아래를 아우르는 강남의 패권을 완전히 장악했던 것 같다. 이 무렵부터 주원장은 장사성이나 방국진의 세력을 확실하게 압도했다고 보인다. 주원장이 오왕에 즉위했다는 사실이 이를 말해 주는 것이다.

주원장이 오왕에 즉위했다는 사실은 특별히 주목할 필요가 있다. 왜냐하면 장사성이 먼저 오왕을 자칭했는데 주원장이 다시 오왕에 즉위했다는 것은, 주원장이 장사성 세력을 제압하여 이제는 자신이 강남의 패자라는 사실을 선언한 것으로 볼 수 있기 때문이다. 주원장의 세력이 장사성의 세력을 제압한 것은 아마 파양호 대전의 결과였을 것이다.

그런데 주원장이 오왕에 즉위한 직후인 그해 4월에 고려에 사신을 파견하여 예물을 바쳤다는 기록이 있다. 사신의 고려 도착이 4월이니 중국에서의 출발은 그 수개월 전으로 오왕에 즉위하기 이전이었을 것이다. 주원장이 대도를 함락하기 전까지 고려에 사신을 파견한 것은 이게 처음이자 마지막인데, 이렇게 고려에 갑작스럽게 사신을 파견한 배경이 무엇인지 궁금하다.

우선, 주원장이 장사성이나 방국진의 세력을 누르고 장강 하구의 연안을 장악한 결과가 아닌가 한다. 그리하여 중국 동해안에서 한반도의 서해안에 이르는 남방 항로를 독자적으로 확보하여 고려에 사신을 파견하지 않았을까 생각된다. 이러한 추론이 정확하다면 주원장이 고려에 사신을 파견했던 것은 그의 세력 확대로 볼 수 있을 것이다. 이때 고려 측 기록에 의하면 주원장을 회남淮南의 주평장朱平章이라고 호칭하고 있다. 회남은 황하와 장강 사이에 있는 회수淮水의 남쪽을 말하는 것이고, 평장은 평장정사라는 원 조정의 관직 이름이었다. 회수의 남쪽이면 회수와 장강 사이를 말하는데 주원장이 이 지역을 장악하고 있어 그랬을 것이다. 아마 파양호 전투 직후에 주원장이 장강의 남북을 아우르면서 회남이라는 지명을 이름 앞에 붙인 것 같다.

주원장이 평장정사라는 원의 관직을 띠었다는 것은 좀 특별했다. 왜 하필 원의 관직을 띠었을까? 원 조정에 반기를 들면서 말이다. 주원장이 장사성과 마찬가지로 원 조정과 일정한 관계를 유지했던 것일지 모르겠지만 그건 아닌 것 같다. 혹시 고려 정부나 공민왕에게 우호적으로 보이기 위해 원의 관직을 사칭하지 않았을까 하는 생각이 든다. 이 무렵 공민왕은 자신에 대한 폐위 공작으로 반원 정책을 접어 두고 친원적인 모습으로 애써 원 조정의 비위를 맞추고 있었기 때문이다.

주원장이 오왕에 즉위한 그해, 1364년(공민왕 13) 4월에는 보루 테무르에 의한 쿠데타가 원 조정에서 성공하여 황태자가 도주하고 기황후 측근들이 제거당한다. 이후 보루 테무르는 잠시 정권을 장악하는데 이 덕분에 공민왕 폐위 공작도 완전히 실패로 돌아갔다. 또한 그해 5월에는 고려에서 신돈이 공민왕의 사부로 임명받아 국정을 자문하기 시작한다.

보루 테무르는 다음 해 1365년(공민왕 14) 7월 황태자 아유시리다라와 쾌쾌 테무르의 반격을 받아 주살되고 말았다. 보루 테무르가 쿠데타로 집권한 지 1년여 남짓 만에 제거되고 다시 기황후가 정권에 복귀한 것이다. 기황후의 정권 복귀는 공민왕에게 다시 정치적 부담을 안기는데 이 무렵 신돈에게 권력이 위임된다.

그런데 지금까지 이 보루 테무르를 공민왕의 장인, 즉 노국공주의 아버지로 보고 설명해 왔는데 이와 맞지 않는 기록이 있다. 《고려사》에 의하면, 1370년(공민왕 19) 5월에 공민왕은 장인 위왕이 주살되었다는 소식을 듣고 조회를 쉬었다는 기록이 나온다. 이를 보면 보루 테무르가 공민왕의 장인이라는 사실에 의문이 생긴다. 보루 테무르는 이 몇 년 전에 이미 죽었기 때문이다. 보루 테무르가 죽었다는 어느 한 쪽 시기에 잘못이 있든지, '위왕=보루 테무르'가 아니든지 할 것이다. 《고려사》와 《원사》 어디에선가 착오가 생긴 것 같은데 정확히 분간하기 어렵다.

아무튼 1365년(공민왕 14) 그해 10월 원 조정에서는 고려에 사신을 파견하여 보루 테무르가 토벌되었음을 알려 온 것으로 봐서 그가 이때 주살된 것은 분명했다. 바로 이어서 백살리伯撒里(바사르)를 우승상, 쾌쾌 테무르를 좌승상으로 삼았다는 것도 전해 왔다. 공민왕 즉위 이후 언젠가부터 원 조정에서는 중요한 권력 변화나 수상 교체를 고려에 알려 오는데 이것도 좀 궁금한 문제이다. 그런데 이 무렵 쾌쾌 테무르는 하남왕河南王에 책봉되고 천하의 총병관을 맡아 또 다른 군벌로 성장하고 있었다. 그런 권력 변화 때문이었는지 여기 하남왕 쾌쾌 테무르를 향한 공민왕의 교섭이 이루어진다.

공민왕의 이면 외교

1366년(공민왕 15) 3월, 공민왕은 전록생을 원에 파견하여 하남왕 쾌쾌 테무르를 빙문하게 하였다. 쾌쾌 테무르가 군벌로서 실권을 장악하게 되면서 그의 위상을 고려한 교섭 시도였다.

고려에서는 이때 쾌쾌 티무르에게 보내는 사신과 별도로 황태자 아유시리다라에게 따로 사신을 보내 보루 테무르의 난을 평정하고 환도한 것을 축하하기도 했다. 별도의 사신을 파견하는 이런 모습 역시 쾌쾌 테무르가 원 조정과 별개의 독립된 군벌로 세력을 키우고 있었다는 방증이 될 수 있다. 공민왕은 그가 새로운 군벌로서 권력의 중심에 있다는 것을 분명히 인식했던 것 같다.

그런데 쾌쾌 테무르에게 사신으로 파견되었던 전록생이 하남에 이르지 못하고 그해 6월 되돌아오고 만다. 그 사정이 좀 미묘했다. 전록생이 대도에 도착하자 황태자가 쾌쾌 테무르와 접촉하는 것을 못마땅하게 여겨 환국을 종용한 것이다. 고려 정부와 쾌쾌 테무르의 교섭을 황태자가 방해한 것이다. 이는 쾌쾌 테무르가 독립된 군벌로 성장하면서원 조정과의 관계가 좋지 않았다는 것을 보여주는 일이다.

전록생이 환국을 종용당하자 서장관으로 그를 따라갔던 김제안金齊顏이 대신 임무를 수행하기 위해 나선다. 여기 김제안은 충렬왕 때 삼별초의 진압과 일본원정의 사령관으로서 활약하고 오랫동안 수상을 맡았던 김방경의 4대손이다. 김제안은 병을 칭탁하고 대도에 머물면서 본국과 연락을 취하였다. 이때 김제안은 공민왕으로부터 활동자금을 지원받아 쾌쾌 테무르와 교섭을 추진한다. 황태자가 못마땅하게 여기는 교섭이니 당연히 비밀리에 추진했을 테고 공민왕의 특명을 받고 움직였을 것이다. 김제안은 단기로 대도에서 하남으로 달려가 마침내 쾌쾌 테무르를 만나고 국서를 전달하는 데 성공했다.

이때 김제안이 쾌쾌 테무르에게 전하는 공민왕의 국서 내용이 심상치 않았다. 그 내용은 쾌쾌 테무르의 충성심을 추켜세운 후, 동서에서 함께 반란을 진압하여 황실을 도우자고 한 것이었다. 언뜻 보면 원 조정을 위해 함께 노력하자는 제안으로 보이지만, 공민왕이 쾌쾌 테무르와 연대를 원한다는 은밀한 제안이었다고 볼 수 있다. 원 조정을 함께 돕기 위한 접촉이라면 황태자가 애초에 교섭을 방해할 이유가 없었을 것이다.

말하고자 하는 바는, 이 무렵 고려에서는 원 조정과 별도로 새로운 군벌인 쾌쾌 테무르와 독자적인 교섭을 하고 있다는 점이다. 이면 외교라고 할 수 있는 모습이다. 이는 기황후나 그 소생인 황태자를 견제하기 위한 것이라고 볼 수 있다. 공민왕은 자신에 대한 폐위 공작을 벌였던 기황후가 장악하고 있던 원 조정을 더 이상 믿고 따를 수 없었기 때문이다. 유사시 자신을 지켜 줄 후원자도 필요했을 것이다.

쾌쾌 테무르 입장에서도 공민왕의 그런 접근이 싫지는 않았던 모양이다. 김제안에게 원의 지방 관직까지 내리면서 크게 기뻐했다고 한다. 쾌쾌 테무르의 환대는 이것으로 끝나지 않았다. 1366년 그해 11월 김제안이 환국할 때 자신의 막하에 있는 곽영석郭永錫이란 자를 동반시켜 고려에 답례를 한다. 이런 정도면 원 조정의 군벌과 고려 정부가 은밀하게 접근하는 과정으로 볼 수 있다.

곽영석은 고려에 들어와 한 달 가까이 머물고 그해 12월 돌아가는데,

자신이 먼저 공민왕을 위한 향연을 베풀었다. 이어서 공민왕과 재상들이 따로 곽영석을 위해 향연을 베푸는 등 고려 정부의 뜨거운 환대를 받았다. 이때 곽영석을 대접한 고려 측 접반사가 이색과 임박이었다. 신돈 정권의 핵심 인물이 접반사를 맡았다는 것은 정권 차원의 환대였음을 보여주는 것이다.

하지만 정작 신돈은 쾌쾌 테무르의 사신인 곽영석이나 그를 이끌고 온 김제안을 못마땅하게 여겼다. 이는 원 조정 몰래 쾌쾌 테무르와 독자적으로 교섭하는 것에 불만이 있었다는 뜻이다. 신돈의 이런 생각은 앞 장에서 언급했던 바와 같이 그의 친원적 성향이나 기황후와의 친연성 때문이 아니었을까 짐작된다.

공민왕은 환국한 김제안을 대언(정3품)에 임명하려 했으나 신돈의 반대에 부딪혀 그보다 낮은 관직을 내렸다. 결국 김제안은 2년 뒤인 1368년(공민왕 17) 10월 신돈 제거 모의에 가담했다는 죄목으로 신돈에게 죽임을 당하고 만다. 이때는 주원장에게 대도가 함락된 직후였고, 쾌쾌 테무르가 황태자에게 총병관을 빼앗기고 실각한 한참 뒤였다.

쾌쾌 테무르의 군통수권이 황태자에게 넘어갔다는 사실은 1367년(공민 16) 9월 원 조정에서 사신을 보내 고려에 알려 온다. 원 조정에서는 수상 교체 같은 경우에는 사신을 파견하여 고려에 통보한 경우가 많았지만, 이런 민감한 권력 변화까지 고려에 알려 준다는 것은 좀 특별했다. 아마 공민왕으로 하여금 실각한 쾌쾌 테무르에게 더 이상 접근하지 말라는 뜻이 아니었을까.

고려 정부와 하남왕 쾌쾌 테무르와의 이면 교섭은 공민왕이 원 조정의 권력 변화에 민감하게 반응하고 있었다는 것을 보여준다. 폐위 공작을 겪었던 공민왕이 만일에 대비한 정치적 보험으로 스스로 활로를 찾아가는 노력이었을 것이다. 쾌쾌 테무르의 처지에서도 군벌로 성장해가려면 고려와의 교섭을 마다할 이유가 없었을 것이다. 하지만 고려 정부나 공민왕은 이 무렵 강남에서 주원장이 반란 세력의 중심으로 크게 부상하고 있다는 것은 잘 모르고 있었던 것 같다. 모르고 그랬는지, 아니면 알았지만 적극적으로 교섭에 나설 필요가 없어서 그랬는지, 주원장과의 교류는 거의 이루어지지 않고 있었다. 고려에서는 지는 해의 권력 변화에는 민감하게 반응하면서 막상 뜨는 해의 향방에 대해서는 둔감했던 것이다.

명 태조 주원장, 대도를 함락하다

1367년(공민왕 16) 9월 주원장은 평강로(강소성)를 함락하고 장사성을 사로잡았다. 이로써 장사성 세력은 궤멸된 것으로 보인다. 이어서 방국진이 지배하고 있던 태주로(절강성)를 빼앗고, 계속해서 그해 10월과 11월에는 온주(절강성)와 경원로(절강성)를 함락시킨다. 장사성의 궤멸에 이어 방국진의 세력이 궤멸하는 것도 시간 문제였다.

1367년(공민왕 16) 10월 주원장은 여세를 몰아 우승상 서달徐達과 평장정사 상우춘常遇春에게 25만의 군사를 주어 대도를 공략하도록 하였다. 그해 12월에는 방국진이 결국 주원장에게 항복하고 만다. 이제 주원장에게 거칠 것은 없었다. 바야흐로 그의 천하 통일은 시간 문제였다.

1368년(공민왕 17) 1월 주원장은 남경에서 황제로 즉위하고 국호를

'명明', 연호를 '홍무洪武'로 선포한다. 이 주원장이 명 태조 홍무제이다. 이어서 2월 의관제도를 당의 제도에 의거하여 반포했다. 마침내 그해 8월 2일 주원장의 군대는 원 제국의 수도 대도(북경)를 함락시키고 중원의 새로운 주인공이 된다. 이때 주원장의 나이 41세로 새로운 제국의 첫 황제로는 젊은 편이었다.

주원장의 군대는 대도를 공략할 때 수군을 동원하였다. 그의 세력 근거지인 남경에서 대도를 치는 길은 장강 하구를 출발하여 북상하는 해로가 첩경이었다. 이때 자그마치 1만여 척의 배가 동원되었다고 하니까 앞서 동원된 25만의 군사는 대부분 수군이었던 것 같다. 이 수군이 발해만에 들어서면 대도는 바로 코앞이었고, 통주(현 북경 통현)까지 배가 들어갈 수 있었다고 하니까 대도 공략은 어렵지 않았을 것이다.

주원장의 군사가 대도를 함락할 때 궁문을 담당하여 끝까지 사수하다 죽은 평장정사 박새인불화朴賽因不花(박사인부카)가 있었는데 그는 고려인이었다. 또한 요양행성의 참지정사로 있던 기철의 아들 기사인테무르는 기병 5천을 이끌고 도우려 했지만 허사였다. 이때 황제(순제 토곤 테무르)와 기황후를 태운 어가는 황급히 대도를 빠져나와 그해 8월 15일 상도(현 내몽골자치구 정람기 동쪽)로 피신했다.

어가가 상도에 도착하기 직전, 그 황급한 순간에도 기황후는 나가추를 요양행성 좌승상으로 임명하고서 아들 아유시리다라에게 고려의 죄를 물어야 한다고 주장한다. 원 조정이 위급한 상황에 처했음에도 고려에서 구원하지 않은 것에 대한 반감이었다. 이 문제는 황태자가 불가하다고 하여 실행에 옮겨지지 않았지만, 곤경에 처한 기황후나 원 조정이 고려를 어떻게 생각하고 있었는지를 말해 준다. 원 조정에서는 그해 9

월 고려에 원병을 요청하고, 12월에는 양곡도 요청하였다. 하지만 이에 대해 고려에서는 아무 조치도 취하지 않았다.

고려의 대응

주원장의 군사가 대도를 공략한다는 소식이 고려에 전달된 것은 그해 1368년(공민왕 17) 8월 말이었다. 공민왕은 대도가 명의 군사에 의해 포위되었다는 소식을 접하고 조민수曹敏修를 의주 정주(평북)의 안위사로, 임견미林堅味를 안주(평남)의 순무사로 파견하여 대비케 한다. 이런 공민왕의 대응은 물론 원 조정을 돕겠다는 행동이 아니고, 혹시 모를 피해를 막겠다는 방어적인 태도였다. 공민왕은 풍전등화와 같이 위급한 상황에 처한 종주국, 원 제국을 돕겠다는 생각을 추호도 하지 않았다. 상도에 피난 중인 원 조정에서 원병을 요청하고 나중에는 양곡까지 요청했지만 공민왕은 들은 척도 않았다.

공민왕의 이런 대응은 좀 생각할 부분이 있다. 왜 그랬을까 하는 점에서 말이다. 가령 위급한 원 조정에서 구원을 요청하면 그런 요구에 응하는 척하는 것이 보통이다. 지금까지 맺어온 끈끈한 사대 복속의 외교 관계로 봐서도 그렇고, 장래 혹시 예측할 수 없는 세력 판도의 변화를 염려해서도 일단 안전한 길을 택하는 것이다. 하지만 공민왕은 이를 철저히 외면한 것이다.

공민왕이 위급한 원 조정을 외면한 것은 우선 그 쇠망이 너무나 분명해 보였기 때문이다. 제국에서의 반란이 시작된 것은 공민왕이 즉위하기 훨씬 이전부터였다. 그때 원에서 숙위하던 공민왕은 원 제국의 쇠퇴 과정을 고스란히 지켜본 후 환국하여 즉위했다. 이제 대도가 함락당했다는 것은 그 필연적인 귀결로 돌이킬 수 없는 쇠망이라고 판단했을 것이다.

그런데 공민왕이 곤경에 처한 원 조정을 외면한 데는 또 다른 중요한 이유가 있었다. 바로 기황후 때문이었다. 기황후는 공민왕이 즉위한 이후 줄곧 원 조정에서 권력의 중심에 있었다. 황제인 순제 토곤 테무르는 오히려 기황후에게 밀리는 형국이었다. 그런 기황후가 장악한 원 조정은 고려에 전혀 우호적이지 않았다. 게다가 공민왕 자신을 폐위시키려는 공작까지 벌였으니 적대적인 관계를 피할 수 없게 만들었다.

원 조정에서도 고려와의 그런 적대적 관계를 의식했던 것 같다. 왜냐하면 제국 내의 반란으로 갈수록 곤경에 처하면서도 원병을 한 번도 요청하지 않았던 것이다. 원 조정에서 고려에 원병을 요청한 것은 딱 한 번 있었는데, 1354년(공민왕 3) 무렵 장사성의 반란을 토벌하기 위한 것이었다. 하지만 이때 파병된 고려 군대는 기황후 측에서 진압군 사령관 톡토를 제거하는 데 이용만 당하고 반란 진압에는 실패했다.

그 후 공민왕은 기철 일파를 제거하고 반원의 기치를 들었다. 그에 원한을 품은 기황후는 공민왕을 폐위시키려는 공작을 벌이다 실패하면서 양국의 관계는 돌이킬 수 없는 적대 관계로 치달은 것이다. 그 후에도 공민왕은 제국에 대한 형식적인 사대의 예는 계속했지만 결코 우호적이거나 진정성 있는 관계는 아니었다.

원 조정에서도 이에 불만이 있었지만 더 이상의 것을 요구할 수도 없는 처지였다. 오히려 고려 측에서 먼저 반기를 들거나 이탈하지 않을까 노심초사하는 모양새였다. 그러했으니 고려에 원병을 요청할 수도 없었고 이를 거절했을 때 응징할 수도 없는 무력한 상태였던 것이다. 고려와의 관계에서 원 제국의 이런 옹색한 국면은 기황후의 권력욕과 사적인 감정이 불러온 측면이 강했다. 그 단초는 충혜왕에 대한 폭력적인 폐위 압송이었다고 할 수 있다. 그게 반원 감정을 불러일으켰고 공민왕은 이를 등에 업고 즉위한 후 기철 일파를 제거한 것이었다. 이게 다시 공민왕에 대한 폐위 공작으로 이어지면서 양국의 관계는 회복할 수 없는 적대 관계로 치달은 것이다.

돌이켜보면 기황후야말로 원 제국의 쇠망에 가장 큰 기여를 했다고 본다. 제국의 내정에 있어서나 고려와의 관계에 있어서나 그녀의 통치는 제국의 보존에 조금도 보탬이 되지 않았다. 안으로는 오직 자신과 아들 아유시리다라의 권력을 유지하는 데 최고의 목표를 두었고, 밖으로는 고려 정부를 통제하고 국왕을 장악하는 데만 혈안이 되어 부마국 체제를 파국으로 이끌었다. 원 제국은 세계를 지배하고 고려를 복속했지만, 그 복속된 고려 출신의 여성은 양국 관계를 파탄으로 몰아간 것이다.

대도가 함락되고 황제와 기황후가 상도로 피신했다는 소식은 1368년(공민왕 17) 그해 9월 중순에 고려에 전해졌다. 대도가 함락되었다는 소식에 공민왕은 혹시 환호하지 않았을까. 기다리던 일이 드디어 벌어지고야 말았으니 말이다. 상도로 피신한 이때부터 원 제국을 '북원北元'이라고 부른다.

대도 함락 소식을 들은 공민왕은 바로 문무 백관들로 하여금 주원장에게 보낼 사절단을 의논하게 하였다. 주원장으로부터는 아직 아무런 연락이 없는 상태에서 신속히 대응한 것이다. 하지만 실제 명에 최초로 사신이 파견된 것은 이듬해 5월이었고, 그것도 명에서 그해 4월에 먼저 사신을 보내오자 그에 대한 답방이었다. 이를 보면 명과 실제 교섭하는 것은 급히 서두르거나 적극적으로 나섰던 것 같지는 않다.

하지만 공민왕은 북원과의 전통적인 사대 관계는 대도가 함락된 이후에도 당분간 유지했다. 그해 10월에 황태자 생일인 천추절을 축하하기 위한 사절단을 보냈다. 이들 사절단은 요양에서 길이 막혀 되돌아오는데 공민왕은 곤장을 쳐서 다시 돌려보냈으니 원 조정을 의식한 억지 사절이었다. 그해 11월에는 북원에서 사신을 보내와 제국의 회복을 도모하라고 요청했다. 대도를 수복하고 주원장에 대한 반격을 도모하라는 주문이었다. 하지만 고려에서는 이들 사신에 대해 향연만 베풀어 주고 그들의 요청에 대해서는 아무런 조치도 취하지 않았다. 그런 요구를 거절하더라도 북원에서 고려를 응징할 수 없다는 것을 뻔히 알면서 들어 줄 리 없었다.

북원에서는 사신을 파견하여 공민왕에게 옷과 술을 하사하고, 정동행성 좌승상에서 우승상으로 승격시키기도 하였다. 곤경에 빠진 왕년의 세계 제국이 변경의 공민왕에게 잘 보이려 눈치를 살피는 꼴이었다. 고려에서도 북원에 대한 의례적인 사신 파견은 단번에 중단하지 않았다. 쇠퇴하는 제국의 내부 사정을 정확히 알기 위해서도 사신 파견은 필요한 일이었을 것이다.

명에 대한 사대 복속

주원장, 명의 태조 홍무제가 처음으로 고려에 파견한 사신이 도착한 것은 1369년(공민왕 18) 4월이었다. 설사偰斯라는 사신이었는데 그는 전년 11월에 남경을 출발했으나 해로의 난관으로 이제야 도착한 것이었다. 이 설사의 친형은 이전에 고려에 귀화한 인물이었다.

설사의 형인 설손偰遜은 위구르 인으로 과거에 급제하여 원 조정에서 꽤 높은 벼슬을 했는데 홍건적의 공격을 받아 1358년(공민왕 7)에 고려에 귀화했다. 귀화하기 전 그 설손이 원 조정에서 황태자의 교육기관이었던 단본당에 참여했다는 사실이 주목된다. 공민왕도 원에서 숙위 시절 바로 그 단본당에 참여했으니까 그와 친분이 있었던 것이다. 그 덕에 설손은 귀화 후 공민왕으로부터 작위와 토지를 받는 등 후한 대접을 받다가 귀화 2년 만에 죽었다. 그 설손의 아들 설장수偰長壽는 후에 명에 파견되는 사신으로 발탁된다.

명 태조가 설사를 고려 사신으로 선택한 것은 그의 형 설손과 공민왕의 그런 인연을 생각해서 그랬을 것이다. 이는 명 태조도 고려와 교섭을 시작하면서 신중하고 조심스럽게 접근했다는 뜻이다. 장사성이나 방국진과 달리 주원장은 대도 함락 이전에 거의 고려와 접촉이 없었으니 그럴 만도 했다.

설사는 태조 주원장의 옥새가 찍힌 새서璽書와 함께 비단 등 선물을 가지고 왔는데, 그 새서의 내용에서도 명 태조의 조심스런 태도를 엿볼 수 있다. 주원장 자신이 일개 농민에서 일어났다는 것을 감추지 않은 것이다. 이어서 황제로 즉위하고 중원을 통일하였으니 새로운 국호 '대명'과 연호 '홍무'를 반포하여 알려 준다는 정도였다.

내용에서 눈에 띄는 대목은 공민왕에게 고려의 왕위를 보장해 주겠다고 한 점이다. 이는 고려 국왕을 유지하도록 하겠다는 약속으로 공민왕에게는 가장 민감한 부분을 언급한 것이었다. 공민왕이 기황후로부터 폐위의 위협에 시달렸다는 사실을 명 태조가 알고 그런 언급을 했는지는 모르겠지만, 공민왕에게는 그 문제가 중요하지 않을 수 없었다.

설사는 고려에 들어온 지 열흘도 못 되어 돌아가는데 공민왕과 대신들이 주는 선물도 사양했다. 그가 돌아간 직후 고려는 바로 원의 지정 연호를 정지하였다. 기철 일파를 제거하고 지정 연호를 일시 정지한 적이 있었는데, 그 후 반원 정책과 함께 연호 정지를 계속 밀어붙이지 못하고 흐지부지되었다가 이제 다시 지정 연호를 확실히 폐지한 것이다.

이어서 그해 1369년(공민왕 18) 5월, 명 태조의 사신에 대한 답례로 고려에서도 남경으로 사신을 보낸다. 역시 고려가 명에 보내는 최초의 사신이었다. 명의 사신 설사가 고려에 왔다가 돌아간 지 불과 며칠 사이로 신속한 대응이었다. 아마 돌아가는 설사와 고려 사신이 동반해서 함께 바닷길에 올랐을 것이다. 이때 주원장의 등극을 축하하고 사은하는 표문을 보내는데 그 표문 내용은 이런 것이었다.

천자가 될 운명으로 다시 중국 황제의 정통을 회복하고, 선덕을 체득하여 정도에 따라 정사를 행함에, 만방에 신하의 마음을 하나로 하였으며, 천명이 돌아오니 만민의 기뻐하는 소리가 사방에 퍼지나이다. (중략) 신이 멀리 동쪽 귀퉁이에 처하여 공손히 천자를 바라보나이다. 비록 축하의 반열에는 참여하지 못하나 원컨대 항상 대국을 향하는 간절한 정성을 바치겠나이다(《고려사》41, 공민왕 18년 5월 갑진).

사대 복속을 맹약하고 있는데, 외교 의례적인 수사라고 볼 수도 있지만 아부가 좀 지나친 감이 있다. 게다가 이때까지는 북원과도 형식적 사대 관계를 계속 유지한 상태였는데, 새로운 제국에 정확히 복속을 맹세하고 있으니 좀 앞서간 느낌도 든다. 공민왕의 이런 성급한 복속 맹약은 어디서 연유하는 것일까?

명 태조의 처지에서는 고려가 어떻게 나올지 조심스러웠을 것이다. 고려와 전통적인 사대 복속 관계를 유지해 왔던 원 제국이 아직은 세력을 유지하고 있던 상태니까 더욱 그랬다. 만약 고려가 명 태조에 반발하더라도 별 뾰족한 수도 없었다. 명 태조의 처지에서는 당장 군사를 동원하여 응징할 수 없었기 때문이다. 공민왕이 그런 틈새를 이용하여 명 태조를 좀 저울질해 볼 수 있었을 텐데 신속히 복속을 맹약한 것이다. 공민왕의 이런 성급한 맹약은 혹시 기황후에 의한 폐위 공작 때문이 아니었을까? 자신의 왕위까지 보장해 준다는 명 태조에 대해 맞설 필요가 없었을 것이다. 기황후 때문이었지만 공민왕이 원 조정과 실질적으로 등을 돌린 지는 이미 오래되었고, 쇠잔한 북원이 다시 부흥할 기미도 없으니 정치적 부담도 없었다.

대명 제국과 원 제국, 뜨는 해와 지는 해 사이에서 지는 해는 쉽게 버리기 힘들고 뜨는 해는 얼른 선택하기 어렵다. 지금 시점에서 보면 뜨는 해와 지는 해가 분명하지만, 당대엔 이를 분간하기 쉽지 않았을 것이다. 그 어려운 일을 공민왕은 신속하고 간명하게 해치운 것이다. 아무래도 이는 기황후로 인한 반원 감정이 공민왕에게 신속하고 과감한 그런 외교적 결단을 내리도록 했다는 생각이다.

고려에서 명으로 최초 사신이 파견된 직후인 그해 1369년(공민왕 18) 6월에는 명에서 또 사신이 들어온다. 고려에서 복속을 맹약한 사신이 파견된 지 10여 일 뒤니까 그들이 남경에 도착하기 전이었을 것이다. 김여연金麗淵이라는 고려인 출신 환관이었다. 명 태조는 고려에 파견하는 사신을 고려와 인연이 있는 인물로 선택하고 있다는 것도 주목된다.

이번 사신이 온 것은 서쪽을 정복하여 통치 영역을 더욱 확장했음을 알리고, 정복 과정에서 사로잡은 고려 유민 165인을 돌려보내기 위한 것이었다. 즉 고려 유민을 송환해 준다는 것이다. 이는 고려와의 우호 관계를 원한다는 명 태조의 강력한 메시지였다. 새로 시작되는 양국 관계에서 아쉬운 쪽은 공민왕이 아니라 명 태조 주원장이었던 것이다.

그해 1369년(공민왕 18) 8월에는 명 태조의 생일을 축하하는 성절사, 황태자 생일을 축하하는 천추사, 새해를 축하하는 하정사가 동시에 파견된다. 고려에서 명으로 파견되는 두 번째 사행이었는데, 정식으로 명과 사대 복속 관계를 드러내는 표식이었다. 아울러 이때 고려에서는 명에 치러야 할 양국의 외교 의례 절차를 기록한 문서를 요청하기도 했다.

이듬해 1370년(공민왕 19) 4월에는 명에서 도사道師 서사호徐師昊를 파견하여 고려의 산천에 제사를 올리고, 고려가 칭신하여 그 왕을 고려 국왕으로 책봉했음을 알리는 비석까지 회빈문 밖에 세웠다. 이미 사대 복속을 맹약한 공민왕도 이 비문을 세우는 것은 못마땅했던지 나가 보지 않았다.

마침내 그해 5월에는 명에서 예전에 왔던 사신 설사를 다시 파견하여 공민왕에게 장문의 고명誥命이 내려진다. 고명은 황제가 신하에게 내리는 직첩과 같은 것이니 이제 사대 복속 관계는 돌이킬 수 없는 양국의 공식 관계로 확정되었다. 그리고 7월에는 고려에서 비로소 '홍무' 연호를 사용한다. 이제 새로운 여명麗明 관계가 공식적으로 시작된 것이다.

여·명 양국의 사대 관계 성립은 그 자체로 중대한 역사적 전환이었다. 1세기 동안 유지되었던 원 제국과의 관계를 뒤로하고 새로운 세계 질서에 편입하는 역사적 순간이었기 때문이다. 우리 역사상 하나의 왕조에서 한두 번 있을까 말까 하는 민족사의 대전환기이기도 했다. 그 중요한 순간에 공민왕이 있었으니 이 한 가지만 가지고도 공민왕은 우리 역사상 분명 주목할 만한 군주임에 틀림없다. 그래도 공민왕으로서는 너무 쉽게 사대 복속을 자청하지 않았나 하는 아쉬움이 남는다. 반대로 명 태조의 입장에서는 군사 하나 동원하지 않고 동쪽 우방국 고려를 얻었으니 대도 함락에 못지않은 대업을 쉽게 이룬 것이었다.

북원의 사신을 처단하다

명과 새로운 관계를 맺는 동안 고려는 상도로 패주한 북원과도 일단 관계를 이어갔다. 1369년(공민왕 18) 3월에는 왕중귀를 북원에 파견하였다. 명에서 최초의 사신이 들어오기 한 달 전이었다. 왕중귀는 기철의 사위로서 기철 일당을 제거할 때 유배당했던 인물로 앞 장에서 언급했다. 그런 그를 다시 기용하여 북원의 사신으로 발탁한 것이다. 공민왕의 우승상 승진에 대한 책명에 감사하고 순제 토곤 테무르의 생일을 축하하는 성절사를 겸한 사신이었다.

하지만 왕중귀는 길이 막혀 상도에 이르지 못하고 되돌아오고 만다. 대도가 함락된 직후라 명의 감시를 피하기 어려웠을 테고, 요동 지역의 교통도 원활하지 못했던 것 같다. 이전이라면 기필코 사신을 다시 보내는 것이 보통인데 공민왕은 그러지 않았다. 아마 주원장에 의한 대도 함락 소식을 접한 뒤라 고려에서는 억지로 사신 파견을 관철시킬 필요가 없었던 것 같다.

이 무렵 북원 조정에서는 고려가 원과 명 사이에서 양다리를 걸치고 있다는 것을 눈치채고 있었다. 뜨는 해를 선택하고 지는 해를 버리는 과정에서 과도기의 불가피한 양면 정책을 모를 리 없었을 것이다. 하지만 이를 문제 삼아 응징할 방법이 없어 덮어 두고 있었다. 고려 정부나 공민왕을 타이르고 회유하는 수밖에 다른 방법이 없었던 것이다.

그런데 그해 8월에는 북원에서 태위 승상 기평장奇平章이란 자가 고려에 들어온다. 기평장은 기 씨 성을 가진 평장정사를 말하는데 성씨로 보아 기황후 친족으로 짐작된다. 곤경에 처한 북원의 조정이나 기황후 측에서 아쉬워 보낸 사절이 분명했다. 고려에 들어온 기평장이 특별한 행적도 남기지 않는 것으로 보아 환대를 받았을 것 같지도 않다.

그 한 달 뒤에는 오왕吳王 회왕淮王으로 불리는 북원의 몇몇 왕이 고려에 사신을 보내고 선물까지 바친다. 여기 오왕이나 회왕은 대도가 함락되고 북원 조정이 상도로 패주하자, 장강이나 회하 유역의 지방 세력가나 군벌들이 독립해서 나타난 것으로 보인다. 그중 오왕은 고려에 청혼을 하고 회왕은 그 딸을 고려에 출가시키려고 하였다. 원 제국이 쇠퇴하자 거기서 떨어져 나온 반독립적인 이들 세력도 고려에 아쉬운 손길을 내밀었던 것이다.

그해 10월 고려에서는 수상인 김일봉의 딸을 오왕에게 시집보낸다. 김일봉은 연저수종공신 1등에 들었던 인물로 현재 수상이 아니라 이전에 수상이었다. 이 정도의 비중 있는 인물이니 여기 오왕에 대한 대접은 그리 박한 편이 아니었던 것 같다. 오왕과 회왕의 사신들은 고려에서 향연까지 받았는데 이는 앞의 기평장과 대비되는 모습이다. 아마 기평장은 기황후 친족으로 북원 조정이 직접 파견한 사신으로 판단해서 그런 것이고, 오왕이나 회왕은 북원의 반독립적인 정치 세력으로 봐서 달리 대우하지 않았나 싶다.

마침내 1369년(공민왕 18), 그해 12월에는 북원과의 관계에서 중요한 사건이 벌어진다. 북원의 병부상서로 있던 노은盧블이 황제(순제)의 조서를 가지고 황주(황해)까지 들어온 것이다. 상도로 패주한 이후 북원의 황제가 조서를 보내 온 것은 이것이 처음이다. 여기 노은은 기철과 함께 주살당했던 바로 부원배의 핵심 인물 노책의 아들이었다.

노은이 북원 황제의 조서를 가지고 들어왔다는 보고를 받은 공민왕은 측근 장수를 파견하여 그를 붙잡아 심문한 후에 주살하고 만다. 여기서 그치는 것이 아니라 왕중귀와 이수림李壽林 등 노은과 관련되었다고 보이는 고려 관리들을 함께 참수해 버린다. 죽임을 당한 왕중귀는 기철의 사위였고, 이수림도 기철과 인척 관계에 있던 인물이었다. 공민왕다운 냉혹한 대처였다.

이수림은 이제현의 손자였는데, 그 누이가 기철의 아들인지 조카인지 불분명하지만 그에 출가하여 결혼 관계가 분명 있었다. 그래서 노은과 함께 주살된 왕중귀 이수림은 기황후와 인척 관계 때문에 그리된 것이었다. 왕중귀와 이수림의 죽음에 대해서 사람들이 애석하게 여겼다니까 아마 너무 과도한 처분이라는 여론이 있었던 모양이다. 공민왕이 노은뿐만 아니라 왕중귀 이수림까지 주살한 것은 북원과 내통하지 않을까 하는 의구심 때문이었다. 이 두 사람이 원의 관직을 지녔고 기황후와 인척 관계에 있었으니 충분히 그럴 의심을 살 만했지만, 궁지에 몰린 북원의 처지로 보면 내통해 봐야 별 의미는 없었다. 그래서 이 사건은 북원에서 사신으로 들어온 노은이 갑자기 붙잡혀 죽음을 피할 수 없게 되자, 기황후의 인척으로 고려에 안주하고 있던 왕중귀와 이수림을 모함하여 끌어들인 것이라고 볼 수 있다.

그런데 중요한 점은 북원 황제의 조서를 들고 온 사신을 고려에서 처단했다는 사실이다. 이는 황제를 정면으로 배반하는 것이고 북원과 사대 복속 관계를 끊겠다는 중대한 결단이었다. 공민왕의 이런 결단은 뜨는 해인 명과 복속을 맹약한 것만큼이나 신속하고 과감한 조치였다. 공민왕은 지는 해를 버리고 뜨는 해를 선택하는 데 망설임이나 주저함이 조금도 없었던 것이다.

북원 황제의 사신 노은과 왕중귀 이수림을 주살한 직후 공민왕은 바로 그 대비에 나선다. 수상인 이인임을 서북면도통사로 임명하고 군지휘권을 상징하는 대독大纛(큰 깃발)을 주어 출진하게 하였다. 사신 처단을 놓고 혹시 있을지 모를 북원의 군사적 응징에 대처하려는 것이었다. 북원에서 그럴 만한 여력도 없었지만 만반의 대비가 필요했을 것이다. 사실, 압록강 방면의 서북면과 함경도 쪽의 동북면에 대한 군사적 대비는 북원 사신을 처단하기 이전부터 준비하고 있었다. 사신을 처단하기 한 달 전에 이성계를 동북면 원수, 지용수池龍壽를 서북면 원수, 양백연楊伯淵을 서북면 부원수로 삼았고, 서경(평양) 안주 의주 등 요충지에는 각각 만호부를 설치하여 군사를 주둔케 했던 것이다.

이런 군사적 대비와 함께 동녕부에 대한 공격도 준비하였다. 동녕부는 원종 때 서경에 설치된 원의 통치 기관이었는데, 충렬왕 때 동녕부가 폐지되고 서경이 수복되었지만 어느 때인가 이게 다시 나타난다. 아마 공민왕이 기철 일파를 제거하고 반원 정책을 펼치면서 기황후 측에서 고려에 대한 견제 수단으로 그 무렵 다시 세웠던 것이 아닌가 한다. 이 동녕부를 근거로 고려를 예민하게 만드는 존재가 바로 죽은 아비의 원수를 갚겠다고 설치는 기철의 아들 기사인테무르였다. 그는 상도로 패주한 북원을 따르지 않고 요동 지역에 새로 설치된 동녕부를 근거로 고려를 공격할 기회를 노리고 있었다. 공민왕으로서는 이 동녕부를 정벌하는 것이 우선 급한 문제였던 것이다.

동녕부 정벌은 북원과의 관계 단절을 작정하지 않고서는 추진할 수 없는 일이었다. 그래서 북원의 사신으로 들어온 노은을 즉시 처단했던 것은 동녕부 정벌까지 예정하고 저지른 일이었다. 아무튼 사신을 처단함으로써 북원과의 관계는 이제 돌아올 수 없는 다리를 건넌 것이다.

북원의 마지막

1370년(공민왕 19) 1월 이성계는 동북면에서 황초령(함흥)을 넘어 기병과 보병 1만 5천을 거느리고 6백여 리를 행군하여 강계(평북)에 이르고, 다시 7백여 리를 가서 압록강을 넘었다.

이때 동녕부의 관리로 있던 고려인 출신 이원경李原景이 3백여 호를 이끌고 항복해 온다. 이후 요양성과 압록강 북쪽의 여러 성이 항복했다고 하니까 기사인테무르를 정벌하는 것은 시간 문제였다. 항복한 이원경은 후에 동북면으로 옮겨져 조선 초에 이곳의 토호 세력으로 성장했다. 그의 손자인 이시애李施愛가 조선 세조 때 반란을 일으킨 것은 그런 토착 세력 기반이 작용한 것이었다.

그런데 1370년(공민왕 19) 그해 1월에 북원의 황제 순제 토곤 테무르가 병이 들어 황태자인 아유시리다라에게 국정을 총괄하게 하고 일선에서 물러났다가 결국 그해 4월 죽는다. 그 뒤를 황태자 아유시리다라가 제위를 계승하는데 이때 그의 나이 32세였다. 그는 황제를 계승하여 소종昭宗이라는 묘호를 쓰기도 하지만 중국 정사에는 순제를 마지막 황제로 기록하여 그는 드러나지 않는다.

순제 토곤 테무르는 몽골 제국의 황제 중에서 가장 오랜 37년을 재위한 황제였다. 한 왕조의 마지막 황제 치고는 굉장히 오래 재위한 셈인데 이 점은 일반적인 상식과 잘 맞지 않는다. 보통 왕조 쇠망기의 국왕이나 황제들은 대체로 짧은 재위 기간이 통치의 불안으로 이어져 쇠망을 재촉하는 것으로 나타나기 때문이다. 이렇게 본다면 원 제국의 쇠망을 순제 토곤 테무르의 실정이나 무능으로 판단하는 것은 적절치 않은 것 같다.

이상한 점은, 이 무렵부터 기황후의 존재가 보이지 않는다는 사실이다. 기황후의 존재는 대도가 함락된 이후부터 잘 드러나지 않고 있었다. 전란의 와중에 죽었는지, 아니면 제국의 몰락으로 실각했는지, 그도 아니면 실의에 빠져 칩거에 들어갔는지 알 수 없다. 기황후, 그녀는 변방 고려 출신 여성으로 세계 제국의 황후 자리에 올라 권력을 농단하면서 그 자식까지 황제에 앉혔지만 제국의 쇠망과 함께 조용히 사라진 것이다.

1370년(공민왕 19), 그해 5월에는 명의 군사들이 응창부를 공략하여 황손 매적리팔랄買的里八剌(마이디르 발라)를 사로잡는다. 이때 황제 아유시리다라는 화림和林(캐라코룸)으로 도주하였다. 한 달 후인 그해 6월에는 명에서 북원을 평정한 조서를 천하에 반포하고, 고려를 비롯하여 안남安南(베트남) 점성占城(캄보디아) 등 주변국에도 사신을 파견하여 북원 평정 사실을 통보했다. 명으로부터 북원 평정 소식을 접한 고려에서는 그해 8월 지용수 이성계 양백연 등에게 명하여 다시 동녕부를 치게 하였다. 그해 11월에 의주에서 부교를 만들어 압록강을 건넌 고려의 군대는 요양성을 함락하는 데 성공한다. 요양행성의 몇몇 관리와 장수를 죽이고 사로잡기도 했지만 정작 기사인테무르는 놓치고 말았다.

그런데 1371년(공민왕 20) 2월에 요양행성의 평장정사 유익劉益이 주변의 군현을 이끌고 명에 귀순해 버린다. 명 태조는 그의 항복을 받아들여 그를 요양 지역의 군 지휘관 겸 지방관으로 임명했다. 아마 그의 세력 기반을 인정해 준 것으로 보인다. 명에서는 이런 사실을 고려에도 통보해 알려 주는데, 요양 지역에는 고려 유민이 많이 거주하여 관련이 깊은 지역이었기 때문이다.

하지만 요양의 평장정사 유익은 다시 고려에 사신을 파견하여, 명 태조가 요양의 주민을 다른 지역으로 이주시키려 하니 고려에서 이를 막아 달라는 요청을 한다. 이는 유익이 명과 고려 사이에서 양다리를 걸치면서 자신의 세력을 온존시키려는 것이었다. 그해 5월 유익이 고려에 사신을 파견하여 공민왕의 생일을 축하하는데 이는 그런 모습을 드러낸 것이다.

이 무렵 북원의 잔존 세력으로는 요동의 홍보보洪寶寶(홍바오바오), 요양산성의 고가노高家奴(고기얄리우), 심양고성의 합라장哈刺張(콰라장), 개원로에 근거한 야선불화也先不花(야센부카), 요하 북쪽에 나가추 등이 포진하고 있었다. 모두 원 조정의 고위 관리 출신이거나 요양 지역의 세력가들이었는데 대도가 함락되고 상도로 피신하면서 반독립적인 세력을 유지하고 있었다. 이들은 자신들끼리 서로 세력 다툼을 벌이는 가운데 고려와 각자 교섭을 유지하고 있었다. 그러면서 때로는 고려의 변경을 침략하기도 하였다.

기철의 아들 기사인테무르도 요동 지역의 동녕부를 중심으로 한 그런 세력가 중 하나였다. 그의 세력이 얼마나 컸는지는 알 수 없지만 크게 고려를 위협할 정도는 아니었다고 보인다. 다만 그는 다른 세력과 달리 고려와 가장 적대적인 태도를 견지했던 것이다. 그러다가 지용수 이성계의 공격을 받고 패주한 것이다.

명 태조는 응창부의 북원을 평정하면서 원 제국은 이제 완전히 끝장난 것으로 간주했을 것이다. 하지만 캐라코룸으로 거점을 옮긴 황제 아유시리다라는 요양행성과 감숙행성 티베트 운남행성 등의 지역을 연결하여 명을 계속 괴롭혔다. 캐라코룸의 북원은 명대 초기까지 옛 몽골 제국의 위상을 어느 정도 유지했다고 하니까 상당히 오랫동안 명에 대한 압박을 계속했던 것이다. 어떤 학자는 그래서 이를 '남북조'라고 부르기도 한다.

북원의 새 황제 아유시리다라는 1378년(우왕 4)에 죽고 그의 이복동생 투쿠스 테무르脫古思帖木兒가 계승하였다. 이 투쿠스 테무르는 명을 타도하기 위한 대진공을 계획한다. 이를 위해서는 지방 군벌의 군사력 지원이 반드시 필요했는데, 특히 요동 지역에 근거한 나가추의 군사 지원이 가장 중요했다.

그런데 나가추는 1387년(우왕 13) 식량 부족 때문에 명의 군대에 패배하고 항복해 버린다. 나가추의 투항은 명에 대한 투쿠스 테무르의 공격을 무위로 만들어 버렸다. 이듬해 명군의 공격을 받아 투쿠스 테무르의 궁정은 궤멸되고 그는 서쪽으로 도망치다 아릭부케의 후예 이수데르에게 살해당했다. 그 후 이수데르가 다시 황제에 오르지만 이미 세계 제국과는 거리가 한참 멀었다. 이후에도 몽골계의 여러 세력들은 각지에 흩어져 15세기 중엽까지 잔존하다가 이후 시차를 두고 점차 소멸되어 갔다.

몽골 제국의 멸망에 대해 혹자는 정착 농경 지역에 유목 민족이 존재함으로써 발생하는 원천적인 문제 때문이었다고 말한다. 그 원천적인 문제에서 가장 중요한 요소가 유목 민족이 받아들인 유교화儒敎化 혹은 한화漢化였다고 한다. 그래서 몽골인은 멸망한 것이 아니고 중국을 떠난 것이라고 말하기도 한다.

원과 명 사이의 신돈 정권

신돈이 제거된 것은 1371년(공민왕 20) 7월이었다. 명에 대한 새로운 사대 복속 관계가 성립되고 원과는 관계가 단절된 직후였다. 이런 시점은 우연의 일치라기보다는 신돈 정권을 이해하는 데 시사점이 있다고 보인다. 앞 장에서도 잠깐 언급한 바 있지만, 대외 관계와 관련된 신돈 정권의 성격은 친원적이었다는 사실이다. 그런 사실을 보여주는 몇 가지 근거가 있다.

1370년(공민왕 19) 4월 공민왕을 책봉하기 위해 명에서 사신이 왔을 때, 충혜왕의 딸 장녕공주長寧公主를 함께 돌려보냈다. 이 공주는 충혜왕과 덕녕공주 사이에 난 딸로서 공민왕에게는 조카였다. 그녀는 진즉 원에 출가하였는데, 주원장의 군대가 대도를 함락하면서 명에 포로가 되었다가 고려로 송환된 것이다.

명에서 그 장녕공주를 송환해 준 것은 공민왕에 대한 우호를 드러내려는 것이었다. 하지만 신돈은 그녀를 받아들이지 말고 변방으로 축출할 것을 요청한다. 그 이유는 출가한 후 음행의 소문이 있었고, 명에 포로가 되어 원 조정에 절개를 지키지 못했다는 것이었다. 공민왕은 이를 받아들이지 않았다.

신돈의 이런 태도는 친원적인 성향을 그대로 보여주는 것이다. 장녕공주를 원에 배반한 여성으로 간주하여 부정적으로 보았고, 명의 우호적 태도를 거절한 것이기 때문이다. 신돈이 집권한 처음부터 이런 친원적 성향이 있었는지, 아니면 그가 집권한 후에 대외 상황의 변동에 따라 이제야 나타난 성향인지는 불확실하지만 원명 교체기의 신돈 정권은 분명 친원적이었다.

신돈 정권이 친원적이라는 사실을 보여주는 사례가 또 하나 있다. 《고려사》 신돈 열전에 의하면, 1370년(공민왕 19) 황제가 사신을 보내 신돈에게 비단과 새서璽書를 하사하면서 '상국相國' 신돈이라 칭했다는 사실이다. 황제의 옥새가 찍힌 문서인 새서를 공민왕이 아닌 신돈에게 하사했다는 점이 주목된다. 황제가 신돈에게 '새서'를 하사하고 '상국'이라 표현했다는 것은 의미심장한 일이다. '상국'은 국왕 외의 최고 집권자를 그렇게 지칭한 것으로 보인다. 무인 집권기 때 최충헌을 당시 국왕이었던 희종이 '은문상국恩門相國'이라 불렀던 적이 있어 그렇게 생각한다. 황제는 신돈을 최고 집권자로 보고 옥새가 찍힌 문서까지 하사했던 것이다.

그런데 더 중요한 사실은 여기 황제가 새로운 명의 황제가 아니라 쇠퇴하는 북원의 황제라는 점이다. 신돈 열전에는 명의 황제인 것처럼 기술되어 있는데, 그게 아니고 북원의 황제로 보는 것이 옳다. 명의 황제 주원장은 이보다 1년 전인 1369년(공민왕 18) 4월에 사신을 파견하여 홍무라는 연호를 반포하면서 공민왕에게 비단과 함께 새서를 이미 하사한 적이 있었다. 이를 보더라도 앞서 신돈을 상국으로 칭하고 새서를 하사한 것은 명의 황제가 아니라 원의 황제라는 것을 알 수 있다. 아마 공민왕이 명의 황제와 가까워지자 원의 황제는 신돈을 그런 식으로 추켜세우려 했던 것 같다.

다만, 새서를 보낸 원의 황제가 순제 토곤 테무르인지 그 아들 소종 아유시리다라인지는 불명확하다. 1370년 그해 4월에 순제 토곤 테무르가 죽고 아들 아유시리다라가 황제를 계승했는데, 여러 정황상 새로운 황제 아유시리다라일 가능성이 많다. 새 황제가 즉위하여 공민왕과의 관계를 지금까지와는 다르게 설정할 필요가 작용했다고 볼 수 있기 때문이다.

새 황제 아유시리다라가 신돈에게 상국이라 칭하고 새서를 보낸 그 시점도 주목할 필요가 있다. 그 직전인 전년 12월에 공민왕은 황제 조서를 가지고 고려에 들어온 북원 사신을 처단하고 국교를 단절했기 때문이다. 이는 명백히 원 조정에 대한 도전으로 당연히 응징에 나서야 할 일이었다. 하지만 북원 조정에서는 그럴 여력이 없었으니, 공민왕을 제치고 신돈을 그 대안으로 세우고 싶었을 것이다.

원에서 신돈에게 새서를 내리고 상국이라 표현한 것은 신돈을 최고 집권자로 인정하고 공민왕을 배척하려는 수법이었다. 그게 잘 통할 리는 없었지만 수도가 함락당하고 궁지에 몰린 원의 처지에서는 신돈이라는 지푸라기라도 붙잡겠다는 심정이었을 것이다. 그렇다면 공민왕이 북원 조정의 후원을 받는 그런 신돈을 방관할 수 없으리란 것은 당연했다.

이런 가운데 공민왕은 1370년(공민왕 19) 12월 처음으로 보평청報平廳에 거둥하여 정무를 보았다. 여기 보평청은 새로 조성한 정청인 것 같은데, 공민왕이 다시 일상적인 정무에 복귀하겠다는 행동으로 보인다. 그리고 사관을 입시케 하고 매달 육아일六衙日, 즉 한 달에 닷새마다 여섯 번 업무 보고를 받겠다고 하였다. 국정을 직접 챙기겠다는 뜻이었다.

이 일에도 그럴 만한 배경이 있었다. 명 태조의 생일을 축하하는 성절사로 파견되었던 고려 사신에게 명 태조는 공민왕의 정치를 언급하면서 정사를 처결하는 정청이 따로 없다는 것이 사실이냐고 물은 적이 있었다. 그동안 명에서 고려에 파견된 사신을 통해서 파악한 것을 확인하려는 것이었다. 그 고려 사신이 1370년(공민왕 19) 5월에 환국하여 이런 사실을 공민왕에게 보고한 것이다. 이를 보고받은 공민왕이 보평청에서 국정을 직접 챙기는 모습을 보였던 것이다.

이것은 공민왕이 친정을 선언한 것이나 다름없으니 신돈에게 국정을 위임했던 지금까지의 모습을 끝장내겠다는 것이었다. 이제 신돈은 사라질 수밖에 없었다. 게다가 북원 황제의 후원을 받는 신돈이라면 공민왕이 용납할 수도 없었을 것이다. 그래서 신돈 제거는 지는 해와 뜨는 해 사이의 외교 관계 속에서도 필연이었다는 생각이 든다.

2. 왕조의 어두운 그림자

노국공주의 그림자

공민왕이 왕비인 노국공주를 잃은 이후의 국정 운용 방식은 그 이전과
확실히 달랐다. 우선 신돈을 정치 전면에 내세우고 공민왕 자신은 뒤로
물러섰다는 점을 들 수 있다. 신돈의 발탁이 노국공주의 죽음 때문이었
다고 설명하기에는 분명치 않은 점이 있지만, 사랑하던 왕비를 잃은 슬
픔으로 실의에 빠져 그랬다고 생각할 수도 있는 것이다.

그런데 노국공주 사후, 신돈의 발탁보다 더 중요한 일은 공민왕이 죽
은 노국공주에 대한 생각에서 조금도 벗어나지 못하고 있었다는 점이
다. 그것을 보여주는 것이 노국공주의 영전影殿 공사인데, 1366년(공민
왕 15) 5월에 왕륜사의 동남쪽에 착수했었다. 앞에서 언급했지만, 공
민왕은 거의 완성되어 가던 왕륜사의 이 영전을 좁다는 이유로 헐고,
1368년(공민왕 17) 6월 마암馬巖이라는 곳에 새 영전을 다시 옮겨 짓게

했던 것이다.

이 영전은 노국공주의 초상화를 모시는 건물인데, 공민왕의 노국공주에 대한 추모의 각별한 정을 엿볼 수 있다. 하지만 이게 너무 지나쳤다. 영전을 조영하다가 이를 헐고 다시 짓는 것도 문제였지만, 공사를 재개하는 과정에서 여러 반대를 무릅쓰고 무리하게 밀어붙였던 것이다. 공민왕이 죽은 노국공주의 그림자에서 헤어나지 못한 탓이었다.

영전 공사는 공민왕의 간절한 숙원 사업이기도 했다. 1370년(공민왕 19) 5월에는 영전 공사에 방해된다고 오는 비를 그쳐주기를 절과 신사에서 기도할 정도였다. 5월 농사철임에도 이를 구애받지 않은 것이다. 그해 6월에는 신돈과 이춘부 등이 마암의 영전 공사를 중지할 것을 요청하자 다시 왕륜사의 옛 영전을 수리하는 변덕을 부리기도 했고, 그해 9월에는 이게 좁다고 헐어 고쳐 짓도록 했다. 1372년(공민왕 21) 4월에는 영전의 정문이 완성되었는데 장엄하고 화려하지 않다고 하여 이를 헐어 버렸는가 하면, 그해 7월에는 영전의 종루가 세워졌는데 높고 크지 않다고 하여 고쳐 짓도록 했다. 그해 8월 영전의 망새가 이루어졌는데 그 장식에 황금 650냥과 백은 8백 냥이 들었다. 영전의 장엄하고 화려함은 비할 데 없었으나 공민왕은 만족하지 못했다. 공민왕의 이런 집착에 대해서 모후인 명덕태후도 당연히 반대했다.

영전 공사뿐만 아니라 공민왕은 노국공주가 묻힌 정릉에 대해서도 특별한 관심을 기울였다. 정릉을 지키는 민호 1백여 호를 지정하고 토지 2천여 결과 베 1만 5천여 필을 정릉 곁의 광암사에 바쳐 공주의 명복을 빌기도 했다. 공민왕은 매년 노국공주의 기일에는 정릉에 행차하여 제사를 올렸는데, 제사를 마치면 능을 떠나지 못하고 배회하며 슬퍼하였다. 때로는 정릉에서 공주의 화상을 앞에 놓고 잔치를 베풀면서 풍악까지 연주하기도 했다니 아마 공주가 살아있다고 생각한 것 같다. 1373년(공민왕 22) 4월 공민왕은 이 정릉 곁에 수릉壽陵(생전에 만든 공민왕 자신의 능묘)을 만들기도 했으니 죽은 공주의 곁에 머물고 싶었던 모양이다. 정릉에서 잔치를 베풀다가 늦어지면 그대로 능에서 유숙하는 것도 마다하지 않았다. 공주 곁을 떠나기 싫었던 공민왕의 마음을 그대로 읽을 수 있다.

1374년(공민왕 23) 6월 마침내 영전이 거의 완공되었는데 폭우로 비가 새고 만다. 공사 담당관은 곤장을 맞고 하옥당했다. 공민왕이 죽기 3개월 전이었다. 노국공주를 잃은 이후 공민왕 자신이 죽기까지 변함없이 일관되게 밀어붙인 유일한 사업이 이 영전 공사였다. 이 공사는 공민왕이 노국공주를 잃은 후에도 그 그림자 속에서 살아가는 안타까운 모습을 그대로 보여주는 것으로, 도를 넘은 과도한 집착이 아니었나 싶다.

노국공주의 그림자 때문이었는지 공민왕은 술을 마시면 주벽도 심했다. 공민왕은 취하면 좌우의 환관들을 매질하였고, 이를 피하기 위해 환관들은 더욱 술을 권하여 쓰러지도록 만들었다고 한다. 그러다가 정신이 들면 노국공주를 생각하며 울기를 반복했다고 한다. 공민왕의 이런 내면의 상처는 정상적인 정치 운영을 어렵게 했을 것이다. 그럼에도 국정이 유지되었다는 것이 다행이었다.

영전 공사는 정치에서도 많은 문제를 일으켰다. 영전 공사를 반대했던 두 명의 수상인 유탁과 이춘부를 죽게도 만들었다. 유탁은 순전히 영전 공사를 반대했다는 이유로 죽임을 당했고, 그 뒤를 이은 수상 이춘부는 신돈의 당으로 연루되어 죽었지만 그 역시 영전 공사를 반대한 전력이 작용했다. 이 두 수상의 뒤를 이어 다음 수상에 오른 자가 바로 이인임이었다.

이인임은 공민왕 사후에 최고 권력자의 위치에 올랐던 인물이다. 그의 출세가 영전 공사라는 공민왕의 뜻을 잘 따른 때문만은 아니었지만, 영전 공사는 여러 재상을 죽이기도 하고 살리기도 했던 것이다. 훗날 이인임이 탄핵당한 이유 중에는 이 영전 공사를 중지시키지 않았다는 이유가 들어 있었으니 재미있는 일이 아닐 수 없다.

노국공주는 생산 없이 죽었고, 공민왕은 그녀의 그림자에서 벗어나지 못했으니, 이는 공민왕의 후계자 문제에 바로 영향을 미쳤다. 노국공주를 잃고 공민왕은 여러 왕비를 새로 맞지만 역시 생산을 하지 못했다. 이는 고려 왕조에 어둡고 우울한 그림자를 드리운다.

후계자 모니노

공민왕에게는 뒤를 이을 아들이 끝내 없었다. 후사가 없다는 것은 공민왕 대의 정치를 이해하는 데 중요한 요소이다. 최고 통치자를 선거로 뽑는 현대 민주정치에서도 다음 대권 주자가 서 있지 못한다는 것은 정치 불안으로 이어지기 십상인데, 왕위를 세습하는 전통 왕조시대에는 말할 필요도 없다.

1371년(공민왕 20) 11월, 공민왕은 수상을 역임했던 염제신의 딸을 왕비로 맞아 신비愼妃로 삼는다. 공민왕이 마지막으로 들인 왕비인데 후사를 얻기 위한 최후의 노력이었을 것이다. 신비를 맞이하기 직전에, 공민왕은 신돈을 제거하고 모니노를 불러들여 모후 명덕태후에 맡겼었다.

모니노를 명덕태후에게 맡긴 것은 후사를 염두에 두고 한 일이었다. 하지만 명덕태후는 모니노를 후사로 삼는 것을 못마땅해 하면서 공민왕에게 서두르지 말 것을 주문한다. 공민왕이 새 왕비인 신비를 다시 들인 것은 그런 모후의 요청을 받아들인 것이었다.

모니노에 대해서는 앞 장에서 잠깐 언급한 바 있지만 그의 출생과 관련해서 분명하게 드러난 게 없다. 신돈과 그의 비첩인 반야 사이에 낳은 아들이라는 것이 정설처럼 되어 있지만, 반야가 그 어미라는 얘기도 이설이 있어 장담하기 어렵다. 그러니까 모니노는 부계뿐만 아니라 모계도 불확실한 것이다.

가장 확실한 것은 모니노가 공민왕 소생의 친아들이 아니라는 사실뿐이다. 그리고 모니노가 공민왕의 친아들이 아니라는 사실을 가장 잘 알고 있었던 사람은 물론 공민왕 자신이었다. 그다음이 신돈이었다. 그러니까 모니노에 대해서 가장 정확히 아는 사람은 공민왕과 신돈이었다고 말할 수 있다. 그런데 모니노의 출생 비밀에 대해서는 공민왕과 신돈 외에도 여러 사람들이 당시에 알고 있었던 것 같다. 공민왕은 모니노를 태후 궁에 맡기면서 이인임에게 이런 말을 한다. "원자가 있으니 나는 걱정이 없다. 신돈의 집에 아름다운 부인이 있었는데 아들을 잘 낳는다는 말을 듣고 관계하여 이 아이를 얻게 된 것이다." 공민왕의 이 말은 모니노가 자신의 소생임을 일부러 강조한 것인데 어딘가 좀 어색하다.

이인임은 신돈 정권의 핵심 인물이면서 신돈 제거 후에도 승승장구한 인물이다. 그런 이인임에게 이런 말을 한 것은 모니노가 자신의 소생임을 애써 강조한 것으로 의심하지 말고 받아들이라는 뜻이었다. 여기 이인임은 공민왕 사후 모니노를 후계 왕으로 옹립하는 주역으로 등장한다. 그는 모니노가 공민왕의 소생이 아니라는 사실을 알면서도 이일에 앞장섰던 것이다.

모니노의 출생 비밀을 아는 정권의 실세가 또 한 사람 있었다. 임박인데, 그 역시 앞의 이인임과 같이 신돈 정권의 핵심이었던 인물이다. 임박은 공민왕의 측근에 있으면서 모니노가 공민왕과 궁인 사이의 소생이라는 이야기를 듣는데, 그 모니노가 신돈의 집에서 몰래 양육되었다는 사실을 이상하게 여겼다. 신돈의 비첩인 반야의 소생이 아니라 궁인의 소생이라면 왜 신돈의 집에서 양육되었을까 하는 의문을 품은 것이다. 그러니까 임박은 모니노가 공민왕의 소생이 아니라 신돈의 소생이 아닐까 의심한 것이다.

1373년(공민왕 22) 7월, 공민왕은 모니노의 이름을 우禑라 개명하고 강녕부원대군으로 책봉했다. 모니노를 다음 후계자로 확정하기 위한 것인데, 이 일에는 이색을 비롯한 유학자와 수상인 경복흥까지 동원되었다. 이어서 백문보 전록생 정추 등 신진 사대부 출신의 유학자들을 사부로 삼았다. 모두 앞에서 한 번쯤 거론되었던 사람들이다.

한 가지 이상한 점은, 이런 후계 작업을 진행하면서도 모니노를 정식 세자로 책봉하지는 않았다는 사실이다. 왜 그랬을까? 공민왕은 자신 소생의 원자가 태어나기를 끝까지 기다렸던 것일까. 아니면 공민왕 스스로도 모니노를 후계자로 삼는 것에 확신이 없었던 것일까.

1374년(공민왕 23) 9월에는 궁인 한 씨의 부·조·증조·외조 등 4조를 대군大君으로 추증하는 조치가 내려진다. 모니노의 어미를 이미 죽은 궁녀 한 씨 소생으로 모칭冒稱하려는 것이었다. 모니노의 아비를 공민왕 자신이라고 억지로 우긴다고 해도, 어미를 신돈의 비첩 반야라고 하기에는 적절치 않다고 판단하여 애먼 궁녀 한 씨를 어미로 삼으려는 것이었다. 아마 반역으로 처단된 신돈과 모니노와의 관계를 끊으려는 조치로 보인다. 공민왕이 시해되기 1주일 전의 일이었다.

공민왕이 시해된 직후 이인임이 중심이 되어 그 모니노를 국왕으로 세웠으니 이이가 우왕禑王이다. 이 우왕은 공민왕 소생의 '왕우'가 아니라 신돈 소생의 '신우'로 낙인 찍혀 고려 말에 큰 혼란을 불러오는 단서가 된다. 아울러 이 문제는 고려 왕실의 허약성을 드러내는 위기로 번졌다. 물론 여기에는 고려시대의 역사를 편찬한 조선의 건국 세력이 의도적으로 고려 말의 역사를 폄훼하려는 의도도 작용했을 것이다.

공민왕 시해의 단서, 자제위

공민왕은 자제위子弟衛를 설치했다. 그가 시해당하기 2년 전인 1372년(공민왕 21) 10월이었다. 그 이름으로만 보면 의관자제로 구성된 친위군 성격의 집단이라고 할 수 있다. 여기에 속한 자들은 공민왕의 총애를 받아 항상 궐내에서 시종했다고 하니까 친위군 성격은 분명 있었던 것 같다.

자제위에는 나이 어리고 용모가 아름다운 자를 선발하여 소속시키고 대언(정3품)으로 있던 김흥경金興慶에게 이들을 통솔하게 하였다. 여기에 소속된 인물들은 홍륜洪倫 한안韓安 권진權瑨 홍관洪寬 노선盧瑄 등이었다. 총 관리를 맡은 김흥경을 비롯하여 이들 구성원은 모두 고려의 일급 명문 출신 자제들이었다.

김흥경은 언양 김 씨로 고종 때 수상을 역임한 김취려金就礪의 증손이고, 홍륜과 홍관은 남양 홍 씨로 서로 4촌 사이이면서 홍언박의 손자이다. 한안은 청주 한 씨로 충혜왕 때 수상을 역임한 한악韓渥의 손자이고, 노선은 교하 노 씨인데 기철 일파와 함께 제거당한 노책의 손자이며, 권진은 안동 권 씨로 그의 가문에는 앞 장에서 언급한 왕후를 비롯하여 현달한 자가 수없이 많다.

자제위를 공민왕의 신변을 호위하는 친위군 집단으로 본다면 이들로는 너무 수가 적다. 아마 이들이 각자 지휘하는 무사 집단이 따로 있고, 이들은 소단위 부대의 지휘관으로 보아야 자제위를 정상적인 친위군이라 부를 수 있을 것이다. 하지만 이들이 각자 지휘하는 별도의 무사 집단은 드러나지 않아 자제위를 친위군으로 보는 것에 다소 의문이 들기도 한다.

다만 이들이 밤낮으로 궁궐에 있어 귀가할 수 없었다고 하니까 최소한 숙위의 임무는 띠고 있었던 것 같다. 또한 명덕태후가 공민왕에게 당부하면서, 이 자제위를 윤번으로 숙위하게 하라는 내용이 있어 역시 숙위를 하는 친위군의 모습은 그려 볼 수 있다. 게다가 이들이 병법을 배우고 무예를 익혔다는 사실을 접하면 왕권 강화를 위한 친위 집단으로 보는 것에 무리가 없다.

그런데 관찬 사서에는 이 자제위와 관련해서 아주 특별한 내용이 전하고 있다. 일단 그 사서의 내용을 그대로 따라가 보자.

공민왕은 천성이 색을 즐겨하지 않았고 또한 감당하지 못하여 노국공주가 생존할 때도 동침이 매우 드물었다. 공주가 죽은 후에도 여러 왕비를 들였지만 전혀 가까이하지 못하고 슬픈 마음에 병이 되었다. 공민왕은 가끔 어린 궁녀를 보로 얼굴을 가리게 하고서 김흥경이나 홍륜 등 자제위의 사람들에게 음란한 행동을 하게 했다. 그럴 때마다 공민왕 자신은 부인처럼 화장을 하고 이를 옆방에서 엿보다가 간혹 마음이 움직이면 홍륜 등을 침전으로 불러들여 이성 간의 성행위처럼 자신과 음행하기를 시켰는데, 때로는 수십 인에게 번갈아 그런 짓을 시키고서야 그쳤다. 이 때문에 늦게 일어나는 일이 많았고 마음에 흡족하면 상으로 내리는 선물이 헤아릴 수 없었다. 공민왕은 또한 후사가 없음을 걱정하면서 홍륜 등으로 여러 왕비를 강간케 하여 그렇게 낳은 아들을 자신의 아들로 삼고자 하였다. 하지만 이런 일을 정비 혜비 신비 등 세 왕비는 죽음으로 항거하여 좇지 않았다. 나중에는 익비 궁에 행차하여 김흥경 홍륜 한안 등으로 간통케 하였으나 익비 역시 항거하니 칼을 뽑아 죽이려 들었다. 익비가 두려워서 하는 수 없이 따르면서 이후부터 자주 왕래하였다(《고려사》 43, 공민왕 21년 10월 갑술).

이런 역사 기록을 얼마만큼 믿어야 할지 잘 모르겠다. 조선 왕조를 개창한 정치 세력들이 고려 말의 역사를 편찬하면서 새 왕조 창업을 정당화하기 위해 의도적으로 폄훼한 것으로만 보기에는 너무 구체적이고 사실적이다. 그런 점도 작용했을지 모르겠지만 공민왕의 내면을 이해하는 데 매우 인간적인 기록이라고 본다. 이 기록을 그대로 믿고 따른

다면 공민왕은 관음증과 함께 남성 동성애자 성향을 적나라하게 드러
낸 것이다. 아울러 홍륜 등으로 자신의 왕비를 강간하게 했던 것은 아
들을 얻고자 하는 일이었다고 하더라도 관음증과도 관련 있는 성도착
으로 보인다. 이러한 공민왕의 음행이나 난행은 자신이 성적으로 무력
했기 때문이었다.

그렇다면 자제위 소속의 청년들은 친위군이 아니라 공민왕의 성도착
과 관련된 미소년 집단으로 볼 수도 있다. 물론 자제위는 공민왕의 신
변을 지키는 친위군의 기능도 했을 것이다. 자제위가 공민왕을 항상 궐
내에서 시종했고 밤낮으로 궁궐에 있어 귀가할 수 없었다는 것은, 자제
위가 미소년 집단이면서 친위군적 성격이라는 이중성을 보여주는 것이
라 할 수 있다.

공민왕의 평소 성벽에 대해 역사 기록에는 총명하지만 시기와 의심
이 많다고 하였다. 이는 노국공주를 잃기 전부터 나타난 성향으로 공민
왕의 타고난 기질로 보인다. 이 때문에 죽임을 당한 고위 관리들이 한
둘이 아니었고, 국정 운용 방식에도 큰 영향을 미쳤다. 그래서 이런 개
인적인 성향이나 정치적 기질도 혹시 공민왕의 성적 특이성과 관련이
있지 않았을까 하는 생각이다. 노국공주를 잃은 후에는 공민왕의 그런
성적 기질이나 성벽이 더욱 강화되고 고착화되었다고 볼 수 있다.

공민왕과 자제위의 관계는 정치적 신뢰나 총애 정도를 초월하는 매
우 특수한 관계였다고 생각한다. 어쩌면 자제위는 공민왕의 분신과 같
은 집단이었을 것이다. 왕비와의 성 관계도 허용받았으니 충분히 그럴
법했다. 당연히 그들은 공민왕의 분신처럼 행동했는데 특히 홍륜과 자
제위를 관리하는 김흥경이 그랬다. 김흥경은 그 위세나 속세의 권력에

서 신돈과 비슷했다. 자제위를 만들고 얼마 되지 않아 공민왕이 죽었지만, 공민왕이 좀 더 오래 재위했더라면 김흥경은 신돈을 능가했을 것이다. 군사권을 쥐고 있던 최영도 그의 눈치를 볼 정도였다.

1373년(공민왕 22) 5월, 국왕 비서관으로 있던 윤소종尹紹宗이 정치를 문란하게 한다고 김흥경을 축출하라는 상소를 올렸다. 윤소종은 맨 앞에서 거론했던 윤택의 손자로 과거에 급제하여 관직에 나온 젊은 신진 관료였다. 하지만 윤소종이 오히려 역공을 당하여 탄핵을 받아 쫓겨나고 만다. 김흥경이 감찰사의 관리들을 동원하여 벌인 짓이었다.

김흥경의 어미는 적선옹주積善翁主 유 씨였는데 1373년(공민왕 22) 8월, 3도 기은사祈恩使가 되어 교주 강릉 양광 3도를 순행하기도 했다. 기은사는 국왕이 내리는 향을 받들고 명산대천에 가서 왕실의 안녕과 복을 비는 일종의 불교 행사를 주관하는 사신이다. 왕실의 이런 중요한 행사를 김흥경의 어미가 맡은 것이다. 김흥경의 요청으로 그리 된 것인데 가는 곳마다 안찰사와 수령들의 뇌물이 줄을 이었다고 한다.

1374년(공민왕 23) 1월에는 그 김흥경의 어미를 진한국대부인辰韓國大夫人으로 책봉하였다. 기황후의 어미를 영안왕대부인으로 책봉했듯이 김흥경에게 왕족 대우를 해 준 셈이다. 공민왕이 죽기 수개월 전의 일이었다. 김흥경은 그 어미에게 봉록으로 지급하는 미포가 저급하다고 하여 광흥창의 관리를 구타하기도 했다니 그 행패를 알 만할 것이다.

김흥경에 비해 홍륜의 위세는 속세의 권력보다는 왕실을 능멸하는 쪽으로 작용했다. 홍륜은 공민왕의 명령이라 사칭하고 공민왕의 지시가 없음에도 왕비를 간음하곤 했다. 충분히 상상할 수 있고 벌어질 수 있는 일이었다. 그 주 대상은 공민왕의 강압에 의해 한 번 간음이 허용되었던 익비였다. 익비는 종실에서 들인 왕비였다. 어느 때인가 그 익비는 공민왕의 강압에 의해 윤가관尹可觀에게도 간음당할 뻔했다. 한 번 허용되면 반복되는 것은 강간에서도 마찬가지인 모양이다. 윤가관 역시 자제위 소속으로 보이는데, 그는 공민왕의 강요를 끝내 거절하다가 곤장을 맞고 서인으로 전락하고 말았다.

그런데 그 익비가 결국 임신하고 만다. 왕비가 임신했으니 경하할 일이었지만 주범은 공민왕이 아니라 홍륜이었다. 뒤에 살펴보겠지만, 이 때문에 1374년(공민왕 23) 9월, 공민왕이 시해당하는 일까지 벌어졌던 것이다. 결국 자제위의 설치는 공민왕을 죽음으로 몰아 갔으니, 고려 왕조에 드리워진 또 하나의 어두운 그림자였다는 생각이 든다.

탐라 문제

제주는 삼별초 난과 일본원정을 치르면서 동아시아에서 중요한 지정학적인 섬이라는 것이 드러났었다. 삼별초 난을 진압한 후 원에서는 제주를 직속령으로 편입하여 군대를 주둔시키고 목마장을 육성했다. 일본원정 후에는 고려에 잠시 환부되기도 했지만 탐라총관부 탐라군민만호부 등으로 이름을 바꿔가며 지배하다가 충렬왕 대에 고려에 반환되었다.

제주가 고려에 반환되면서 탐라에서 제주로 이름이 바뀌고 행정 단위를 목으로 승격시켰지만 목마장은 계속 남아있어 원의 지배가 완전히 끝난 것은 아니었다. 그래서 충렬왕 이후부터 공민왕 대까지 제주는 세 종류의 지배 구조가 동시에 작용하고 있었다. 하나는 성주나 왕자로 대표되는 제주의 토착 지배 세력이 있고, 또 하나는 중앙에서 파견되는 만호 혹은 목사와 그 속료들, 그리고 다른 하나는 원의 세력을 배경으로 목마장을 관리하는 목호牧胡가 있었다.

제주가 고려에 반환된 충렬왕 이후 제주에서는 중앙에서 파견되는 목사나 만호에 저항하는 토착 세력이나 백성들의 반란이 자주 있었다. 가끔 토착 지배 세력에 저항하는 토착민들이나 목호와 토착 세력이 결합하여 중앙에서 파견된 만호나 목사에 저항하는 경우도 있었지만, 대부분이 중앙과 지방의 대립적 착취 구조 때문에 일어났다.

공민왕 대에 들어와 이런 상황에 약간의 변화가 나타난다. 1362년(공민왕 11) 10월, 제주가 원에 예속되기를 요청한 것은 그런 변화와 관련되어 주목할 필요가 있다. 이때 원에 예속되기를 요청한 주체는 목호 세력이었다. 이들이 제주를 다시 원에 예속시킬 것을 요청한 이유는 공민왕의 반원 정책을 배경으로 제주에 대한 중앙의 통제가 강화되었기 때문이다. 1366년(공민왕 15) 10월에는 이 목호 세력을 토벌하기 위해 전라도 순문사 김유金庾에게 전함 1백 척을 주어 보냈지만 실패한다.

그런데 공민왕 대의 탐라 문제에서 더욱 중요한 변화는 원 조정에서는 이전과 다르게 제주도에 대해 특별히 관심을 기울였다는 점이다. 원 조정이 주원장의 세력에 밀리면서 제주도를 피난처로 고려하고 있었기 때문이다. 1367년(공민왕 16) 2월 원의 황제가 직접 제주도에 사신을 파견하여 금과 비단 등 재물을 실어다 두고, 더불어 궁궐을 조영할 재인 梓人(대목장)까지 상주시켰다.

이때는 주원장의 군대가 대도를 함락하기 1년여 전이었으니, 수세에 몰린 원 조정으로서는 다급했던 모양이다. 그렇더라도 원 조정이 제주로 피난하기는 쉽지 않았을 것으로 보이는데, 아마 여러 피난 후보지 중 하나로 제주도를 고려했던 것 같다. 제주를 피난처로 삼으려면 원 조정의 처지에서는 고려의 협조가 필수였다. 그래서 원에서는 고려의 요청을 받아들여 제주를 다시 고려 정부에 소속시키고 목사와 만호를 파견하도록 허락했다. 그리고 예전처럼 목호가 기른 말을 원에 바치도록 한 것이다. 말하자면, 제주가 원 조정의 피난처로 떠오르면서 고려 중앙 정부의 통제를 더욱 강하게 받게 되었다는 뜻이다. 다만 그게 원 조정의 관심 때문이었다는 것이다.

고려 중앙 정부의 통제가 강화되면서 제주에서는 토착 세력의 저항이 다시 일어난다. 중앙에서 파견된 목사나 관리들의 착취에 저항하여 목호 세력이 백성들을 선동하여 일으키는 것이었다. 이에 1367년(공민왕 16) 4월 임박을 제주 선무사로 파견하여 그런 착취를 근절하고 안정시켰다. 임박은 신돈 정권의 핵심 인물이니 탐라 문제가 그만큼 중요했다는 뜻이다.

하지만 원 조정이 북으로 패주하면서 제주는 이제 원의 관심과 통제에서 멀어졌다. 관심을 가지려 해도 그럴 만한 여력이 없었을 것이다. 원 조정에서 제주에 궁궐을 조영하기 위해 파견했던 대목장과 기술자들은 노국공주의 영전 공사에 투입하려고 개경으로 소환되었으니까 그 실상을 짐작할 것이다. 대신 제주는 이제 명에서 관심을 보이며 통제하기 시작했다.

1370년(공민왕 19) 7월, 명에 책명을 내려준 것에 대한 감사의 사신을 파견했을 때 고려 정부에서는 탐라 문제를 명에 처음으로 보고한다. 이 때 목호 세력을 고려의 양민으로 삼고 방목한 마필은 진상하겠다고 했느데, 고려 정부의 입장에서는 탐라 문제를 민감하게 생각했던 것 같다. 제주의 지정학적 위치나 원 제국의 목마장이 존재한다는 점에서 그랬을 것이다. 명에서는 1372년(공민왕 21) 3월 유경원劉景元이란 자를 간선어마사揀選御馬使로 삼아 고려 관리를 동반시켜 제주로 보냈다. 그 직책으로 보아 제주의 말을 징발하기 위한 사신이었다.

이때 명의 사신 유경원은 제주 목사와 함께 죽임을 당하고 만다. 명의 사신을 죽인 자는 목호 세력이었는데, 원이 쇠망하고 대신 명이 그 자리에 치고 들어오자 이에 대한 저항이었던 것이다. 고려 정부에서는 즉시 명에 사신을 파견하여 제주를 토벌할 것을 요청했다. 명에서는 제주의 토벌을 주문하면서도 목호 세력이 왜구와 연합할 것을 염려하였다. 그 때문이었는지 구체적인 토벌 계획은 고려에서 알아서 하라는 답변을 보낸다.

그런데 1372년(공민왕 21) 5월, 제주에서는 토착 세력이 명의 사신을 죽인 목호 세력을 다시 제거하고 고려 정부에 항복하였다. 두 달 만에 다시 반전이 일어난 것이다. 이는 고려 정부를 앞세운 새로운 명의 요구에 대해 어떻게 대응할 것인가를 놓고 제주의 여러 세력 간에 갈등이 일어난 결과로 보인다.

이후 제주에서는 원을 대신하여 명에 말을 바쳤는데 그게 그리 순조롭게 이루어지지 않았다. 1374년(공민왕 23) 4월에는 명에서 직접 사신을 파견하여 탐라의 말 2천 필을 바치도록 요구한다. 이에 명의 사신을 동반한 고려 관리를 제주에 파견하여 말을 징발하는데 제주의 목호 세력이 순순히 따를 리 없었다. 이때 제주의 목호 세력은 세조 쿠빌라이 황제가 기른 말을 명의 황제에게 바칠 수 없다고 하면서 겨우 3백 필만 보냈다. 이에 부족한 숫자는 3품 이상 관리들에게 차출하여 채우도록 했는데, 문제는 제주의 목호 세력을 이대로 방치 할 수 없었다는 점이다. 1374년(공민왕 23) 7월, 마침내 최영에게 전함 3백여 척에 군사 2만 5천을 주어 제주를 정벌하게 한다. 백 년 전 제주의 삼별초 정부를 진압하기 위한 여몽연합군이 출정한 이후 가장 큰 대규모 군대였다. 이 정벌로 일단 제주는 평정되지만 그것으로 탐라 문제가 완전히 해결되지 않는다.

정료위 설치, 요동 문제

명의 주원장에 의해 대도가 함락되고 원 제국은 북으로 피신하여 명맥을 유지했지만, 압록강 서쪽의 요동 지역은 명에 의해 완전히 평정되지 않았다. 이 지역은 원 제국에서 떨어져 나와 독립한 세력들이 잔존하면서 원, 명 그리고 고려, 어느 쪽에도 정확히 구속받지 않고 있었다. 그 대표적인 세력이 나가추였다.

그러다가 1371년(공민왕 20) 2월 요양행성 평장정사로 있던 유익이란 자가 명에 항복해 버린다. 이 부분은 앞에서 언급했는데, 그 역시 원의 잔존 세력이었지만 반독립적인 상태로 세력을 유지했던 것 같다. 그런 유익이 명에 항복했으니 명의 주원장으로서는 요동을 장악할 좋은 기회가 온 것이다. 명에서는 바로 그 지역에 요동위지휘사사遼東衛指揮使司를 설치하고 유익을 지휘사로 임명하였다. 유익의 독립적인 세력 기반을 어느 정도 인정해 주면서 이 지역을 통제하려는 것으로, 요동 지역의 세력 판도에 변화가 온 것이다. 하지만 유익이 그해 5월, 이 지역의 또 다른 세력가였던 홍보보에게 제거되고 만다. 유익을 매개로 한 새로운 명의 통제에 대한 저항이었다.

그해 7월 명에서는 정료도위지휘사사定遼都衛指揮使司를 다시 설치하고 이를 관할할 도지휘사와 그 속료를 중앙에서 파견 임명하여 이 지역을 관할케 하였다. 이게 소위 줄여서 정료위定遼衛라 부르는 요양에 설치된 명의 경략 기관이었다. 이로써 명에서는 요동 지역을 장악할 거점을 확보한 것이다.

그런데 명이 정료위로써 요동 지역을 완전 장악하기에는 힘에 부쳤던 것 같다. 이 지역의 독립 세력들이 정료위를 계속 공격했던 것이다. 특히 홍보보의 공격이 심했는데 그럴 경우 정료위에서는 고려에 원병을 요청하기도 했다. 이에 정료위에 대한 고려의 지원을 꺼려한 요동의 독립 세력들은 연달아 고려의 변경을 침략하기 시작한다.

고려에서는 이들의 침략을 응징하기 위해 압록강을 건너 가끔 공략하였지만 근본적인 해결은 아니었다. 요동 지역의 독립 세력과 적대 관계를 유지한다는 것은 변경의 불안을 야기하는 것으로 고려로서는 좋은 계책이 아니었기 때문이다. 게다가 고려 유민이 많이 거주하는 이 지역의 특수성을 감안하더라도 이들과의 적대 관계는 피하는 게 좋았다. 그래서 고려에서는 요양과 심양 등 요동의 중심지에 대한 공략은 피하고 압록강에 바로 인접한 북쪽을 주로 공격하였다. 1371년(공민왕 20) 9월에 있었던 오로산성五老山城(혹은 兀羅山城)에 대한 공략이 그것이다. 염제신을 서북면도통사로 삼고 안우경을 장수로 파견한 이 전투에서 북원의 고위 관리를 사로잡는 등 승리를 거두었다. 하지만 요동 지역의 독립 세력들의 고려 변경 침략은 계속된다.

1372년(공민왕 21) 3월, 고려에서는 정료위에 사신을 보내 요양 심양 지역의 북원 잔여 세력이 고려를 침략함을 언급하고, 그중 하나인 기사인테무르를 붙잡아 보내 줄 것을 요청했다. 요동 지역에서 공민왕을 가장 예민하게 하는 인물이 바로 기철의 아들 기사인테무르였던 것이다. 그는 앞서도 언급했지만, 아비의 원수를 갚겠다고 호시탐탐 고려를 노리며 기회를 엿보고 있었기 때문이다.

그러니까 고려에서 이 요동 지역에 관심을 갖고 주시했던 것은 우선 반고려 성향의 기사인테무르의 존재 때문이었고, 그다음이 고려 유민이 많이 거주하는 이 지역의 특수성 때문이었다. 그런데 명에서 정료위를 설치하면서 기사인테무르 외에도 여러 독립 세력이 반고려 성향을 드러내며 변경을 공격하기 시작한 것이다. 이는 고려의 처지에서 보면 사태가 별로 바람직스럽지 않게 전개되고 있었다. 또한 고려 유민이 많이 거주하는 요동 지역의 특수성으로 볼 때 명의 정료위 설치는 명백히 고려의 이익에도 어긋나는 것이었다. 이 지역이 명의 지배와 통제를 받으면 고려의 영향력은 더 이상 미칠 수 없기 때문이다. 여기에 더하여 요동 지역의 독립 세력이 고려의 변경까지 불안하게 했으니, 정료위 설치는 고려에 불만이 아닐 수 없었다.

그런데 당장 이보다 더 중요한 문제가 따로 있었다. 현실적으로 고려에서 대륙을 왕래하는 교통로 문제에서 이제는 정료위의 통제를 받아야 한다는 점이었다. 나가추 등 북원에서 떨어져 나온 요동의 독립 세력들과의 교류는 말할 필요도 없지만 명과의 교섭에서도 정료위의 통제를 받아야 했던 것이다. 이 문제가 명과 고려 사이에 새로운 외교적 갈등의 씨앗이 되었는데 다음에서 살펴보겠다.

명과 외교적 갈등

고려와 명의 관계는 처음에는 순조롭게 잘 진행되었다. 고려에서는 명과 외교 관계가 성립한 1369년(공민왕 18)부터 원에 대한 조공과 사행을 끊고, 명에 대해서는 신년을 축하하는 하정사(정조사), 황제의 생일을 축하하는 성절사, 황태자의 생일을 축하하는 천추사 등 매년 3회의 정기적 사신을 한 차례도 빠지지 않고 파견했다.

그런 정기적 사행에도 불구하고 명이 내부의 잔여 반란 세력을 진압하여 점차 안정을 찾아 가면서 고려를 상대하는 태도가 달라진다. 처음의 아쉬운 처지에서 점차 고압적인 태도를 드러낸 것이다. 여기에 정료위가 설치되어 요동 지역에 대한 장악력이 커지면서 명을 왕래하는 사신의 교통로 문제까지 더해졌다.

당시 고려와 명을 왕래하는 사신들은 해로를 이용하였다. 개경을 출발하여 한반도 서해안을 따라 남하하다가 흑산도에서 제주 서쪽 바다를 횡단하면 중국의 양자강 하구에 도착한다. 이를 남방 항로라고 하는데 남송시대에 발달한 항로였다. 혹은 개경에서 육로로 나주(전남)에 이르러 여기서 배를 타고 흑산도를 거쳐 횡단하는 경우도 더러 있었다. 그런데 이 해로는 바다가 험하고 멀어서 해난 사고가 잦았다. 1371년(공민왕 20) 7월 강중상姜仲祥을 성절사, 정사도鄭思道를 하정사, 홍중원洪仲元을 천추사로 임명하여 명에 파견하는데 이들을 태운 배가 강화도를 지나 교동에서 좌초당하고 만다. 이 중 강중상만이 9월에 남경에 도착하여 성절사와 천추사의 임무를 겸하여 수행하고, 정사도와 홍중원은 중도에 되돌아오고 말았다.

하정사가 빠졌으니, 그해 9월 한방언韓邦彦을 다시 하정사로 임명하여 파견했으나 이번에는 태풍을 만나 배가 침몰했다. 출발한 지 얼마 되지 않았던지 한방언은 살아 되돌아와서, 그해 11월 다시 명에 파견되었다. 한방언은 이듬해 2월에야 남경에 도착하여 하정사로서 임무를 수행하는데, 문제는 신년을 축하하는 사신이 너무 늦게 도착했다는 점이었다. 명 태조 주원장은 이를 강하게 문제 삼는다. 뿐만 아니라 한방언의 손발을 묶어 물에 빠뜨려 문초까지 자행하면서 늦게 도착한 연유를 심문했다. 이런 데는 그동안의 고려 사신단에 대한 불신이 쌓여 있었다고 볼 수 있다. 문초 과정에서 한방언이 중국어를 못한다고 발뺌을 하다가 들통 나는 일까지 벌어진다. 한방언은 해난 사고를 들어 늦은 사정을 설명하고, 이를 방지하기 위해서 앞으로는 요동 지역을 거쳐 육로로 입국할 것을 요청하지만 거부당했다.

이 사건은 양국 사이 외교적 갈등의 단서가 되는데, 문제의 핵심은 요동을 거쳐 육로로 입국하겠다는 고려의 요청을 명에서 단호하게 거절했다는 점이다. 그래서 하정사로 임명된 한방언의 해난 사고와 뒤늦은 사행은 고려에서 의도적으로 조작한 감이 다분히 든다. 위험한 해로를 회피하고 육로로 입국하는 것을 명으로부터 받아 내기 위해서 말이다. 한방언을 심하게 문초한 것은 명에서 그런 낌새를 눈치챘기 때문으로 보인다.

명에서 요동을 통한 육로 입국을 거절한 이유는 고려 사신들에 의한 정탐 활동을 의심했기 때문이다. 특히 산동 지역의 군마나 전함과 같은 군사 동정을 고려 사신들이 정탐하려 한다고 명에서 직접 거론한 것이다. 아마 산동 지역에는 명의 수군과 육군의 군사력이 집중되어 있었던 것 같다.

그런데 바로 이 무렵 앞서 언급했듯이 요동에 정료위가 설치되었다. 정료위는 요동 경략을 위한 다목적인 군사 시설이었지만, 그 목적 중의 하나가 고려인의 요동 왕래를 통제하기 위한 기구였던 것이다. 나가추와 같이 북원에서 떨어져 나온 요동 지역의 독립 세력이 고려와 교류하거나 연대하는 것을 저지하기 위한 것이었다. 그 점은 다음 설명에서 드러나는데 조금 뒤에 언급하겠다.

한편, 1372년(공민왕 21) 3월에는 정사 홍사범洪師範과 서장관 정몽주 등의 사신단이 명에 들어간다. 여기 홍사범은 홍언박의 아들이자 앞서 자제위에 속했던 홍륜의 백부이다. 이들이 명에 들어가는 것은 중원의 잔여 반란 세력을 진압한 것에 대한 축하 겸, 명의 국학에 고려 자제의 입학을 요청하기 위한 것이었다. 이때도 당연히 남방 항로를 통해 들어갔다.

이들은 순조롭게 명의 남경에 도착하여 황제를 만나고 임무를 수행했는데, 불행히도 환국 길에 배가 전복되어 홍사범과 속료 39인이 익사하는 참사를 당한다. 그해 8월이었다. 양자강 하구를 출발한 지 얼마 되지 않았던지 그 지역 관리에 의해 정몽주와 나머지 수행인 113인은 다행히 구조되었다. 정몽주와 살아남은 일행은 다시 남경으로 들어가 의복을 하사받고, 뒤따라 들어온 다른 고려 사신 일행과 동행하여 그해 12월에야 환국 길에 올랐다.

이들은 이듬해인 1373년(공민왕 22) 7월에야 고려에 도착한다. 이들이 도착하면서 명 황제의 뜻이 고려에 전달되는데, 여기에 고려에 대한 황제 주원장의 비난과 불만이 그대로 드러나 있다. 이 부분은 중요하니까 조금 뒤에 별도로 언급할 것이다. 그런데 이들이 고려에 도착하기 전인 1372년(공민왕 21) 11월, 고려에서는 장자온張子溫을 요동의 정료위에 파견하였다. 장자온은 무관 출신으로 한때 이공수를 따라 원으로 들어가 공민왕 폐위 공작에 맞서기도 했고, 원명 교체기에 중국에 자주 사신으로 파견되었던 인물이다. 장자온이 정료위에 간 것은, 고려 사신이 명에 들어갈 때 정료위를 통한 육로 입국을 황제가 반대한다는 것을 알아채고, 그게 사실인지 그 황제의 성지를 문서로써 확인하기 위한 것이었다.

하지만 장자온은 아무것도 확인받지 못하고, 고려 사신은 해로로만 입국해야 한다는 정료위 관계자의 답변만 듣고 이듬해 2월 돌아왔다. 요동 지역을 관할하는 정료위에서는 고려 사신의 요동 통과를 반대한다는 뜻이 분명했다. 이는 명의 중앙 조정에서나 황제 주원장도 마찬가지였을 것이다. 정료위를 설치한 중요한 목적 중의 하나가 고려의 통행을 통제하기 위한 것이었기 때문이다. 그런데 고려의 처지에서는 요동을 통한 육로 입국이 절실한 문제였다. 그것은 해난 사고 때문만은 아니었다. 제주의 말에 대한 명의 관심이 높아지면서 말을 진상해야 했는데, 말을 수송하는 것은 해로보다는 육로가 훨씬 더 수월했기 때문이다.

고려에서 명에 말을 진상하기 위해 최초로 사신을 파견한 것은 1372년(공민왕 21) 4월이었다. 이때 명의 간선어마사 유경원이 제주에 들어가려다 목호 세력의 반란으로 살해당하여, 제주 말을 공급받지 못하고 본토의 말 6필을 보낸 것이다. 이때는 말의 숫자가 적어 해로를 이용해도 큰 어려움이 없었을 것으로 보인다.

명에 두 번째로 말을 진상한 것은 1372년(공민왕 21) 11월 장자온이 요동으로 들어갈 때였다. 이때 대장군 김갑우金甲雨 등 일련의 무관들이 제주 말 50필을 마련하여 명으로 향했다. 이들이 나주에 머문 것으로 보아 역시 해로를 통한 운송이었다. 이들 말 진상단은 이듬해 10월에야 남경에 도착하는데 1년 가까이 걸린 것이다.

김갑우의 말 진상단이 이렇게 늦게 남경에 도착한 것은 이유가 있었다. 이들은 처음에 요동을 통한 육로로 가려 했으나 요동 정료위의 저지로 되돌아와 다시 해로를 이용했기 때문이다. 앞서 장자온이 요동에 파견되었던 것은 이때 정료위의 저지 문제가 황제의 뜻에 따른 것이 확실한지를 문서로 확인받으려는 것이었다.

그런데 김갑우의 말 진상단은 남경에 도착해서 또 다른 난관에 부딪힌다. 운송한 50필 가운데 도중에 2필이 죽자 김갑우는 자신의 말 2필로 보충했는데 이마저도 부실하여 태조 주원장의 맹비난을 받은 것이다. 이들 일행은 이듬해인 1374년(공민왕 23) 6월 황제의 비난성 글을 지니고 환국했는데, 김갑우는 이 일로 참수당하고 만다. 명의 고려에 대한 횡포와 압박이 갈수록 심해지고 있는 추세인 것이다.

명에 세 번째로 말을 진상한 것은 1373년(공민왕 22) 7월이었다. 이때는 요동을 통한 육로를 이용하려 했는데 황제의 허락이 떨어진 다음이었지만, 역시 통과를 저지당했다. 이 문제는 잠시 뒤로 미루고, 앞에서 보류했던 문제와 함께 황제의 육로 통과 허락이 떨어진 과정을 먼저 살펴볼 필요가 있다.

위기로 치닫는 여·명 관계

앞서, 환국 중에 난파당했다가 살아남았던 정몽주 등의 사신단은 1373
년(공민왕 22) 7월에야 고려에 도착했다. 이들이 입국하면서 명 태조 주
원장의 선유문을 받아왔는데, 그 문서에서 지금까지의 고려 행태를 조
목조목 비난하고 있었다. 비난 정도가 아니었다. 전체 선유문의 기조는
매우 강경한 내용으로, 조공을 오고 싶으면 오고 싫으면 오지 말라는
감정적인 힐난도 서슴지 않으면서 싸움을 원한다면 전쟁도 불사하겠다
는 고압적인 태도를 보이고 있었다. 그 문서로만 보면 외교 관계가 파
탄에 이를 정도로 과격했다.

태조 주원장이 그 선유문에서 고려를 비난한 내용은 여러 가지인데
중요한 몇 가지만 언급하자면, ① 명 사신 손내시孫內侍를 독살한 혐의,
② 하정사에 의한 정찰 활동, ③ 나가추와의 교류 혐의, ④ 제주 말의
진상 문제, ⑤ 사행 횟수 문제, ⑥ 요동을 통하는 입국 문제 등이었다.
이를 하나씩 짚어볼 필요가 있다.

①은 1372년(공민왕 21) 5월에 있었던 일로, 손내시는 손 씨 성을 가
진 내시로 고려인이었다. 그는 명의 사신단 일행으로 고려에 들어온 지
10일 만에 불은사의 소나무에 목을 매 자살했다. 이를 두고 고려에서
독살을 자행하고 자살로 위장한 것이 아닌지 명에서 의심한 것이다. 이
사건에 대해서는 그 내막을 전혀 알 수 없다. 독살로 가정하고 추론하
자면, 명과의 우호 관계를 싫어하는 정치 세력이 배후에서 저지른 일이
아닐까 추정되지만 근거는 없다.

②는 앞서 하정사로 들어갔던 한방언이 지체한 것에 대해 명에서 그

렇게 혐의를 둔 것이다. 이는 명에서 너무 예민하게 반응한 것으로 괜한 트집으로 보인다. 다만 하정사 한방언이 지체한 배경에는 해난 사고를 핑계로 고려에서 육로를 통한 입국을 허락받기 위한 계산이 작용했을 것이다.

③ 나가추와의 교류 혐의에 대해서는 명에서 충분히 불만을 드러낼 만했다. 고려에서는 나가추뿐만 아니라 원에서 떨어져 나와 반독립적인 세력을 유지하던 자들과의 교류는 계속해 왔기 때문이다. 게다가 나가추는 1372년(공민왕 21) 11월에 요동의 우가장牛家莊(요녕성 안산시)이란 곳을 공격하여 명에 큰 피해를 입혔는데, 명에서는 이 공격에 대해 고려가 나가추를 향도하여 일어난 것으로 의심한 것이다. 이는 사실이 아니었다. 나가추의 우가장 공격은 정료위 설치로 명의 요동 지역에 대한 통제가 심해지자 이에 대한 자체 반격이었다고 보인다.

④ 제주 말의 진상 문제에 대해서는 고려에서 대응하기가 매우 어려웠다. 실제 고려에서 보내는 말이 부실하고 숫자도 턱없이 부족했기 때문이다. 하지만 이는 원명 교체기에 목호 세력의 반발로 제주를 완전히 장악하지 못해 제주 말의 진상이 순조롭지 못했고, 여기에 육로를 통한 말의 운송이 저지당했던 탓으로 고려의 처지에서는 억울한 면이 있었다.

⑤의 사행 횟수 문제는 참 미묘한 점이 있다. 명에서는 번잡한 사행을 줄여 3년 1공, 즉 3년에 한 번만 조공 사행할 것을 주문한 것이다. 이에 대해 고려에서는 1년 수공, 즉 1년에 여러 차례 조공을 할 수 있도록 요청하는데, 이게 이상한 것이다. 해난 사고나 육로를 통한 입국이 저지당하는 어려움을 무릅쓰고 고려에서는 도리어 빈번한 사행을 하겠다고 주장하고 있으니 말이다. 그게 진정한 뜻인지, 아니면 명의 비위

를 맞추기 위해 애써 그런 것인지 분간하기 어렵다.

마지막으로 ⑥의 요동을 통하는 입국 문제는 가장 민감한 사안이면서 원칙도 애매하여 고려의 대응이 어려웠다. 주원장의 선유문에서도 이 문제가 모순되게 언급되어 있었다. 하정사 한방언의 지체된 사행을 힐난하는 부분에서는 육로를 통한 입국을 거절하면서, 홍사범과 정몽주 일행이 환국 도중 당한 해난 사고를 언급하는 부분에서는, 앞으로는 해로를 이용하지 말 것을 당부하고 있기 때문이다.

앞뒤가 맞지 않는 이런 조치는 명에서도 요동 지역을 통과하는 육로 입국 문제가 대단히 미묘한 사안이었다는 뜻이다. 요동 지역의 여러 세력 판도를 감안하면 고려 사신단의 육로 입국은 절대 허용될 수 없는 일이었다. 하지만 대형 해난 사고는 해로 입국의 큰 위험으로서 현실 문제였다. 문제는 이런 애매한 원칙 때문에 명에 사신을 보내야 하는 고려만 곤욕을 치른다는 점이었다.

황제 주원장의 강경한 선유문을 접수한 뒤인 1373년(공민왕 22) 7월, 명에 말을 진상하기 위한 세 번째 사신이 파견되었다. 이때는 황제의 선유문에 의해 육로 입국이 허용된 것으로 알고 요동을 거쳐 들어가려는 것이었다. 하정사와 제주 말을 진상하기 위한 사행이었는데 이번에도 정료위의 입국 거절로 되돌아오고 만다.

고려의 처지에서는 하는 수 없었다. 하정사와 말 24필을 운송할 헌마사를 다시 임명하여 그해 10월, 이번에는 해로를 통해 명에 파견하였다. 이들 사신단은 그해 11월 영광 자은도 앞바다에서 배가 침몰하여 38인과 마필이 모두 익사하고 헌마사와 그 속료 몇 명만 간신히 살아 돌아왔다.

고려에서는 1374년(공민왕 23) 2월 이런 저간의 사정을 구구 절절히 적은 표문을 올려 다시 한번 정료위를 통과하는 육로 입국을 간절히 요청했다. 이 표문에는 옹색하고 어려운 고려의 처지가 그대로 드러나 있다. 읽기가 민망할 정도이다.

말하고자 하는 요지는 간단하다. 명에서는 중원을 확실하게 지배하면서 대외 전략에 여유가 생기고 이에 따라 고려를 자신들의 입맛에 맞게 길들이려는 과정이었다. 하지만 명과의 이런 외교적 갈등은 고려의 정치 세력의 판도에도 변화를 가져온다. 명과의 관계 개선에 회의를 품고 쇠퇴한 원과 다시 가까이하려는 세력들이 고개를 드는 명분으로 작용했던 것이다.

이를 보여주는 사건이 있었다. 1373년(공민왕 22) 2월, 북원에서 고려에 사신을 파견하여 황제의 조서를 보내 왔다. 조서의 내용은 자신들이 중원의 반란으로 파천했으나 다시 쾌쾌 테무르를 수상으로 삼아 중흥하게 되었으니 함께 힘을 모아 다시 천하를 바로잡자는 것이었다. 북원의 처지에서는 얼마든지 보낼 수 있는 사신이었다.

하지만 이 조서를 접한 고려의 반응이 엇갈렸다. 공민왕은 국경에 들어온 이 북원의 사신을 당장 처단하고자 하였다. 명과 이미 사대 관계를 새롭게 맺은 공민왕으로서는 당연히 생각할 수 있는 조치였다. 하지만 대부분의 신하들이 이를 반대하여 결국 사신단을 방환放還해 주었다. 이 무렵 점차 커지는 명에 대한 외교적 불만이 이런 기류를 만드는데 영향을 주었던 것이다.

마침내 위기로 치닫게 만드는 명의 사신이 1374년(공민왕 23) 4월 고려에 밀어닥친다. 임밀林密과 채빈蔡斌이라는 사신단이었는데, 제주 말

2천 필을 진상하라는 요구였다. 공민왕이 시해 당하기 수개월 전이었다. 이들 사신단은 여러 횡포를 부리다가 그해 11월 귀국 도중에 압록강을 넘자 살해당하고 만다.

가장 큰 문제, 왜구 침략

공민왕 재위 기간 내내 계속되었던 왜구 침략은 재위 말년으로 갈수록 더욱 심해진다. 앞 장에서 통계를 통해 살펴본 바 있지만, 공민왕 말년부터 우왕 대까지는 왜구의 침략이 가장 극심한 시기였다. 1372년(공민왕 21) 이후에 있었던 중요한 왜구 침략 몇 가지만 살펴보겠다.

1372년(공민왕 21) 6월에는 왜구가 강릉과 영덕 덕원 등 함경도까지 침략했다. 한반도 서남해안은 말할 것도 없었지만 함경도까지 안전한 지역이 못 되었던 것이다. 이때 이춘부가 신돈의 당에 연루되어 본인은 죽임을 당하고 아들은 덕원의 관노로 있었는데, 그 아들이 수령과 함께 왜구를 물리치는 공을 세워 다시 면천되기도 했다. 그런데 덕원을 침략했던 이때의 왜구는 한 달도 못 되어 다시 안변(함남)에 쳐들어와 부녀자들을 사로잡고 관곡 1만여 석을 약탈해 갔다. 이 책임을 지고 안변을 지키던 존무사 이자송李子松은 파면되고 만다. 이후에도 왜구는 함주 북청 등에 침략하는 것으로 보아 완전 철수하지 않고 이 연안에 머무르면서 침략을 반복한 것이었다.

그해 10월에는 양천(서울 양천)에 왜구가 쳐들어와 3일 동안이나 머물렀다. 얼마나 다급했는지 궁궐의 숙위병을 동원하여 공격하였으나 수

전에 익숙하지 못한 탓에 크게 패하고 말았다. 이에 각 관사의 숙위병과 5부의 방리의 사람들을 모집하여 5군으로 조직하고 국왕이 직접 통솔하여 승평부에서 사열하였다. 군기와 군령을 공민왕이 직접 점검하려는 것이었다.

이 무렵 자제위가 설치되었는데, 이러한 숙위병의 차출로 인해 친위군을 보강할 필요에서 자제위가 설치되었는지도 모르겠다. 이때 안사기安師琦가 공민왕의 측근에서 총애를 받으면서 군령권을 보좌하고 있었다. 자제위를 관리하는 김흥경과 안사기는 이때부터 공민왕의 좌우 최측근으로서 힘을 쓰고 있었다.

1373년(공민왕 22) 6월, 왜구는 다시 양천을 쳐들어왔다. 이들은 한강을 거슬러 올라와 한양부를 공격하는데 가옥을 불태우고 살육 약탈하면서 개경까지 크게 진동하였다. 왜구의 침략에서 왕도 개경도 안전하지 못했던 것이다. 한 달 뒤에는 교동(강화)이 왜구에 함락당했는데, 인근 해역에 머물면서 노략질을 반복한 것이었다.

그해 10월 찬성사 최영을 6도 도순찰사로 삼았다. 5도와 양계(북계, 동계)에서 북계(서북면)를 제외한 6도의 군사권에 관한 전권을 위임받은 것이다. 6도의 장수와 수령의 승진 출퇴에 대한 권한과, 군적 작성, 전함 건조, 심지어는 범죄인에 대한 즉결처분권까지 부여받았다. 왜구의 침략이 극심하여 이에 대비케 하려는 것이었다. 하지만 최영은 너무 가혹하게 밀어붙였던지 도망치는 백성이 늘어나고 원망이 일어나면서 나중에 면직되고 만다.

1374년(공민왕 23) 4월에는 왜적이 합포(경남 마산)까지 쳐들어왔다. 350척의 배를 동원한 근래에 보기 드문 대규모 침략이었다. 더구나 합포는 대일본 방어사령부 격인 진변만호부가 있던 곳이었다. 이 무렵에는 만호부가 이미 쇠락하여 옛날과 같은 번성한 군영은 아니었지만 그래도 과거의 거점 군사 시설이었다. 이때의 침략으로 합포는 병영과 전함이 불타고 사망한 군사가 5천여 명이나 되었다니 놀랍다. 여기를 지키던 도순문사 김굉金宏은 책임을 다하지 못했다고 하여 사지를 절단당하여 각도에 돌려졌다. 이렇게 가혹하게 처벌받은 것은 그가 방어에 실패해서만이 아니라, 장수로서 지방민에 대한 착취와 패악이 극심한 인물이었기 때문이다. 왜구 침략에 대한 방어에서 실패한 원인 중의 하나가 그런 데도 있었던 것이다.

1374년은 공민왕의 재위 마지막 해인데, 한 달이 멀다하고 왜구가 쳐들어왔다. 이하 왜구의 침략에 대해서는 생략하겠다. 왜구의 침략은 고려 왕조가 끝날 때까지 가장 큰 정치 사회 문제로서 고려 멸망의 배경을 이야기할 때 일순위로 거론된다. 이러한 왜구의 침략 역시 고려 왕조에 드리워진 또 하나의 어두운 그림자였던 것이다.

에필로그

공민왕, 시해당하다

1374년(공민왕 23) 9월 22일, 공민왕은 만취한 상태에서 잠을 자다가 환관 최만생崔萬生, 자제위 소속의 홍륜 등에 의해 시해당한다. 45세로 아직은 충분히 더 재위할 나이였다.

공민왕이 죽기 하루 전, 최만생은 변소에 가는 공민왕의 뒤를 조용히 따라가, "익비께서 회임하신 지 5개월이 되었습니다"라고 아뢰었다. 공민왕은 기뻐하면서, "내가 후사가 없어 걱정했는데 왕비가 아기를 배었다니 이제 무슨 근심이 있겠느냐?"고 하였다.

공민왕은 잠시 생각에 잠기다가, "누구와 관계하였느냐?"고 물었다. 최만생이 아뢰기를, "왕비께서 홍륜이라고 하셨습니다." 공민왕이 이르기를, "내가 내일 창릉을 참배하는 자리에서 홍륜의 무리를 죽여 입을 봉하겠다. 너도 이 계획을 알고 있으니 마땅히 죽음을 면치 못할 줄 알아라."

공민왕으로부터 이 말을 들은 최만생은 바로 홍륜 권진 홍관 한안 노선 등 자제위 인물들과 만나 위급한 사태를 말하고 공민왕을 시해하기로 모의하였다. 최만생의 설명을 들은 이들은 모두 홍륜과 같은 공범의식에서 조용히 따르겠다는 표정을 지었다. 몇몇은 두려운 얼굴로 묵묵히 듣고만 있었다.

이날 밤, 늦게까지 술을 마신 공민왕은 몹시 취한 상태에서 침전에 들었다. 자정이 가까워진 무렵이었다. 최만생은 국왕이 취해 잠든 것을 확인하고 먼저 칼로 머리를 내리쳤다. 나머지 권진 홍관 한안 노선 등이 뒤따라 어지럽게 칼을 휘둘렀다. 김흥경 윤가관 등은 "적들이 밖에서 쳐들어왔다!"고 소리 질렀다. 침전 밖에서 숙위하던 무사들은 겁을 먹으면서 감히 내전 안으로 들어오지 못하고 밖으로만 경계를 섰다.

변고가 일어나고 한참을 지나도 국왕의 죽음을 아는지 모르는지 달려오는 자가 하나도 없었다. 다만 환관 이강달이 제일 먼저 침전으로 달려와 뿌려진 피를 보고서 변고를 알아차렸다. 그는 내전의 출입문을 봉쇄하고 사람들의 출입을 막았다. 동틀 무렵에야 태후가 알아차리고 편전에 들어왔는데, 공민왕의 죽음을 숨기고 발표하지 못하도록 하였다.

환관 이강달은 왕명으로 경복흥 이인임 안사기 등을 입궐하도록 하여 범인을 잡도록 하였다. 날이 밝아오자 이인임이 제일 먼저 대궐로 달려왔다. 이인임은 중 신조神照를 의심했다. 그가 국왕 가까이 있으면서 간사한 짓을 많이 하여 난을 일으켰을 것으로 판단하고 붙잡아 하옥시켰다. 나중에 침전의 병풍에 뿌려진 피와 최만생의 옷에 묻은 피를 보고야 사태를 짐작하였다.

이인임은 최만생을 잡아들이고 국문하여 사태를 파악한 후, 홍륜 등의 무리를 모두 체포하여 하옥시켰다. 이들을 심문한 결과 모두 자복했는데 한안과 노선은 끝내 불복하였다. 하지만 홍륜의 증언이 명백하여 이들도 피할 수 없었다. 제일 먼저 최만생과 홍륜이 시가지에서 수레에 매어 사지를 찢기는 죽음을 당했다. 그 나머지 무리와 그 아들들은 시가에서 효수당하고 재산을 몰수했다. 이들의 아비와 아비 형제, 그 형제 자식들까지 유배 혹은 장류당했다.

공민왕이 시해되고 이틀 후, 태후를 비롯해 재상들이 대전에 모여 누구를 왕으로 세울 것인지 논의하였다. 태후와 경복흥은 종친에서 왕을 세우자고 하였고, 이인임은 강녕대군 우를 내세웠다. 다른 재상들은 서로 바라만 보고 감히 말을 꺼내지 못했다. 어떤 자가 이인임의 뜻에 맞추어 소리 질렀다. "전하께서 강녕대군으로 이미 후사를 삼았는데 이를 버리고 어디서 후사를 찾는다는 말입니까?" 이 말에 아무도 대꾸를 못했다. 공민왕이 시해되고 사흘 후 9월 25일, 이인임이 백관을 거느리고 강녕대군 우를 맞아 새 국왕으로 세웠다. 이 이가 우왕인데, 이때 나이 10세였다.

공민왕이 시해당하고 우왕이 즉위하는 과정을 역사 기록 그대로 옮긴 것이다. 공민왕 시해 사건은 이 기록 그대로 최만생과 자제위 소속의 홍륜 등이 자행한 것뿐인지, 아니면 이들의 배후에 다른 정치 세력이 개입되어 있는지는 불확실하다.

여러 정황상 전자일 가능성이 크지만, 이 경우 시해 이후에 이들이 다시 궁지에 몰릴 수밖에 없다는 점에서 아무 안전장치 없이 스스로 위기에 뛰어들었을까 하는 의문이 든다. 후자의 경우에도 그 배후 세력을 명확히 밝히기가 쉽지 않다는 문제가 있다. 중요한 점은, 공민왕이 갑자기 죽고 우왕이 즉위하면서 이후 고려의 국정은 반동으로 흐른다는 사실이다. 우왕이 즉위하고 그를 내세웠던 이인임은 최고 권력자의 위치에 오르고.

그런데 그 우왕이 즉위하고 몇 달도 되지 않아 이제는 명의 사신이 귀국 도중 살해당하는 일이 벌어진다. 이는 명과의 새로운 관계를 싫어하는 세력의 소행이 분명한데, 이를 보면 공민왕 시해 사건은 후자일 가능성도 배제할 수 없을 것 같다.

명 사신을 살해하다

공민왕이 시해당하고 우왕이 즉위한 직후인 1374년(우왕 즉위) 11월 8일, 명의 사신 임밀과 채빈이 압록강을 건너 귀국하다가 봉황성에서 살해당한다.

이들 명의 사신단은 그해 4월에 고려에 들어와 제주의 말 2천 필을 진상하라고 요구하였다. 명에서는 제주 말 진상 문제를 놓고 진즉부터 불만을 드러내고 있었던 차에 올 것이 오고야 만 것이다. 이에 고려에서는 5월 초에 말을 징발하기 위한 관리를 제주에 파견하여 준비에 들어갔다. 하지만 이들은 말의 진상을 거부하는 제주 목호 세력의 저항에 부딪혀 7월 초까지 3백 필을 확보하는 데 그친다.

그 사이 명의 사신은 고려 조정에서 여러 차례 향연을 받으면서 대접이 부실하다고 행패를 부리기 일쑤였다. 한번은 도당에서 잔치를 여는데, 채빈은 자신의 모자에 꽃을 바르게 꽂지 않은 기생을 탓하며 크게화를 내고 행패를 부렸다. 공민왕은 이 말을 듣고 그 책임을 물어 수상인 염제신을 귀양 보내겠다고 할 정도였으니까 얼마나 이들 사신의 눈치를 보았는지 알 만한 일이다.

이게 끝이 아니었다. 채빈은 화가 풀리지 않았는지 귀국하겠다고 말을 타고 나섰다. 공민왕은 김흥경을 시켜 금교역(경기와 황해도 사이)까지 쫓아가 다시 채빈을 무마하여 데리고 왔다. 이들 사신단, 특히 채빈의 패악과 횡포는 재상들까지 욕보일 정도였고, 사신단을 접대하는 하급 관리들은 욕설을 듣고 구타당하는 것이 다반사였다.

그런데 문제는 말의 징발이었다. 제주 목호 세력의 저항으로 3백 필이상을 확보하기 어려웠던 것이다. 명의 사신이 다시 2천 필을 충족시킬 것을 계속 요구하면서, 마침내 7월 25일 제주를 토벌하기로 결정한다. 더 이상의 말을 징발하기 어려웠기 때문에 그 수밖에 없었다. 이어서 8월 28일, 최영이 총사령관이 되어 군사 2만 5천, 전함 3백여 척으로 제주에 도착하여 토벌을 단행했다.

애초부터 2천 필의 말을 징발한다는 것은 무리였다. 하는 수 없이 명의 사신단은 9월 2일 말 3백 필을 이끌고 귀국길에 오르는데, 밀직부사 김의金義를 대동하여 요동의 정료위까지 호송하게 하였다. 이들 사신단이 압록강을 넘기 전인 9월 22일, 앞서 살핀 바와 같이 공민왕은 최만생 홍륜 등에 의해 시해당하고, 이어서 9월 25일에는 우왕이 새 국왕으로 즉위한다.

11월 8일, 명의 사신단이 압록강을 넘어 개주(봉황성) 역참에 도착했을 때, 호송관 김의는 명의 사신 채빈과 그 아들을 죽인다. 채빈이 호송관 김의의 태도에 불만을 품고 먼저 죽이려고 했다는 소문도 있었다. 그리고 김의는 또 다른 사신 임밀을 사로잡아 군졸 3백 명과 말 2백 필을 거느리고 북원으로 달아나 버렸다. 김의는 몽골인도 아니고 중국인도 아닌 오랑캐 출신으로 귀화한 인물이었다.

김의에 의한 명사 살해 사건의 전말이다. 이 사건 역시 김의가 명 사신에 대해 개인적 불만을 품고 우발적으로 저지른 사건인지, 아니면 그 배후에 정치 세력이 개입되어 있는지가 문제다. 명의 사신단은 공민왕이 시해당하고 새로운 국왕인 우왕이 즉위한 사실을 알고 국경을 넘다가 일을 당한 것이었다.

그런데 앞서 공민왕 시해 사건을 뒤처리했던 이인임과 안사기가 이 사건 직후 명 사신을 살해한 김의의 배후 인물로 지목되었다. 안사기는 이 일로 바로 주살되었다. 하지만 이인임은 애먼 사람을 지목하여 유배 보내고 자신은 이 사건에서 벗어나 아무 해를 입지 않았다.

중요한 점은 앞의 공민왕 시해 사건과 우왕 즉위, 그리고 명 사신 살해 사건이 연달아 일어나면서 고려의 대외 관계와 국정에 큰 변동이 일어난다는 점이다. 이인임은 최고 권력자의 위치에서, 지금까지와는 달리 친원적인 성향을 드러내며 우왕 대의 정국을 주도해 나간다. 반면 박상충 정몽주 정도전 등 신진 사대부들은 이에 저항하면서 명에 대한 사대를 계속할 것을 주장했다.

공민왕시대는 그렇게 황당하게 끝났다. 공민왕은 즉위한 후 의욕적으로 반원 개혁 정책을 추진했고 명과도 새로운 관계를 맺었지만 이를 마무리하지 못하고 갑작스런 죽음을 맞은 것이다. 다음 우왕 대는 여기에 대한 반동으로 시작된다. 공민왕시대의 정책을 부정하고 원과의 관계 복원을 시도한다. 이런 수구 반동은 결국 새로운 왕조의 개창을 통해서만 정리될 수 있었다는 생각이다.

《몽골 제국과 고려》 연작을 마치며

부마국 체제, 특수한 양국 관계

《고려 무인 이야기》(1~4) 이후 또 하나의 연작을 마친다. 《고려 무인 이야기》 시리즈가 무인 정권 백 년(1170~1270)을 다뤘다면, 이번 《몽골 제국과 고려》(①~④) 연작은 그 이후부터 다시 백여 년을 다룬 것이다. 정확히 말하면 1270년(원종 11) 무인 정권이 끝나고 개경으로 환도한 이후부터 1374년(공민왕 23) 공민왕의 마지막까지이다.

고려 왕조가 세계로 팽창하는 몽골 제국을 만난 것은 예상치 못한 우연이었을 것이다. 그게 우연이든 필연이든 고려 왕조의 역사에서 이보다 큰 영향을 미친 사건은 없을 것 같다는 생각이 든다. 고려시대뿐만이 아니라 우리 반만년 전 역사를 통해서도 몽골 세계 제국과 고려 왕조의 만남은 가장 큰 역사적 충격이었고 여러 방면에 깊은 흔적을 남겼다.

팽창하는 몽골 제국에 직면한 고려는 1232년(고종 19) 강화도로 천도하여 40년 가까이 전쟁을 치른 후, 결국 사대 복속을 약속하고 다시 개경으로 환도하였다. 그러면서 1세기 동안의 무인 정권이 막을 내린다. 몽골 제국과의 대면이 없었다면 무인 정권은 아마 훨씬 오래 지속되었을 것이다. 어쩌면 일본의 막부 체제만큼 수백 년 갔을지도 모른다.

개경으로 환도한 이후부터 공민왕 대까지 1세기 동안 고려는 몽골 제국이 정복한 세계 어느 지역이나 국가와도 다른 독특한 관계 속에서 정치적 간섭과 지배를 받았다. 이런 특수한 관계를 '부마국 체제'라고 부른다. 이는 한반도와 중국의 관계에서 그때까지, 또한 그 이후에도 볼 수 없었던 전혀 색다른 경험으로 양국 관계를 규정할 뿐만 아니라 고려의 국정 운영에도 절대적인 영향을 미쳤다.

양국의 관계는 조선시대 명이나 청과의 관계처럼 책봉과 조공의 사대 관계 측면도 있었지만 그게 전부가 아니었다. 고려 국왕은 몽골 황제의 부마이면서 변방의 독립된 국왕이었고, 그러면서 한편으로는 제국의 지방 장관처럼 인식되기도 했다. 서양 중세의 봉건 제후와 비슷한 면도 있었지만 그것만 가지고도 설명이 부족하다. 이런 독특한 양국 관계는 한마디로 규정하기가 매우 어렵다.

고려 국왕은 그런 양국 관계 속에서 권력의 정점이 될 수 없었고 권력의 원천은 원 조정과 제국의 황제에게 있었다. 당연히 정치의 중심 무대도 고려 정부가 아니라 원 조정이었으니, 권력을 쫓고 출세를 갈망하는 자들은 틈만 나면 제국을 지향했다. 이들은 때로 고려 정부에 등을 돌리거나 국왕을 배신하는 행위도 스스럼없이 자행하면서 국정을 파국으로 몰아가기도 했다.

또한 이 시대를 '원 간섭기'라고 부르기도 한다. 실제는 '간섭' 정도가 아니라 독립 왕조나 국가로서의 자주성에 큰 손상을 입어 간섭 그 이상이었다. 독립 왕조의 명맥만 겨우 유지되었던 것으로 민족사의 참담한 굴욕이었다. 고려의 독자성을 인정해 주었다고 하지만 고려 국왕을 원 조정에서 파면하기도 하고 다시 임명하기도 할 정도였다. 우리 역사상 이렇게 자주성을 침해받은 적이 없었으니, 민족주의 시각으로 본다면 이 시기는 결코 바람직한 시대도 아니었고 매력적인 시대도 아닌 것이다.

역동적이고 개방적인 시대

그럼에도 이 시기는 매우 역동적이고 진취적인 시대였다. 몽골 제국의 수도 대도(북경)와 개경 사이에는 수많은 사람들이 오고갔다. 그 대열에서 고려 국왕도 예외가 아니었으며 신분을 가리지 않고 모든 계층의 사람들이 왕래했다. 그래서 이 길은 우리 역사상 사람과 물자가 가장 많이 왕래했던 가장 번성한 교통로가 아니었을까 생각한다. 몽골 제국이라는 세계 제국의 가장 가까운 변방으로서 이 무렵 고려 왕조는 세계화 시대의 물결과 세례를 정면으로 받았던 것이다.

몽골 제국의 수도였던 대도에는 한창 때 고려인 수만 명이 거주했고, 요양과 심양 지역에는 그 이전부터 고려 유민들이 집단으로 거주하고 있었다. 또한 원 간섭기 내내 수많은 고려인이 제국을 수시로 왕래했다. 이 시기 고려인의 활발한 대륙 진출은 오늘날 미국을 비롯해서 해외로 진출하는 한국인과 비교해도 양적으로 결코 뒤지지 않는다. 이런 활발한 진출과 더불어 교류를 통한 변화나 영향에 주목한다면 이 시기는 정말 매력적인 시대인 것이다.

이 시기는 고려 사회 내부에서도 역동성이 강한 시기였다. 문벌귀족이라는 전통적인 고려의 지배 계층에 큰 변화가 일어났던 것이다. 전통 문벌귀족 가문이 아니면서도 이 시기 현달하고 득세하여 고려 사회에 영향력을 행사한 인물들이 수없이 많다. 말할 필요도 없이 이들의 출세는 세계 제국과의 관계를 통한 것이었는데, 대표적인 부류가 환관이나 내관, 역관이나 무관 등 국왕을 공식적으로 수행하면서 원을 왕래하던 자들이었다.

제국과의 관계가 깊어지고 교류가 확대, 심화되면서 국왕의 공식적인 수행원이 아니라도 사적으로 제국을 왕래하는 자들도 많아졌다. 결혼이나 생계를 위해서, 혹은 세속적인 출세를 위해서 제국으로 향했고, 때로는 범죄를 짓고 제국으로 도망친 자들도 있었는데, 모두들 자신에게 좀 더 유리한 삶을 찾아 끊임없이 제국으로 향했던 것이다. 이들 중에는 제국에 아예 눌러 살며 삶의 기반을 마련한 자들도 있었고 양쪽 사회를 넘나들며 생활하는 자도 많았다.

누구보다도 먼저 세계화의 세례를 받은 이들은 이 시대의 세계인이고 국제인이었다. 이들은 고려 전통적인 귀족사회에서는 현달하기 힘든 자들이었지만 정치 경제 사회 문화의 새로운 주도 세력으로 등장하였다. 고려 정치 사회에 이들이 끼친 영향은 부정적이든 긍정적이든 결코 무시할 수 없었다. 이들은 세계화 시대의 혜택을 누구보다 앞서서 누린 이 시대의 진정한 주인공이었던 것이다.

그렇게 원 간섭기는 대외적 교류가 활발하여 고려 사회의 개방성이 최고조에 이른 시기였다. 우리 전 역사를 통해서도 가장 개방적인 시기였다고 할 수 있다. 그런 개방성에 따른 교류의 확대와 상호 작용을 통해서 고려 왕조는 우리 역사상 어느 시대와도 다른 독특한 경험을 가졌던 것이다. 이에 대한 상세한 면을 제대로 드러내지 못한 채 연작을 끝내는 것이 무엇보다도 아쉽다.

하지만 세계 제국과의 교류를 통한 그런 고려 왕조의 개방성이 국정 불안이나 국가 존립의 위기로 나타나기도 했다. 개방적이고 역동적인 시대의 불가피한 그림자였다. 다음의 조선 왕조가 대외적으로 폐쇄성을 드러낸 것은 고려 왕조가 지향했던 그런 개방성의 부정적 측면 때문이 아니었을까 생각한다.

사대 종속 관계의 고착화

우리 역사상 원 간섭기는 한반도와 중국의 외교 관계에서도 특별한 전환기였다. 유사 이래 한반도가 중국과의 관계에서 벗어나 자유로운 적이 한 번도 없었지만, 원 간섭기 이후부터 한반도는 중국과의 사대 종속 관계에서 한 발자국도 벗어나지 못했다.

원 간섭기 이전에도 중국과 관계는 책봉 조공을 통한 사대 관계였지만 순전히 형식에 불과했다. 고려 전기의 송·요·금과의 관계에서 고려 왕조는 사대를 하면서도 대내적으로 황제 체제를 유지할 수 있었다. 광종 같은 군주나 묘청의 난의 경우에는 대외적으로 칭제건원을 표방하기도 했다. 그 이전 수·당과의 관계에서도 그랬다. 고구려·백제·신라나 발해의 군주들은 중국과 사대 관계를 맺고 있으면서도 곧잘 황제를 칭하고 칭제건원을 내세웠던 것이다.

하지만 원 간섭기를 거친 후에는 그런 황제 체제가 형식적이나마 다시 재현되지 못했다. 19세기 말 청일 전쟁의 패배로 중국의 위상이 추락하면서 대한제국을 선포할 때까지 그랬다. 공민왕이 원을 등지고 새로운 명과의 관계를 수립할 때, 고려가 황제 체제로 복귀하는 것은 애초부터 불가능했다. 명에서는 처음부터 사대 복속 관계를 굳이 강요하지 않았는데도 당연히 그 쪽으로 귀결되었던 것이다.

이어지는 조선과 명의 관계는 당연히 논의할 필요도 없이 사대 복속의 관계였다. 명 쪽에서도 그렇게 여겼지만 조선 측에서도 그것은 재고의 대상이 아니었다. 중국에 대해 매년 정규적인 사신 행차나 사대 조공 외교가 관행화된 것도 원 간섭기부터였다. 이것이 조선시대에 들어와 명·청의 관계에서도 그대로 답습되어 굳어진 것이다. 이러한 한반도와 중국의 대외 관계는 고려와 몽골 제국의 강력한 사대 복속 관계에서 비롯된 것이었다.

조선시대에 들어와서는 행정 조직이나 정치 체제 면에서도 원 간섭기의 격하된 관부의 명칭이나 용어를 그대로 원용했다. 원 간섭기 이전에 형식적이나마 남아있던 황제 체제의 명칭이나 용어를 찾아 볼 수 없게 된 것이다. 뿐만 아니라 그렇게 격하된 용어나 체제를 지극히 당연하게 여겼고, 이를 부정하거나 거스르는 것은 도저히 상상할 수 없었다. 이는 지배층의 내면 의식에도 그대로 투영되어 조선시대의 정치 사회 문화를 전반적으로 지배하게 되었다.

그래서 고려에 대한 몽골 제국의 지배는 우리 역사상 중국과의 관계에서 사대 복속의 관계를 도저히 벗어날 수 없게 만들었다고 본다. 이는 외교 관계를 넘어 조선시대를 관통하는 정치 사회 문화적 현상으로 자리 잡았던 것이다. 이런 문제 역시 우리 역사상에서 원 간섭기가 갖는 특별한 의미이고, 고려 왕조가 몽골 세계 제국을 만나 영향 받은 깊은 흔적이 아닐까 생각한다.

기황후와 몽골 제국의 쇠퇴

그런데 몽골 세계 제국도 고려의 영향을 적지 않게 받았다. 특히 문화적인 면에서 영향 받은 것은 적은 것이 아니었다. 고려에서 몽골 문화의 영향을 받아 유행한 '몽골풍'도 있었지만, 몽골에서 고려 문화의 영향을 받아 나타난 '고려양'도 많았던 것이다. 문화 교류의 상호 작용으로 볼 때 당연한 일인데 본 연작에서는 이에 대한 자세한 내용을 미처 언급하지 못했다.

하지만 그러한 문화적인 영향보다 더 관심 가는 것은 고려인이 몽골 세계 제국에 진출하여 어떤 정치 사회적인 영향을 미쳤는가 하는 점이다. 제국으로 들어간 고려인들 중에는 원 조정에서 중앙이나 지방 관리로 입사하여 관직 생활을 영위한 자가 많았다. 원의 과거에 합격하여 정식으로 관직에 나아간 자도 있었고, 인척 관계나 스스로의 정치 사회적인 활동을 통해 관직을 얻은 자도 있었다. 제국의 지방 말직에는 이름도 없는 많은 고려인이 진출했고, 원 조정의 고관대작이나 영향력 있는 실력자로 부상한 자도 한둘이 아니었다. 그렇게 제국에서 관직 생활로 생애를 마친 자도 있었으며 원 조정과 고려 정부를 넘나들며 양쪽에서 관직을 영위한 자도 많았다.

정확한 근거 자료가 없어 자신은 없지만, 몽골 세계 제국에 진출한 고려인의 비중은 다른 국가나 지역에서 들어온 사람들과 비교해도 결코 뒤지지 않았다고 보인다. 고려는 몽골 세계 제국에 가장 근접해 있었고 부마국 체제라는 특수한 관계 속에서 중앙 정부와 지방 정권처럼 긴밀하게 연결되어 있었기 때문이다. 이렇게 제국으로 진출한 자들이 국제인 혹은 세계인이었고, 이들이 고려인으로서 원 조정의 정치 사회에 적지 않은 영향을 미쳤던 것이다.

몽골 세계 제국으로 진출하여 원 조정의 정치 사회에 영향력을 행사한 고려인 가운데 대표적인 부류가 환관들이었다. 이들 고려인 출신 환관들은 황실에서 혹은 황제나 황후 측근에 있으면서, 고려 정부에는 말할 필요도 없었지만, 원 조정에서도 막강한 영향력을 행사하곤 했다. 이들이 몽골 세계 제국에 끼친 정치 사회적 영향은 긍정적이든 부정적이든 결코 무시할 수 없었고, 크든 작든 이 시기의 특별한 모습이었다.

고려 사대부 가문 출신이었던 기 씨가 원 조정에 들어가 황후에 책봉된 것은 고려인 진출의 결정판이자 역사적 사건이었다. 또한 고려 여성이 제국의 황후로 책봉되었다는 사실은 특수한 양국 관계를 보여준 정치적 사건이기도 했다. 그 기황후는 황제를 능가하는 위치에 있었으니, 기황후 주변의 고려인 환관들은 원 조정에서 막강한 영향력을 행사했고, 기철을 비롯한 기황후 친족들과 고려인은 세계 제국의 고위 관료로 포진할 수 있었다. 이런 현상은 한때 고려인이 원 조정의 권력을 장악했다고 해도 이상할 것이 없을 정도였다.

그런데 기황후와 그 주변 고려인 출신들의 권력이 절정에 이르렀을 때 몽골 세계 제국은 돌이킬 수 없는 쇠퇴의 길로 접어든다. 제국이 쇠퇴한 책임을 기황후와 그 측근 고려인에게 돌릴 수는 없겠지만 제국의 쇠퇴에 일조한 것은 확실해 보인다. 이 대목은 미묘한 문제로서 그 의미가 무엇인지, 그리고 왜 그런 일이 일어났는지 궁금한 문제가 아닐 수 없다. 고려인이 몽골 세계 제국의 정세에 미친 가장 중대하고 결정적인 영향이 분명하기 때문이다.

기황후와 그 주변 인물들은 원 조정에서 권력 투쟁에 민감했다. 변방 출신으로서 살아남기 위해서 불가피한 일이었는지 모르겠지만, 온전히 세계 제국에 투신하지 못하고 정상적인 국정 운용보다는 권력 투쟁에 집중했던 것이다. 게다가 기황후는 제국의 황후 자리에까지 올랐지만 항상 고려 정부를 의식하고 행동했다. 이는 고려 국왕을 견제하거나 억압하고 자신의 친족을 비호하는 모습으로 나타나면서 반원 운동을 불러오는 계기가 되었다. 이에 제국이 쇠퇴하는 풍전등화의 기로에서 고려는 원 조정에 확실하게 등을 돌릴 수밖에 없었던 것이다.

결국, 세계 제국으로 진출하여 원 조정의 권력을 장악한 기황후나 그 주변 고려인들은 제국의 쇠퇴를 방치한 꼴이었다. 제국의 위기 속에서도 그동안 가장 가깝고 긴밀한 관계를 맺어 왔던 고려의 지원을 전혀 이끌어내지 못하고 오히려 배반으로 치닫게 만들었기 때문이다. 이는 종주국인 몽골 세계 제국의 처지에서 본다면 고려 왕조의 배신이었지만, 고려 왕조의 처지에서는 신속하게 명과 새로운 사대 관계를 맺음으로써 세계사적인 전환기에 효율적으로 대처할 수 있었던 배경이 되었던 것이다.

새로운 사대 관계의 성립과 조선 건국

고려 왕조가 쇠망하고 이어진 조선 왕조의 개창은 매우 특별한 형식으로 이루어졌다. 역성혁명이라고 하지만 군사적 변란도 없었고 반역도 아니었다. 명의 건국처럼 농민 반란에 의한 혁명은 더더욱 아니었다. 위화도 회군으로 이성계 일파는 권력을 잡았지만 바로 왕위에 오르지 못했다.

1392년 7월 17일, 이성계가 창왕의 양위를 받아 왕위에 오른 것이 조선 왕조의 개창이었다. 이성계가 왕위 오른 후에도 한동안 국호는 고려 그대로였고, 정치 체제도 변함없었으며, 한양 천도는 몇 년 후에야 이루어졌다. 이성계가 왕위에 오른 뒤에도 당분간 고려 왕조는 그대로 지속되었던 것이다. 그러니 조선 왕조의 건국 사업은 고려 말부터 시작하여 조선 초까지 계속되었다고 봐야 한다.

어쩌면 조선 왕조의 건국 과정은 몽골 제국과의 관계가 끝나면서 시작되었다고 할 수 있다. 다시 말해 명과의 새로운 사대 관계가 성립한 공민왕 말년부터 조선의 건국 사업이 시작되었다는 뜻이다. 몽골 제국과의 관계가 끝나면서 고려 왕조 역시 해체의 길로 접어들었다고 볼 수 있는 것이다. 그 이후부터 조선 왕조 개창까지 약 20여 년은 건국의 과도기가 아니었을까 하는 생각이 든다.

그렇다면 고려에서 조선으로 왕조 교체는 매우 긴 시간을 거쳐 이루어졌다고 할 수 있다. 우리 역사상 아주 독특하고 가장 오래 걸린 왕조 교체였던 것이다. 왜 이런 긴 시간과 과정을 거쳤는지, 또한 이것은 무엇을 의미하는지 생각해 볼 필요가 있다.

중국의 왕조 교체와 한반도의 왕조 교체가 시기상 일치한 경우는 없었다. 그게 이상할 것 없는 당연한 이치다. 중국과 한반도의 역사 진행 과정이나 시대 상황이 다르기 때문이다. 조선 왕조의 개창 시점을 명과의 새로운 관계가 성립한 시기로 잡는다면, 이는 중국의 왕조 교체와 한반도 왕조 교체가 시기상 대강 일치되었다고 말할 수 있다.

그래서 여말선초는 중국의 왕조 교체와 우리의 왕조 교체가 일치한 특별한 시기였다. 그 이전에도 없었고 이후에도 그런 일은 일어나지 않았다. 우리 역사상 왜 이런 특별한 일이 일어났을까? 이는 몽골 제국과 고려 왕조의 특수한 관계 때문이라고 생각한다. 이를 부마국 체제라는 특수성 때문이라고 말할 수도 있지만 그것이 전부는 아니었다. 사대 복속의 관계나 부마국 체제 이상으로 양국이 정치 사회적으로 매우 밀착되었기 때문이다. 쉽게 말해서 원 조정과 고려 정부는 마치 중앙과 지방 정권처럼 하나의 정치체로 움직였던 것이다.

원 조정에서 일어난 정치 판도의 변화는 고려 정부에 당장 영향을 끼쳤다. 황제의 교체는 말할 필요도 없지만, 그게 아니라도 고려 정부는 항상 원 조정의 정치적 변화를 예의주시하고 민감하게 반응했다. 또한 고려 측에서 현안 문제가 생기면 적극적으로 원 조정으로 달려가 매달리곤 하면서 양국은 정치적으로 더욱 밀착되어 갔다. 마치 지방의 관리가 중앙 정부에 호소하듯이 말이다. 당연히 양국을 왕래하던 그런 사람들이 이 시대를 주도했던 것이다.

그러니 몽골 제국과 고려 왕조는 중앙과 지방 정권처럼 그렇게 하나의 정치체로 연결되었다고 볼 수 있다. 그런 기간이 1세기 가까이 지속되면서 몽골 제국의 쇠퇴가 고려 왕조의 쇠퇴로 이어졌다. 밀착된 양국 관계 속에서 중앙 정부가 무너지니 그와 연동된 지방 정권도 뒤따를 수밖에 없었던 것이다. 그래서 쇠퇴하는 몽골 제국에 등을 돌리고 명과 새로운 국제 관계를 맺는다는 것은 왕조 교체를 동반할 수밖에 없었다. 그 기간이 조선의 건국 과정이었다고 생각한다.

원·명 교체기에 정치 세력의 교체를 뒷받침해 주었던 것이 공민왕의 반원 개혁 정치였다. 공민왕의 반원 개혁 정치는 지방 정권이 중앙 정부에 반기를 든 격이었다. 이성계 가문은 그런 반기에 적극 부응하여 등장한 가문이었다. 반원 정치를 계기로 성장한 그가 역성혁명을 일으키고 조선 왕실의 주인공이 된 것이다. 이런 점을 보더라도 공민왕의 반원 개혁 정치는 왕조 교체의 단서가 되었다는 생각이 든다.

공민왕의 반원 개혁 정치는 원 제국에 등을 돌리고 명 제국을 선택하는 데 사전 정지 작업 같은 것이었다. 그렇게 명과 새로운 사대 관계가 성립하면서 원 제국과 밀착되었던 고려 왕조의 쇠퇴는 피할 수 없었던 것이다. 그러니까 반원 개혁 정치는 고려 왕조를 재건하려는 개혁적 수성守成의 과정이 아니라, 역설적이게도 고려 왕조를 해체시키는 혁명적 창업創業의 단서가 되었다고 본다. 공민왕의 반원 개혁 정치는 조선 왕조의 개창으로 마무리되었다고 할 수 있다.

끝으로, 도서출판 푸른역사 관계자와 박혜숙 사장님께 감사의 말씀 드린다. 연작이면서도 몇 년에 한 권씩 나오는 게으른 저술을 참고 기다려 주신 점에 고맙고, 영양가도 별로 없는 인문학 도서를 한 권도 아니고 연작으로 출판해 주신 점에 미안하면서 고마울 따름이다. 푸른역사의 행운과 건승을 빈다.

아울러 많지 않은 소수의 독자들에게도 이 자리를 빌려 미안하고 고맙다는 말씀 드린다. 더디게 나오는 책을 참고 기다리게 해서 미안하고, 쓸데없이 긴 이야기의 책을 인내하며 읽어 주신 것에 감사드린다.

2018. 7. 이승한

참고문헌

● 사료

1. 《高麗史》: 조선 초에 편찬된 기전체의 관찬 사서. 동아대학교 고전연구실에서 1965~1971년에 펴낸 번역본《譯註 高麗史》가 있음.

2. 《高麗史節要》: 조선 초에 편찬된 편년체 관찬 사서. 민족문화추진회에서 1968년에 펴낸 번역본《국역 고려사절요》가 있음.

3. 《元史》: 원이 망하고 명이 건국된 직후에 편찬된 기전체 사서. 중국 정통 25사 중에서 소략하고 부실하기로 이름이 높음.

4. 《新元史》: 《원사》의 미흡한 부분을 보완하기 위하여 다시 개수 편찬한 것.

5. 《明史》: 명이 망하고 청의 강희제 때 편찬된 기전체 사서.

6. 《集史》: 일 칸국의 재상으로 있던 페르시아 역사가 라시드 앗 딘Rashid ad-din이 14세기 초에 페르시아어로 저술한 역사. 김호동의 역주로 3권의 번역본이 최근에 나와 있음.

7. 《益齋亂藁》: 이제현의 시문집으로 그 후손들이 흩어진 원고를 모아 정리하여 1362년(공민왕 11) 이색李穡이 서문을 써서 편찬함.

8. 《櫟翁稗說》: 이제현이 1342년(충혜왕 3) 잠시 관직에서 물러나 사저에 칩거하고 있을 때 쓴 책.

9. 《益齋集》: 앞의《익재난고》《역옹패설》을 비롯한 이제현의 글과, 이제현의 연보 묘지명 등을 한데 모아 편찬한 것인데, 조선 세종 때 초간본이 나오고 그 후에도 조선조에서 수차례에 걸쳐 중간본이 나옴. 민족문화추진회에서 1980년 그 한글 번역본이《국

역 익재집》I·II 두 권으로 나옴

10. 《東文選》: 조선 성종 때 서거정 양성지 등이 삼국시대 후반기부터 조선 초까지 우리
    역사에 빛나는 문장을 선발하여 편찬한 문집. 그 후 중종 때 속편이 추가로 편찬됨.
    1967년 민족문화추진회에서 펴낸 번역본《국역 동문선》이 있음.

11. 《新增東國輿地勝覽》: 조선 성종 때 완성된《東國輿地勝覽》을 중종 때 다시 증보한
    지리지. 민족문화추진회에서 1969년에 펴낸 번역본《국역 신증동국여지승람》이 있음.

● 연구서

1. 고병익,《동아교섭사의 연구》, 서울대 출판부, 1970.

2. 변태섭,《고려 정치제도사 연구》, 일조각, 1971.

3. 고병익,《동아사의 전통》, 일조각, 1976.

4. 허흥식,《고려 과거제도사 연구》, 일조각, 1981.

5. 홍승기,《고려 귀족사회와 노비》, 일조각, 1983.

6. 이수건,《한국 중세사회사연구》, 일조각, 1984.

7. 고병익 회갑기념논총 간행위원회 편,《역사와 인간의 대응》(한국사편), 한울, 1985.

8. 변태섭 편,《고려사의 제문제》, 삼영사, 1986.

9. 허흥식,《고려 불교사연구》, 일조각, 1986.

10. 박용운,《고려시대사》상·하, 일지사, 1987.

11. 강진철,《한국 중세 토지소유 연구》, 일조각, 1989.

12. 채상식,《고려 후기 불교사 연구》, 일조각, 1991.

13. 김용선 편,《고려 묘지명 집성》, 한림대학교 아시아문화연구소, 1993.

14. 국사편찬위원회 편,《한국사》19·20, 탐구당, 1994.

15. 14세기 고려사회성격연구반 편,《14세기 고려의 정치와 사회》, 민음사, 1994.

16. 장동익,《고려 후기 외교사 연구》, 일조각, 1994.

17. 한국사학논총 간행위원회 편,《한국사학논총》상(이기백선생 고희기념), 일조각, 1994.

18. 김용선 편,《고려 묘지명 집성 색인》, 한림대학교 아시아문화연구소, 1997.

19. 박용운,《고려시대 관계·관직 연구》, 고려대학교 출판부, 1997.

20. 김당택, 《원 간섭하의 고려 정치사》, 일조각, 1998.

21. 김종명, 《한국 중세의 불교의례》, 문학과 지성사, 2001.

22. 이기백 편, 《한국사 시민강좌》 31, 2002.

23. 박용운, 《고려사회와 문벌귀족가문》, 경인문화사, 2003.

24. 이종서, 《제국 속의 왕국, 14세기 고려와 고려인》, 울산대출판부, 2005.

25. 민현구, 《한국 중세사 산책》, 일지사, 2005.

26. 이기백 편, 《한국사 시민강좌》 35 · 36, 2004 · 2005.

27. 김호동, 《몽골제국과 고려》, 서울대출판부, 2007.

28. 민현구 편, 《한국사 시민강좌》 40, 2007.

29. 장동익, 《고려시대 대외관계사 종합연표》, 동북아역사재단, 2009.

30. 르지기다이 에르데니 바타르, 《팍스몽골리카와 고려》, 혜안, 2009.

31. 이영, 《팍스몽골리카의 동요와 고려 말 왜구》, 혜안, 2013.

32. 이승한, 《고려 왕조의 위기, 혹은 세계화 시대》, 푸른역사, 2015.

● 번역서

1. 룩 콴텐, 송기중 옮김, 《유목민족 제국사》, 민음사, 1984.

2. 스기야마 마사아키, 임대희 등 옮김, 《몽골 세계 제국》, 신서원, 2004.

3. 라시드 앗 딘, 김호동 역주, 《칸의 후예들》, 사계절, 2005.

4. 모리스 로사비, 강창훈 옮김, 《쿠빌라이 칸, 그의 삶과 시대》, 천지인, 2008.

찾아보기

몽골 제국의 쇠퇴와 공민왕 시대

⊙ 2018년 8월 9일 초판 1쇄 인쇄
⊙ 2019년 11월 26일 초판 2쇄 발행
⊙ 지은이　　　　　이승한
⊙ 펴낸이　　　　　박혜숙
⊙ 디자인　　　　　이보용
⊙ 펴낸곳　　　　　도서출판 푸른역사
　우) 03044 서울시 종로구 자하문로 8길 13
　전화: 02) 720-8921(편집부)　02) 720-8920(영업부)
　팩스: 02) 720-9887
　전자우편: 2013history@naver.com
　등록: 1997년 2월 14일 제13-483호

ISBN　979-11-5612-117-6　94900
　　　　979-11-5612-116-9　94900 (세트)

• 잘못 만들어진 책은 교환해드립니다.